LES ÉLÉMENTS

DE

L'ART ARABE

LE TRAIT DES ENTRELACS

PAR

J. BOURGOIN

CHARGÉ D'UN COURS D'HISTOIRE ET DE THÉORIE DE L'ORNEMENT
A L'ÉCOLE NATIONALE DES BEAUX-ARTS

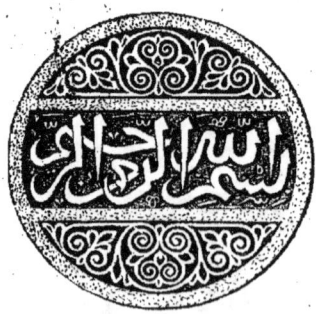

PARIS

LIBRAIRIE DE FIRMIN-DIDOT ET Cie

56, RUE JACOB, 56

1879

Tous droits réservés

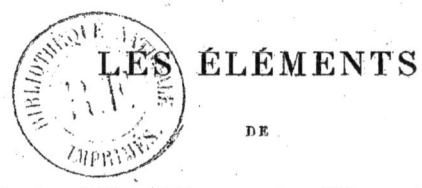

LES ÉLÉMENTS

DE

L'ART ARABE

LES ÉLÉMENTS

DE

L'ART ARABE

LE TRAIT DES ENTRELACS

PAR

J. BOURGOIN

CHARGÉ D'UN COURS D'HISTOIRE ET DE THÉORIE DE L'ORNEMENT
A L'ÉCOLE NATIONALE DES BEAUX-ARTS

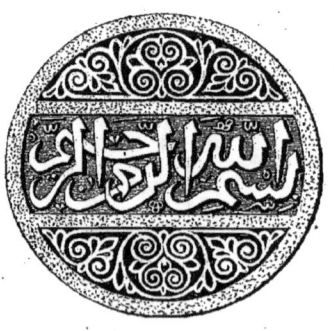

PARIS

LIBRAIRIE DE FIRMIN-DIDOT ET Cie

56, RUE JACOB, 56

1879

AVANT-PROPOS

Entre tous les styles d'ornements, trois surtout sont remarquables. Profondément distincts et nettement originaux, leur comparaison fournit les caractéristiques suivantes :

1° *Art grec*. Beauté et clarté, s'affirmant par des formes plastiques définies, et distribuées avec ordre, rhythme et mesure. La flexion plastique et le principe de composition déterminant des thèmes de forme que la plastique saisit par le dehors dans leur masse, leur attitude et leur expression, tel est le fonds essentiel de l'art grec.

2° *Art arabe*. Élégance et complexité par des involutions géométriques plus ou moins distinctes ou mêlées, et construites avec symétrie. Des figures abstraites, la flexion linéaire et une sorte de croissance organique : en d'autres termes, des thèmes purement géométriques que la graphique traduit par des épures, et que la technique met en œuvre en y enfermant la matière, tel est le fonds essentiel de l'art arabe.

3° *Art japonais*. Agrément et vivacité par des images concises, nettement dessinées et rapprochées non avec ordre et symétrie, mais dans un pêle-mêle piquant. Des thèmes purement extérieurs, que la graphique transcrit brièvement dans leur silhouette animée, puis que la technique embellit de toutes les séductions décoratives de la matière, tel est le fonds essentiel de l'art japonais.

Si maintenant, par un rapprochement qui s'adresse plus au sentiment qu'à la raison, on compare ces trois styles aux trois règnes de la nature, n'y voit-on pas comme une secrète analogie ? L'art grec serait rapproché du règne animal, pour l'exactitude des proportions et la forme plastique se manifestant depuis la force

1

jusqu'à la finesse et la grâce; l'art japonais, du règne végétal, auquel il emprunte tous les détails de l'organisation des plantes, depuis leurs racines jusqu'à leurs feuilles et à leurs fleurs; enfin l'art arabe, du règne minéral, pour cette symétrie qui rappelle la cristallisation des minéraux toujours uniforme dans sa configuration et sa structure élémentaires.

Cette comparaison ne vise que le caractère extérieur des choses, mais si l'on rapprochait par exemple l'étude des langues de l'étude des arts, on reconnaîtrait qu'une analogie bien plus profonde et intime règne entre le génie de la langue et l'inspiration artistique. Mais qu'il nous suffise de signaler ici ce rapprochement.

D'après ce qui précède, on peut déjà reconnaître que dans l'art arabe, l'inspiration reste sèche, abstraite et complétement indépendante du spectacle de la nature vivante. L'Arabe procède du dedans au dehors, il se pose des problèmes et les traduit graphiquement par le calam et le compas. Puis, faisant appel à la technique, qui met en œuvre les qualités plastiques et décoratives de la matière, il restreint encore ces qualités et les réduit à des éléments nettement circonscrits qu'il enferme dans le cadre raide des lignes de son épure. Des reliefs géométriques où dominent les faces et les arêtes; des reliefs d'une plastique rudimentaire et sans développement, qui se réduisent à des pastillages et à des ciselures engravées, incisées et intaillées; des matières décoratives simplement appliquées, incrustées ou marquetées; enfin, des tons à plat, simplement rechampis et sertis, tel est, ou à peu près, tout le matériel décoratif de l'art arabe.

De ce que l'inspiration de l'Arabe est sèche et purement abstraite, il résulte que son développement intellectuel ou artistique est resté peu varié et n'a pas eu d'ouverture sur des horizons nouveaux.

De ce que la matière est ouvrée sèchement et brièvement, il résulte que l'art décoratif arabe est resté simple et nu, mais pourtant d'une élégance incomparable, parce que l'accord est parfait entre l'inspiration et l'exécution, entre le thème et le décor.

« En voyant les ressources merveilleuses que les Arabes ont su trouver dans la géométrie pour la décoration des édifices, on regrette moins pour l'art que les lois de l'islamisme leur aient défendu, comme un acte idolâtre, d'y introduire des représentations d'êtres animés. Bien que ces lois restrictives fussent moins absolues qu'on ne le croit généralement, qui sait si, en détournant les artistes arabes de la sculpture et de la statuaire, elles ne les ont pas maintenus dans la voie de cette aptitude spéciale et quasi-transcendante qu'ont les Sémites pour toutes subtiles combinaisons, et en particulier pour celles des nombres, des lignes et des figures géométriques. Tout ce que les Persans conquis par l'Islam et les Maures d'Espagne plus libres que les Arabes de Syrie et d'Égypte, ont tenté en sculpture ou dessin de figures animées, est en somme au-dessous du médiocre : au point de vue de l'ornement, au contraire, tous les peuples orientaux, avec leurs styles différents, sont en quelque sorte demeurés sans rivaux [1]. »

Le peuple Arabe, pas plus que les autres peuples, n'est resté exempt de toute influence extérieure, et malgré sa forte personnalité, il dut subir et il subit en effet toutes sortes d'influences venues du dehors. C'est donc surtout par une vue de l'esprit qu'il nous est possible de délimiter, de fixer le domaine propre de l'art arabe et d'en fournir une caractéristique définie. En réalité, où prendre l'art arabe? où en trouver le type le plus complet? Chez les Moghrébins, les Égyptiens, les Syriens, les Persans ou les Indiens? Nous n'entreprendrons point de répondre à ces questions, non plus que de rechercher les origines de l'art arabe. Il nous suffira de reconnaître sommairement : 1° que la très-vieille civilisation asiatique a été dans les temps anciens l'initiatrice de l'art grec; 2° qu'après une réaction de l'Europe sur l'Asie, l'art gréco-romain s'est profondément appauvri, et que, devenu barbare, il a donné naissance à l'art byzantin ; 3° qu'une réaction ultérieure due à l'initiative conquérante et religieuse du peuple arabe, a suscité le prodigieux développement de l'art oriental, qui s'épanouit dans tout son éclat entre la civilisation de l'Extrême-Orient, si fraîche encore dans sa sénilité, et notre moyen âge occidental, alors si neuf dans sa virilité; 4° enfin, qu'au milieu de ces arts orientaux infiniment divers et nuancés, le style arabe se distingue de tous en ce que l'essentiel de cet art s'est trouvé fixé, arrêté de bonne heure, et sous la forme écrite a circulé dans tous les pays d'Asie. Or, ce qui peut s'écrire et se fixer dans un art, se réduit en définitive, à des formules, à des calques et à des épures : formules d'ordonnance et de proportions comme dans l'art gréco-romain; calques figuratifs, comme dans l'art sino-japonais; et, enfin, épures abstraites et géométriques comme dans l'art syro-arabe.

Les éléments généraux et propres à l'art arabe que l'architecture, la menuiserie et les arts d'ornement mettent en œuvre pour la décoration des édifices et des objets mobiliers, sont au nombre de trois :

1° Les *Stalactites* en encorbellements, en voussures et en pendentifs, qui sont taillées dans la pierre et superposées par strates, ou bien taillées dans le bois et

[1] A. Rhoné, l'*Égypte à petites journées*, Paris, 1877.

juxtaposées par prismes, ou bien enfin ouvrées en imitation, c'est-à-dire par des revêtissements superficiels en lames et en feuilles sur une armature de soutènement. Les stalactites sont à la fois des membres d'architecture et des ornements de forme. Les stalactites étant des motifs de forme, leur étude complète doit embrasser le *trait* qui se traduit en plan par des épures géométriques et l'*appareil* ou la coupe, c'est-à-dire le détail de leur exécution.

2° Les *Entrelacs* qui sont taillés et assemblés en membrures de menuiserie; taillés et appliqués en compartiments; découpés et ajourés en fenestrages et en claire-voies; intaillés, ciselés et engravés dans la pierre, le bois et les métaux; enfin appliqués, incrustés et marquetés en filigranes, vignettes ou pièces de rapport. Les entrelacs compartissent et brodent les surfaces, ce sont des motifs de lignes ou d'à-plat que le *trait* traduit immédiatement par des épures géométriques.

3°. Les *Ornements* qui se divisent en ornements de forme, comme les membres d'architecture et les stalactites; en ornements de lignes comme les entrelacs; enfin en ornements proprement dits, ornements de broderie et fleuronnés, ou ornements d'à-plat et profilés. Les ornements proprement dits se réduisent à un petit nombre d'éléments ou fleurons découpés à plat par le contour. Ces contours, exclusivement profilés dans la ligne qui les délimite, sont tout à fait caractéristiques; ils ne ressemblent en rien aux contours-enveloppe qui dessinent les formes plastiques chez les Européens, ni aux traits cursifs qui écrivent la figure des objets comme chez les Chinois et les Japonais. L'ornement arabe est tout en involutions de lignes.

LE TRAIT DES ENTRELACS

Différentes conditions sont indispensables pour l'étude et la pratique des entrelacs. On doit posséder ces notions de géométrie tout à fait élémentaires, que l'on trouve partout, mais qu'il faut dégager de l'appareil scolastique dont on a pris l'habitude de les envelopper et qui en dissimule le caractère esthétique. Il suffit d'une main alerte et crayonnant hardiment les lignes des épures sans souci de la règle et du compas qui, n'étant que des instruments de métier et nullement des outils d'artiste, ne doivent intervenir que pour parfaire l'exécution. Il faut éviter de se mettre l'épure toute entière et toute à la fois dans les yeux; mais on ira droit aux points remarquables qui se répètent, en observant leur corrélation de manière à réduire l'épure au strict nécessaire : on délimite ainsi le carreau ou le triangle élémentaires dont la juxtaposition répétée reproduit la nappe entière des entrelacs. Puis, ce canevas fixé, on y trace à main levée le détail des figures alors réduites à un petit nombre de lignes. Enfin, comme recommandation dernière, et c'est ici tout le secret des entrelacs, nous dirons qu'il faut attendre d'un exercice répété que le maniement de ces lignes en apparence inextricables devienne facile et familier. Donc, avec application, patience et longueur de temps, on se rendra maître de motifs d'ornements originaux, d'une élégance extrême et dont les séductions sont bien grandes, puisque tout un peuple d'une véritable hauteur intellectuelle en a goûté avec passion les raffinements, et qu'en pleine Renaissance italienne, Léonard de Vinci lui-même, à ce que nous apprend Vasari, perdait son temps à combiner laborieusement des entrelacs.

A première vue, les deux cents épures que contient ce recueil paraîtront un peu monotones ; cela tient uniquement à la manière dont elles sont *écrites*, car, en les étudiant, on ne tardera pas à reconnaître que chacune d'elles est construite sur un thème particulier. D'ailleurs il ne faut pas oublier que ces épures sont destinées à être mises en œuvre par la technique décorative qui doit les traduire en ornements de relief, en ornements de matière et en ornements de couleur; qu'en outre, chaque épure, étant comparte et subdivisée suivant des lignes de symétrie, fournit des panneaux, des bandes et des carreaux souvent difficiles à reconnaître, quand on les compare à la totalité de la nappe qui les contenait (planche II), et cela ne laisse pas que d'introduire les éléments d'une grande variété. Enfin, si l'on pénètre dans le détail des entrelacs pour en suivre les involutions linéaires, l'articulation des traits, les figures ou les mailles, on verra qu'ils peuvent être traités de bien des manières. D'abord, et tant qu'on s'en tient à des *lignes blanches,* les traits peuvent être tous rectilignes et angulaires, puis tous curvilignes et angulaires ou infléchis, et enfin composés d'un mélange de traits rectilignes et curvilignes.

Les entrelacs rectilignes sont obtenus directement et tirés par dérivation ou par une sorte de *croissance organique et naturelle* d'une figure initiale, comme dans les familles ou séries hexagonales, heptagonales et pentagonales. Ou bien ils sont obtenus par composition, en groupant suivant un diagramme directeur ou plan de disposition un ou plusieurs éléments, comme le montrent les autres séries.

Un entrelacs rectiligne déterminé peut être modifié par ajustement, c'est-à-dire par l'introduction d'une figure qui, toute secondaire qu'elle est, n'en change pas moins profondément l'inclinaison des lignes du thème principal; ainsi pour les épures 21, 22, 31, 32, 34, 35, 53, 71, 72, 107, 116, 117, 123, 124, 125, 134, 152, 168.

Les entrelacs curvilignes peuvent être déterminés directement par des traits de compas ou des arcs circulaires, comme dans les épures 37, 38, 103, 111, 154, 181.

Les entrelacs rectilignes peuvent être transformés en entrelacs curvilignes, soit par des traits de compas, par exemple 1' de 1, 43 de 42; soit par des traits à volonté et réductibles, si l'on veut, mais non nécessairement à des traits de compas, et seulement lors de l'exécution ; par exemple 49 de 48, 79 de 78, 121 de 120, 130 de 129, 131 de 135, 135 de 134.

Enfin, les entrelacs peuvent être formés par un mélange de traits rectilignes et curvilignes, comme dans les épures 104, 119, 130, 131, 135, ou décomposés en nappes distinctes, rectilignes et curvilignes, et entrelacés par deux ou par trois, comme dans les épures 24, 40 et 148.

Maintenant, et reprenant chaque épure une à une, on peut s'exercer à y démêler, soit des courants de lignes ou des rayures, soit des figures articulées et orbiculées, et distinctes ou entrelacées entre elles ou avec les lignes ; soit des nappes distinctes ou entrelacées, et, par suite, traiter ces épures en ornements de lignes ; ou bien, considérer seulement les carreaux et les compartiments séparément ou simultanément avec les lignes et les traiter en ornements d'à-plat ou en compartiments d'ordonnance, comme dans la planche X, ou bien, enfin, considérer ces épures comme de simples diagrammes directeurs destinés à disparaître, et sur lesquels on brode des ornements linéaires, fleuronnés ou découpés, comme dans les planches III et IX.

L'épure 1 est formée de trois rayures en zigzag entrelacées ou de deux figures enclavées. L'épure 1' est formée de trois rayures en accolades, ou bien de deux figures entrelacées, l'une convexe, l'autre concave, ou bien enfin, de trois figures ou rosettes aboutées ou groupées par trois, parce que les lignes courbes enferment et isolent l'à-plat qu'elles déterminent. L'épure 2 est composée d'hexagones sénaires entrelacés ou de trois pièces de rapport enclavées. L'épure 2' est composée d'hexagones ternaires entrelacés ou de trois pièces de rapport. L'épure 3 se compose de rayures en zigzag entrelacées ou de six pièces de rapport. L'épure 4 se compose d'hexagones entrelacés et reliés aux extrémités par un trigone, mais plus immédiatement elle se compose de quatre pièces de rapport. L'épure 5 se compose d'hexagones entrelacés ou de trois pièces de rapport. L'épure 6 se compose de rayures entrecroisées et d'un hexagone détaché qui broche sur les rayures, ou de cinq pièces de rapport. L'épure 7 se compose de traits articulés ou d'une seule figure de rapport, etc., etc.

La classification que nous avons adoptée pour la distribution des épures est la plus rationnelle, puisqu'elle repose sur les éléments généraux du tracé et sur les figures géométriques-types. Mais si l'on avait égard à la physionomie propre des entrelacs, il faudrait bien adopter une autre classification, et même plusieurs autres selon le point de vue qu'on adopterait. C'est ainsi que les épures 7, 8, 9, 10, 15', 36, 39, 86, 87, 88, 99, 100, 101, 102, 103, 139, 153, forment un groupe naturel, parce qu'elles ont une caractéristique commune et remarquable qui est le tricèle révolvé. Les épures 41, 98, 105, 127, 149 forment également un groupe très-naturel, et il est fort remarquable que le pays d'élection de ces treillis soit la contrée immense qui s'étend des frontières de la Chine à celles de l'Europe, en y comprenant la Perse. Les entrelacs mauresques, à physionomie anguleuse et gothique sont presque tous construits sur le type triangulaire ou hexagonal et sur le type quadrangulaire et octogonal, tandis que les entrelacs tracés sur le type pentagonal sont relativement récents et se rencontrent plus particulièrement en Turquie. Les grands et beaux entrelacs à rosettes, comme ceux des épures 68, 76, 77,

78, 110, 128, 129, 132, 137, 138, 140, etc., dont le style est si remarquable, ont pour pays d'élection l'Égypte, particulièrement, et aussi la Syrie.

Une même épure peut être traduite et mise en œuvre suivant les modes les plus divers. La plupart d'entre elles, répandues dans tout l'Orient, sont ouvrées indifféremment en menuiserie d'assemblage ou d'application, en découpures ou en claires-voies, en ciselures et en engravures, en mosaïques et en marqueterie, en application de bronze ciselé, engravé et damasquiné, en compartiments de broderie et de décoration, etc. Toutefois il en est un certain nombre dont la physionomie caractéristique sera plus naturellement appropriée à tel mode de décoration plutôt qu'à tel autre. C'est ainsi que les épures 3, 4, 13, 25 47, 58, 81, 115, etc., dont l'aspect fragmentaire saute aux yeux, seront le plus excellemment traduites en mosaïques ou en pièces de rapport.

Sous le bénéfice des observations précédentes, il est bon d'avertir le lecteur qu'il ne faut point abuser de la rigueur géométrique. Il convient d'aborder la construction des entrelacs avec souplesse et liberté, attendu que beaucoup d'entre eux sont ajustés plus librement qu'il ne semble. Nous inscrivons ici, et pour l'acquit de notre conscience, la description de chaque épure. Cette description ne pouvait être que sèche, aride, et sans attrait; mais nous ferons remarquer que, pour chaque épure, elle est suppléée par des lignes de construction marquées en traits ponctués. Pour neuf d'entre elles qui séparent les séries, ces lignes de construction sont marquées en rouge et remplissent toute la page.

EXPLICATION DES ÉPURES

(190 PLANCHES AU TRAIT)

Iᴿᴱ SÉRIE

FAMILLE HEXAGONALE

Pʟ. 1. — Plan trigone. — Des trois sommets du trigone, décrire des circonférences égales et tangentes, les subdiviser en 6 parties égales et joindre les points de division de 2 en 2. — Deux sortes de figures assemblées : l'hexagone convexe et l'étoile hexagonale.

Pʟ. 1′. — Transformation curviligne de la nappe précédente par la substitution d'un arc aux côtés des figures. — L'hexagone a les côtés concaves et l'étoile les côtés convexes.

Pʟ. 2. — Nappe de trois hexagones entrelacés par les côtés, ou bien, à considérer les figures, c'est-à-dire les pièces de rapport : un grand hexagone, un petit hexagone dont le côté est moitié moindre, puis une figure entaillée en queue d'aronde.

Pʟ. 2′. — Trigones tronqués ou hexagones ternaires entrelacés par les pointes ou les petits côtés, de manière à déterminer une maille régulière.

Pʟ. 3. — Entrelacs à compartiments. Cinq figures assemblées : un grand et un petit hexagones réguliers, un hexagone barlong, de symétrie écartelée, un hexagone en queue d'aronde, de symétrie écartelée, une étoile hexagonale et un trigone.

Pʟ. 4. — Hexagones entrelacés circulairement par les pointes, et dont les sommets sont reliés par un trigone. — Quatre figures assemblées : une étoile, un pentagone, un trigone et un losange.

Pʟ. 5. — Hexagones entrelacés par les sommets. — Trois figures assemblées : une étoile, un losange et un pairle dodécagonal.

Pl. 6. — Plan trigone. — Aux sommets du trigone de répartition, tracer des étoiles hexa-gonales dont les côtés prolongés déterminent un hexagone au centre du trigone. La nappe ainsi obtenue est recoupée par des hexagones détachés et entourant les étoiles.

Pl. 7. — Tricèle révolvé dont le crochet est de deux traits, inscrit dans le trigone que l'on rabat indéfiniment pour couvrir le plan. — A suivre seulement une bande on aurait une rangée contrariée.

Pl. 8. — Tricèles cramponnés enclavés et laissant pour vide une étoile hexagonale. — Ou bien, et à suivre seulement les traits, des étoiles hexagonales étant placées aux sommets du trigone de répartition, on en prolonge les côtés de deux en deux en tournant dans le même sens (disposition révolvée) et on en relie les extrémités, d'une étoile à l'autre, par un zig-zag.

Pl. 9. — Étoile hexagonale dont un côté de chaque pointe est prolongé en révolvant; trois étoiles ainsi révolvées sont ensuite reliées par un tricèle trigone.

Pl. 10. — Chevrons enveloppant un hexagone en révolvant et s'enclavant par trois au centre du trigone de répartition. — Ou bien, et à suivre seulement les traits : trois hexagones à côtés prolongés et révolvés sont raccordés par un tricèle révolvé.

Pl. 11. — Rectangles entrecroisés par trois régulièrement suivant leur centre de figure, et entrelacés par leurs petits côtés, ces extrémités se pénètrent régulièrement en détermi-nant un trigone entouré de trois pentagones pairs.

Pl. 12. — Par les sommets du trigone de répartition décrire avec un même rayon des cir-conférences tangentes; les subdiviser en douze parties égales et mener les diagonales de 5 en 5 divisions, on a ainsi des étoiles de six pointes à angles rentrants droits abou-tées suivant les côtés du trigone. Ces étoiles embrassent en l'enclavant un hexagone de symétrie ternaire à angles saillants alternativement droits et obtus. (Sur la figure on a mené les diagonales des sommets de l'hexagone, il s'ensuit que l'angle n'est pas exactement d'équerre, mais la différence est insensible.)

Pl. 13. — Des sommets du trigone de répartition décrire une circonférence avec un rayon égal à celui du trigone, y inscrire un dodécagone, puis mener les diagonales de 3 en 3 divisions; enfin par les points d'intersection de ces diagonales, mener, de 5 en 5 divi-sions, d'autres diagonales qui déterminent les carrés.

Pl. 14. — Des sommets du trigone de répartition, décrire des circonférences avec un rayon égal au 1/3 du côté, les subdiviser en douze parties égales, puis mener les diagonales de 3 en 3 divisions. Le reste s'ensuit. Le rayon des circonférences pourrait être plus petit ou plus grand que le 1/3 du côté et alors, moyennant un ajustement convenable, le carré interposé entre les pointes, pourrait avoir son côté égal à celui de l'étoile.

Pl. 15. — Des sommets du trigone, décrire des circonférences avec le 1/3 de la hauteur pour rayon, y circonscrire une étoile à saillants droits, puis prolonger les côtés en révolvant, et finalement les relier au centre par un tricèle perpendiculaire. (V. la pl. 9.)

Pl. 15'. — Même épure que la pl. 14.

Pl. 16. — Dodécagones entrelacés par le milieu des côtés. Les côtés se croisent à angles droits et sont obtenus par la subdivision en quatre parties égales des angles du trigone, chacun des côtés se trouvant contenu dans les rayons de subdivision. Le second quartier de la planche a les étoiles subdivisées par des rayons. La seconde moitié est la même nappe recoupée par une nappe d'hexagones assemblés.

Pl. 17. — Entrelacement d'hexagones et de dodécagones. Le rayon du dodécagone est égal à la moitié de la hauteur du trigone de répartition. Les côtés de l'hexagone passent par le milieu des côtés du dodécagone.

Pl. 18. — Des sommets du trigone décrire une circonférence avec un rayon égal à la moitié de la hauteur. Les étoiles et les mailles qui en dérivent pourraient être d'une proportion différente; ici elles sont tracées sur le réseau trillé.

Pl. 19. — Distribution suivant le réseau de l'hexagone et du trigone assemblés. Six rosettes à mailles hexagone enveloppent une rosette étoilée à mailles cunéiformes.

Pl. 20. — Six étoiles hexagonales enveloppent une rosette à mailles hexagones. Les rosettes et les étoiles sont reliées par un losange.

Pl. 21. — Des sommets du trigone décrire des circonférences égales et tangentes, y mener les diagonales de 4 en 4 divisions, ce qui détermine deux étoiles hexagonales entrelacées. Au cœur de ces étoiles tracer une rosette à mailles hexagonales. Enfin, au centre du trigone, tracer un trigone qui broche sur trois pointes des étoiles. On a ainsi une nappe continue de rosettes et d'hexagones recoupée par une nappe détachée d'étoiles et de trigones.

Pl. 22. — Même motif que la pl. 21, mais avec ajustement pentagonal. Ce pentagone se détermine aisément en menant, par le milieu des côtés du trigone de répartition, deux lignes croisées suivant les angles du pentagone.

Pl. 23. — Trois hexagones entrecroisés et recoupés par des figures écartelées de huit côtés entrecroisées. Des rosettes à mailles cunéiformes aux trois sommets du trigone; au centre un hexagone qui les relie; puis enfin des lignes perpendiculaires aux hexagones et déterminant les grands hexagones entrelacés.

Pl. 24. — Des sommets du trigone de répartition décrire des circonférences tangentes, les diviser en douze parties égales et mener les diagonales prolongées de 4 en 4 divisions Par les angles rentrants de l'étoile ainsi déterminée décrire des cercles avec la moitié du côté pour rayon. On a ainsi deux nappes entrelacées régulièrement. De petits cercles intercalaires raccordent les arcs des rosettes.

PL. 25. — Trois rosettes hexagonales sont distribuées aux sommets du trigone et entourent un hexagone. — Ou bien, six hexagones distribués aux sommets de l'hexagone de répartition entourent une rosette hexagonale.

PL. 26. — Des rosettes hexagonales sont distribuées aux sommets du trigone et sont reliées par des traits perpendiculaires qui, en s'entrecroisant, déterminent un petit hexagone.

PL. 27. — Disposition révolvée. — Aux sommets du carré de répartition tracer des étoiles hexagonales posées alternativement dans un sens et dans l'autre (les motifs sénaires sont aussi des motifs écartelés). L'angle du carré est divisé en trois parties ; les points de rencontre des lignes de subdivision déterminent les points de la figure.

PL. 28. — Disposition révolvée d'une étoile hexagonale à rosette hexagonale intérieure. Les angles du carré de répartition étant divisés en trois parties égales, on fait passer, par le point de rencontre d'un premier et d'un deuxième rayon, une circonférence dans laquelle on inscrit l'étoile hexagonale. — Le reste s'ensuit.

PL. 29. — Même motif que pl. 27, avec des lignes prolongées et s'entrecroisant. Même tracé que ci-dessus pl. 28.

PL. 30. — Disposition révolvée d'une rosette hexagonale. Subdiviser les angles du carré en trois parties égales. Les rencontres des rayons entre eux et avec les médianes du carré déterminent les points de la figure. Au centre un motif linéaire révolvé.

PL. 31. — Distribution hexagonale. Des sommets de l'hexagone décrire les circonférences avec le 1/3 du côté pour rayon, y inscrire un octogone régulier ; au centre de l'hexagone décrire une circonférence avec un rayon égal à la moitié du côté, y inscrire une rosette hexagonale dont les côtés extérieurs prolongés raccordent les côtés prolongés des octogones.

PL. 32. — Distribution hexagonale. Dans le trigone élémentaire de l'hexagone, on décrit sur la hauteur et tangente à la base, une circonférence avec un rayon égal au 1/4 du côté ; on subdivise cette circonférence en cinq parties égales, un rayon prolongé donne sur le côté du trigone le centre d'un heptagone. De ce centre on décrit une circonférence avec un rayon égal à la distance du centre au rayon prochain de l'étoile pentagonale, on y inscrit un heptagone. Le reste s'ensuit. (Dans l'ajustement simultanément pentagonal et heptagonal il y a lieu à une légère tolérance. En effet, le sommet du trigone à la base, le milieu de cette base, le centre de l'étoile pentagonale et le centre de l'heptagone forment un quadrilatère dont la somme des angles au lieu d'être rigoureusement égale à quatre angles droits, est plus grande de la fraction 1/108, ce qui est à peu près insignifiant.)

PL. 33. — Trois étoiles hexagonales inscrivant une autre étoile dérivée, sont entrecroisées et distribuées aux sommets du trigone de répartition. L'entrecroisement donne des losanges et un hexagone au centre du trigone.

PL. 34. — Plan carré. — Subdiviser deux sommets opposés en trois parties égales, et par le centre du carré mener deux traits en croix. Le reste s'ensuit. Si l'on voulait que les octogones fussent réguliers, il y aurait lieu à une déviation concomitante des lignes de la rosette hexagonale, dont les mailles au lieu d'être régulières, c'est-à-dire sénaires, deviendraient ternaires ou même simplement paires; en même temps la croix du milieu deviendrait un sautoir.

PL. 35. — Plan trigone. — Ajustement pentagonal. Par le milieu de la base du trigone et par le sommet opposé tracer suivant l'axe ou la hauteur deux angles dont les côtés se croisent en losange et dont l'écartement soit celui du pentagone étoilé (qui est égal à la moitié de l'angle au centre du pentagone). Sur le petit diamètre du losange on construit le pentagone régulier, puis le pentagone étoilé. Le reste s'ensuit, c'est-à-dire l'inclinaison concomitante des lignes de la rosette hexagonale.

PL. 36. — Plan de l'hexagone, du carré et du trigone assemblés. Répartition hexagonale avec rosette étoilée au centre. Dans un cercle de rayon à peu près arbitraire décrit du centre de l'hexagone, on mène les diagonales de 4 en 4 divisions, on a ainsi une étoile formée par quatre trigones entrecroisés. Le carré étant quadrillé donne la répétition écartelée d'un point de grecque révolvé et dont le trait élémentaire est un zig-zag d'équerre et de symétrie diagonale. Le trigone reçoit les prolongements des lignes du carré.

PL. 37. — Plan trigone. — Par les sommets du trigone décrire une circonférence avec un rayon égal au 1/3 du côté. Du point milieu des côtés décrire une circonférence tangente à la première et la diviser en huit parties égales. Du centre décrire une circonférence avec un rayon égal au double de la distance du centre à la circonférence divisée en huit : par les hauteurs du trigone les centres des arcs se trouvent marqués. Cet entrelacs peut être considéré comme formé par l'intersection de grands polygones curvilignes à dix-huit côtés convexes.

PL. 38. — Plan trigone. — Des sommets décrire des circonférences avec le 1/3 de la hauteur pour rayon; les milieux des côtés des hexagones inscrits donnent les centres des arcs. Cet entrelacs peut être considéré comme formé par l'intersection de polygones curvilignes à douze côtés convexes.

PL. 39. — Plan trigone. — Répartition hexagonale. — Des sommets du trigone décrire des circonférences concentriques, l'une avec un rayon égal au 1/3 du côté, l'autre avec un rayon égal au 1/6. Par le milieu des côtés du trigone, décrire une circonférence avec la moitié de l'apothème pour rayon et la diviser en huit parties égales. Par les points de division mener deux traits en croix qui raccordent en révolvant les traits prolongés des diagonales menées de 4 en 4 divisions dans les circonférences décrites des sommets. Enfin, au centre du trigone, une circonférence décrite avec un rayon égal à la 1/12 partie du côté, inscrit un hexagone.

Pl. 40. — Plan trigone. — Cet entrelacs est composé de trois nappes : l'une formée d'hexagones et de trigones assemblés, l'autre formée d'hexagones entrelacés et la troisième formée de rosettes hexagonales curvilignes raccordant par trois une rosette ternaire également curviligne. Pour la première nappe on décrit, des centres des hexagones, une circonférence avec un rayon égal au 1/6 du côté du trigone de répartition. Ces circonférences contiennent les centres des arcs de la seconde nappe ; les centres des arcs qui raccordent les premiers par inflexion sont situés au milieu des côtés du trigone inscrit à l'hexagone. La troisième nappe est obtenue en joignant ces derniers centres par des droites.

Pl. 41. — Plan trigone. — Subdiviser les angles du trigone en quatre parties égales ; par le centre mener six diamètres entrecroisés. Les rencontres de ces rayons avec les premiers donnent l'hexagone, puis enfin, des circonférences concentriques aux premières inscrivent des étoiles.

IIᵉ SÉRIE

FAMILLE OCTOGONALE.

Pl. 42. — Plan carré. — Du centre décrire une circonférence tangente aux côtés, la subdiviser en huit parties égales et mener les diagonales de 3 en 3 divisions, on a ainsi l'octogone étoilé dont les côtés prolongés déterminent des étoiles de quatre pointes aux sommets du carré.

Pl. 43. — Transformation curviligne de la figure précédente. Au centre du carré décrire une circonférence avec le 1/4 du côté pour rayon, cette circonférence contient les centres des arcs de la grande rosette étoilée. Des arcs raccordant les précédents sont tracés de la même manière aux sommets du carré.

Pl. 44. — Du centre du carré décrire une circonférence tangente aux côtés. Des sommets décrire deux circonférences ; l'une égale à la première et l'autre qui lui soit tangente. Par les diagonales menées de 3 en divisions, le reste s'ensuit.

P<small>L</small>. 45. — Subdiviser l'angle du carré en quatre parties égales; la rencontre du premier rayon avec la médiane du carré donne la longueur du rayon d'une circonférence dans laquelle, par les diagonales menées de 4 en 4 divisions, on inscrit un octogone étoilé. Le reste s'ensuit.

P<small>L</small>. 46. — Par le milieu des côtés du carré de répartition, décrire des circonférences égales et tangentes ; les diviser en huit parties égales et mener les diagonales de 3 en 3 divisions. Au centre du carré, décrire une circonférence avec un rayon égal au 1/4 de la diagonale, y inscrire un octogone. Enfin au centre et aux sommets, décrire des circonférences tangentes aux premières et y tracer l'octogone étoilé.

P<small>L</small>. 47. — Par le centre et les sommets du carré, décrire des circonférences avec un rayon égal à la moitié du côté du carré, y inscrire un octogone, et par les diagonales, mener, de 3 en 3 divisions, un octogone étoilé.

P<small>L</small>. 48. — Des sommets et du centre : 1° avec un rayon égal à la moitié du côté du carré, décrire des circonférences tangentes, y inscrire un octogone régulier ; 2° avec un rayon à peu près arbitraire (suivant la proportion que l'on veut donner à la maille de la rosette ; ici le rayon est égal à la moitié du côté du carré inscrit), décrire une circonférence concentrique et y mener les diagonales de 6 en 6 divisions ; on obtient ainsi une étoile dont les côtés prolongés jusqu'à la rencontre des côtés de l'octogone déterminent les mailles de la rosette. Les côtés de l'octogone prolongés déterminent les petits octogones qui séparent les rosettes.

P<small>L</small>. 49. — Transformation curviligne de l'entrelacs précédent par des traits ondulés et tracés à main-levée. (Le tracé par des arcs de cercle ou au compas n'est point naturellement indiqué ici par la composition de la figure. Cette épure est tirée d'un panneau de menuiserie à petits compartiments dont les cadres après avoir été moulurés ont été cintrés ou courbés au laminoir. Pour une application différente de cet entrelacs et par son emploi à une grande échelle, le tracé au compas pourrait devenir nécessaire ; mais ce ne serait alors qu'une nécessité d'exécution ou de métier, ce qui est bien différent de l'invention.)

Pl. 50. — Répartition de rosettes octogonales suivant un rectangle, ce qui détermine des files parallèles au lieu d'une disposition quadrillée régulière comme dans les exemples précédents. Sur le petit côté, décrire deux circonférences égales et tangentes, y inscrire les rosettes (V. la pl. 48) ; achever le petit octogone. On a ainsi la moitié de la figure, l'autre moitié s'ensuit nécessairement.

Pl. 51. — Répartition de rosettes suivant un triangle isocèle droit ou le losange de l'octogone, ce qui détermine des files alternes. Même tracé que précédemment pour la première partie, pour la seconde partie, on trace une rosette droit en face le milieu des deux premières.

Pl. 52. — Même disposition que précédemment mais avec des rosettes différentes et obtenues ainsi qu'il suit : après avoir inscrit l'octogone dans le cercle, on mène les diagonales de 6 en 6 divisions, puis par les sommets rentrants du petit octogone étoilé intérieur on mène des parallèles aux diagonales, on a ainsi des mailles de symétrie écartelée qui dérivent de l'octogone par le rabattement intérieur de deux angles opposés.

Pl. 53. — Du centre du carré de répartition et avec un rayon égal à la moitié du rayon penché, décrire une circonférence dans laquelle on mène les diagonales de 6 en 6 divisions. Des sommets du carré, décrire des circonférences tangentes à la première, y inscrire un carré; le prolongement des lignes de l'étoile achève la figure.

Pl. 54. — Des sommets du carré de répartition, décrire des circonférences égales et tangentes, les diviser en seize parties égales. Par les points de division, inscrire une étoile dont les angles rentrants soient égaux à l'angle du pentagone. Par le centre du carré, faire passer quatre lignes se croisant sous l'angle du pentagone étoilé, ce qui donne deux nouveaux côtés du pentagone d'ajustement. Un carré tracé au centre implique le cinquième côté. Le pentagone est pair, il ne peut être régulier.

Pl. 55. — Des sommets du carré de répartition, décrire des circonférences tangentes, les diviser en seize parties égales et mener les diagonales de 4 en 4 divisions, achever les rosettes comme au n° 52.

Pl. 56. — Des sommets du carré de répartition, décrire des circonférences avec un rayon égal au 1/4 du côté, y inscrire, par les diagonales de 6 en 6 divisions, une étoile dont les côtés prolongés et recoupés par l'étoile octogonale à pointes articulées d'équerre déterminent les rosettes. Ces rosettes sont recoupées d'équerre à leurs pointes par les mailles articulées à un octogone posé au centre du carré. Cet octogone et les mailles qui l'accompagnent sont déterminées par une circonférence décrite avec un rayon égal au 1/3 de la distance comprise entre le centre et la circonférence décrite des sommets.

Pl. 57. — Des sommets du carré de répartition, décrire des circonférences tangentes, les subdiviser en trente-deux parties égales. Du centre du carré, décrire une circonférence tangente, y inscrire un octogone dont on prolonge les côtés. Des circonférences concentriques et décrites avec un rayon à peu près arbitraire inscrivent des étoiles dont les côtés prolongés déterminent les rosettes.

Pl. 58. — Subdiviser les angles du carré dernier en quatre parties égales. La rencontre de deux rayons d'équerre détermine le rayon d'une circonférence que l'on décrit de chaque sommet, et dans lesquelles on mène les diagonales de 6 en 6 divisions.

Pl. 59. — Du centre du carré de répartition, décrire une circonférence tangente aux côtés. Des sommets, décrire des circonférences tangentes, y mener les diagonales de 6 en 6 divisions et les prolonger. Au centre du carré, tracer une rosette octogonale après avoir mené dans le grand cercle les diagonales de 6 en 6 divisions. On a ainsi des mailles carrées que l'on transforme en octogone étoilé par un autre carré égal, les croisant d'équerre. On rabat intérieurement les angles saillants de ce second carré, ce qui détermine une figure en croix, dont la répétition en couronne entoure les étoiles et les rosettes.

PL. 60. — Des centres de répartition, décrire des circonférences tangentes aux côtés du carré. Des sommets du carré, décrire des circonférences tangentes aux premières, y inscrire l'octogone étoilé dont les côtés prolongés déterminent la grande rosette.

PL. 61. — Le carreau de répartition est un rectangle allongé aux quatre sommets duquel on trace des rosettes octogonales égales et tangentes suivant le petit côté. Des mailles égales à celles de la rosette, des étoiles ternaires à six pointes, des étoiles paires à cinq pointes et des octogones réguliers achèvent de remplir le rectangle dont la proportion générale est déterminée par le triangle isocèle dont l'angle à la base est égal au 3/4 d'un angle droit.

PL. 62. — Répartition losange d'octogones séparés par deux mailles affrontées de la rosette octogonale. On a ainsi quatre espèces de figures : un octogone régulier à symétrie radiée, une maille hexagonale paire, une étoile paire de cinq pointes, enfin une étoile écartelée de six pointes.

PL. 63. — Répartition rectangulaire analogue à la fig. 61, mais d'un développement moins étendu. Même tracé que la fig. 61.

PL. 64. — Même répartition que pl. 48, et même rosette que pl. 52.

PL. 65. — Par les sommets et le centre d'un carré, décrire des circonférences égales et tangentes, les subdiviser en seize parties égales et mener les diagonales de 4 en 4 divisions ; puis, dans des circonférences concentriques et décrites avec un rayon à peu près arbitraire, mener les diagonales de 6 en 6 divisions, ce qui achève les rosettes.

PL. 66. — Des sommets et du centre du carré de répartition décrire des circonférences avec un rayon égal au 1/6 du côté. Inscrire au centre un octogone étoilé. Au milieu des côtés et avec un rayon égal au 1/6 de la diagonale décrire des circonférences, les diviser en six parties égales et mener les diagonales de 2 en 2 divisions. Le reste s'ensuit.

PL. 66'. — Des sommets et du centre du carré de répartition décrire des circonférences avec un rayon égal au 1/8 de la diagonale et y inscrire l'hexagone étoilé. Des sommets décrire des circonférences avec un rayon égal au 1/4 de la diagonale et du milieu des côtés décrire des circonférences tangentes qui inscrivent, les unes un octogone régulier et les autres un octogone étoilé. Un carré concentrique à ces dernières figures achève le tracé.

Pl. 67. — Par les sommets du carré de répartition décrire des circonférences avec le 1/4 du côté pour rayon, y inscrire un octogone étoilé dont on prolonge les côtés; en menant dans ces octogones les diagonales de 6 en 6 divisions, et les prolongeant on achève le tracé.

IIIᵉ SÉRIE

FAMILLE DODÉCAGONALE.

Pl. 68. — Plan trigone. — Par les sommets décrire des circonférences égales et tangentes, les diviser en vingt-quatre parties égales et mener les diagonales de 4 en 4 divisions. Décrire de nouvelles circonférences concentriques aux premières avec un rayon arbitraire (suivant la proportion que l'on veut donner aux mailles de la rosette) et y inscrire des étoiles dont les côtés prolongés déterminent les mailles de la rosette.

Pl. 69. — Plan trigone. — Des sommets décrire des circonférences égales et tangentes, puis des circonférences concentriques avec un rayon égal au 1/5 du côté du trigone, y mener les diagonales de 4 en 4 divisions. Le reste s'ensuit.

Pl. 70. — Plan carré. — Même figure que pl. 69, mais sur plan carré. Du centre décrire une circonférence tangente aux côtés du carré et la diviser en vingt-quatre parties égales. Par le point de rencontre du côté du carré et du rayon prochain on décrit une circonférence tangente à ces deux lignes, puis du centre on décrit une circonférence tangente à la dernière et dans laquelle on mène les diagonales de 10 en 10 divisions.

Pl. 71. — Plan carré. — Ajustement pentagonal. Par le point de rencontre du rayon voisin du côté du carré avec la médiane, on subdivise l'espace environnant en dix parties sensiblement égales (l'angle de deux lignes est égal à 1 fois 1/2 l'angle au centre du pentagone à 1/30 près.) Des sommets du carré et avec un rayon égal à la moitié du rayon voisin de la diagonale on décrit un cercle que l'on divise en vingt-quatre parties égales, on y inscrit une étoile dont on prolonge les côtés, une autre circonférence concentrique et décrite d'un rayon à peu près arbitraire inscrit les autres lignes de la rosette : ces lignes sont tracées suivant l'angle du pentagone. Les quatre rosettes se pénètrent mutuellement suivant les côtés du carré et sont recoupées au centre par un carré et une étoile de quatre pointes à mailles triangulaires.

Pl. 72. — Plan trigone. — Ajustement pentagonal. Mêmes rosettes que ci-dessus, mais détachées et entrelacées par leurs pointes avec des coins, lesquels sont entrelacés à leur tour par un trigone.

Pl. 73. — Plan trigone. — Des sommets décrire deux circonférences concentriques l'une avec le 1/3, l'autre avec les 2/3 de la moitié du côté du trigone, y mener les diagonales de 10 en 10 divisions. Au centre du trigone décrire une circonférence avec le 1/6 du côté pour rayon, y inscrire un ennéagone. Le reste s'ensuit. Une proportion différente donnerait des hexagones de raccord différents.

Pl. 74. — Plan trigone. — Des sommets décrire une circonférence avec un rayon égal au 1/3 de la hauteur du trigone, la diviser en vingt-quatre parties égales et y mener sous une inclinaison à peu près arbitraire les diagonales d'une étoile. Par le centre du trigone décrire une circonférence qui passe par point de rencontre des rayons avec la hauteur. Des sommets du trigone décrire une circonférence tangente à celle du centre. Enfin une petite circonférence tangente à la dernière inscrit un heptagone sensiblement régulier. (L'angle de deux rayons étant égal à 5/3, est plus petit de 1/21 que trois fois l'angle au centre de l'heptagone.)

Pl. 75. — Plan trigone. — Subdiviser les angles en quatre parties égales. Le rayon compris entre la hauteur et le côté du trigone croise : 1° une autre hauteur, ce qui détermine le centre de l'heptagone; 2° le rayon correspondant de l'autre sommet, ce qui détermine le rayon d'une circonférence qui inscrit une étoile. En prolongeant les côtés de cette étoile, puis traçant les heptagones et l'hexagone qui les raccorde on achève la figure.

Pl. 76. — Plan trigone. — Des sommets du trigone décrire des circonférences égales et tangentes, les diviser en vingt-quatre parties égales. Par les diagonales menées de 4 en 4 divisions, on inscrit deux hexagones entrecroisés dont les côtés prolongés déterminent le petit hexagone de raccord. Une corde de huit divisions coupe le rayon prochain en un point par lequel on fait passer une circonférence qui, par des diagonales y inscrites et menées de 10 en 10 divisions, détermine l'étoile et achève par suite la rosette.

Pl. 77. — Plan carré. — Transposition de l'entrelacs précédent sur plan carré. Des sommets décrire des circonférences tangentes, y inscrire les mêmes rosettes que ci-dessus.

Pl. 78. — Plan trigone. — Disposition analogue à la figure 76. Par les sommets du trigone décrire trois circonférences concentriques; la première avec la moitié du côté pour rayon, la deuxième avec la moitié de la hauteur, la troisième avec le quart de la hauteur. Ces circonférences divisées en vingt-quatre parties égales déterminent les rosettes.

Pl. 79. — Transformation curviligne de la nappe précédente par substitution d'arcs alternativement concaves et convexes aux traits rectilignes.

Pl. 80. — Plan trigone. — Subdiviser l'espace environnant les sommets en vingt-quatre parties égales. Le rayon compris entre le côté et la hauteur du trigone de répartition rencontre le rayon correspondant de l'autre sommet en un point par lequel on fait passer une circonférence qui inscrit une étoile par le moyen des diagonales menées de 10 en 10 divisions. Les 2/3 de la distance du sommet au point précédent sont le rayon d'une circonférence qui, par des diagonales menées de 6 en 6 divisions, inscrit la rosette tout entière.

Pʟ. 81. — Plan trigone. Des sommets décrire des circonférences égales et tangentes, les diviser en vingt-quatre parties égales et mener les diagonales de 6 en 6 divisions, ce qui donne trois carrés entrecroisés régulièrement. Par le centre du trigone mener des traits parallèles, puis un hexagone mi-régulier à angles droits. Par le milieu des côtés un carré qui broche sur les pointes des rosettes se relie aux traits parallèles ou aux coins menés du centre.

Pʟ. 82. — Plan trigone. — Par les sommets décrire deux circonférences concentriques; l'une avec un rayon égal au 1/3 de la hauteur et dans laquelle on mène les diagonales de 10 en 10 divisions; l'autre avec un rayon égal au précédent augmenté du 1/4 du côté du trigone; cette dernière circonférence inscrit la rosette entière par des diagonales menées de 6 en 6 divisions. Ces rosettes, en s'entrecroisant, déterminent une maille carrée et sont réunies au centre par un hexagone mi-régulier qui détermine trois mailles également carrées.

Pʟ. 83. — Plan carré. — Transposition de la figure précédente sur plan carré. Des sommets du carré décrire des circonférences avec un rayon égal au 3/4 de la 1/2 diagonale. Même rosette que précédemment. Au centre du carré décrire un petit cercle qui inscrit un octogone dont les côtés prolongés rejoignent les équerres qui brochent sur les pointes des rosettes.

Pʟ. 84. — Plan trigone. Des sommets décrire des circonférences avec un rayon égal au 1/3 du côté, y mener les diagonales de 4 en 4 divisions. Puis, au centre du trigone, tracer un hexagone retrait, dont les côtés prolongés coupent les lignes prolongées de la rosette.

Pʟ. 85. — Plan trigone. — Des sommets décrire des circonférences égales et tangentes, y mener les diagonales de 4 en 4 divisions; on détermine ainsi les rosettes aboutées inscrites chacune dans un hexagone dont on trace effectivement le contour.

Pʟ. 86. — Plan trigone. — Des sommets et du centre avec un rayon égal au 1/3 de la hauteur décrire des circonférences tangentes. Dans les cercles des sommets inscrire des rosettes à mailles ventrues. Dans les circonférences du centre diviser l'hexagone en six trigones contenant chacun un tricèle révolvé dont les traits déterminent au centre un hexagone mi-régulier et se raccordent avec les sommets de la rosette.

Pʟ. 87. — Plan trigone. — Des sommets décrire une circonférence avec le 1/3 de la hauteur pour rayon y inscrire une rosette dodécagonale. Subdiviser l'hexagone du centre en six trigones dans lesquels on trace des hexagones à côtés révolvés.

Pl. 88. — Plan trigone. — Répartition hexagonale. Des sommets décrire une circonférence avec un rayon égal au 1/3 du côté. Dans les circonférences des extrémités du grand axe tracer des rosettes de douze mailles, et dans celles du petit axe des rosettes hexagonales. Les rosettes raccordent deux tricèles révolvés conjugués à retour et tracés sur un canevas trillé.

Pl. 89. — Plan trigone. — Des sommets décrire des circonférences égales et tangentes, y mener les diagonales de 4 en 4 divisions. Le polygone étoilé intérieur déterminé par trois carrés entrecroisés régulièrement peut recevoir un motif de mosaïque, c'est-à-dire avoir son à plat subdivisé par des carreaux en coin, en losange, en trigone, en carré et en hexagone; ou bien une rosette à mailles hexagonales; une rosette étoilée, à mailles cunéiformes; une rosette curviligne; une rosette de douze mailles; et d'autres motifs encore, par exemple un ornement proprement dit, c'est-à-dire des fleurons ou des rinceaux fleuronnés.

Pl. 90. — Plan trigone. — Des sommets décrire une circonférence avec le 1/3 du côté pour rayon, la subdiviser en vingt-quatre parties égales et mener les diagonales de 10 en 10 divisions. Les prolongements de ces diagonales déterminent au centre une étoile hexagonale, et au milieu des côtés un carré dans lequel on inscrit une figure en croix.

Pl. 90'. — Le rayon de la circonférence est égal au 1/3 de la hauteur du trigone et le carré inscrit une étoile à quatre boucles en coin.

Pl. 91. — Plan trigone. — Des sommets décrire une circonférence avec le 1/3 de la hauteur pour rayon, y mener les diagonales de 10 en 10 divisions et les prolonger. On détermine aussi au centre un hexagone et au milieu des côtés un carré que l'on transforme en octogone étoilé. Le surplus est affaire d'ajustement.

Pl. 92. — Plan trigone. — Tracer le réseau assemblé du dodécagone, de l'hexagone et du carré. Mener les diagonales du dodécagone de 8 en 8 divisions, et les diagonales de l'hexagone.

Pl. 93. — Plan trigone. — Par les sommets décrire une circonférence avec le 1/4 du côté pour rayon, y mener les diagonales de 6 en 6 divisions. Au milieu des côtés décrire un petit cercle qui inscrit l'étoile à quatre pointes, et des sommets un grand cercle tangent dans lequel on inscrit un dodécagone.

Pl. 94. — Plan carré. — Transposition de l'entrelacs précédent sur plan carré. Deux lignes diagonales dont l'une est le côté du carré inscrit, et l'autre est la ligne qui joint les deux rayons voisins des médianes, déterminent deux circonférences dont l'une inscrit un dodécagone et l'autre une étoile par les diagonales menées de 8 en 8 divisions.

Pl. 95. — Plan carré. — Par les sommets décrire des circonférences avec un rayon égal au 1/3 du côté du carré, les subdiviser en vingt-quatre parties égales et mener les diagonales de 8 en 8 divisions. Le reste s'ensuit.

Pl. 96. — **Plan trigone.** — Réseau du dodécagone et du trigone assemblés. Par les sommets du dodécagone décrire des circonférences égales et tangentes, mener les diagonales de 3 en 3 divisions, lesquelles, prolongées, achèvent la figure. Pour plus de commodité, on décrit des sommets du trigone une circonférence avec un rayon égal à la moitié du rayon du dodécagone et on y mène les diagonales de 10 en 10 divisions.

Pl. 97. — **Plan isocèle.** — Répartition losange. On inscrit dans un carré une circonférence tangente que l'on divise en vingt-quatre parties égales, on y mène les diagonales de 2 en 2 divisions. Une circonférence concentrique à la première décrite avec un rayon à peu près arbitraire ou bien égal au 1/4 de la diagonale du carré achève la rosette au moyen des diagonales menées de 10 en 10 divisions. On trace les petits hexagones et l'octogone mi-régulier. Une nouvelle circonférence, tangente à l'octogone, inscrit la rosette précédente.

Pl. 98. — **Plan trigone.** — Subdiviser l'espace environnant les sommets en vingt-quatre parties égales. Par le point de rencontre des deux rayons voisins du côté du trigone on fait passer une circonférence; par les sommets du trigone on décrit des circonférences tangentes et on y inscrit des dodécagones. D'autres circonférences décrites avec un rayon égal au 1/3 de la hauteur inscrivent des étoiles au moyen des diagonales de 8 en 8 divisions. La moitié inférieure de la planche représente la même épure avec tous les rayons des grandes rosettes effectivement tracés.

Pl. 99. — **Plan trigone.** Réseau de l'hexagone et du trigone assemblés. Des sommets décrire des circonférences circonscrites aux hexagones, les diviser en vingt-quatre parties égales et mener les diagonales de 4 en 4 divisions. Dans une circonférence concentrique et d'un rayon à peu près arbitraire (suivant la proportion des mailles) on mène les diagonales de 10 en 10 divisions, ce qui, avec les diagonales précédentes, achève les rosettes dont les pointes libres sont terminées par une boucle lignée en coin. L'hexagone du centre étant trillé on y trace aisément les tricèles révolvés.

Pl. 100. — **Plan trigone.** — Même tracé que ci-dessus. La rosette est à mailles hexagonales et reçoit par intercalation une maille losange.

Pl. 101. — **Plan trigone.** — Tracé par le réseau trillé. Aux sommets, des traits révolvés ou enveloppés en spirale suivant les angles de l'hexagone. Au centre, un tricèle révolvé de quatre traits à angulations hexagonales. Enfin, au milieu des côtés, une croix révolvée biaise.

Pl. 102. — **Plan trigone.** — Tracé par le réseau trillé. Aux sommets, des traits enveloppés en spirale; au centre, un pairle révolvé à angulations d'équerre; au milieu des côtés, une croix révolvée droite.

Pl. 103. — Plan trigone. — Entrelacs curviligne. Par les sommets, décrire des circonférences concentriques, l'une avec un rayon égal aux 3/4, l'autre avec un rayon égal aux 5/8 du côté du trigone. Deux traits passés en croix par le milieu des côtés du trigone, s'articulent avec les arcs du cercle. On a donc, en résumé, aux sommets, un hexagone à côtés concaves révolvés ; au centre, un trigone à côtés convexes révolvés, et au milieu des côtés, une croix révolvée.

Pl. 104. — Plan trigone. — Réseau du dodécagone, de l'hexagone et du carré assemblés. On inscrit dans le dodécagone une rosette curviligne de six pointes, dans l'hexagone l'étoile hexagonale. Les prolongements de ces deux figures déterminent dans le carré un octogone étoilé qui n'est qu'à peu près régulier, à cause du mélange de lignes droites et de lignes courbes.

Pl. 105. — Plan trigone. — Réseau du dodécagone, de l'hexagone et du carré assemblés. Par les sommets de l'hexagone, faire passer deux traits en croix, l'un d'eux suivant le rayon du dodécagone, et l'autre suivant le côté d'un dodécagone qui recoupe toutes les lignes irradiant des sommets.

IVe SÉRIE

ÉTOILES ET ROSETTES DE DEUX NOMBRES DIFFÉRENTS.

Pl. 106. — Plan carré. — Subdiviser l'espace environnant le centre en seize parties égales, et l'espace environnant le milieu des côtés en douze parties égales. Par la rencontre des deux rayons penchés et couchés, on fait passer une circonférence dans laquelle on inscrit une étoile de six pointes au moyen des diagonales menées de 5 en 5 divisions. Une circonférence tangente à la première et décrite du centre, inscrit une étoile de huit pointes dont les côtés sont les prolongements de l'étoile précédente. Le reste s'ensuit.

Pl. 107. — Plan trigone. — Répartition hexagonale de deux rosettes étoilées l'une de huit mailles, l'autre de six mailles. Du milieu des côtés de l'hexagone, décrire des circonférences avec un rayon égal à la moitié du côté et les subdiviser en seize parties égales. Du centre de l'hexagone décrire une circonférence tangente aux premières et la subdiviser en douze parties égales. Dans les premières circonférences, mener par les points de divisions des angles, tels, que le pentagone compris entre leurs côtés, soit à peu près régulier (il ne peut l'être rigoureusement), et achever la rosette. Faire les mêmes opérations dans la circonférence du centre. Puis toujours avec la sujétion du pentagone qui, quoique irrégulier, règle tout, on trace la figure pentagonale qui broche sur les pointes des rosettes.

Pl. 108. — Plan trigone. — Répartition hexagonale. Des sommets de l'hexagone, décrire des circonférences tangentes avec la moitié du côté pour rayon. La rencontre des deux rayons voisins des diamètres de l'hexagone détermine le centre d'une circonférence tangente aux premières et dans laquelle on inscrit un heptagone (à peu près régulier : l'angle des deux rayons étant plus petit que deux angles au centre de l'heptagone de 2/63). Les côtés prolongés de l'heptagone déterminent, au centre, une étoile hexagonale et un hexagone brochant sur les lignes. Une circonférence d'un rayon à peu près arbitraire et concentrique aux circonférences des sommets achève la rosette de neuf mailles.

Pl. 109. — Plan isocèle. — Subdiviser l'espace environnant les sommets aigus du losange en vingt parties égales et l'espace environnant les sommets obtus en seize parties égales. La rencontre de deux rayons détermine un point par lequel on fait passer deux circonférences décrites des deux sommets différents du losange. Dans l'une on inscrit une rosette étoilée décagonale et dans l'autre une rosette étoilée octogonale. Il est impossible que le pentagone intercalaire soit régulier. Cet entrelacs n'est pas très-élégant, mais il est instructif, car il montre bien l'abus du système. Il est clair qu'on s'est posé ce problème d'ajuster une rosette décagonale avec une rosette octogonale, mais la conciliation ou l'ajustement de deux types si différents étant difficile, on n'a pas réussi, et le résultat est médiocre.

Pl. 110. — Plan trigone. — Réseau du dodécagone, de l'hexagone et du carré assemblés. Au centre du carré inscrire un octogone régulier qui règle tout le système ; puis au centre du dodécagone inscrire une rosette de douze mailles ventrues ; enfin, au centre de l'hexagone, inscrire une rosette à mailles hexagonales paires. On pourrait adopter pour les rosettes d'autres inclinaisons des lignes, mais alors l'octogone ne serait plus régulier, et, somme toute, le balancement général des lignes serait peut-être moins satisfaisant.

Pl. 111. — Plan carré. — Par les sommets, décrire des circonférences avec le 1/4 de la diagonale du carré pour rayon, les subdiviser en vingt-quatre parties égales. Par le centre du carré et la rencontre des deux rayons voisins de la diagonale, faire passer une circonférence, la diviser en douze parties égales. Pour le surplus, les points de centres étant indiqués, il est facile de tracer les arcs, et, par suite, d'achever la figure.

Pl. 112. — Plan trigone. — Répartition losange de deux motifs différents et, par suite, disposition en files alternes. Même tracé que la pl. 76 pour l'une des rosettes. L'autre rosette à mailles hexagonales est inscrite dans une circonférence décrite avec un rayon égal au 1/3 de la hauteur du trigone. Les côtés prolongés se raccordent avec la rosette dodécagonale par des mailles losanges s'entrecroisant en forme de coin.

Pl. 113. — Plan trigone. — Répartition hexagonale. Par les sommets de l'hexagone décrire des circonférences égales et tangentes, puis des circonférences concentriques avec le 1/3 du côté pour rayon. La rosette s'ensuit. Du centre de l'hexagone décrire une circonférence avec le 1/3 du côté pour rayon, y inscrire un hexagone. Par toutes les lignes prolongées on achève la figure.

Pl. 114. — Transposition de la nappe précédente par permutation des motifs composants. La rosette qui occupait les sommets de l'hexagone dans la figure précédente, prend ici la place de l'autre motif, et réciproquement.

Pl. 115. — Plan carré. — On subdivise l'espace environnant le centre du carré en vingt-quatre parties égales et l'espace environnant les sommets en seize parties égales. Par les points de rencontre des deux rayons voisins de la diagonale, on fait passer un cercle qui contient tous les centres des petites circonférences décrites de ces mêmes points de rencontre et tangentes entre elles. On inscrit dans ces circonférences le pentagone étoilé. Le reste s'ensuit. Le pentagone étoilé est tout naturellement indiqué, car l'angle compris entre les deux rayons est sensiblement égal (à 1/60 près en moins) à deux fois l'angle au centre du pentagone.

Pl. 116. — Plan carré. — Même tracé préliminaire que ci-dessus. Des rosettes étoilées dodécagonales et octogonales sont engagées par quatre sommets, les autres sommets sont reliés par un coin. Pour les rosettes dodécagonales, on décrit deux circonférences concentriques, l'une avec le 1/3, l'autre avec les 2/3 de la 1/2 diagonale. Une autre circonférence également concentrique est décrite avec un rayon égal au 1/4 de la diagonale ; la rosette est ainsi entièrement déterminée. Par le point de rencontre de deux rayons on décrit un cercle tangent à cette dernière circonférence, dans lequel on inscrit un pentagone. Une circonférence tangente, décrite par le centre du carré, inscrit la rosette octogonale.

Pl. 117. — Plan carré. — Même tracé préliminaire que ci-dessus. Par le point de rencontre des deux rayons voisins de la diagonale, mener une verticale qui coupe le rayon prochain en un point qui est le centre du pentagone d'ajustement (ce pentagone n'est qu'à peu près régulier, l'angle de deux rayons diffère de deux angles au centre du pentagone de 1/30). Des sommets du carré décrire une circonférence avec un rayon égal ou à peu près à la moitié de la distance du sommet au centre du pentagone; on inscrit dans cette circonférence une étoile dont les côtés prolongés déterminent la rosette dodécagonale. La rosette octogonale, au lieu d'avoir des mailles de six côtés a des mailles quadrilatères en coin.

Pl. 118. — Plan carré. — Subdiviser l'espace environnant les sommets en vingt-quatre parties égales et l'espace environnant le centre en seize parties égales. La rencontre des deux rayons voisins de la diagonale détermine un point duquel on décrit un cercle tangent à la diagonale et à la médiane. On inscrit dans ce cercle un pentagone étoilé (sensiblement régulier, l'angle des deux rayons étant plus grand que deux angles au centre du pentagone de 1/60), puis des sommets du carré on décrit des circonférences tangentes à ce dernier cercle. Ces circonférences inscrivent l'étoile dodécagonale, dont les côtés prolongés achèvent la rosette. Du centre on décrit également une circonférence qui inscrit l'étoile à huit pointes, et, par suite, la rosette octogonale se trouve déterminée.

Pl. 119. — Plan carré. — Décrire par les sommets des circonférences tangentes et les subdiviser en seize parties égales. Du centre décrire une circonférence tangente aux premières, puis avec le même rayon décrire par les sommets, des circonférences concentriques. Par les points de centre qui sont indiqués dans la figure, on décrit les arcs. Les fleurons qui accompagnent l'octogone à côtés cavés, sont indépendants de la construction géométrique, mais étant dans le mouvement des lignes, ils les accompagnent si naturellement, que nous avons cru bien faire de les indiquer dans l'épure ; d'ailleurs ils existent dans l'original.

Pl. 120. — Plan trigone. — Répartition hexagonale de rosettes dodécagones et ennéagones. Des sommets de l'hexagone décrire des circonférences avec un rayon égal à la moitié de la hauteur du trigone, les subdiviser en dix-huit parties égales et y inscrire les rosettes ennéagones. Au centre de l'hexagone, une circonférence tangente aux premières, inscrit la rosette dodécagone, dont l'étoile est déterminée par une circonférence concentrique égale aux premières. Si l'on observe que l'angle déterminé par les deux rayons voisins du côté du trigone est sensiblement égal à deux fois l'angle au centre du pentagone (à 1/90 près), on pourra du sommet de cet angle décrire une circonférence tangente aux angles et y inscrire un pentagone étoilé à peu près régulier qui déterminerait les rosettes. On aurait ainsi une nappe plus régulière. Mais il était de notre devoir de donner l'épure telle que nous l'avons recueillie, c'est-à-dire conforme à l'objet qui la recélait.

Pl. 121. — Transformation curviligne de l'entrelacs précédent, par la substitution de traits arqués et ondulés aux traits rectilignes.

Pl. 122. — Plan trigone. — Répartition hexagonale. Par les sommets de l'hexagone subdiviser l'espace environnant en dix-huit parties égales et par le centre subdiviser l'espace environnant en vingt-parties égales. La ligne qui point les joints de rencontre des rayons, divise le rayon de l'hexagone en deux segments avec lesquels on décrit des circonférences tangentes. Ces circonférences, à l'aide de circonférences concentriques décrites d'un rayon à peu près arbitraire, déterminent les rosettes dodécagones et ennéagones.

Pl. 123. — Plan trigone. — Répartition hexagonale. Des sommets de l'hexagone subdiviser l'espace environnant en dix-huit parties égales, puis décrire une circonférence avec le 1/3 du rayon de l'hexagone pour rayon. Subdiviser l'espace environnant le centre de l'hexagone en vingt-quatre parties égales. Par la rencontre des deux rayons voisins du rayon de l'hexagone, décrire une circonférence, y inscrire un pentagone régulier (l'angle de deux rayons ne diffère de la somme de deux angles au centre du pentagone que de 1/90). Après avoir décrit du centre de l'hexagone une nouvelle circonférence tangente, le reste s'ensuit.

PL. 124. — **Plan trigone.** — Même construction que ci-dessus. Seules les rosettes des sommets de l'hexagone sont différentes, étant composées de coins entrelacés régulièrement et reliés à la rosette dodécagone par un autre coin qui broche sur les pointes.

PL. 125. — **Plan trigone.** — Répartition hexagonale. Après avoir subdivisé l'espace environnant les sommets de l'hexagone en dix-huit parties égales et l'espace environnant le centre en vingt-quatre parties égales, on décrit, par le point de rencontre des deux rayons avoisinant le rayon de l'hexagone, un cercle tangent aux rayons voisins des premiers; ce cercle coupe le rayon en un point qui est le centre du pentagone d'ajustement; le pentagone est déterminé par un cercle d'un rayon égal à la moitié du rayon du cercle tangent. Le reste s'ensuit comme ci-dessus.

PL. 126. — **Plan losange.** — Par les extrémités du petit diamètre décrire deux circonférences égales et tangentes, y inscrire une rosette dodécagone. Par l'un des sommets de la rosette mener une oblique sur le grand axe et inclinée suivant l'angle de la 1/10 partie du cercle. On a ainsi un centre duquel on décrit une circonférence tangente aux premières, on y inscrit une rosette dodécagone et par les prolongements des lignes, le surplus de la figure se trouve rempli. D'après cela, on voit que les côtés du losange ont un jarret, puisque les rayons ne peuvent être dans le prolongement l'un de l'autre.

PL. 127. — **Plan carré.** — Subdiviser l'espace environnant le centre en douze parties égales en suivant les diagonales du carré et l'espace environnant les sommets en seize parties égales. Par la rencontre des deux rayons voisins de la diagonale, on fait passer un cercle dans lequel on inscrit un dodécagone. Puis par des circonférences concentriques aux premières, on détermine d'une manière à peu près libre les étoiles.

PL. 128. — **Plan trigone.** — Répartition hexagonale de deux rosettes différentes, l'une de douze et l'autre de quinze mailles. Par les sommets et le centre de l'hexagone décrire des circonférences égales et tangentes, et les subdiviser, celles du sommet en trente parties égales et celles du centre en vingt-quatre parties égales. Par le centre décrire une circonférence concentrique avec un rayon égal au 1/3 du rayon de l'hexagone et y tracer une rosette dodécagone. Par le point de rencontre des seconds rayons voisins du rayon de l'hexagone, décrire une circonférence tangente à celle qui inscrit la rosette dodécagone et tangente à une autre circonférence décrite des sommets. Puis enfin, par des circonférences concentriques et décrites avec des rayons à peu près arbitraires, on trace les rosettes pentédécagones.

PL. 129. — **Plan carré.** — Par le centre on décrit une circonférence tangente aux côtés du carré; puis à l'aide de circonférences concentriques et décrites d'un rayon à peu près arbitraire, on trace des rosettes de seize mailles. Par les sommets du carré on décrit une circonférence tangente à la première et on y inscrit une rosette octogonale.

Pl. 130. — Plan carré. — Par le centre du carré on décrit une circonférence tangente aux côtés et une circonférence concentrique avec le 1/3 de la demi-diagonale. On trace la rosette rectiligne de seize mailles et l'on substitue des arcs aux traits rectilignes. Le reste comme ci-dessus.

Pl. 131. — Plan carré. — On subdivise l'espace environnant le centre en trente-deux parties égales, et l'espace environnant les sommets en vingt-quatre parties égales. Par le point de rencontre du rayon voisin de la médiane avec le côté du carré, on décrit un cercle tangent à cette médiane. Puis, par le point de rencontre des deux rayons voisins de la diagonale, on décrit un cercle tangent aux rayons voisins. Par le centre et le sommet on décrit successivement un cercle tangent au premier, puis au second, et l'on achève les rosettes avec l'aide de circonférences concentriques d'un rayon à peu près arbitraire. Les rosettes sont ensuite transformées en rosettes curvilignes. L'angle déterminé par la rencontre du rayon et du côté est égal à 1/56 près à deux fois l'angle au centre de l'heptagone ; on a donc, par suite, un heptagone de raccord que l'on peut considérer comme suffisamment régulier.

Pl. 132. — Même tracé préliminaire qu'à la pl. 131. Seulement ici les rosettes sont étoilées et aboutées par les pointes.

Pl. 133. — Plan carré. — On subdivise l'espace environnant le centre en trente-deux parties égales ; puis l'espace environnant le sommet en vingt-quatre parties égales. Par la rencontre des deux rayons voisins de la diagonale, on décrit une circonférence tangente à la diagonale et par suite aux rayons voisins. On divise cette circonférence en sept parties égales (l'angle des deux rayons est égal à 1/168 près à trois angles au centre de l'heptagone), et l'on y mène les diagonales de 2 en 2 divisions. On a ainsi un heptagone auquel on mène des circonférences tangentes par le centre et les sommets et dans lesquelles on inscrit les rosettes de seize et de douze mailles par les prolongements des côtés de l'heptagone et à l'aide de circonférences concentriques décrites avec un rayon à peu près arbitraire. Par la rencontre du rayon voisin de la médiane avec le côté on décrit une circonférence tangente à la médiane, on la divise en quatorze parties égales et on y inscrit finalement un heptagone étoilé.

Pl. 134. — Plan carré. — Subdiviser comme précédemment en trente-deux et en vingt-quatre parties égales l'espace environnant le centre et les sommets, puis en quatorze parties égales, l'espace environnant, le point de rencontre du rayon et du côté. Par le point de rencontre des deux rayons voisins du côté, on décrit une circonférence tangente au cercle qui est tangent à la médiane, et on la divise en cinq parties égales (l'angle des deux rayons est égal à deux fois l'angle au centre du pentagone à 1/20 près environ, exactement 23/480). Des circonférences tangentes à celle du pentagone, inscrivent les rosettes de seize et de douze mailles.

Pl. 135. — Transformation de la grande rosette rectiligne du n° 134, en une rosette curviligne. Le surplus est identique dans les deux figures.

Pl. 136. — Plan trigone. — Répartition hexagonale. On subdivise : 1° l'espace environnant le centre en trente-six parties égales; 2° l'espace environnant les sommets en dix-huit parties égales et 3° l'espace environnant le point milieu du côté en huit parties égales. Par la rencontre de trois rayons, on fait passer une circonférence dont le centre est le point milieu. Des sommets et du centre de l'hexagone on y mène des circonférences tangentes et qui inscrivent des rosettes de dix-huit et de neuf mailles. Le reste est affaire d'ajustement.

Pl. 137. — Plan trigone. — Répartition hexagonale. Subdiviser l'espace environnant le centre en trente-six parties égales, et l'espace environnant les sommets en vingt-quatre parties égales. Par le point de croisement des deux rayons avoisinant le côté, on subdivise l'espace environnant en sept parties égales ou à peu près égales (l'angle des deux rayons est égal à trois fois l'angle au centre de l'heptagone à 1/21 près). En s'arrangeant de manière à ce que deux côtés de l'heptagone prolongés se coupent au point milieu du côté de l'hexagone, l'heptagone se trouve déterminé, et, par suite, les rosettes de dix-huit et de douze mailles.

Pl. 138. — Plan carré. — Subdiviser l'espace environnant le centre en vingt-quatre parties égales et l'espace environnant les sommets en quarante parties égales. Par le point de rencontre du second rayon du sommet avec la médiane, on décrit un cercle, puis du sommet un autre cercle tangent au précédent, on y inscrit une étoile et on achève la rosette à peu près à volonté. La rosette étant achevée, du centre on y mène une circonférence tangente dans laquelle on inscrit une rosette de douze mailles. Le reste s'ensuit par ajustement. L'angle du second rayon avec la médiane est égal à deux fois l'angle, au centre de l'heptagone à 1/18 près (exactement 2/35). On peut donc tracer un heptagone qui sera sensiblement régulier.

Pl. 139. — Plan trigone. — Distribution du dodécagone, de l'hexagone et du carré assemblés. Par le point milieu des côtés du dodécagone, on mène les diagonales de 8 en 8 divisions; on a ainsi quatre trigones entrecroisés; on y inscrit une étoile et la rosette de vingt-quatre mailles se trouve achevée. Dans l'hexagone on décrit du centre une circonférence tangente aux côtés des trigones inscrits, et on y inscrit deux trigones entrecroisés. Un losange trigone est inscrit entre les deux côtés opposés du carré. Enfin, par des tricèles révolvés on raccorde toutes les lignes prolongées et la nappe est achevée.

Pl 140. — Plan trigone. — Distribution du dodécagone, de l'hexagone et du carré assemblés. On inscrit dans le dodécagone une rosette de vingt-quatre mailles, dans l'hexagone une rosette de douze mailles, et enfin dans le carré une rosette de huit mailles. Les rosettes tangentes deux à deux, se trouvent raccordées entre trois par un petit hexagone irrégulier.

Pl. 141. — Plan trigone. — Répartition hexagonale suivant le réseau du dodécagone, de l'hexagone et du carré assemblés. On inscrit dans le dodécagone une rosette de douze

3

mailles, dans l'hexagone une rosette de six mailles hexagones. Le carré inscrit, comme raccord des rosettes, un octogone mi-régulier, c'est-à-dire de symétrie gironnée.

PL. 142. — Plan isocèle ou losange. — Subdiviser l'espace environnant les sommets du losange en vingt-quatre parties égales, et l'espace environnant le centre en douze parties égales. Au point de rencontre de deux rayons perpendiculaires l'un à l'autre, subdiviser l'espace environnant en huit parties égales. Les rosettes et l'octogone sont les mêmes que dans l'épure précédente. De petits hexagones réguliers raccordent les figures principales.

Vᴇ SÉRIE

PLAN OCTOGONE ET CARRÉ ASSEMBLÉS.

PL. 143. — Plan carré. — Distribution suivant le réseau de l'octogone et du carré assemblés. Des sommets de l'octogone et du centre, avec un rayon égal à la moitié du côté, décrire des circonférences dans lesquelles on inscrit des rosettes octogones. La rosette du centre est reliée aux rosettes des sommets par des petits octogones et quatre rosettes enveloppent un octogone identique suivant les sommets du carré.

PL. 144. — Même épure. — Les rosettes octogones sont remplacées par des rosettes tracées comme à la pl. 52.

PL. 145. — Après avoir tracé l'assemblé octogone et carré et subdivisé l'espace environnant le centre et les sommets en seize parties égales, on fait passer une circonférence par la rencontre des deux rayons voisins des côtés et on y mène les diagonales de 4 en 4 divisions; puis par les sommets des angles rentrants on mène les diagonales de 6 en 6 divisions. Enfin, au centre, on trace une rosette octogonale qui raccorde les lignes précédentes.

PL. 146. — Subdiviser l'espace environnant les sommets en seize parties égales et l'espace environnant le centre en trente-deux parties égales. Par le point de rencontre des deux rayons voisins du rayon de l'octogone, on décrit un cercle dans lequel on inscrit une étoile dont les côtés prolongés, à peu près à volonté, déterminent une rosette octogonale. Du centre on décrit un cercle tangent à ces rosettes et par des cercles concentriques de rayons à peu près arbitraires, on détermine la rosette de seize mailles.

PL. 147. — Plan losange. — On subdivise l'espace environnant les sommets en trente-deux parties égales. Par la rencontre du troisième rayon voisin du petit axe avec le grand axe et du point de rencontre du quatrième rayon avec le même grand axe, on fait passer une circonférence dans laquelle on inscrit une étoile octogonale. On achève la rosette et des sommets du losange on y mène des circonférences tangentes dans lesquelles on inscrit des rosettes de seize mailles. Le reste s'ensuit.

Pl. 148. — Plan carré. — Distribution suivant le réseau de l'octogone et du carré assemblés. Par les sommets de l'octogone on décrit des circonférences égales et tangentes, puis par le centre on décrit une circonférence tangente aux premières. On subdivise les angles environnant les sommets et le centre en deux parties égales, puis on décrit un cercle concentrique qui contient sur sa circonférence les centres des arcs composant les rosettes curvilignes, et dans laquelle on inscrit une rosette de cinq mailles hexagonales. Cette rosette n'est pas et ne peut pas être de symétrie radiée, elle est paire. On inscrit au centre une rosette curviligne, puis une rosette octogonale dont les côtés prolongés raccordent par un losange les côtés prolongés des rosettes pentagonales. Cet entrelacs est composé de deux nappes entrecroisées, l'une rectiligne et l'autre curviligne.

Pl. 149. — Plan carré. — Subdiviser l'espace environnant les sommets en seize parties égales et l'espace environnant le centre en trente-deux parties égales. Par la rencontre des deux rayons voisins de la ligne qui joint le sommet au centre, on fait passer une circonférence dans laquelle on inscrit un octogone régulier. On mène dans cet octogone les diagonales de 6 en 6 divisions. Du centre et dans une circonférence concentrique décrite avec un rayon à peu près arbitraire, on mène les diagonales de 8 en 8 divisions.

Pl. 150. — Plan carré. — Distribution suivant le réseau de l'octogone et du carré assemblés. Après avoir subdivisé l'espace environnant les sommets en seize parties égales et l'espace environnant le centre en quarante-huit parties égales, on décrit du sommet une circonférence qui passe par le point de rencontre des deux rayons voisins du rayon de l'octogone. On inscrit dans cette circonférence une rosette de huit mailles; puis du centre on décrit une circonférence tangente à cette rosette et on y inscrit une rosette de vingt-quatre mailles. Enfin on inscrit au centre du carré une rosette égale à celle des sommets. Les quatre rosettes se trouvent raccordées par des figures hexagonales distribuées autour d'un octogone dont le centre est au milieu des côtés.

Pl. 151. — Plan carré. — Mener les diagonales et les médianes du carré, puis des sommets décrire des circonférences avec le quart de la diagonale pour rayon, et y inscrire la rosette octogonale. Par les côtés prolongés on détermine les octogones réguliers qui raccordent les rosettes deux à deux et sont groupés par quatre au centre du carré.

Pl. 152. — Plan carré. — Distribution suivant l'octogone et le carré assemblés de deux rosettes, l'une de seize, l'autre de huit mailles et ajustement pentagonal. Après avoir subdivisé l'espace environnant, le centre en trente-deux parties égales, puis l'espace environnant le sommet en seize parties égales, on subdivise l'espace environnant le point de rencontre des deux rayons voisins du rayon de l'octogone en cinq parties égales (l'angle formé par les deux rayons est égal à deux fois l'angle au centre du pentagone à 1/40 près). Par le point de rencontre d'un rayon du sommet avec la diagonale du carré on fait passer un cercle dans lequel on inscrit la rosette de seize mailles. Du sommet avec la moitié du rayon perpendiculaire qui coupe le diagonale, on décrit un cercle, puis du centre un autre cercle qui lui soit tangent. Des diagonales menées suivant les angles du pentagone achèvent les rosettes étoilées de seize mailles. Enfin, et pour finir, les côtés prolongés du pentagone déterminent la rosette octogonale à coins entrelacés.

PL. 153. — Plan carré. — Distribution suivant le réseau de l'octogone et du carré assemblés. Des sommets de l'octogone décrire des circonférences égales et tangentes, c'est-à-dire d'un rayon égal à la moitié du côté. Du centre décrire une circonférence tangente à celles du sommet. En joignant un à un les points de division et prolongeant les lignes on a, d'une part, l'hexagone pair, et d'autre part la rosette de seize mailles. En menant les diamètres dans l'hexagone pair on les subdivise en triangles dans chacun desquels on trace un tricèle révolvé à l'aide du réseau trillé.

VIe SÉRIE

ETOILES ET ROSETTES GROUPÉES PAR 3 ET PAR 4.

PL. 154. — Plan carré. — Réseau curviligne composé par des étoiles de cinq, de six et de huit pointes. Subdiviser l'espace environnant le point milieu des côtés du carré en douze parties égales et l'espace environnant le centre en seize parties égales. Par la rencontre des deux rayons voisins de la médiane et du point milieu du côté comme centre décrire un cercle; puis par la rencontre des deux rayons voisins de l'angle du carré comme centre, décrire une circonférence tangente. Du premier point de rencontre un cercle tangent, enfin du centre et du point milieu du côté, un nouveau cercle tangent aux derniers. Le second cercle inscrit une étoile de cinq pointes (l'angle de deux rayons est égal à deux fois l'angle au centre du pentagone à 1/30 près). Le troisième cercle inscrit un hexagone curviligne irrégulier. Le quatrième cercle inscrit une étoile de huit pointes, enfin le cinquième une étoile de six pointes.

PL. 155. — Plan pseudo-trigone. — Répartition pseudo-hexagonale. Subdiviser l'espace environnant un sommet en dix-huit parties égales, l'espace environnant le second sommet en vingt parties égales et l'espace environnant le troisième en douze parties égales. Du premier sommet décrire une circonférence avec un rayon égal à la moitié de la distance du premier au troisième sommet, y inscrire une rosette de neuf mailles. Par le second sommet, qui a été déterminé par un angle égal aux 3/5 de l'angle droit, on décrit une circonférence tangente et on y inscrit une rosette décagone. Par le troisième sommet avec un rayon égal à la moitié de sa distance au premier point de rencontre des rayons voisins, on décrit un cercle dans lequel on inscrit une étoile dont les côtés prolongés déterminent les rosettes de six mailles.

Pl. 156. — Plan rectangle. — Répartition variée par files horizontales et groupement losange. Par les extrémités du petit côté décrire deux circonférences égales et tangentes, y inscrire une rosette octogonale. Par le point de rencontre des deux rayons bissecteurs de l'angle droit, mener une ligne faisant avec le grand côté du rectangle, un angle égal à 2/9. Par le sommet de l'angle décrire une circonférence tangente à la rosette octogonale et y inscrire une rosette de neuf mailles. Enfin, par un sommet de cette derrière rosette, mener une droite qui fasse avec l'autre grand côté du rectangle un angle égal à 3/5. Par le sommet de ce dernier angle décrire une circonférence tangente et y inscrire une rosette décagonale. Par les côtés prolongés le reste s'ensuit.

Pl. 157. — Plan rectangle. — Répartition en échiquier ou quinconce oblong. Subdiviser l'espace environnant les deux sommets supérieurs du rectangle en vingt-quatre parties égales et l'espace environnant le point de rencontre des deux rayons bissecteurs en seize parties égales. Par les points de rayonnement décrire des circonférences tangentes d'un rayon à peu près arbitraire. Par l'un des sommets de la rosette octogonale mener une droite qui fasse avec le petit côté du rectangle un angle égal à 3/5 ; par le sommet de l'angle décrire une circonférence tangente et y inscrire une rosette décagonale. Par les côtés prolongés le reste s'ensuit.

Pl. 158. — Plan carré. — Subdiviser l'espace environnant un sommet en seize parties égales, subdiviser l'espace environnant le sommet opposé en vingt-quatre parties égales, enfin l'espace environnant les deux autres sommets en vingt parties égales. Par la rencontre de deux rayons faire passer du premier sommet un cercle et y inscrire une rosette octogonale étoilée ; par la rencontre de deux rayons faire passer une circonférence et y inscrire une rosette décagonale étoilée ; enfin, par le dernier sommet décrire une circonférence tangente à la rosette décagonale et y inscrire une rosette dodécagone étoilée. Par le prolongement des côtés et l'ajustement octogone le reste s'ensuit.

Pl. 159. — Plan carré. — Subdiviser l'espace environnant un sommet en vingt-quatre parties égales et l'espace environnant les deux sommets voisins en vingt parties égales. A la rencontre des trois rayons de la subdivision décagonale, subdiviser l'espace environnant en dix-huit parties égales. Du même point de rencontre avec un rayon égal à la moitié de la distance de ce point au point de rencontre des deux rayons voisins du côté du carré, décrire une circonférence, y inscrire une étoile de neuf pointes, et, par les côtés prolongés achever la rosette de neuf mailles. Des sommets précédents décrire des circonférences tangentes à cette rosette et y inscrire dans l'une une rosette de douze mailles et dans l'autre une rosette de dix mailles. Par les côtés prolongés le reste s'ensuit.

Pl. 160. — Plan carré. — Subdiviser l'espace environnant les sommets en vingt-quatre parties égales, l'espace environnant les points milieux des côtés en vingt parties égales, et l'espace environnant le centre en trente-deux parties égales. Les deux rayons voisins de la diagonale font un angle égal à trois fois l'angle au centre de l'heptagone à 1/168 près. On joint les deux sommets opposés de ces angles et par le point milieu on mène une horizontale qui coupe les rayons en deux points par lesquels on fait passer deux circonférences : la première inscrit la rosette de douze mailles, et la seconde la rosette de seize mailles. Par le point milieu des côtés on décrit une circonférence tangente à la rosette de seize mailles et on y inscrit une rosette de dix mailles. Le reste s'ensuit.

Pl. 161. — Plan trigone. — Subdiviser l'espace environnant le sommet en vingt-quatre parties égales, l'espace environnant les deux autres sommets à la base en dix-huit parties égales, et enfin l'espace environnant le point milieu de la base en vingt parties égales. Les points d'intersection des deux rayons voisins d'un côté et de l'autre de la base étant joints par une droite, cette droite coupe la base en un point, par lequel on fait passer deux circonférences tangentes décrites des extrémités de la base et du point milieu. Ces circonférences inscrivent : l'une une étoile de neuf pointes, l'autre une étoile de dix pointes. Les côtés prolongés déterminent la rosette de douze pointes, puis l'hexagone étoilé et enfin, à l'aide d'un cercle, l'octogone étoilé. On remarquera le déhanchement des lignes.

Pl. 162. — Plan carré. — Nappe analogue à la fig. 160. Des deux sommets opposés on décrit une circonférence qui passe par le point de rencontre des deux rayons voisins de la diagonale ; puis, des deux autres sommets, des circonférences tangentes à la première. L'une de ces circonférences inscrit une rosette étoilée de douze mailles, l'autre une étoile de seize pointes. On prolonge les côtés de cette étoile et l'on achève une rosette étoilée de seize mailles. Une circonférence concentrique à la première et tangente à la rosette de seize mailles inscrit une rosette de dix mailles. Autour du point de rencontre des deux rayons on trace un heptagone dont les côtés prolongés raccordent les côtés prolongés des rosettes.

Pl. 163. — Plan carré. — Ajustement de quatre rosettes de cinq, de six, de sept et de huit mailles. Mener les diagonales du carré, puis subdiviser l'espace environnant l'un des sommets en seize parties égales. Par la rencontre du rayon avoisinant le côté, abaisser une perpendiculaire sur ce côté. Du pied décrire une circonférence tangente au côté vertical, y inscrire une rosette hexagonale. Puis, du sommet déjà subdivisé, décrire une circonférence tangente, y inscrire une rosette octogonale. Par le point de rencontre du rayon penché de la rosette hexagonale avec la diagonale, décrire un cercle tangent aux premiers, y tracer une rosette pentagonale, dont l'un des rayons coupe le côté en un point duquel on décrit une circonférence tangente aux premières et dans lesquelles on inscrit une rosette heptagonale.

Cet exemple est remarquable et montre nettement la tournure d'esprit des artisans arabes. Il est évident que l'artisan s'est posé ce problème : ajuster des rosettes de cinq, de six, de sept et de huit mailles, c'est-à-dire procédant dans l'ordre régulier de ces quatre chiffres. En toute rigueur, l'ajustement parfait est impossible, mais la solution en approche pourtant assez près pour que, moyennant un certain balancement, la nappe puisse être considérée comme régulière. Les différences entre les angles actuels et les angles exacts sont de 8/105, de 1/30 et de 1/105. La différence la plus sensible est celle de la rosette de cinq mailles (1/13 environ), mais cette rosette est la plus petite, et par conséquent la moins en vue. La solution est donc vraiment satisfaisante; d'ailleurs, cette nappe est une claire-voie dont les vides étoilés sont remplis par des fleurons ; cette application n'est plus de la géométrie, et l'on ne peut, sans pédantisme, exiger plus de rigueur. Il suffit très-bien que l'on sente sous l'effet immédiat un ordre secret qui préside au dessin, c'est-à-dire à l'arrangement des parties.

VIIe SÉRIE

FAMILLE HEPTAGONALE.

PL. 164. — Plan isocèle ou losange. — Subdiviser l'espace environnant un point en vingt-huit parties égales, prendre six de ces parties pour angle au sommet d'un triangle isocèle. Des sommets de ce triangle avec un rayon égal à la moitié des rampants, décrire des circonférences dans lesquelles on joint les points de division de 2 en 2 en les prolongeant. Puis, à l'aide d'une circonférence concentrique décrite d'un rayon à peu près arbitraire, on achève les rosettes de quatorze mailles. Un petit heptagone régulier résultant des lignes de la figure raccorde les rosettes.

PL. 165. — Même construction préliminaire que ci-dessus, mais au lieu de joindre les points de division de 2 en 2, on mène les diagonales de 4 en 4 divisions. Le reste s'ensuit.

PL. 166. — Plan isocèle ou losange. — Le triangle isocèle de répartition a pour angle à la base les 5/7 d'un angle droit. Des sommets du triangle on décrit des circonférences avec un rayon égal à la moitié des rampants. On divise ces circonférences en vingt-huit parties égales et l'on y mène les diagonales de 6 en 6 divisions. Par des circonférences concentriques et décrites d'un rayon à peu près arbitraire, on achève les rosettes de quatorze mailles. On parfait ensuite les petits heptagones de raccord et l'épure est achevée.

PL. 167. — Plan isocèle ou losange. — Le triangle isocèle de répartition a pour angle à la base les 4/7 d'un angle droit. Des sommets du triangle on décrit des circonférences égales et tangentes suivant les rampants, on les divise en vingt-huit parties égales et l'on y mène les diagonales de 6 en 6 divisions. Par le point de rencontre du premier rayon voisin de la base avec la hauteur du triangle on décrit un cercle tangent aux circonférences, on le divise en quatorze parties égales et l'on y mène les diagonales de 4 en 4 divisions. Le reste s'ensuit.

PL. 168. — Plan isocèle ou losange. — Ajustement pentagonal. Le triangle de répartition a pour angle à la base les 4/7 d'un angle droit. Par le point de rencontre du premier rayon voisin de la base avec la hauteur, on subdivise l'espace environnant en quatorze parties égales et par ce même point on décrit une circonférence qui passe par le point de rencontre du rayon voisin de la hauteur avec la base. Par le point de rencontre des deux rayons voisins de la hauteur, on décrit une circonférence tangente à la précédente et on la divise en cinq parties (à peu près égales, car l'angle de ces deux rayons est plus petit de 1/35 que deux fois l'angle au centre du pentagone). Du sommet, une circonférence tangente à celle du pentagone inscrit une rosette étoilée de quatorze mailles dont l'inclinaison des lignes résulte du pentagone d'ajustement.

PL. 169. — Plan carré. — Subdiviser l'espace environnant les deux sommets opposés du carré en vingt-huit parties égales. Par le centre du carré, mener une ligne parallèle au rayon voisin du côté du carré et penché en barre. Cette ligne coupe le rayon voisin du côté du carré en un point par lequel on fait passer une circonférence dans laquelle on mène les diagonales de 4 en 4 divisions. Par une circonférence concentrique on achève la rosette de quatorze mailles. Le reste s'ensuit par ajustement à l'aide du petit hexagone dont, connaissant deux des côtés, on achève la figure. Ce petit heptagone est équiangle, mais l'un de ses côtés est plus grand que les six autres. Cette légère irrégularité, disparaît dans l'exécution. Cet entrelacs est tiré d'un panneau de menuiserie assemblée en un réseau dont la membrure est moulurée, une arête de plus au droit de ce petit hexagone rétablit la régularité.

PL. 170. — Plan carré. — Par le centre du carré, on mène le trait gironné dévié de 1/7 de l'angle droit. Par le point de rencontre du trait penché avec le côté du carré on fait passer une circonférence qui inscrit un carré. On subdivise l'espace environnant ce point de rencontre en quatorze parties égales, et, à l'aide d'une nouvelle circonférence qui passe par le point de rencontre d'un des rayons avec le côté du carré inscrit, on achève l'étoile heptagonale. Le reste s'ensuit.

VIIIᵉ SÉRIE

FAMILLE PENTAGONALE.

PL. 171. — Plan isocèle ou losange. — Le triangle isocèle a son angle de base égal aux 3/5 d'un droit. On décrit des circonférences égales et tangentes suivant les rampants; on les divise en vingt parties égales et l'on joint les points de division un à un par des lignes prolongées. Toute l'épure s'ensuit. Il sera plus commode de tracer une circonférence concentrique à la première et passant par le point de rencontre d'un côté prolongé avec le premier rayon de la circonférence voisine. On remarquera que les mailles intercalaires sont exactement égales à celles de la rosette.

PL. 172. — Plan rectangle. — Aux deux extrémités du petit côté on décrit deux circonférences égales et tangentes, on les divise en vingt parties égales et l'on y inscrit la rosette de dix mailles. Par des mailles répétées de proche en proche, on achève la figure, suivant d'ailleurs les lignes ponctuées qui sont tracées sur l'épure.

PL. 173. — Plan isocèle ou losange. — Le triangle isocèle a pour angle à la base les 4/5 de l'angle droit. On subdivise l'espace environnant, les trois sommets en vingt parties égales. Des circonférences étant décrites avec un rayon égal à la moitié de la base, on y mène les diagonales de 6 en 6 divisions, lesquelles, prolongées, achèvent la figure.

PL. 174. — Même plan et mêmes circonférences que ci-dessus, seulement, d'une part on mène les côtés prolongés en joignant les points de division un à un, et, d'autre part on inscrit les rosettes de dix mailles à l'aide d'une circonférence concentrique. Le reste s'ensuit à l'aide des lignes prolongées.

PL. 175. — Plan isocèle. — Triangle ayant pour angle de base les 3/5 d'un droit. Par les sommets on décrit des circonférences égales et tangentes suivant les rampants, et l'on y mène les diagonales de 6 en 6 divisions.

PL. 176. — Plan rectangle. — Par le petit côté, on décrit deux circonférences égales et tangentes, on y mène les diagonales de 6 en 6 divisions. On fait passer une ligne horizontale par le sommet du petit pentagone et l'on répète la construction au-dessous de cette ligne.

PL. 177. — Plan carré. — Subdiviser les deux angles opposés en cinq parties égales (c'est-à-dire l'espace environnant les sommets en vingt parties égales). Par le centre faire passer un trait parallèle au premier rayon penché en bande. Ce trait coupe le deuxième rayon couché en un point par lequel on fait passer une circonférence dans laquelle on mène les diagonales de 6 en 6 divisions. Le reste s'ensuit.

PL. 178. — Plan carré. — Décrire par les sommets des circonférences égales et tangentes, y mener les diagonales de 4 en 4 divisions, puis, dans des circonférences concentriques décrites avec un rayon égal à la moitié du second rayon voisin du côté, on mène les diagonales de 6 en 6 divisions.

PL. 179. — Plan isocèle. — L'angle à la base est égal aux 3/5 de l'angle droit. On subdivise l'espace environnant les sommets en vingt parties égales. Par le milieu du côté rampant on fait passer une ligne horizontale à laquelle on mène des circonférences tangentes par les sommets du triangle. On mène les diagonales de 4 en 4 divisions en les prolongeant. On achève la rosette de dix mailles, puis les petits pentagones d'ajustement; le coin qui broche sur les pointes s'ensuit et l'épure est achevée.

PL. 180. — Même épure, seulement à la place des rosettes maillées, on trace des étoiles dont les sommets sont bouclés en forme de coin. Cette nappe d'entrelacs revient à la distribution régulière et entrelacée d'un seul motif en forme de coin.

PL. 181. —'Même épure. — Transformation curviligne de la nappe précédente. Les points de centre distribués sur les rayons sont indiqués par deux petits traits en croix.

PL. 182. — Même tracé préliminaire que ci-dessus. Par les points de rencontre des deux rayons voisins du rampant, on élève une verticale qui coupe le rayon prochain en un point qui est le centre du petit pentagone d'ajustement. Par ce point on fait passer un trait oblique incliné de 1/5 d'angle droit; ce trait coupe la base en un point, par lequel on fait passer un cercle dans lequel on mène les diagonales de 6 en 6 divisions, une circonférence concentrique achève la rosette. Enfin, les petits pentagones étant parachevés, tout le reste de l'épure s'ensuit.

PL. 183. — Plan isocèle ou losange. — Le triangle a pour angle à la base les 4/5 d'un angle droit. Par les sommets on décrit des circonférences avec un rayon égal à la moitié de la base et l'on y mène les diagonales de 6 en 6 divisions en les prolongeant. De petits décagones situés au centre des triangles raccordent les rosettes.

PL. 184. — Plan rectangle. — Sur le petit côté, on trace un triangle isocèle ayant pour angle à la base les 3/5 d'un droit. Par les sommets de la base on trace deux cercles égaux et tangents dans lesquels on mène les diagonales de 4 en 4 divisions. Enfin, par le sommet du triangle on trace une circonférence tangente aux dernières, dans laquelle on mène les diagonales de 3 en 3 divisions.

PL. 185. — Plan isocèle ou losange très-allongé. — Même tracé que ci-dessus aux quatre sommets du losange, mais avec un raccord intermédiaire et suivant les lignes déjà tracées. C'est un tracé de proche en proche, car le losange est fictif et indique non des rayons dans le prolongement l'un de l'autre, mais seulement l'ordre de répartition des rosettes.

PL. 186. — Plan losange. — Après avoir subdivisé l'espace environnant un point en vingt parties égales, on trace un triangle isocèle ayant pour angle au sommet les 4/5 d'un droit et ses rampants situés, l'un suivant le rayon vertical et l'autre suivant le rayon couché, voisin du rayon horizontal. Par le point de rencontre de la base de ce triangle avec le rayon qui en est en même temps la hauteur, on fait passer une circonférence et un trait horizontal. Par la rencontre du trait horizontal avec la verticale, on fait passer une circonférence concentrique dans laquelle on inscrit la rosette étoilée de dix mailles. On achève le petit pentagone dont le centre est sur la base du triangle isocèle et de proche en proche, on trace les dernières lignes de l'épure.

Pl. 186'. — Même tracé préliminaire que ci-dessus, mais répartition avec un intervalle plus grand entre les rosettes. L'une des rosettes au lieu d'être rectiligne est curviligne.

Pl. 187. — Répartition suivant un triangle isocèle ayant pour angle à la base les 3/5 d'un droit. Des sommets on décrit des circonférences égales et tangentes suivant les rampants et on y mène les diagonales de 4 en 4 divisions; enfin, on achève les rosettes.

Pl. 187'. — Triangle isocèle ayant pour angle à la base les 4/5 d'un droit. Par les sommets on décrit des circonférences ayant pour rayon la moitié de la base, on y mène les diagonales de 4 en 4 divisions, lesquelles prolongées achèvent la figure.

Pl. 188. — Par le point de rencontre du rayon voisin de l'horizontale avec une ligne verticale quelconque (suivant l'échelle de l'épure), on mène une ligne perpendiculaire au rayon voisin de la verticale, c'est l'axe de symétrie des rosettes. Dans des circonférences égales et tangentes à cette ligne, on trace lesdites rosettes. Le reste s'ensuit.

Pl. 188'. — Plan rectangle de symétrie diagonale. Par les sommets décrire des circonférences égales et tangentes suivant le petit côté et y mener les diagonales de 4 en 4 divisions; puis, par une circonférence concentrique, achever la rosette. On a ainsi trois rosettes de dix mailles égales et tangentes suivant les rampants du triangle isocèle. On retient seulement six mailles de la rosette du sommet et on lui raccorde diagonalement une portion de rosette identique et qui implique à son tour les deux rosettes entières précédentes.

Pl. 189. — Plan losange très-allongé et dont le triangle isocèle a pour angle à la base les 4/5 de l'angle droit. Par le point milieu du rayon oblique voisin du rampant, on fait passer une circonférence qui coupe les rayons en des points qui sont les centres des petits pentagones d'ajustement. Une circonférence concentrique décrite avec un rayon égal à la moitié du précédent inscrit une étoile par les diagonales menées de 8 en 8 divisions. On achève la rosette, puis, de proche en proche, à l'aide du pentagone d'ajustement, on trace les mailles et les étoiles.

Pl. 190. — Plan losange très-allongé dont la proportion est un grand axe égal à trois fois le petit axe. On subdivise l'espace environnant les sommets en vingt parties égales. Par le point milieu de la partie du rayon (deuxième voisin de la verticale et troisième voisin du petit axe) comprise entre l'extrémité du petit axe et le grand axe, on fait passer un trait perpendiculaire qui coupe les deux rayons voisins en des points par lesquels on fait passer des verticales indéfinies. Par ces mêmes points de rencontre on trace des circonférences égales et tangentes et dans lesquelles on inscrit des pentagones réguliers. Une troisième circonférence tangente aux précédentes et dont le centre est sur le grand rayon, inscrit un petit pentagone dont les côtés sont prolongés en petites mailles losanges. Le reste s'ensuit facilement, soit qu'on trace les figures de proche en proche, soit qu'on adopte un réseau tracé suivant les figures déjà déterminées. Ce réseau, composé de cinq séries de lignes, contient virtuellement tout le tracé de l'épure.

DESCRIPTION DES PLANCHES

(10 CHROMOLITHOGRAPHIES)

PLANCHE I

Petite porte du sanctuaire de la mosquée du sultan Hassan, au Caire (1357-1360). Applications de bronze fondu et ciselé, clouées sur une porte en bois. L'épure du grand panneau est donnée sous le n° 131 de la IV° série. Le réseau ciselé en bandes méplates, enserre dans ses mailles, et à recouvrement, des feuilles découpées suivant les mailles du réseau et relevées en bosses, tantôt méplates, tantôt arrondies. Ces feuilles sont clouées d'abord sur le bois, puis le réseau est rapporté par dessus et cloué à son tour. Une baguette de plus grand relief à gros clous, compartit l'ensemble de la disposition, qui se compose d'abord du grand panneau, puis de quatre panneaux beaucoup plus petits et carrés, contenant l'invocation Ia Allah (ô Dieu), en caractères *Neskhis* ou *Cursifs*. Les lettres de l'inscription sont remplies d'un rinceau et le tout est découpé dans une feuille de bronze. Enfin, une bordure d'ornement à deux rinceaux entrelacés encadre les panneaux. Le grand panneau y compris la bordure, a 0ᵐ,31 de largeur pour l'un des battants.

PLANCHE II

Différents motifs de menuiserie tirés de l'épure n° 48 de la II° série. Le premier, en menuiserie de petits compartiments assemblés à rainures et languettes, contient une rosette entière au centre et un quart de rosette aux quatre sommets. Le second motif contient une seule rosette inscrite au carré; les panneaux de remplissage sont taillés d'ornements ou fleurons ciselés et intaillés. Le troisième motif est une bande de demi-rosettes opposées; le quatrième est une bande de rosettes entières et le cinquième une bande de demi-rosettes alternes. Ces trois derniers motifs sont formés de baguettes arrondies ou chanfreinées, taillées de longueur, puis ajustées et clouées sur un champ uni. En suivant les différents axes de l'épure, on en découperait le champ en un grand nombre de carreaux, de bandes ou de panneaux.

PLANCHE III

Le grand panneau carré tiré du vestibule de la mosquée du sultan Hassan, a son épure sous le n° 111 de la IV° série. La bande incrustée de carreaux en marbre rouge et en faïence émaillée bleu turquoise, est tirée de la porte de la mosquée du sultan El-Moeyyed (1412-1421); son épure est contenue sous le n° 38 de la I° sére. La troisième bande tirée d'une fontaine au Caire, a son épure sous le n° 154 de la VI° série. La quatrième bande en travers est tirée de la mosquée du sultan Kaït-Bey (1467-1495); elle est formée par l'ajustement quasi-régulier de rosettes étoilées heptagonales suivant un plan carré. La cinquième bande est formée de rosettes octogonales composées de listels curvilignes, de rouleaux et de fleurons, s'ajustant sur un plan carré; au centre est une autre rosette analogue, mais plus petite. Cette dernière bande est tirée de la mosquée d'El-Bordeyny, au Caire (XVII° siècle).

PLANCHE IV

Deux claires-voies provenant de l'ancien Moristân de Damas (XIV° siècle). La première a son épure sous le n° 104 de la III° série. La seconde claire-voie n'a pas une nappe indéfinie comme les autres épures de la VIII° série, elle est tracée suivant la répartition du décagone et du pentagone, et l'on sait que cette répartition est limitée, les pentagones formant une couronne autour du décagone, mais ne s'étendant pas plus loin. On tracera d'ailleurs facilement cette épure par analogie avec le n° 173 de la VIII° série.

PLANCHE V

De la mosquée des Ommiades à Damas. La claire-voie en plâtre a son épure sous le n° 159 de la VI° série. Le grand treillis en bois appartient à la II° série, et les petits panneaux qui l'accompagnent à la I° série. La largeur de l'arcade est d'environ quatre mètres.

PLANCHE VI

Le grand panneau sur plan carré, en marqueterie de marbre, est tiré du pavement d'une fontaine au Caire (XV° siècle). Le second panneau tracé suivant l'épure, n° 48 de la II° série (voir la pl. II), provient de Damas. Le troisième panneau enfin, provient du linteau de la porte d'un tombeau du XV° siècle au Caire, son épure est sous le n° 42 de la II° série. Le premier panneau est résillé suivant les lignes de l'épure par un listel blanc qui encadre les segments colorés. Le second panneau n'a point de réseau explicite, les segments sont enclavés près à près. Le troisième panneau enfin, a ses segments retraits et incrustés sur un champ uni; la portion apparente du champ peut bien, à la rigueur, passer pour un réseau comme dans le premier panneau, pourtant l'effet est sensiblement différent à cause de la grande largeur du champ, et aussi parce que le mode d'exécution est autre. Dans le premier cas, le réseau est formé de baguettes taillées et assemblées; dans le second cas, une dalle de marbre a été entaillée et reçoit par incrustation des segments adaptés à l'excavation.

PLANCHE VII

Mosaïques en marbre et nacre provenant de lambris lapidaires. Le premier, tiré de la mosquée d'Altoûn-Boghâ-el-Mordâny (xive siècle) au Caire, a son épure sous le n° 173 de la VIIIe série. Le second, tiré de la grande mosquée de Damas, a son épure sous le n° 94 de la IIIe série. Les filets sont en nacre et les parties bleu-turquoise en pâte de verre.

PLANCHE VIII

Pavements en marbre tirés des maisons du Caire. Le premier panneau a son épure sous le n° 96 de la IIIe série. Le second aurait son épure dans la IIe série; cette épure, d'ailleurs très-simple, est déterminée par la répartition suivant le plan carré de l'octogone étoilé, formé de deux carrés entrelacés. La bande hexagonale aurait son épure dans la Ire série.

PLANCHE IX

Le panneau à découpures fleuronnées est formé d'une dalle de marbre incrustée d'un mastic résineux quasi-transparent rouge et noir; son dessin est tracé librement sur l'épure n° 171 de la VIIIe série. Les trois autres panneaux sont des stucs colorés et incrustés (scaïole ou scagliole des Italiens) et proviennent des maisons de Damas. Le premier a son épure sous le n° 52 de la IIe série; le second a son épure sous le n° 59 de la même série; le troisième enfin, a son épure sous le n° 28 de la Ire série.

PLANCHE X

Plafond d'une maison de Damas (fin du xviiie siècle). Le plafond tout entier est comparti suivant un tracé appartenant à la Ire série. Les caissons à segments géométriques appartiennent également à cette série. Des reliefs à facettes en pointes de diamant et dorés, alternent avec des à-plats en couleur. Le plafond entier a environ 4m,50, sur 2m,75. On remarquera la palette de coloration qui se compose de deux métaux : l'or et l'argent; de quatre couleurs ou émaux : le rouge, le pourpre, le bleu indigo et le vert; et de deux nuances : le rose pourpre et le bleu-clair indigo. Le vert est cerné et réchampi noir, le bleu clair est réchampi bleu foncé, le rose et le rouge sont réchampis et cernés pourpre.

FIN

PARIS

TYPOGRAPHIE DE FIRMIN-DIDOT ET Cie

56, RUE JACOB, 56

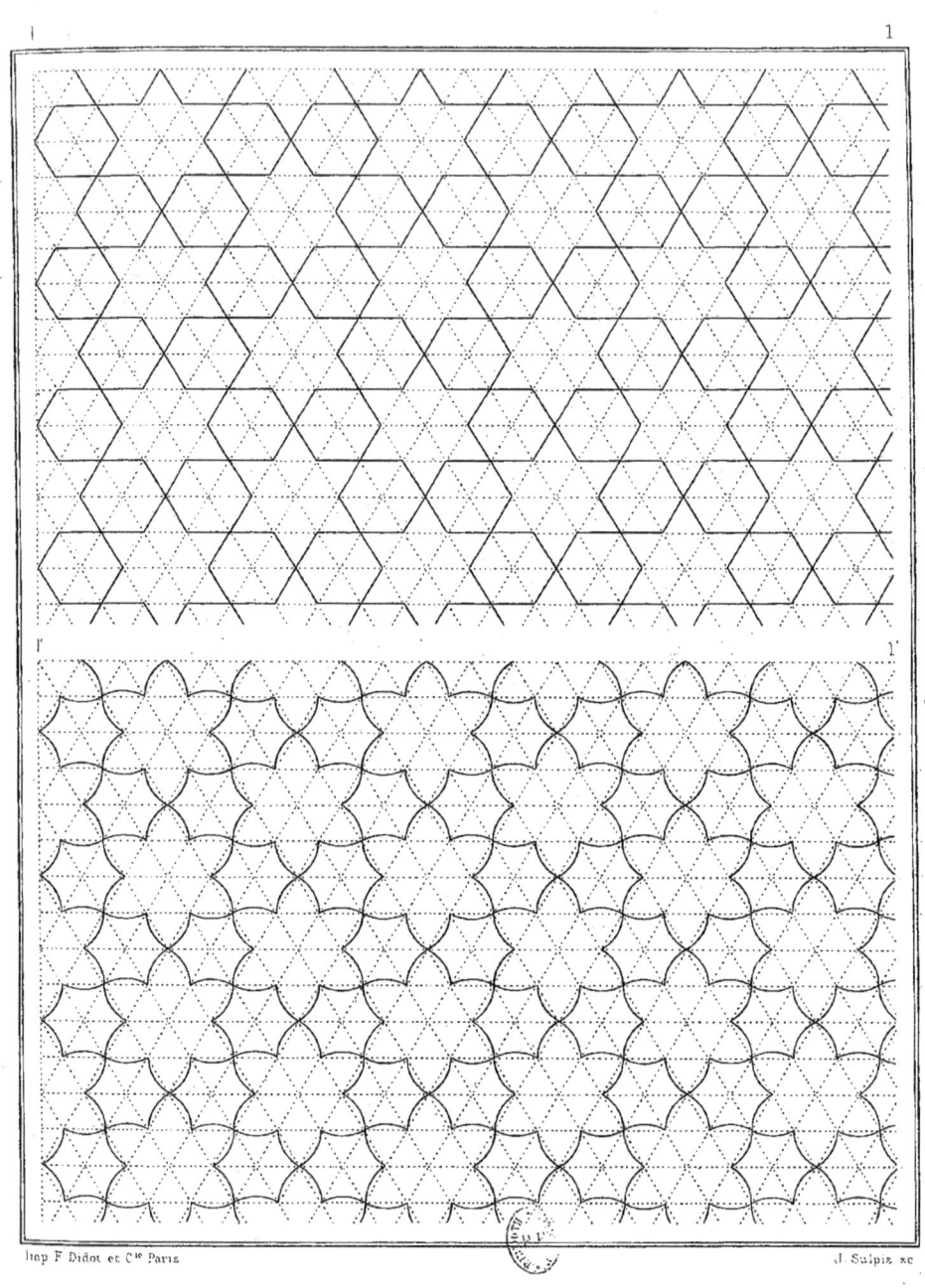

lmp F Didot et Cⁱᵉ Paris

J. Sulpis sc

٢ 2

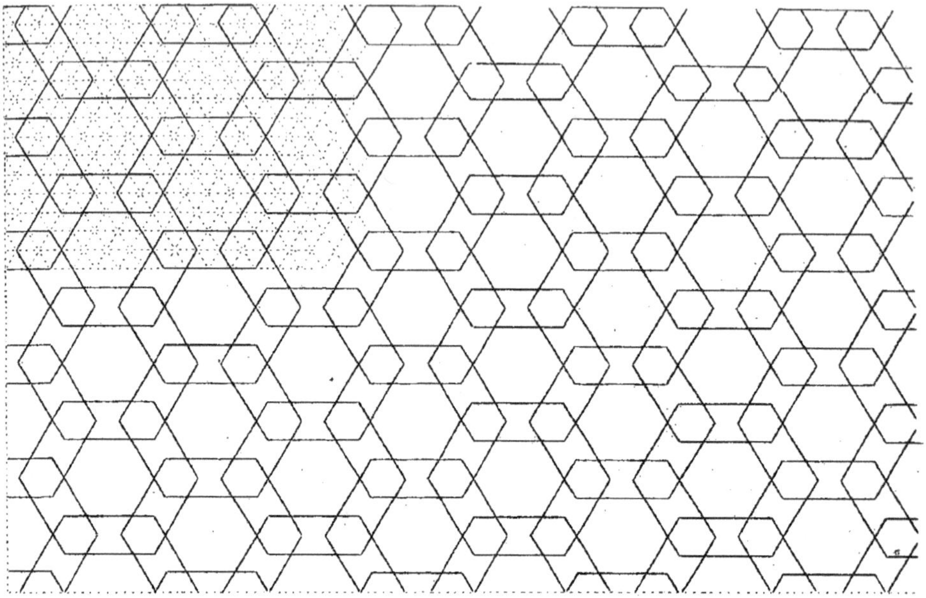

٢ 2

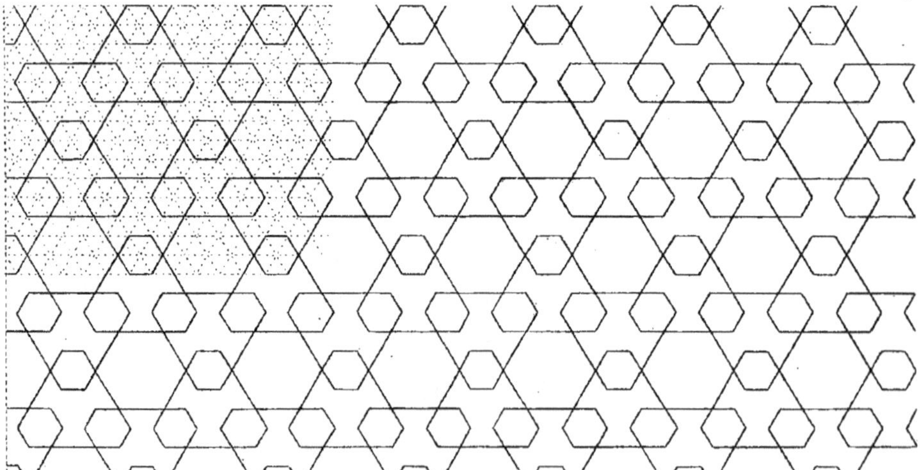

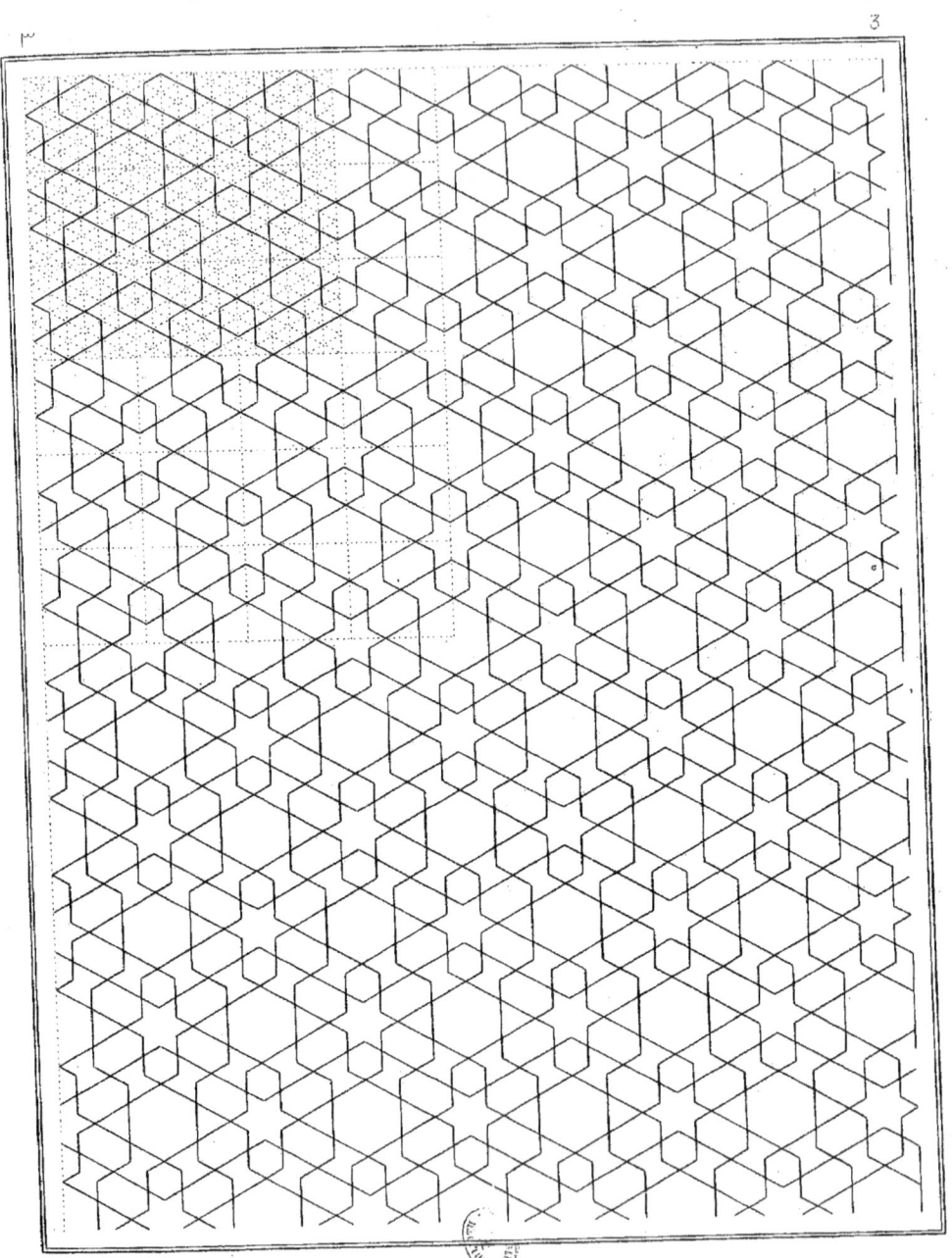

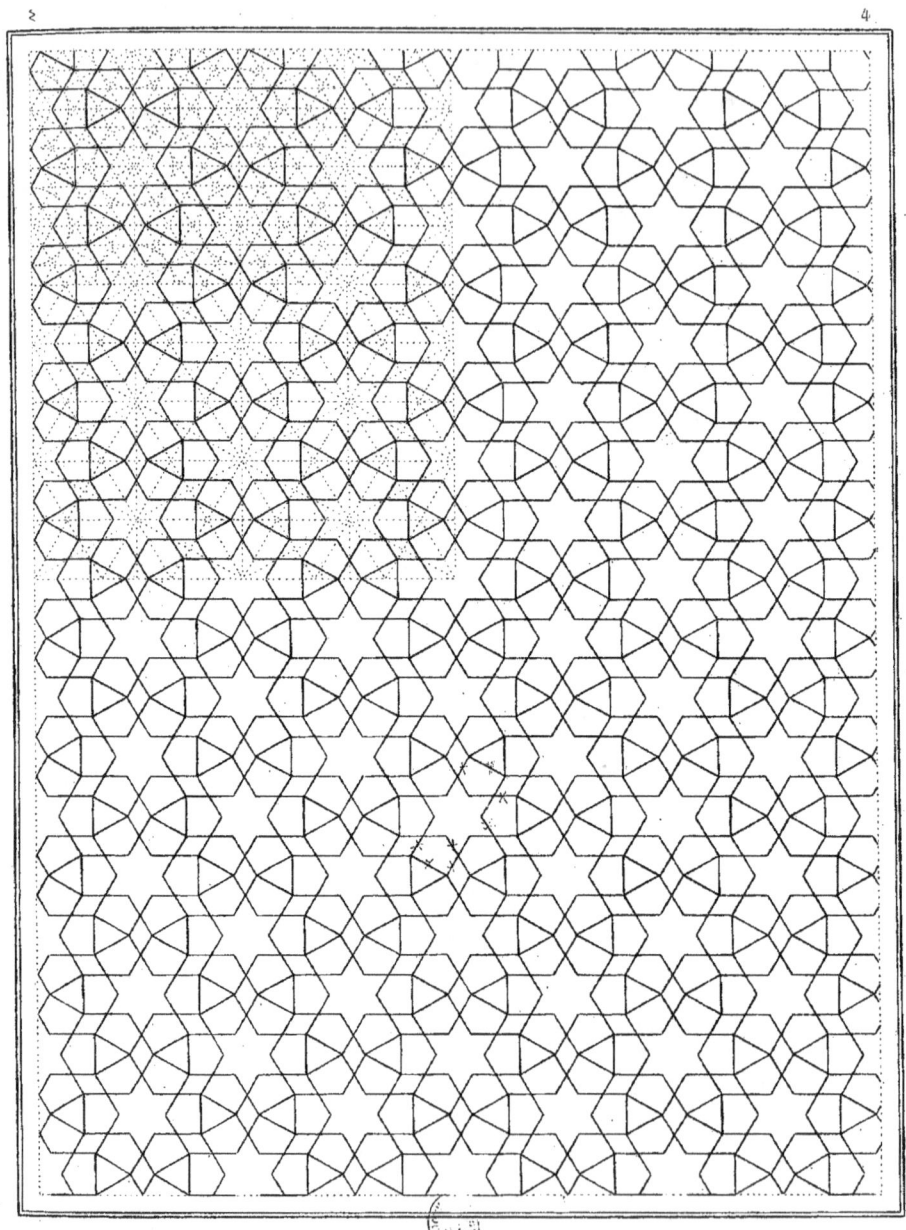

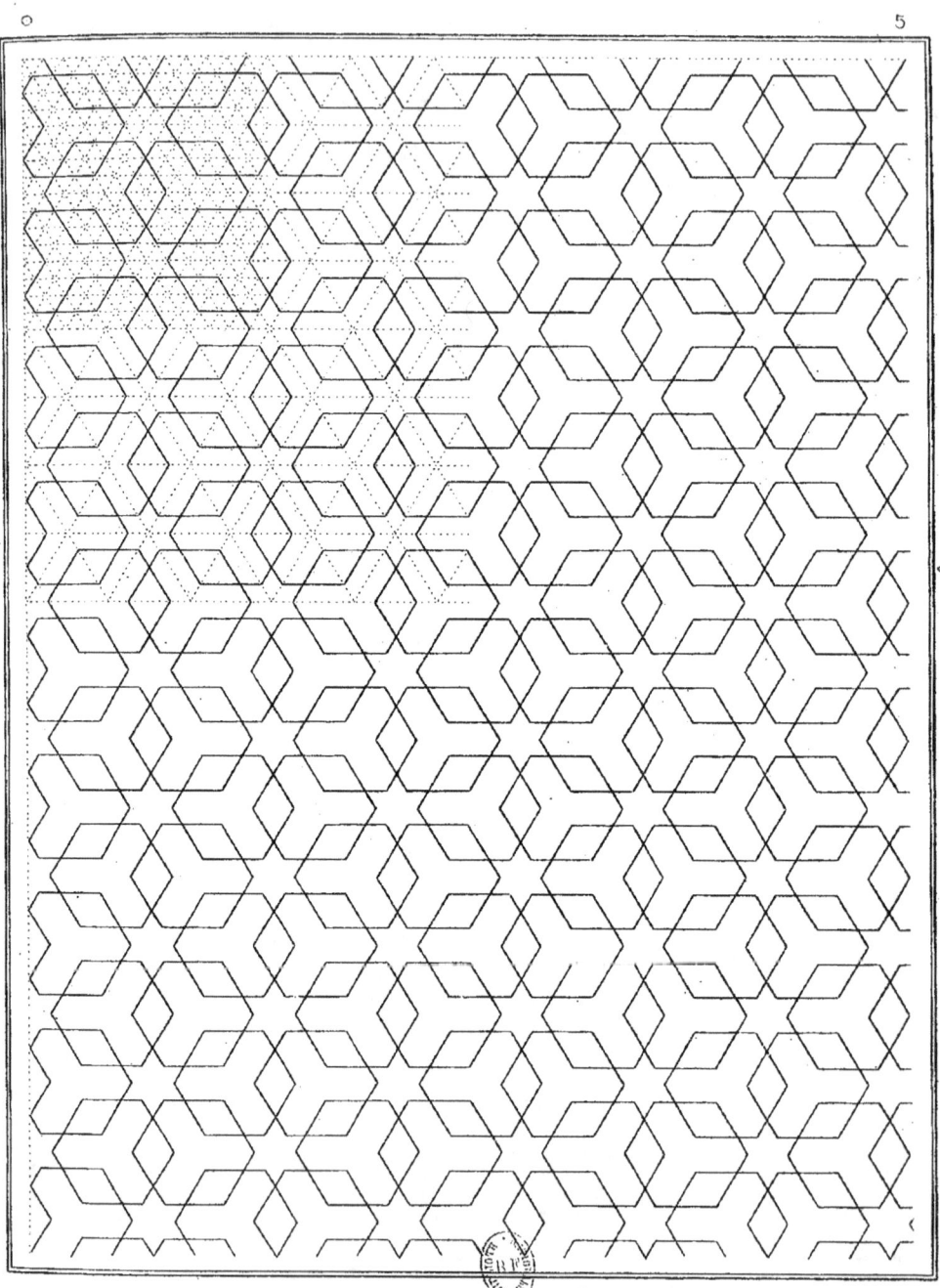

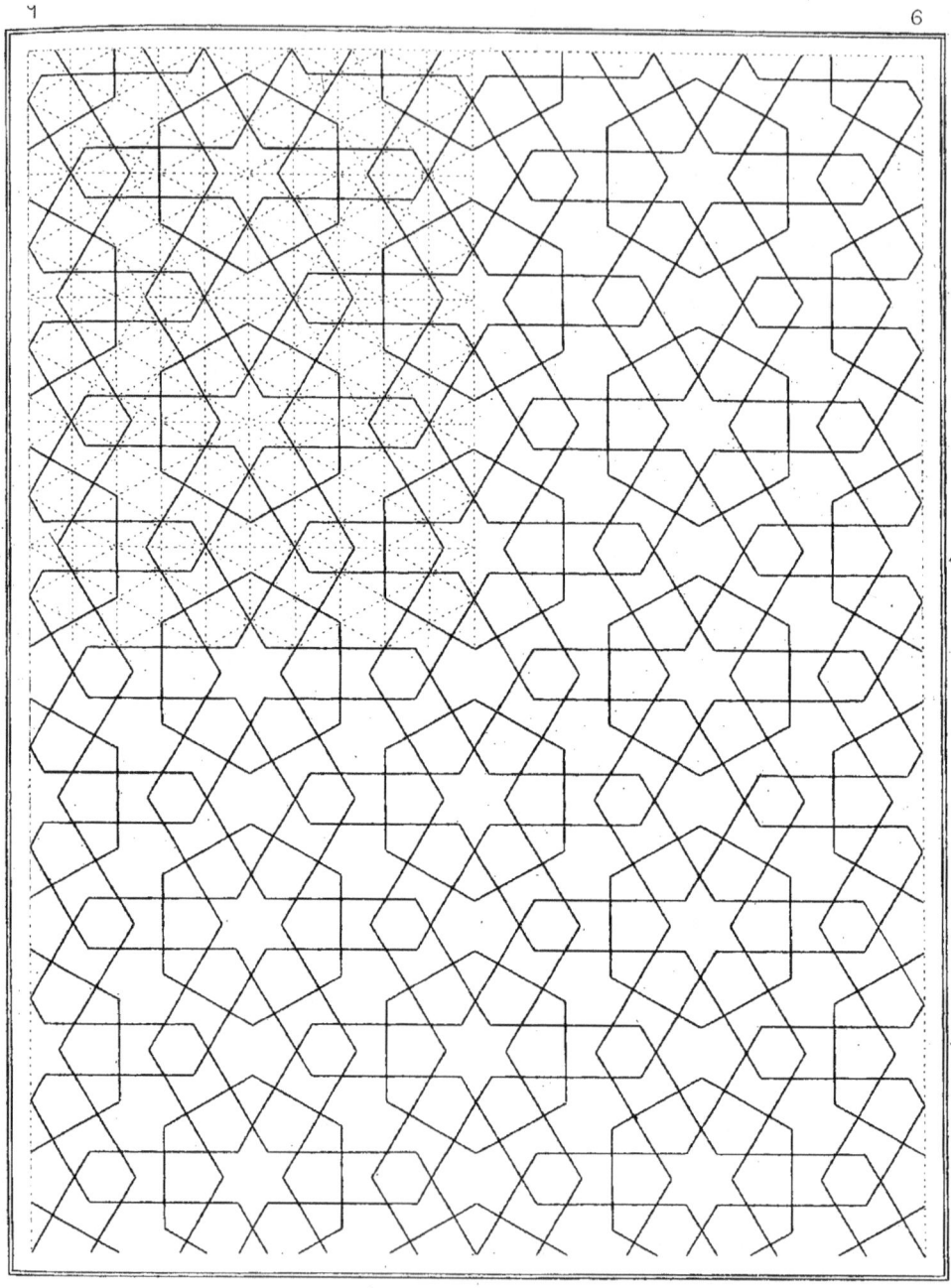

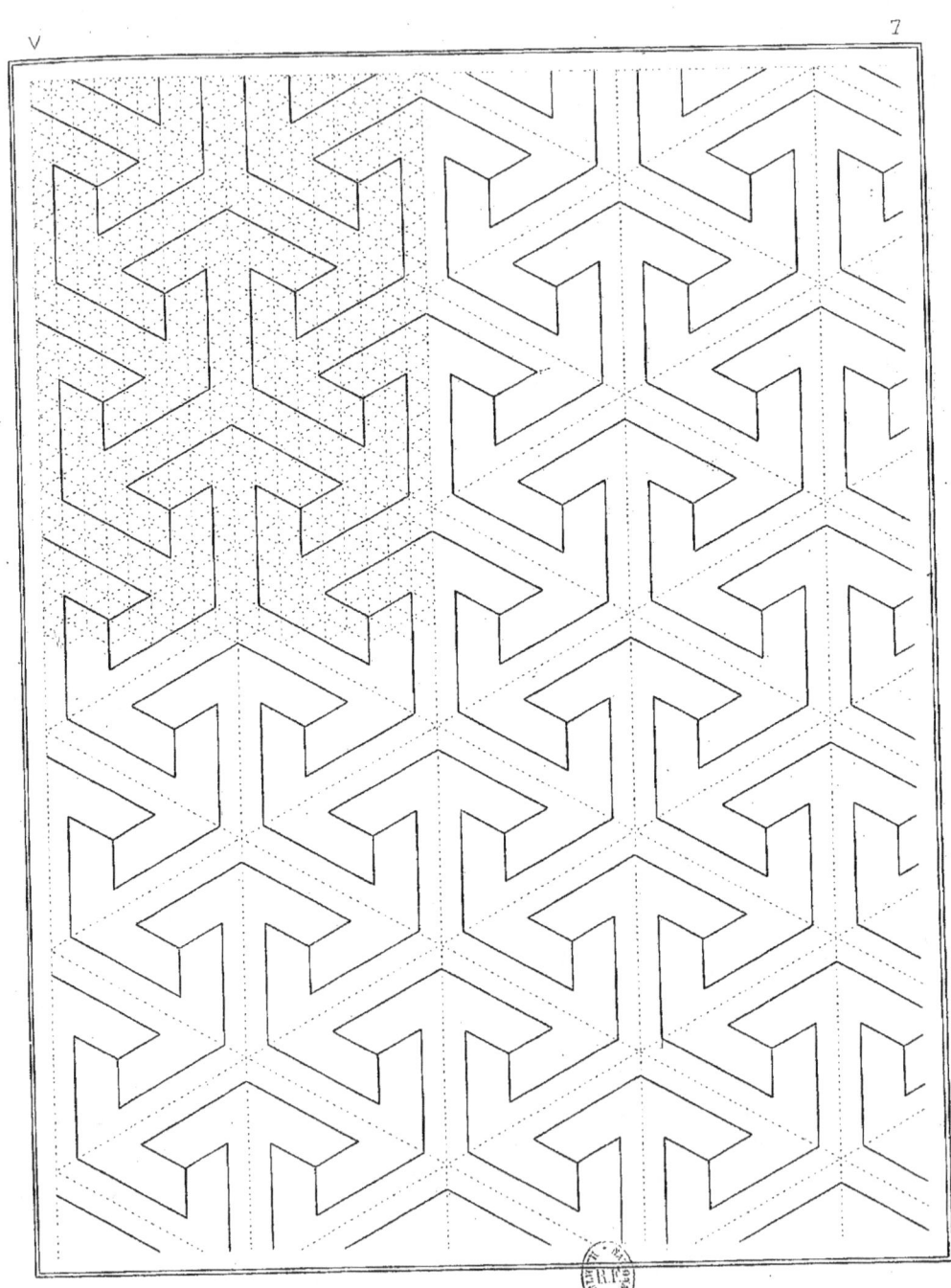

A

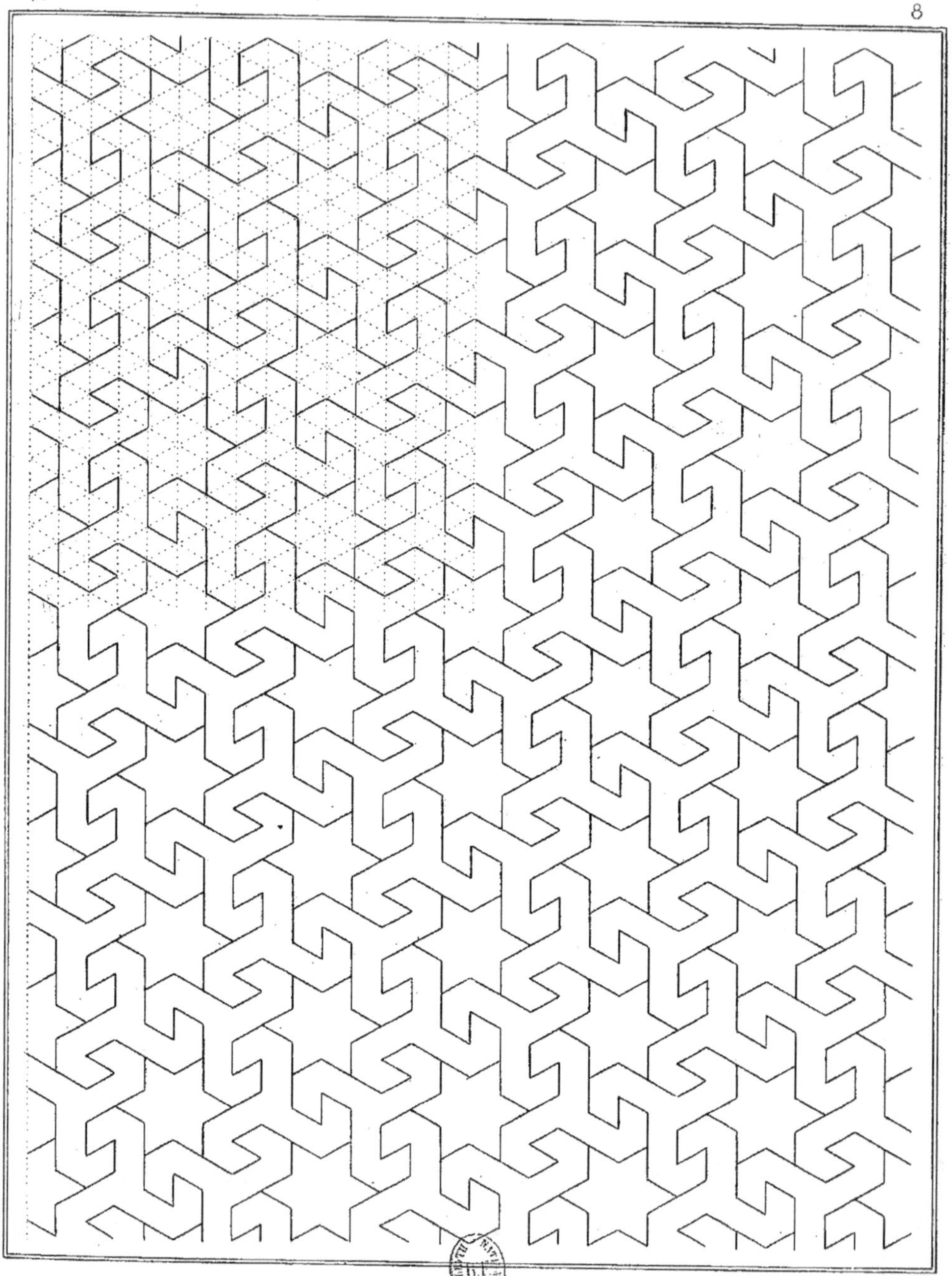

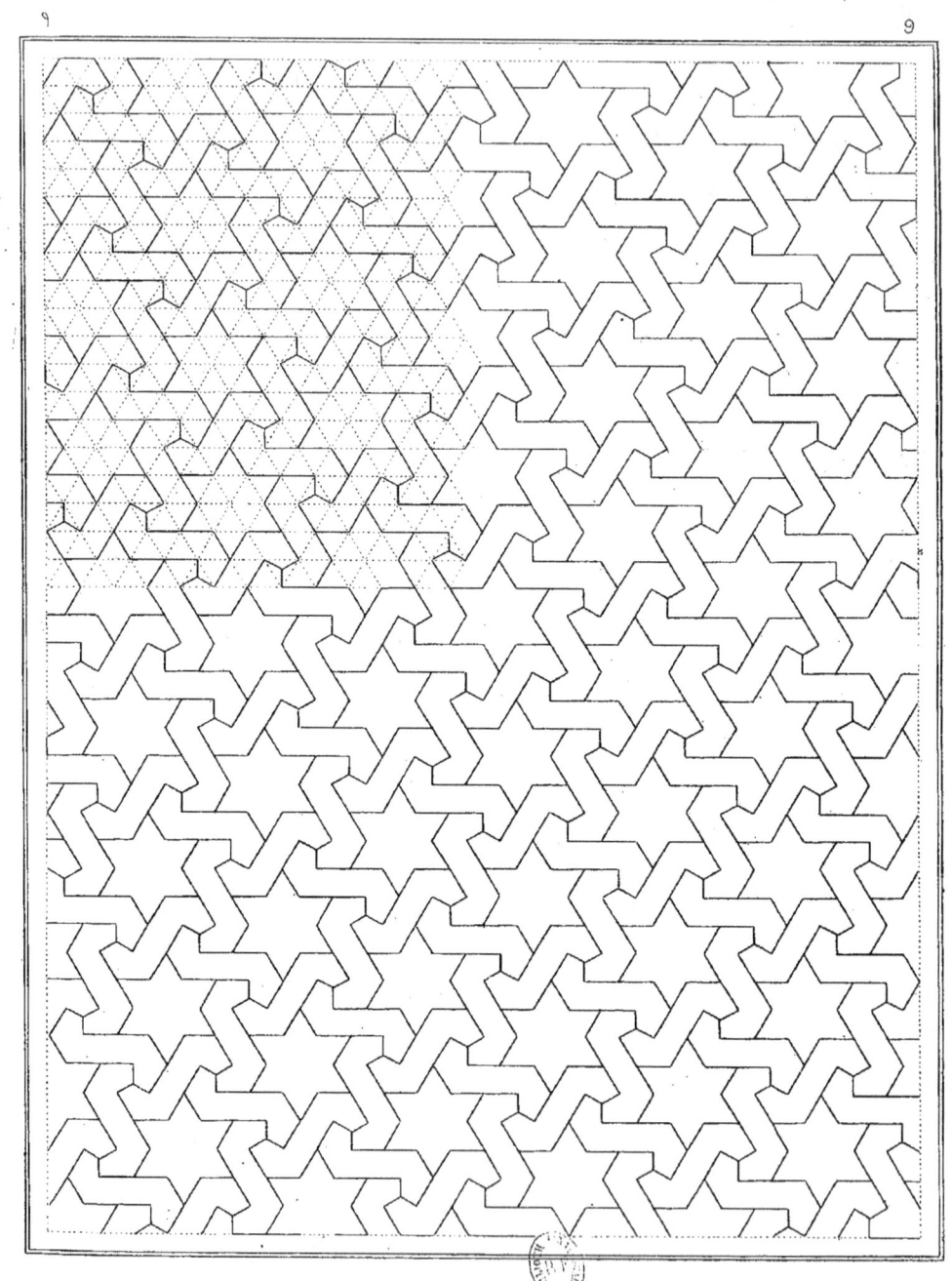

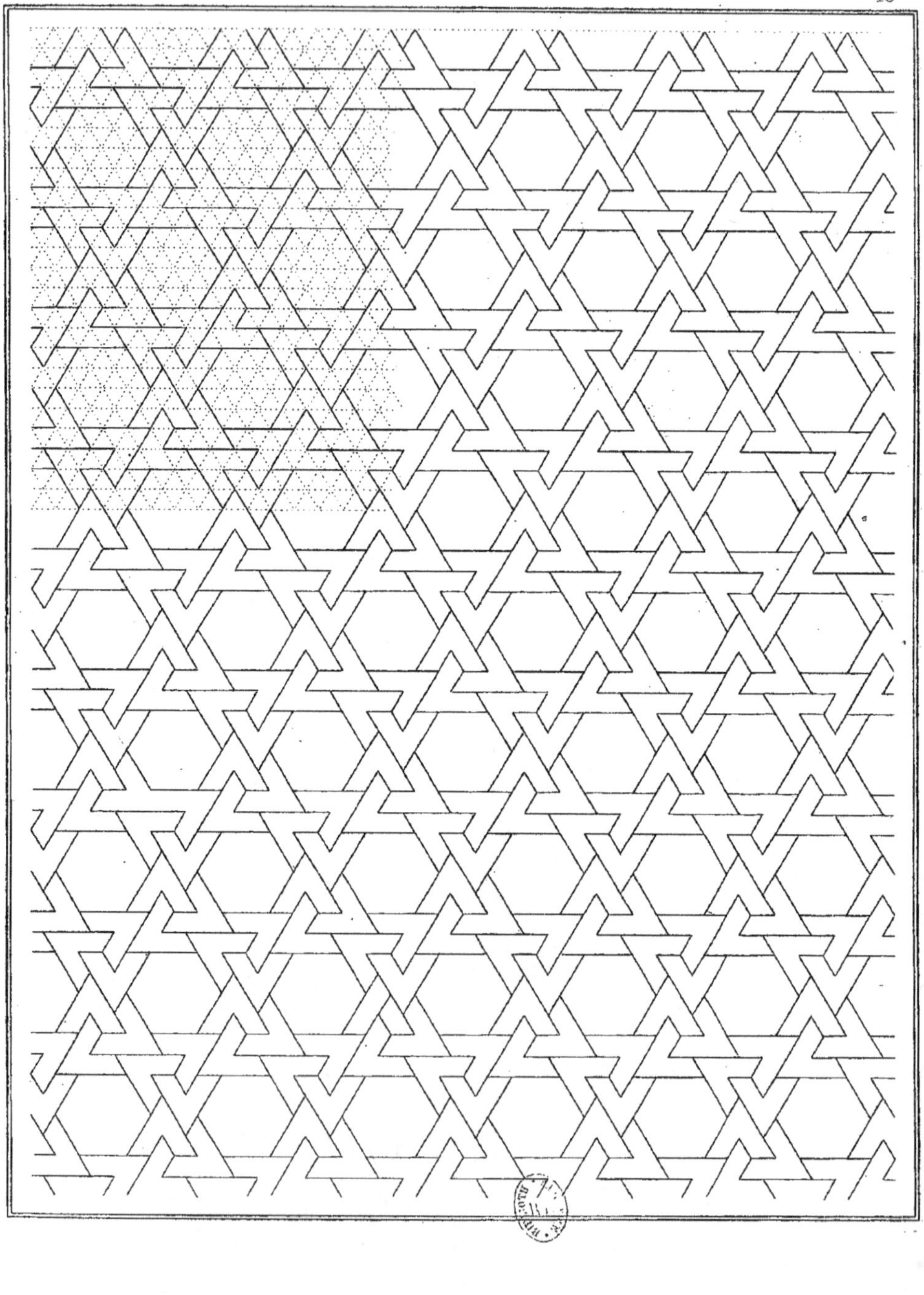

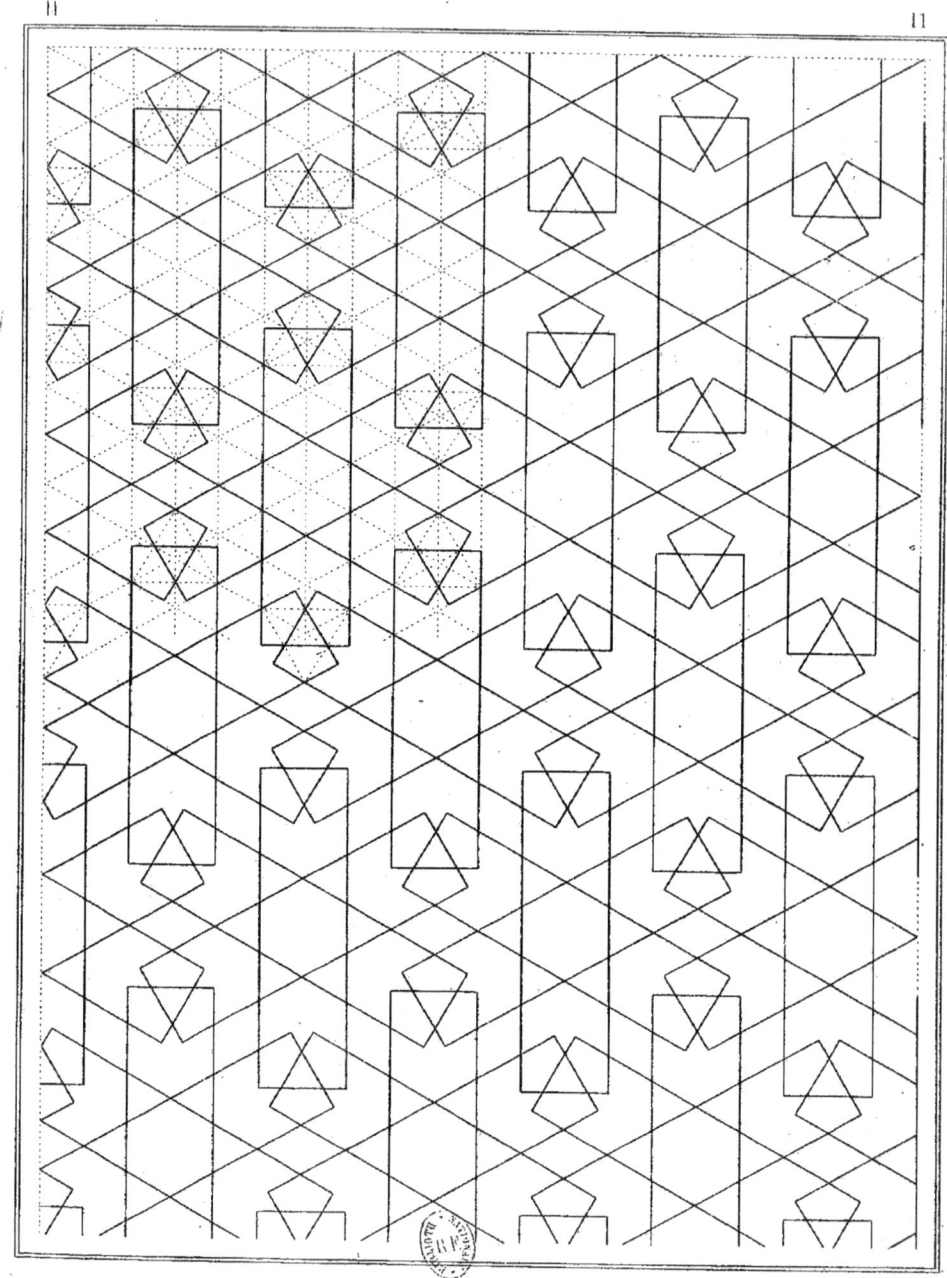

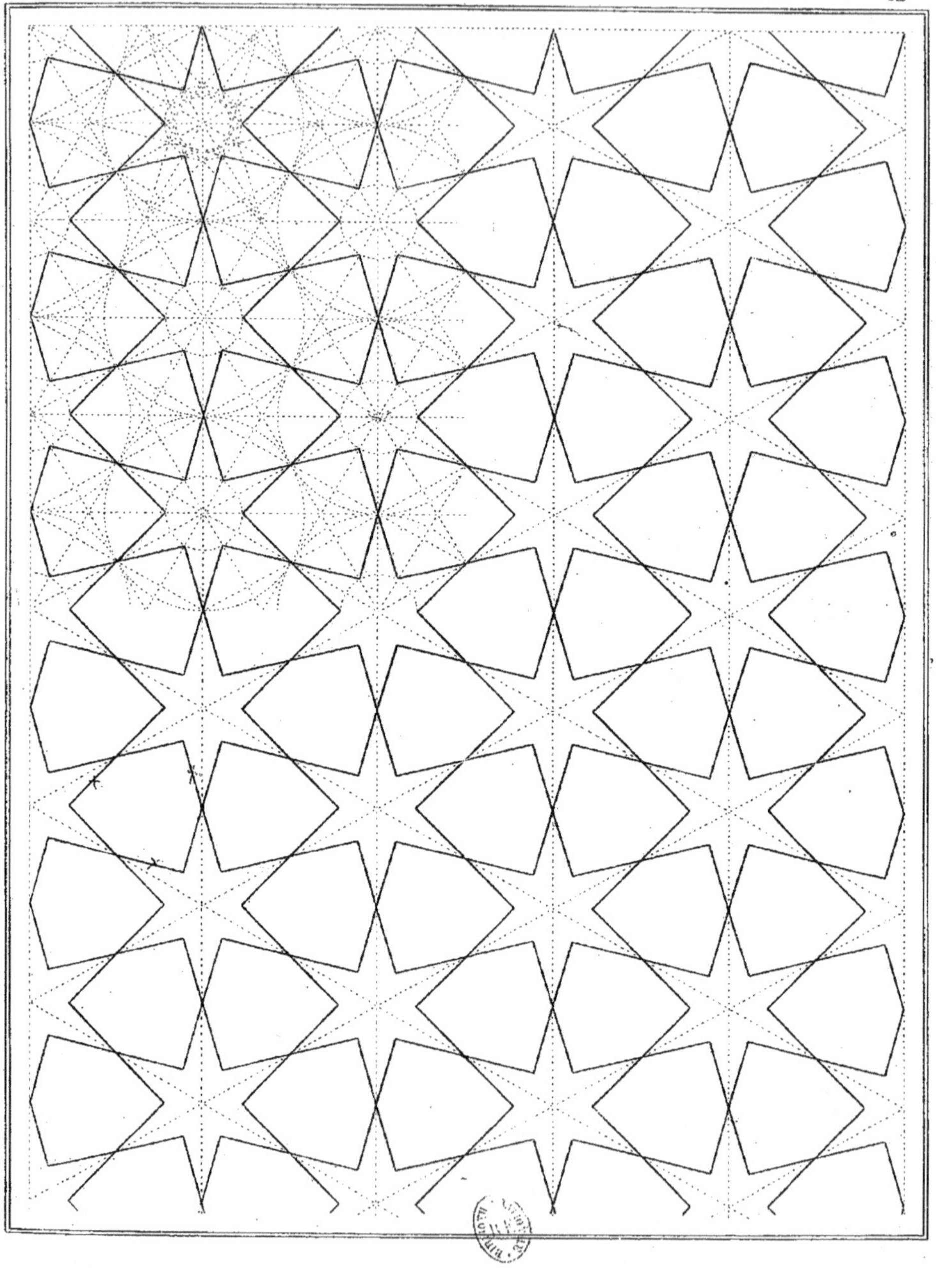

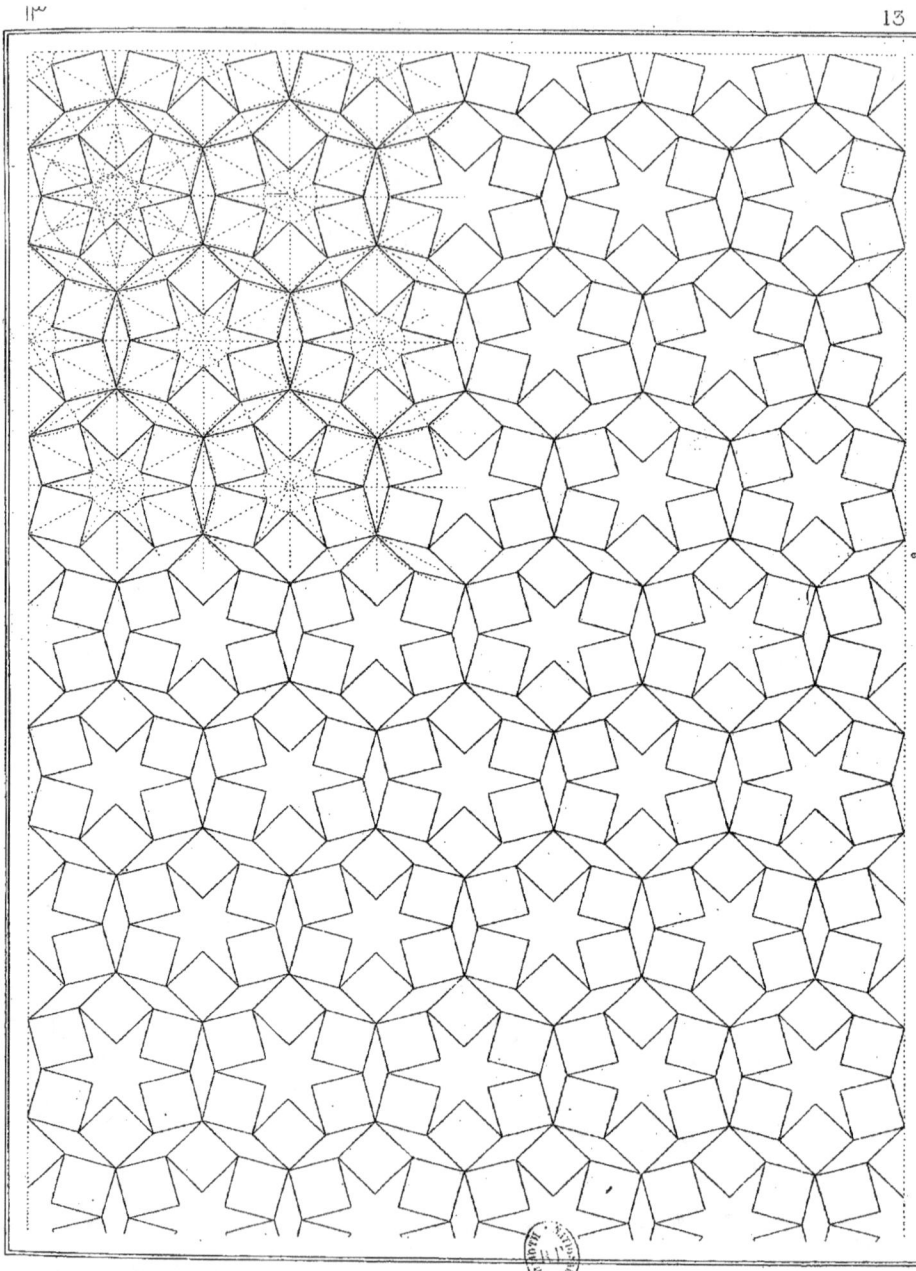

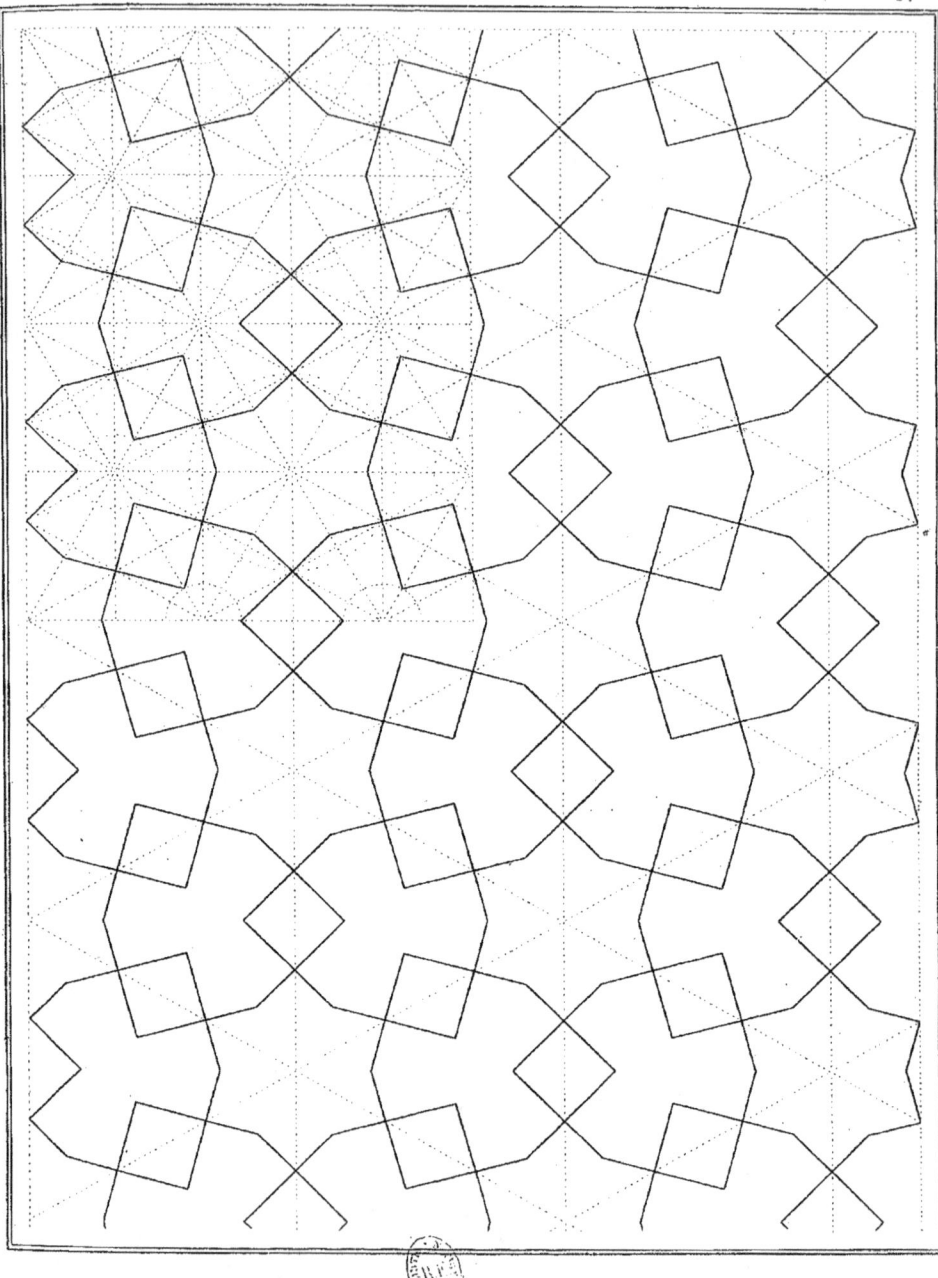

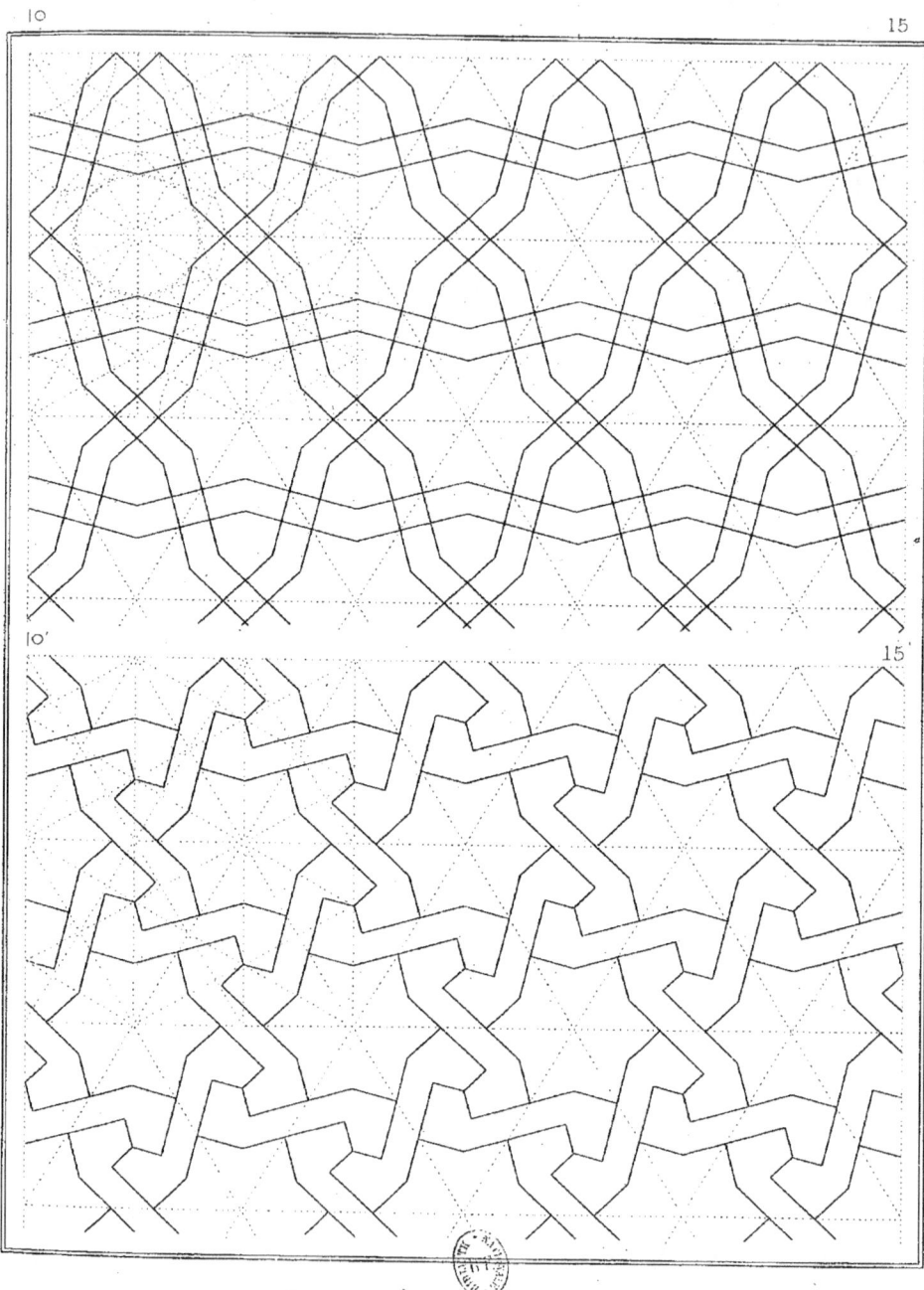

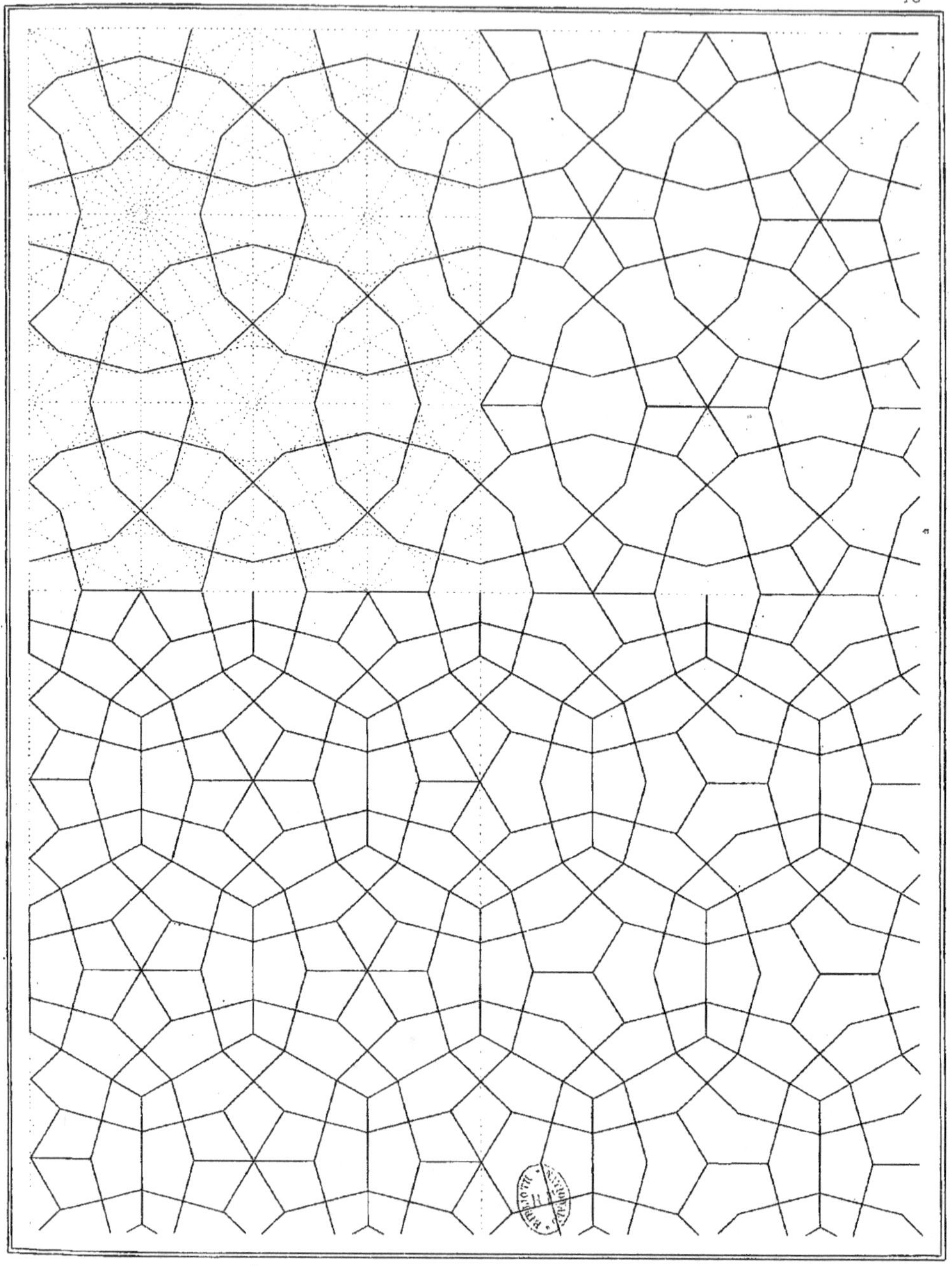

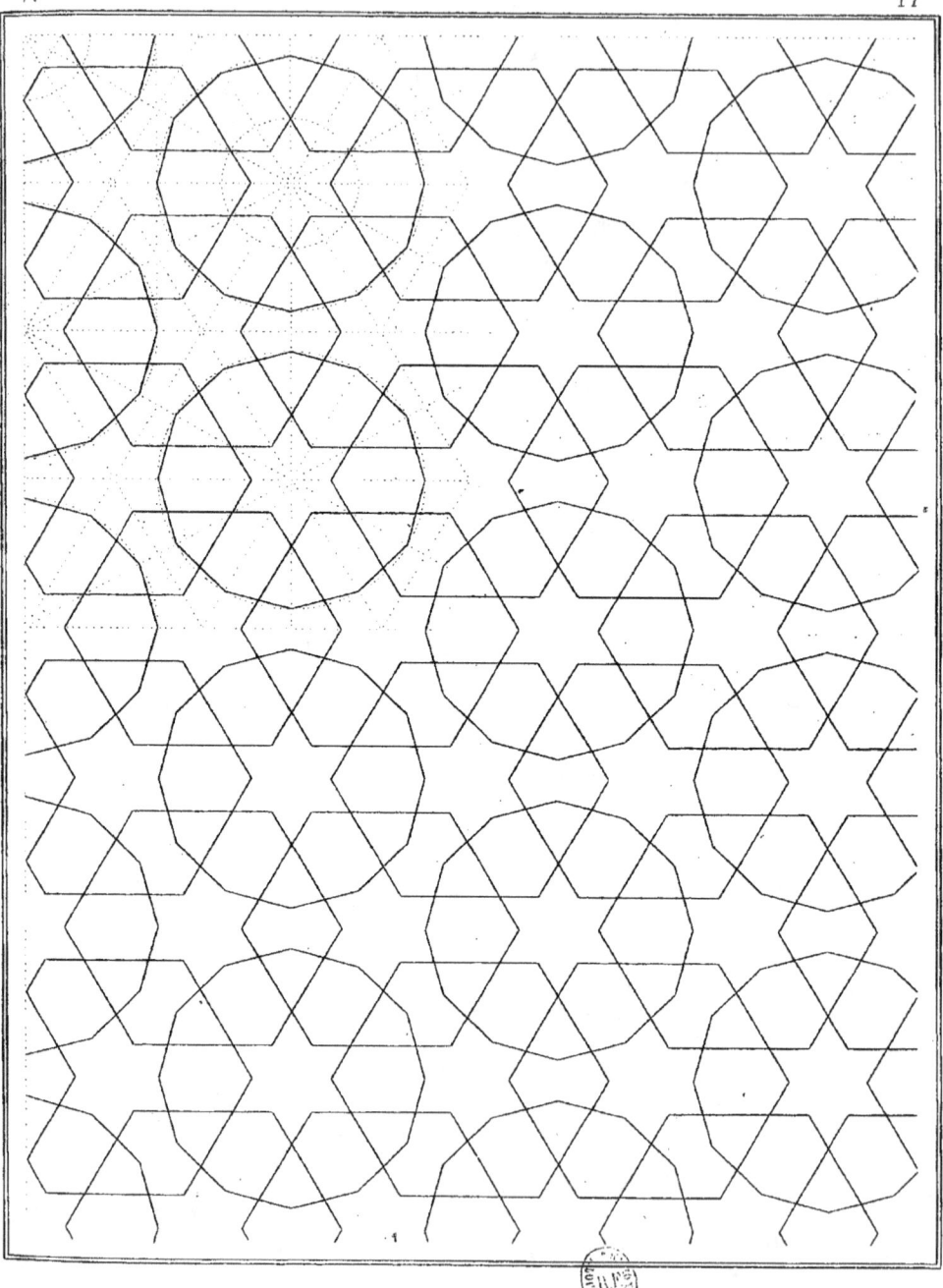

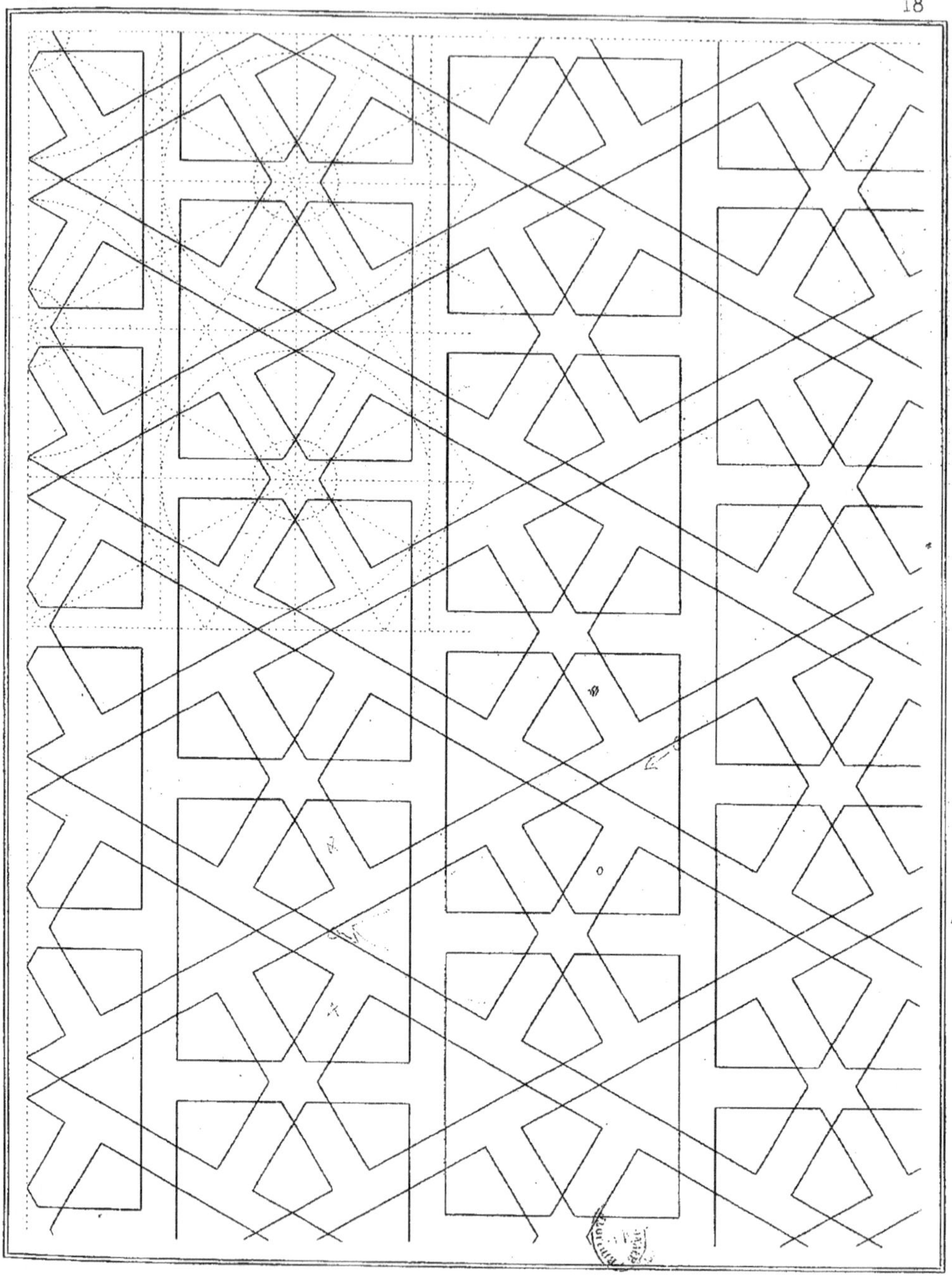

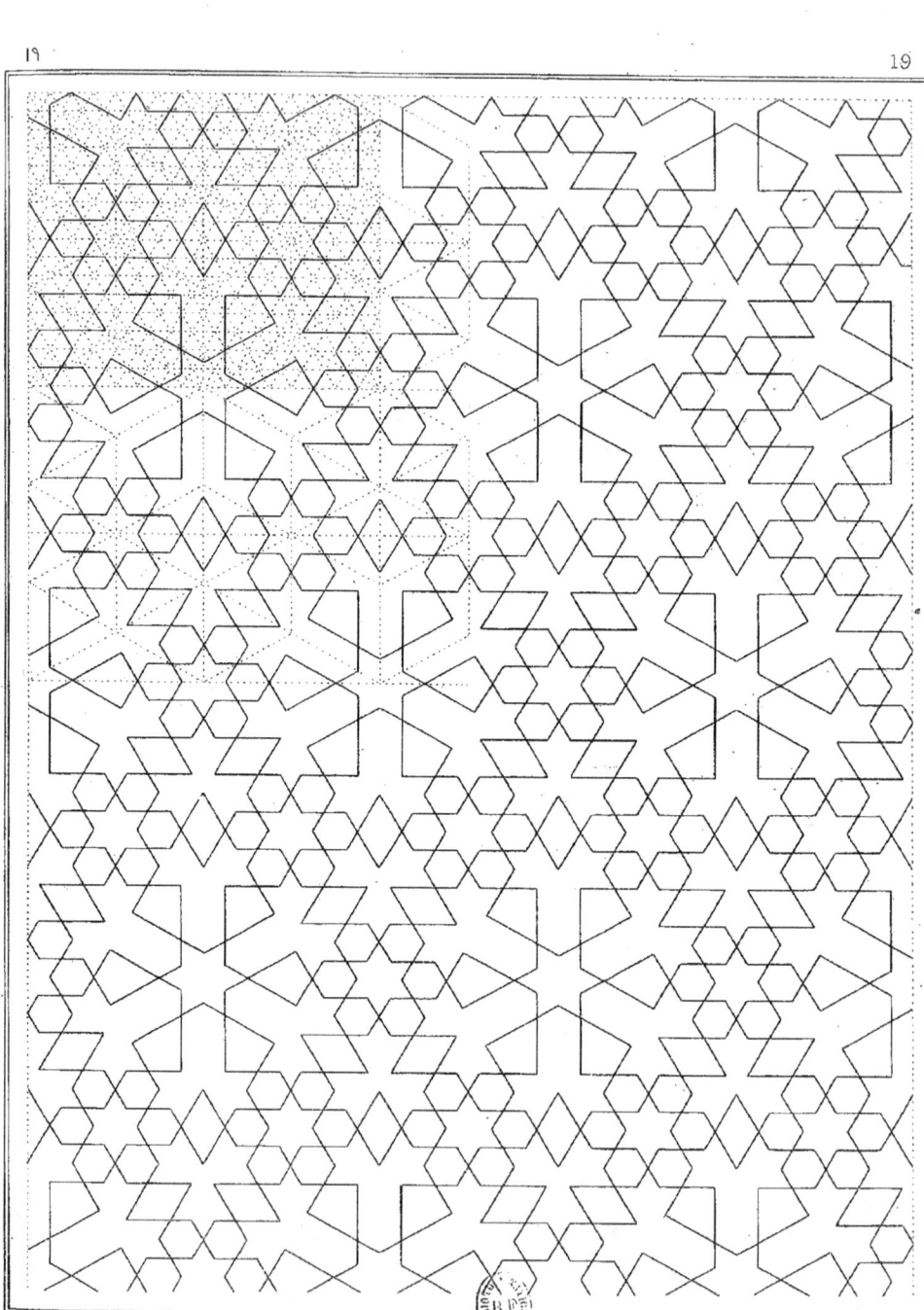

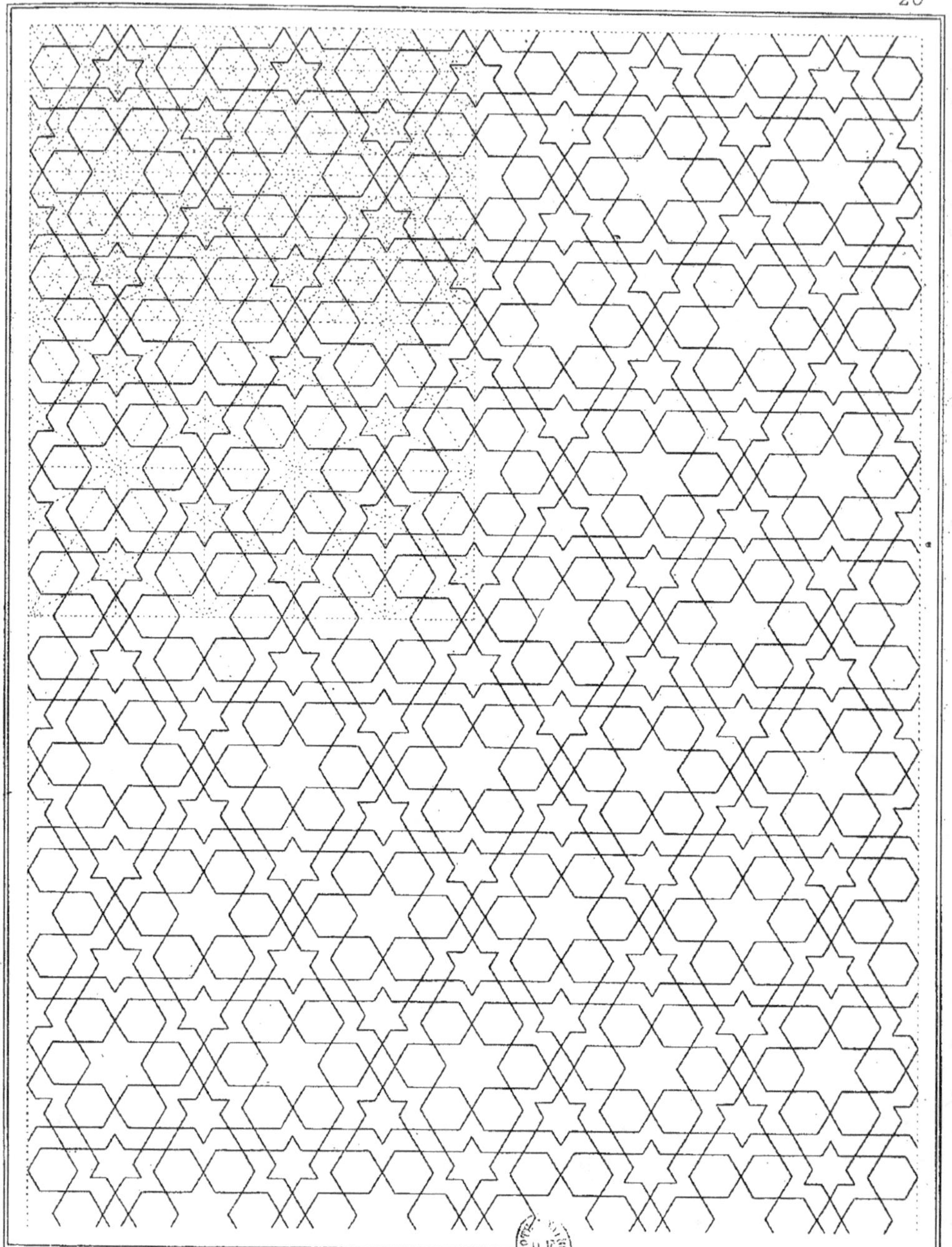

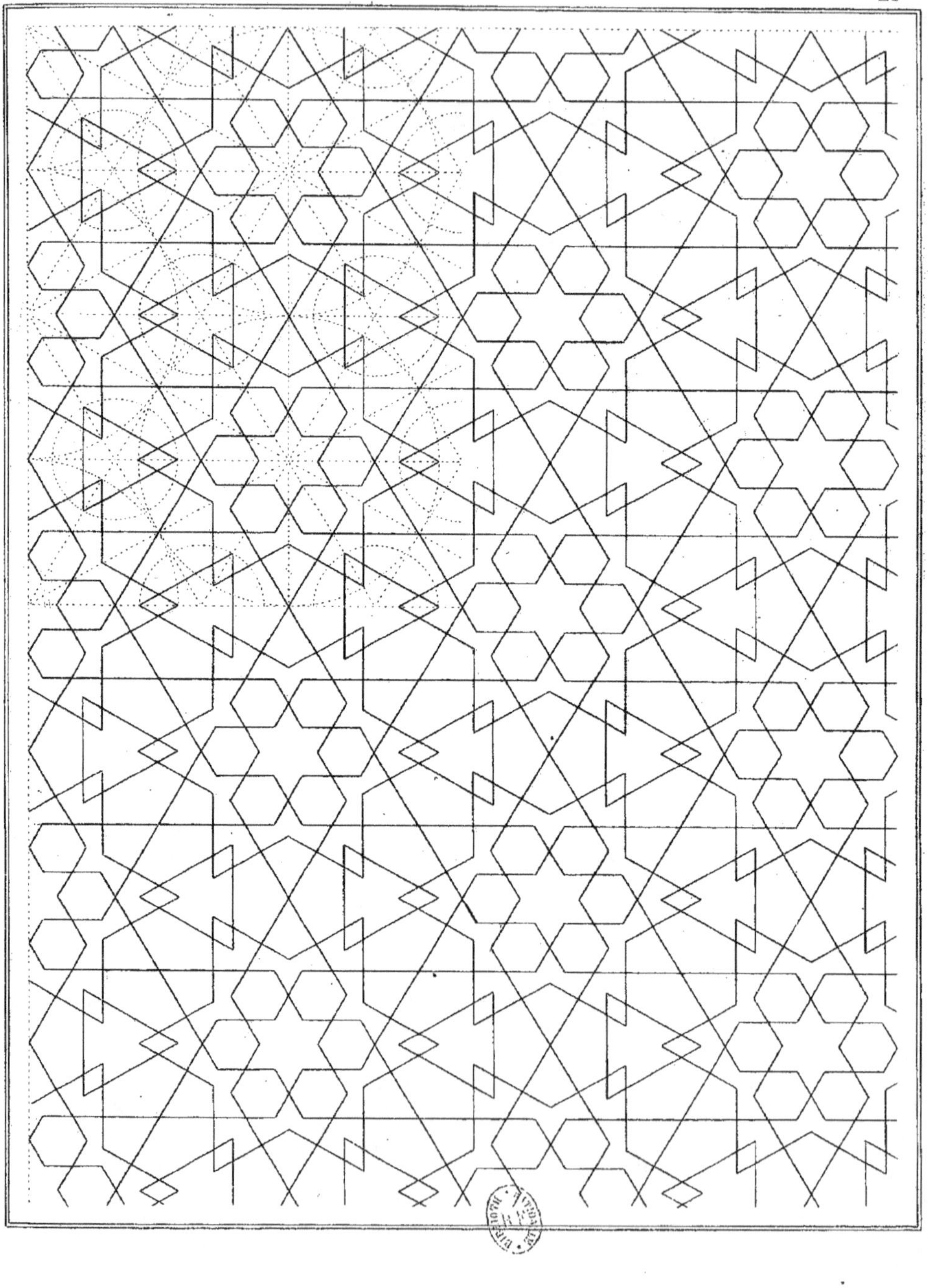

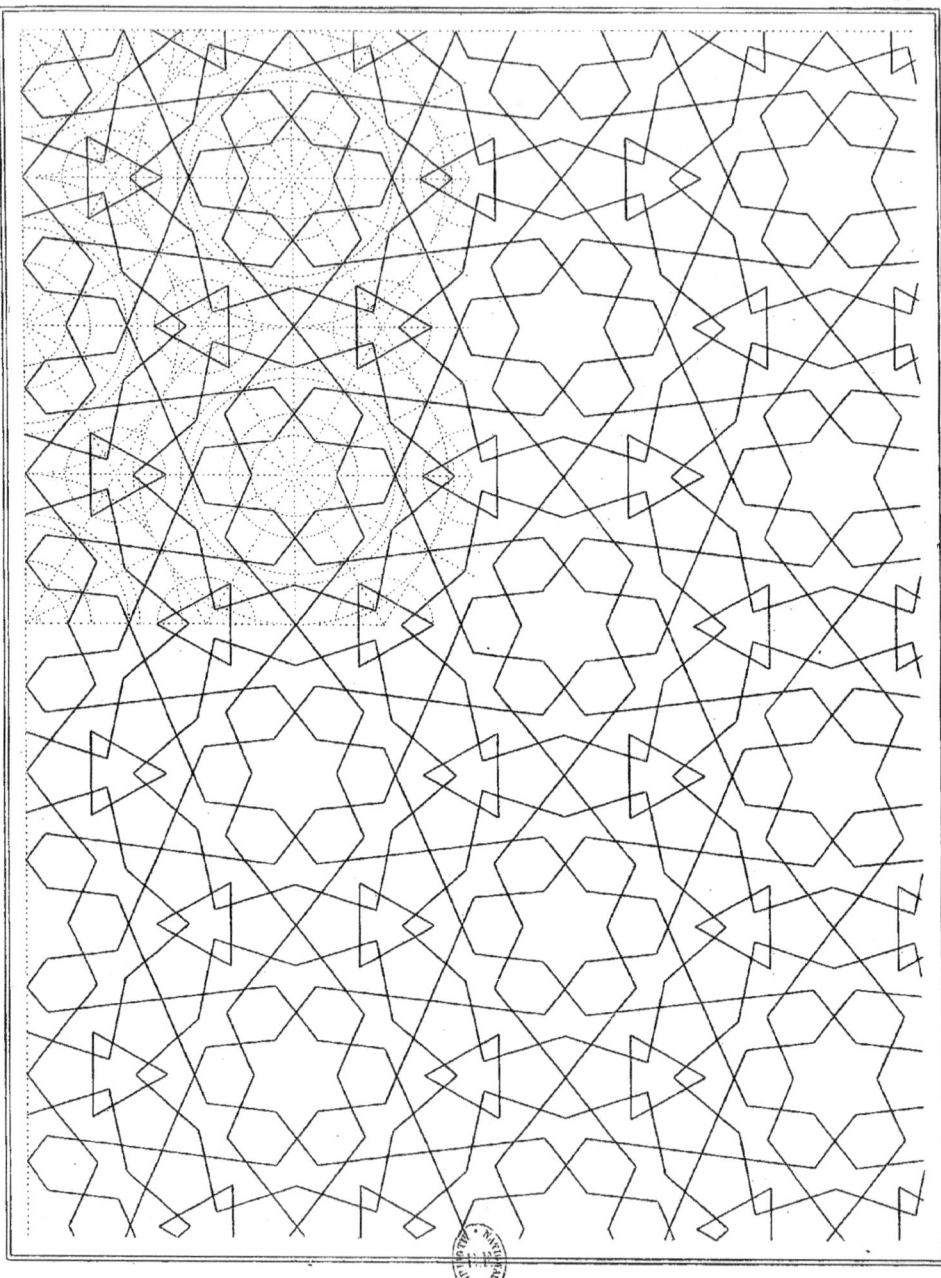

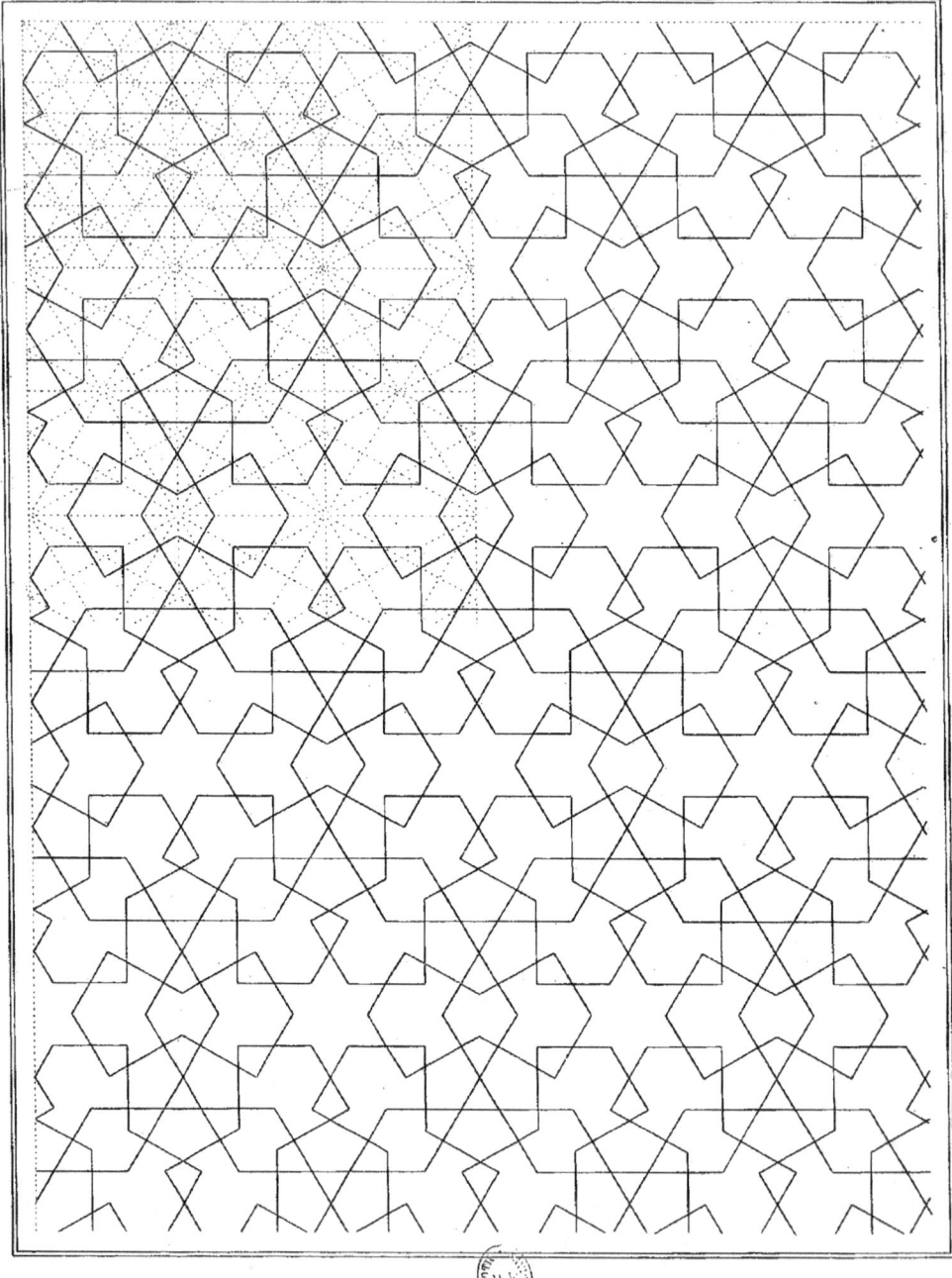

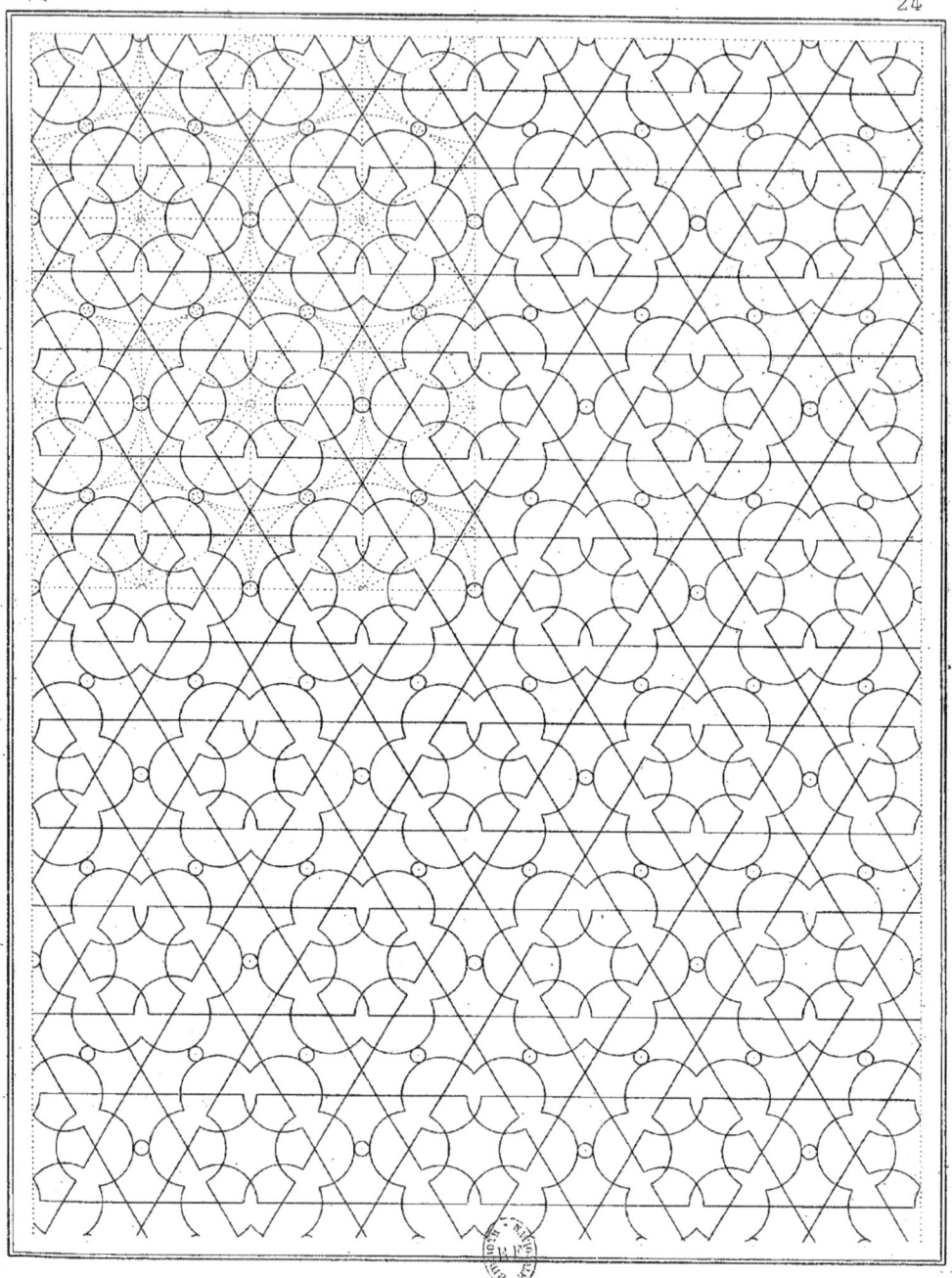

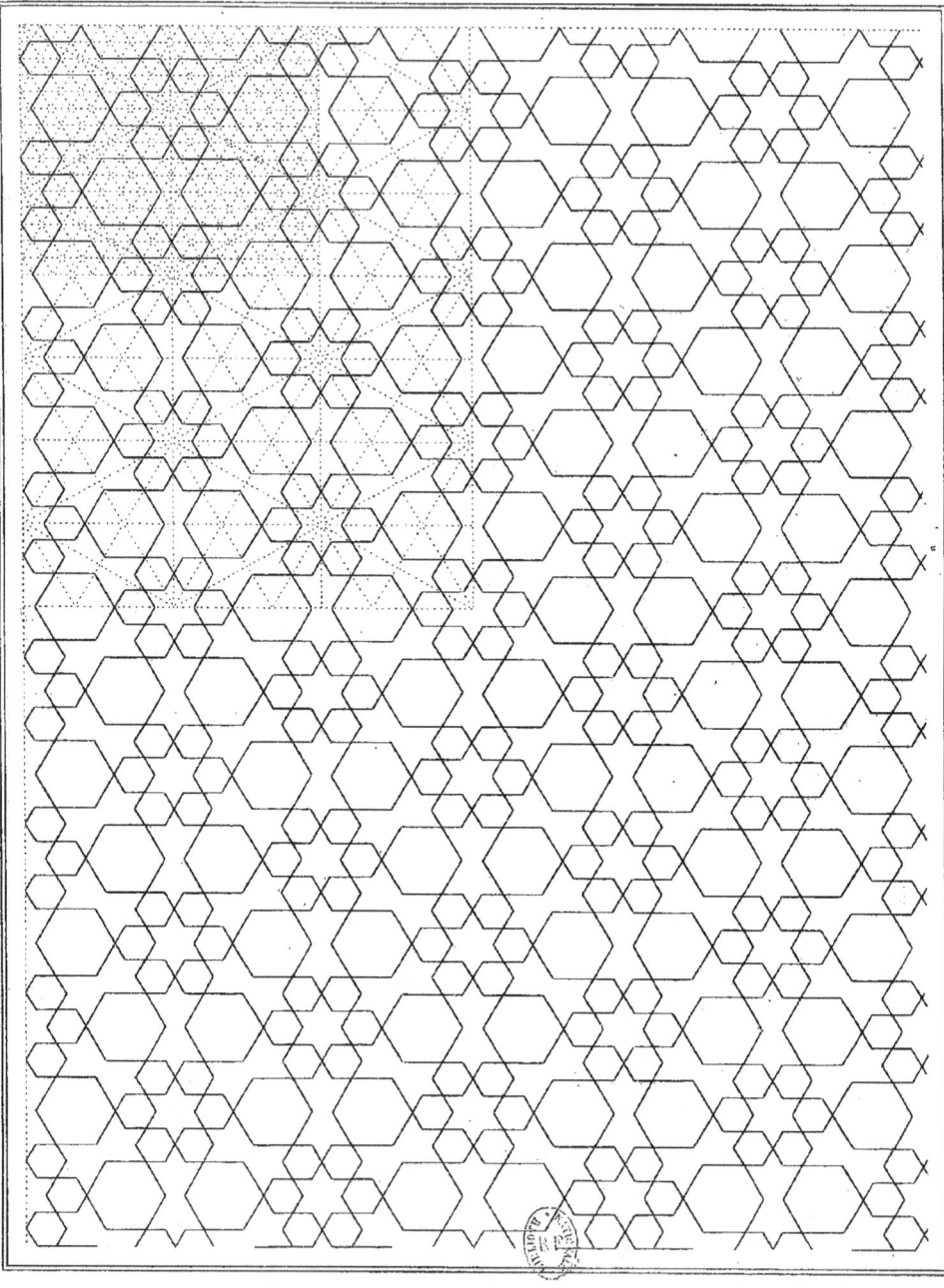

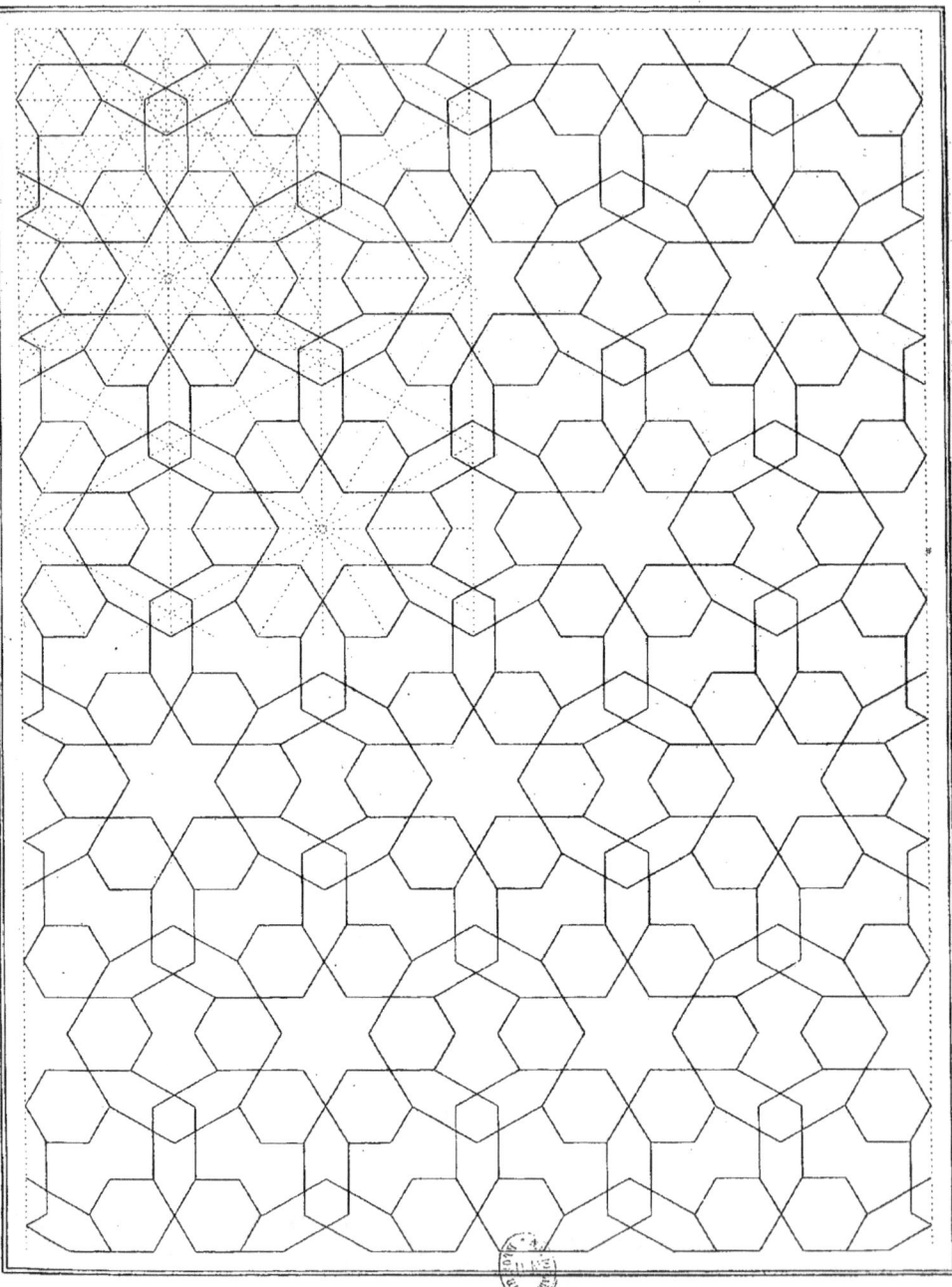

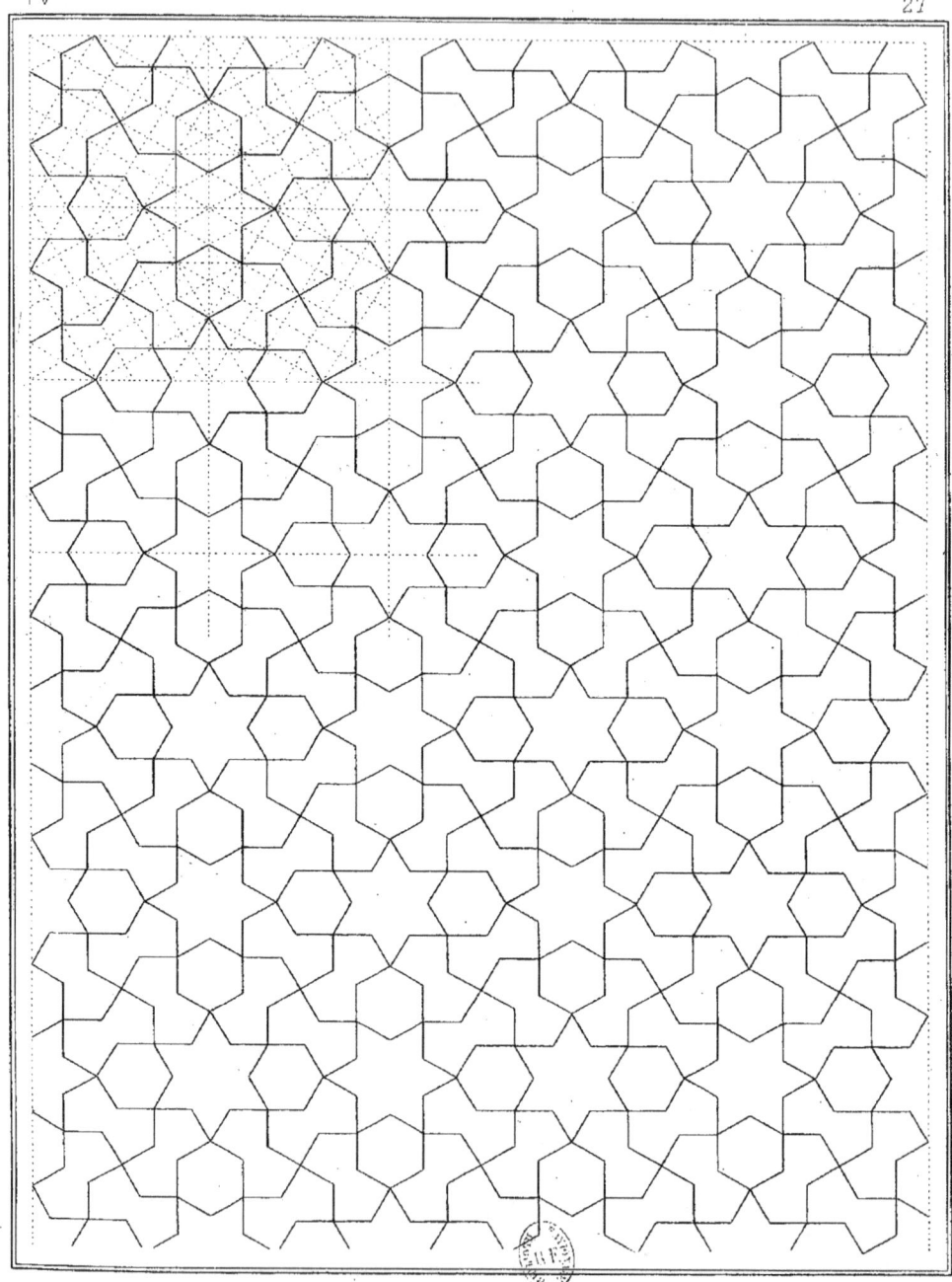

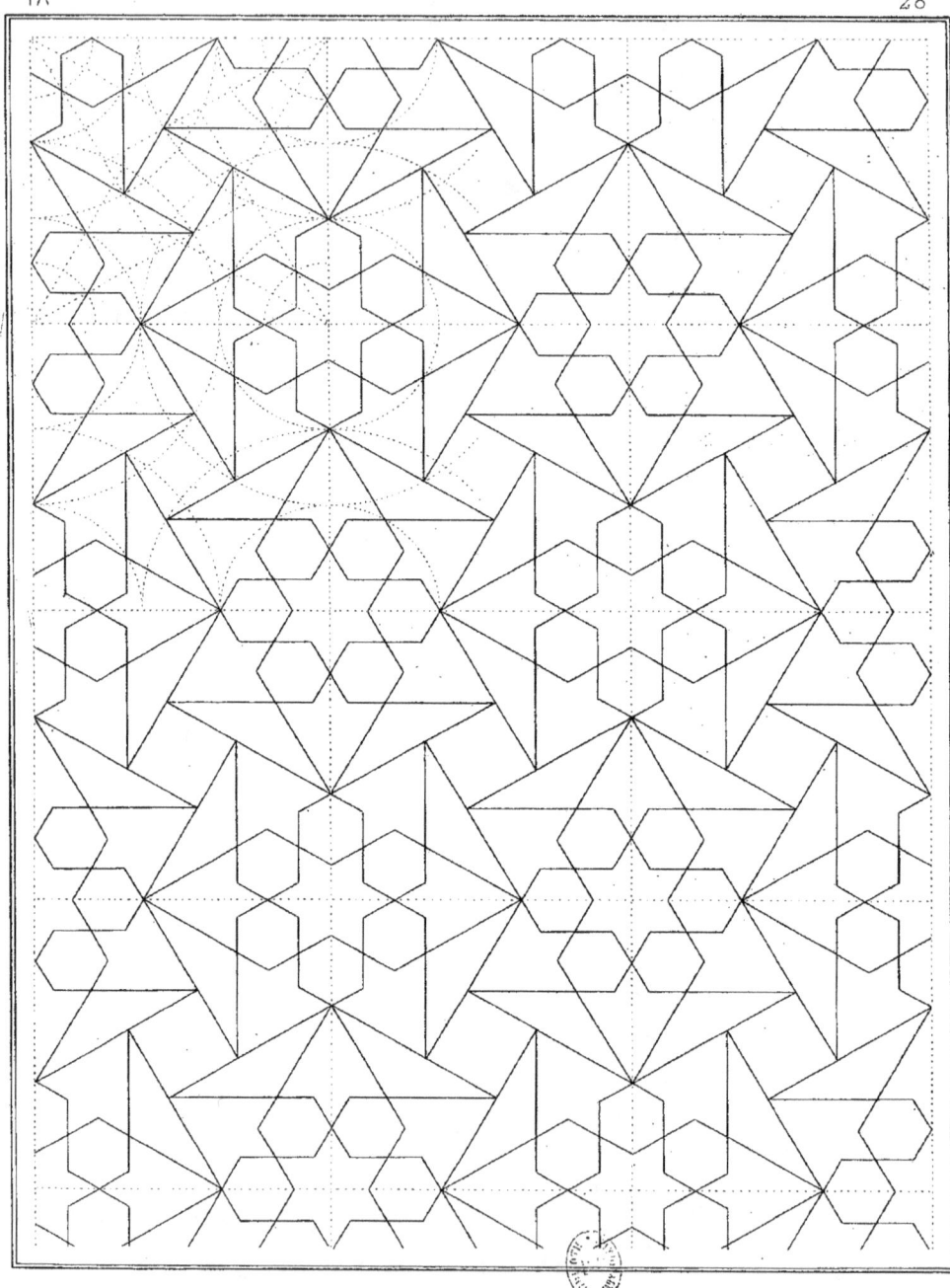

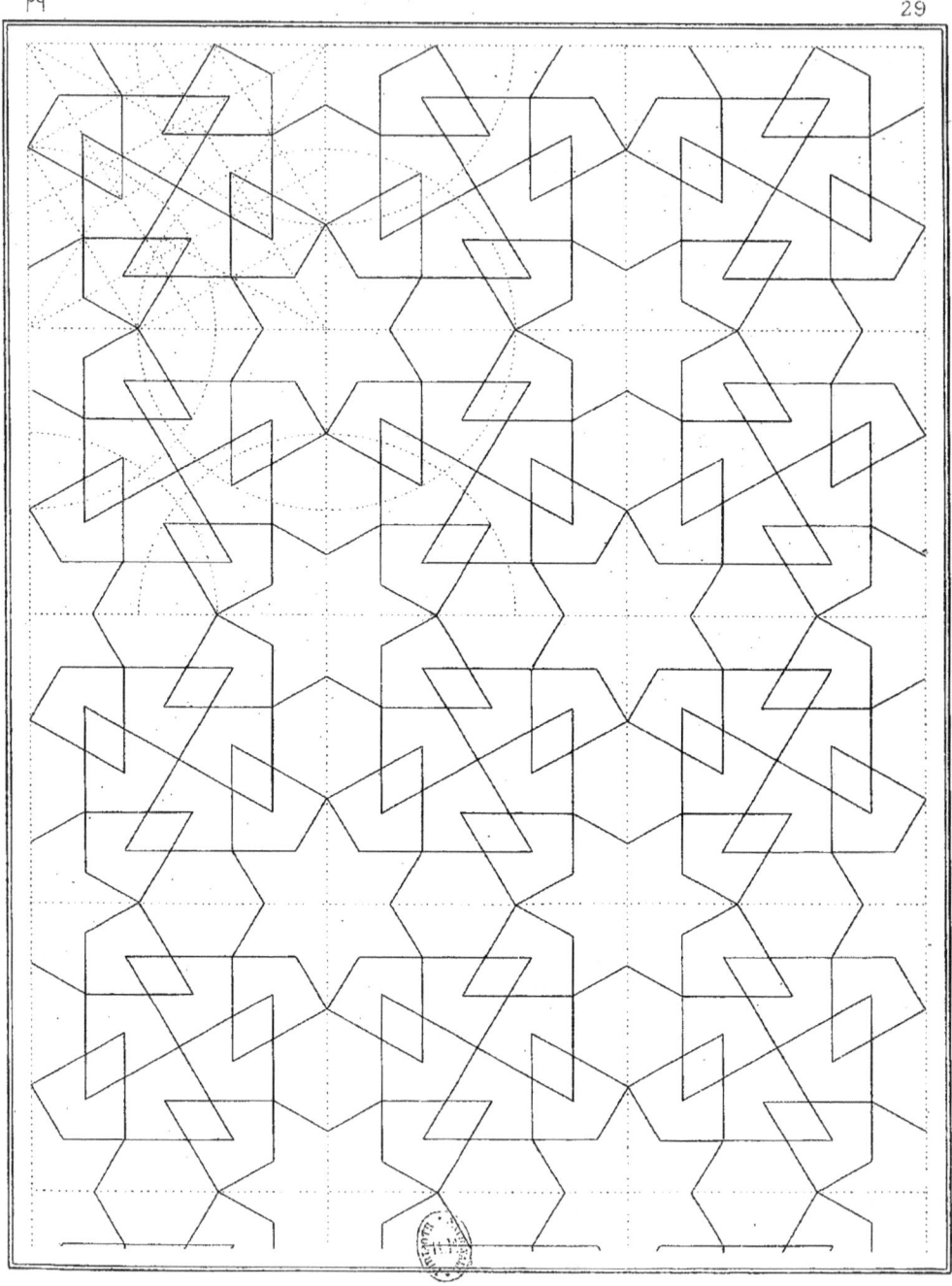

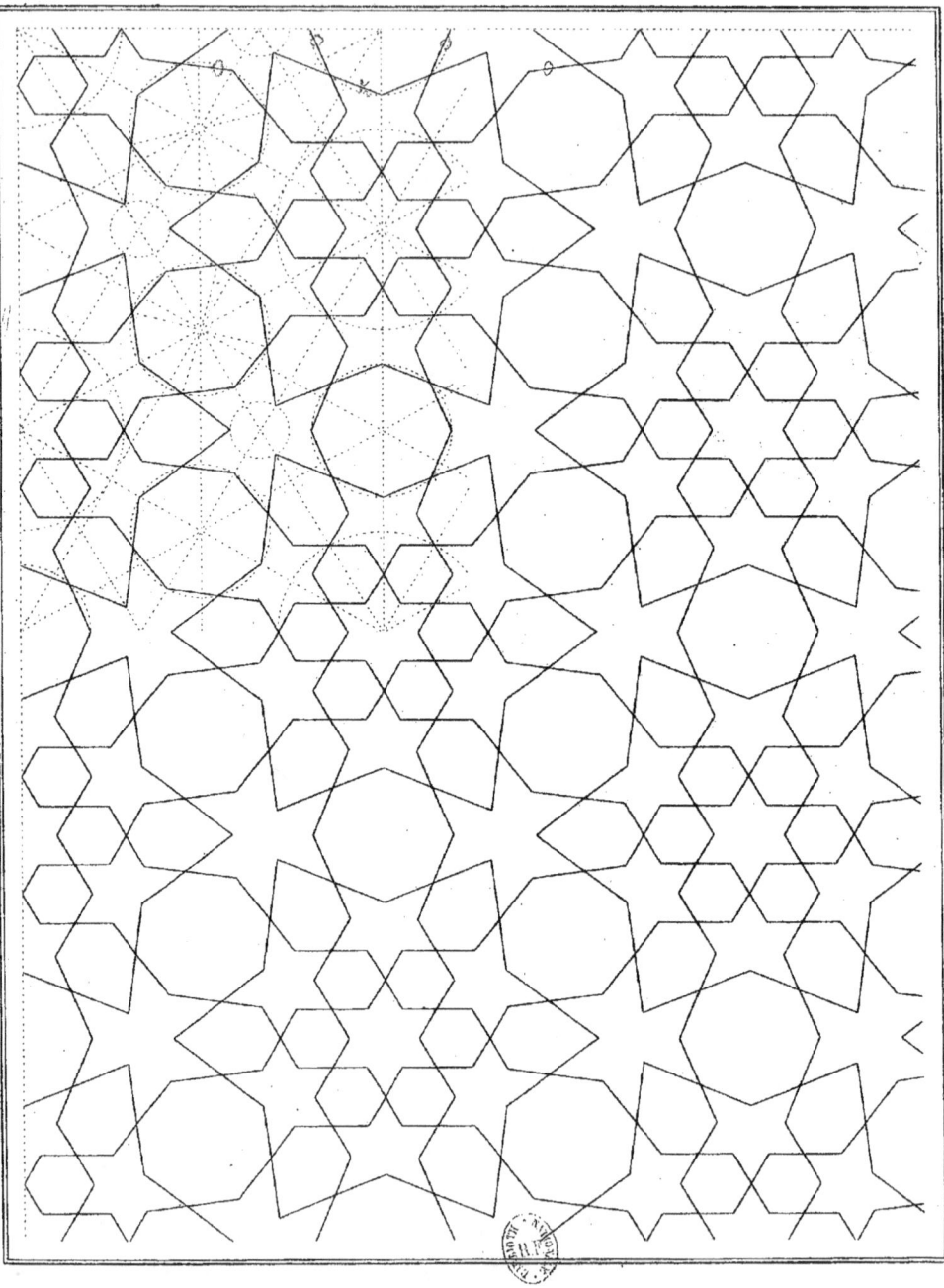

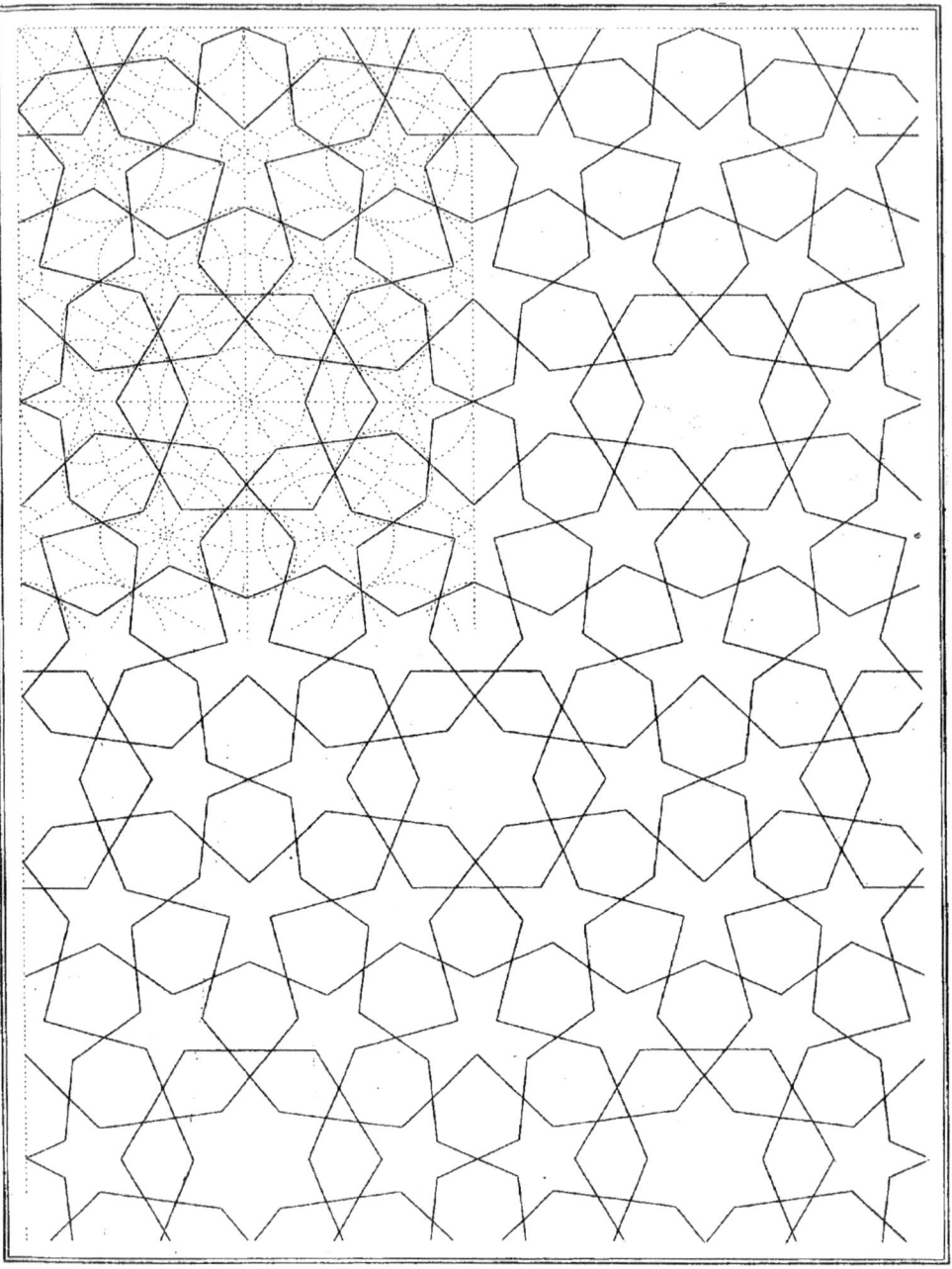

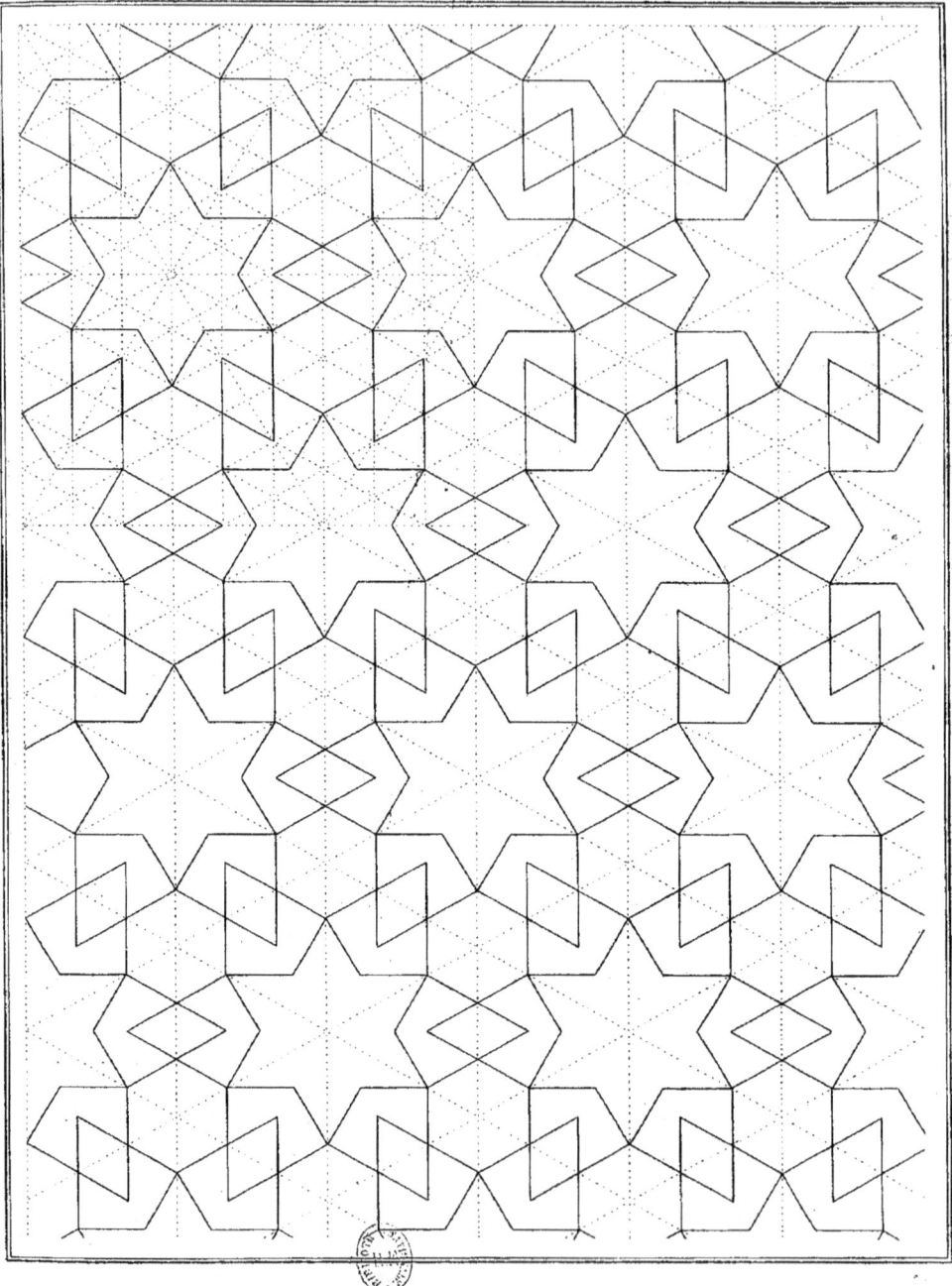

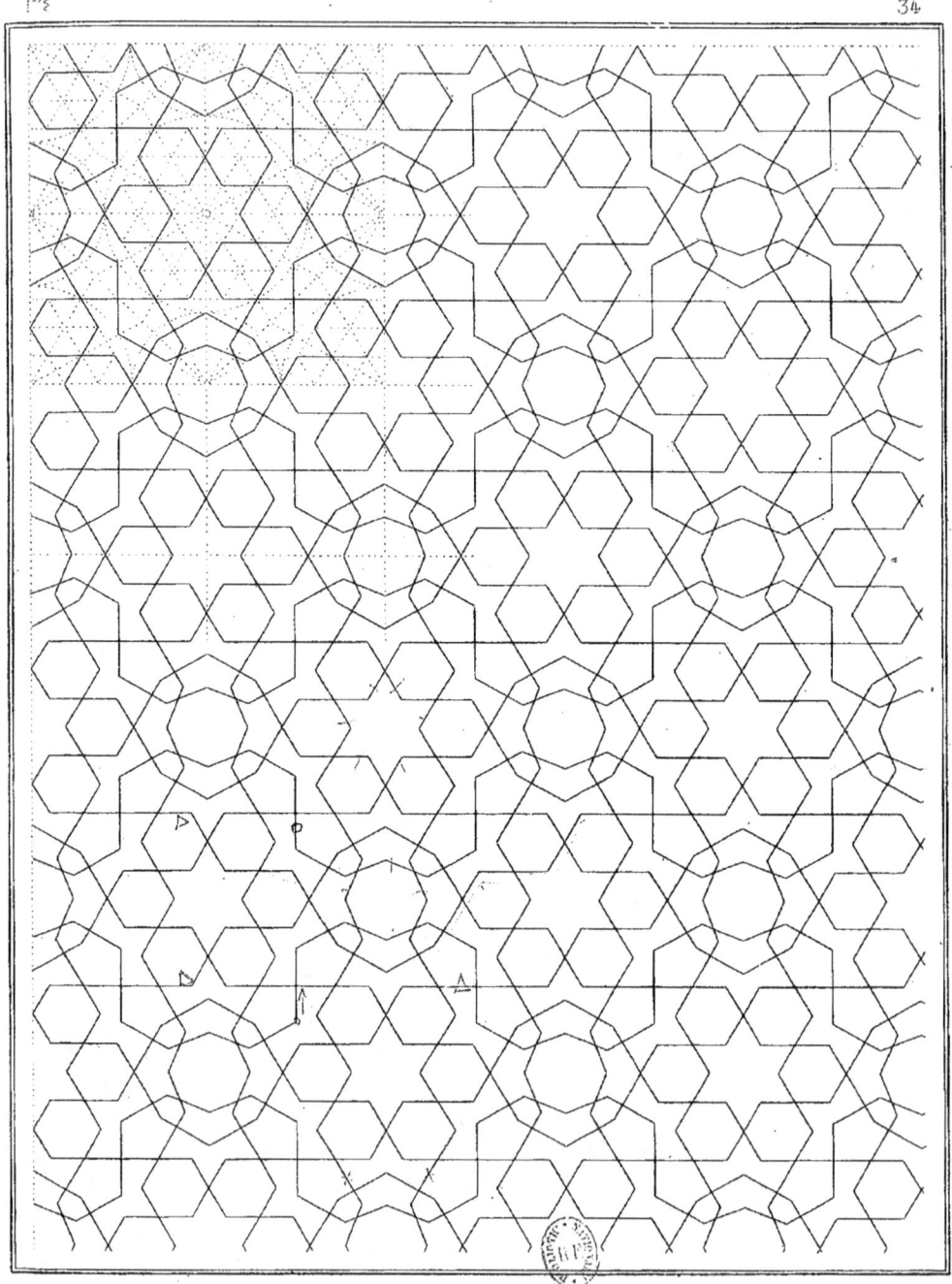

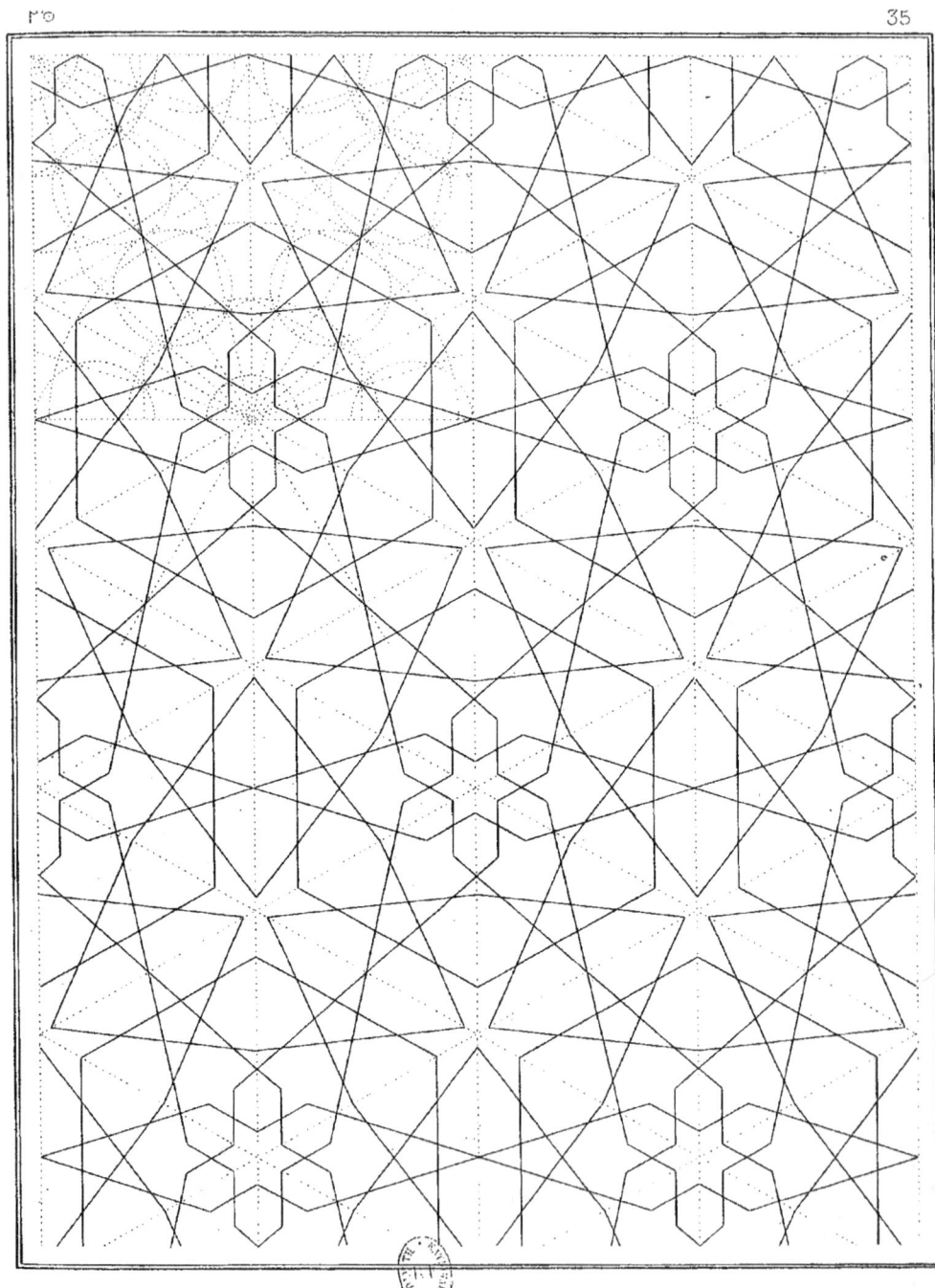

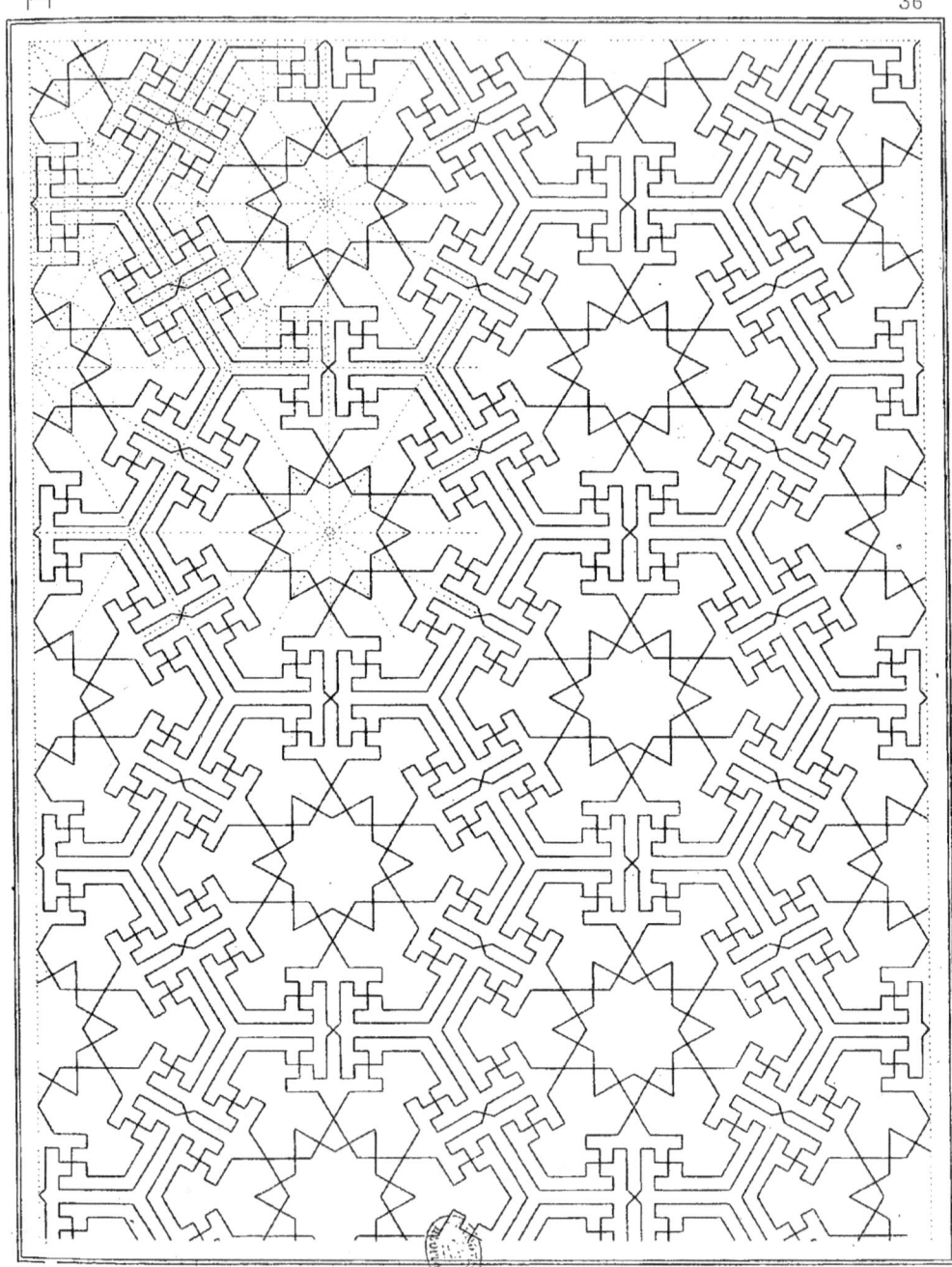

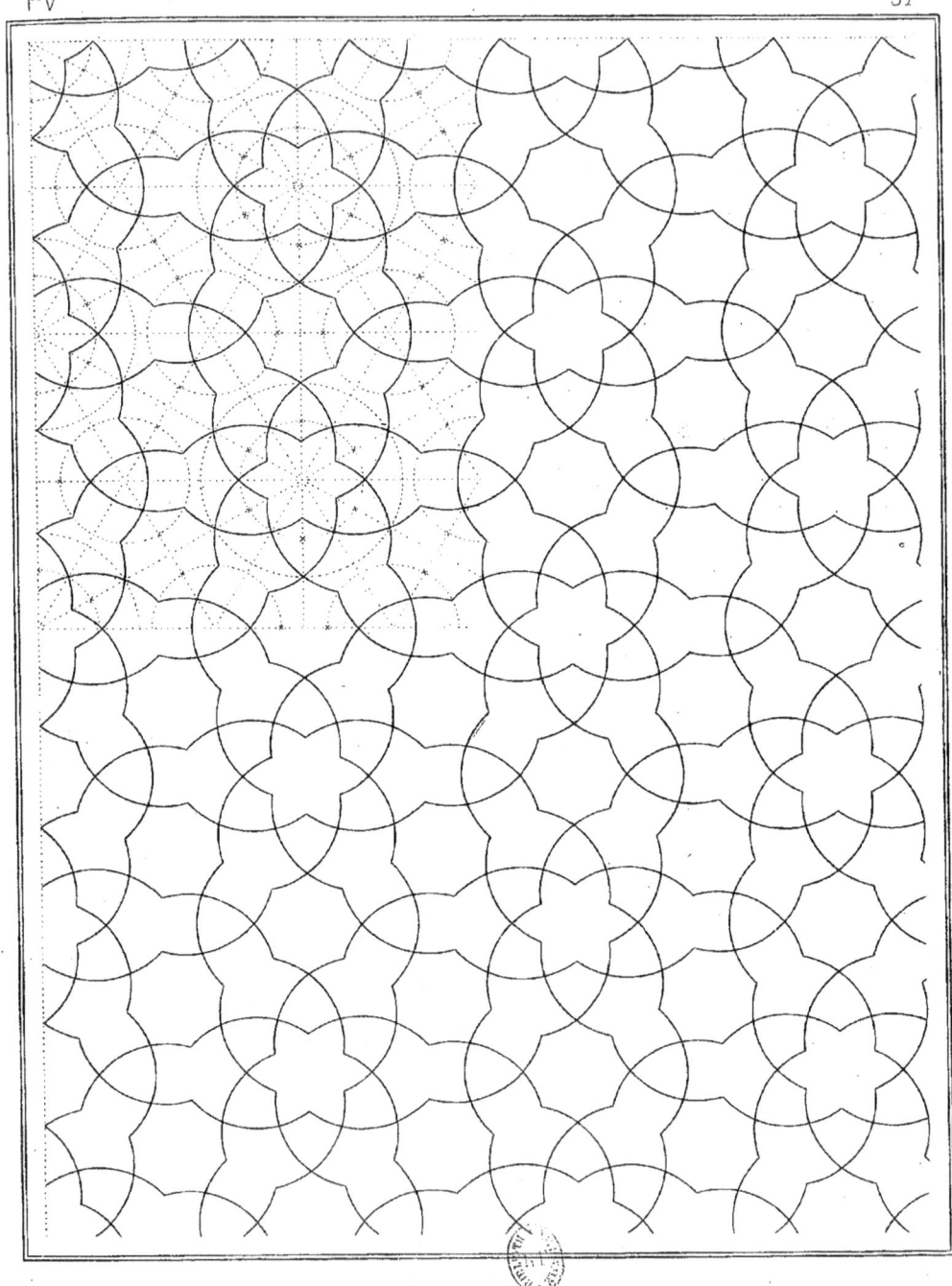

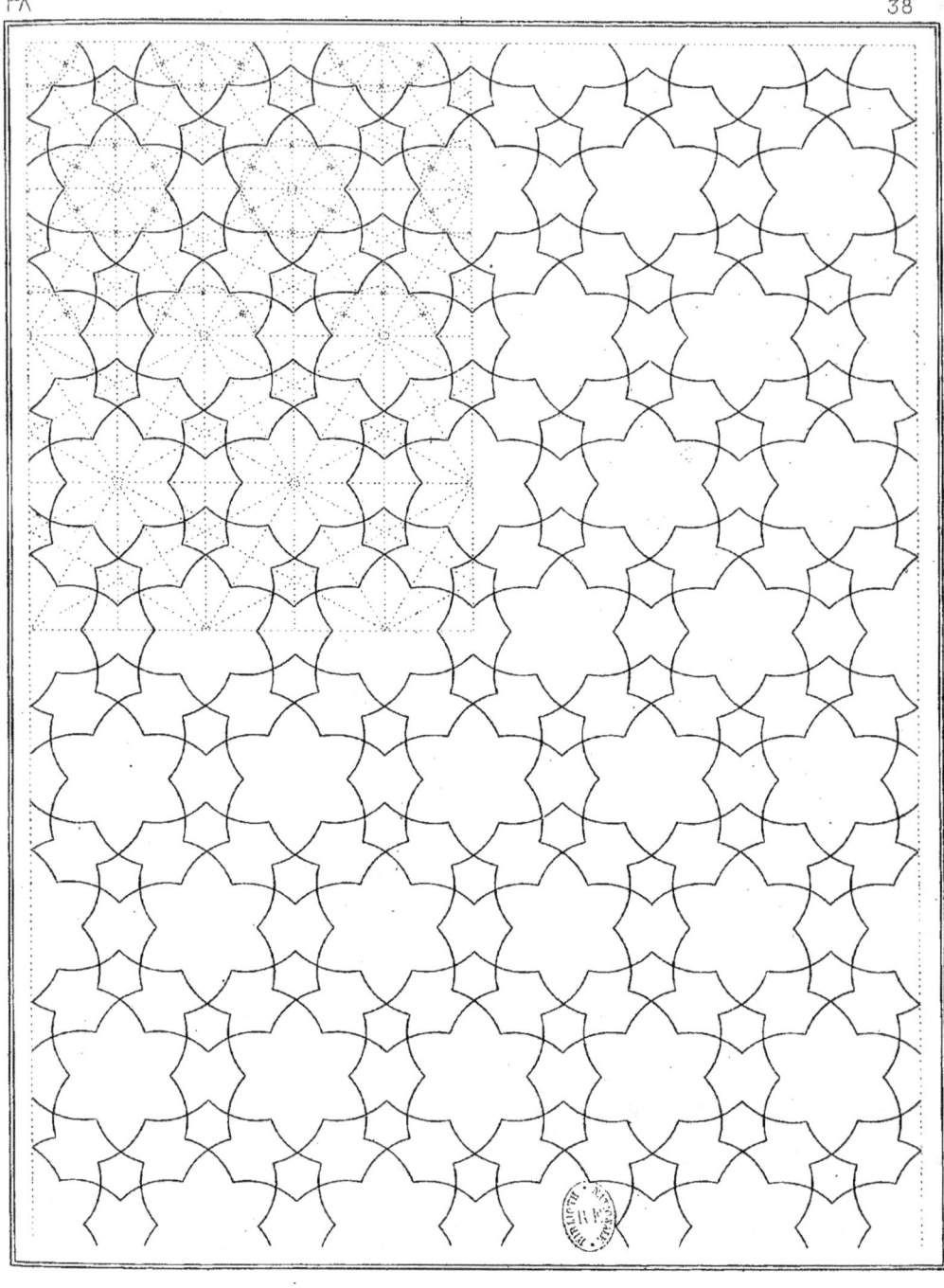

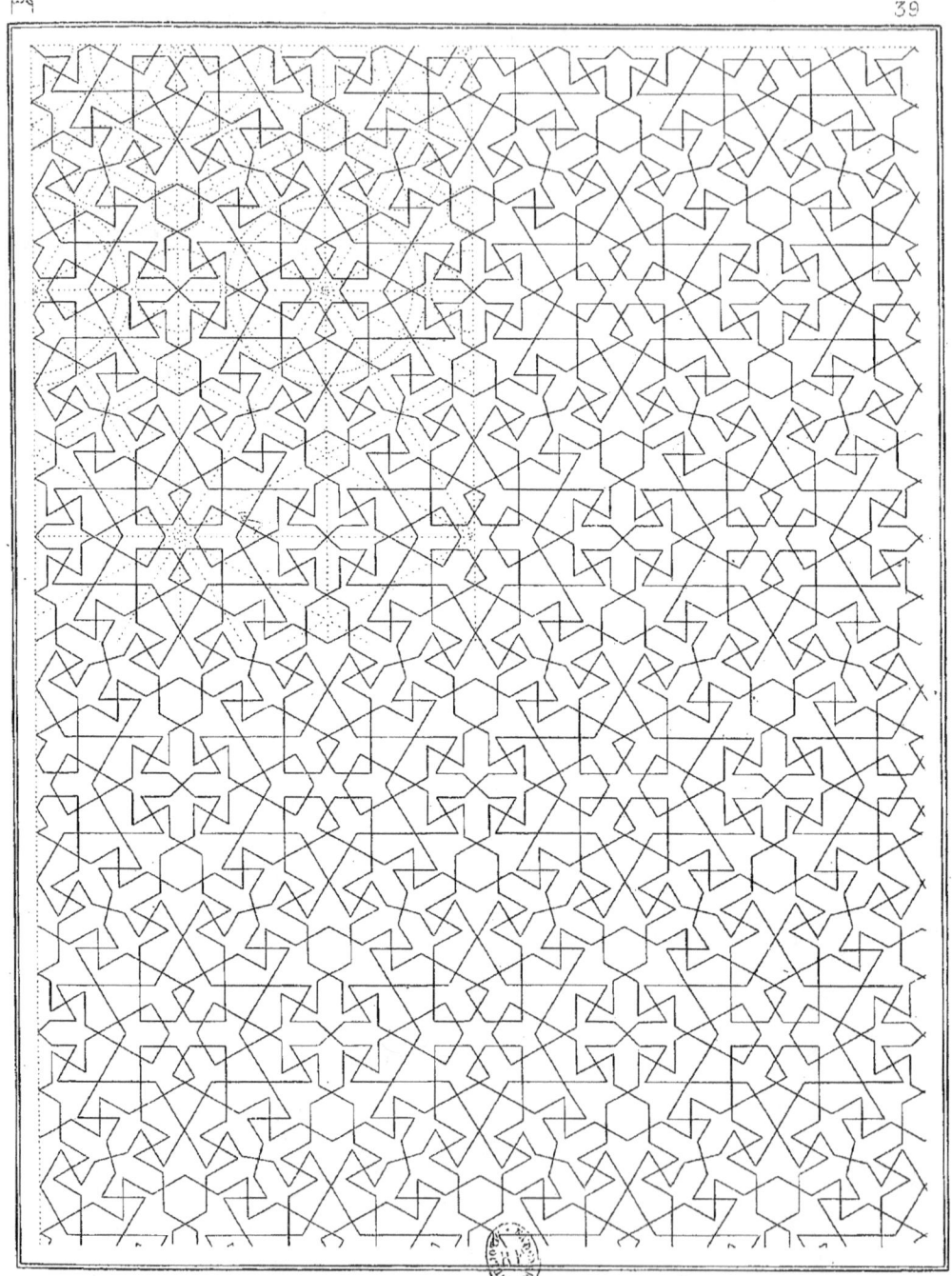

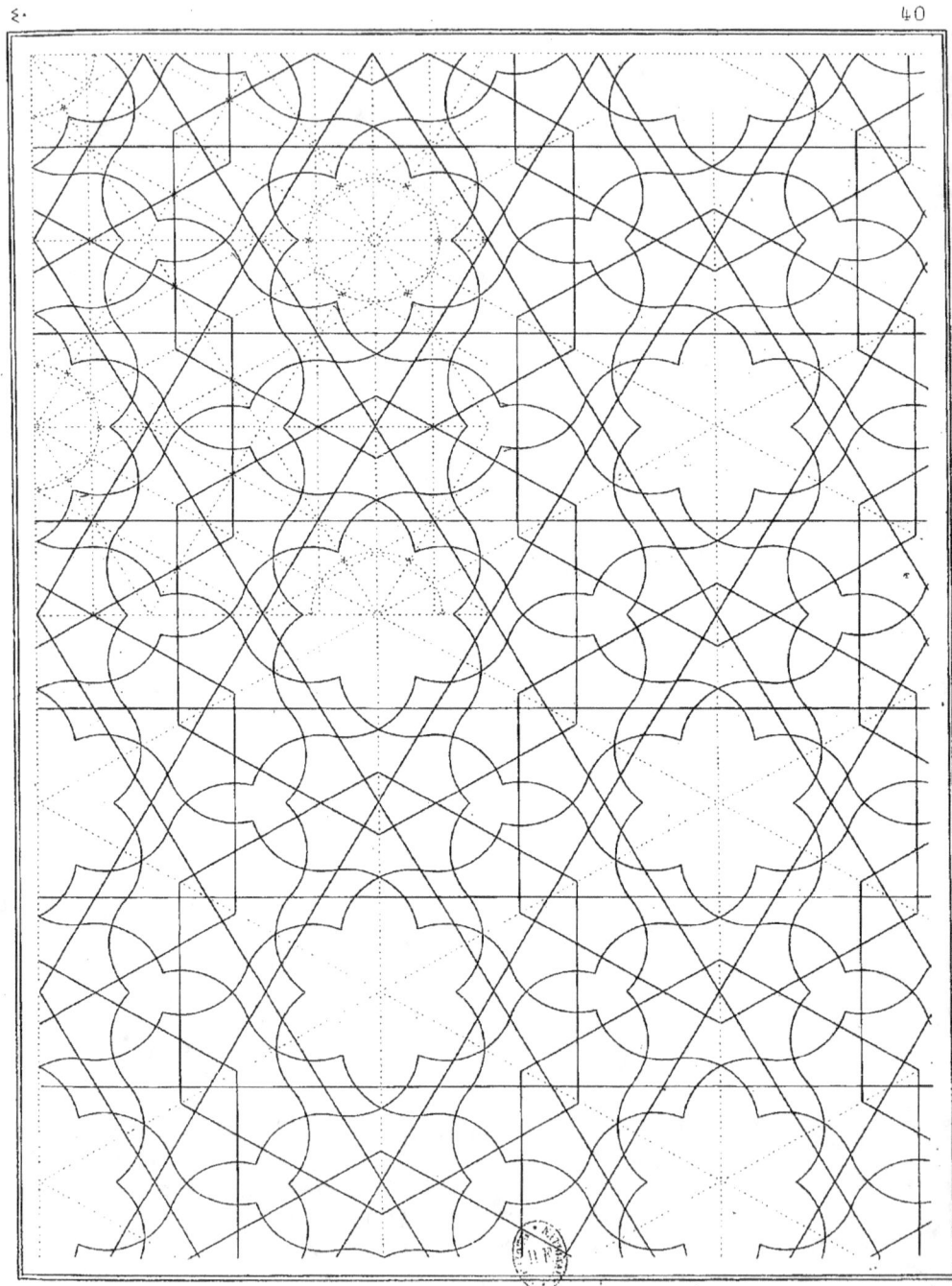

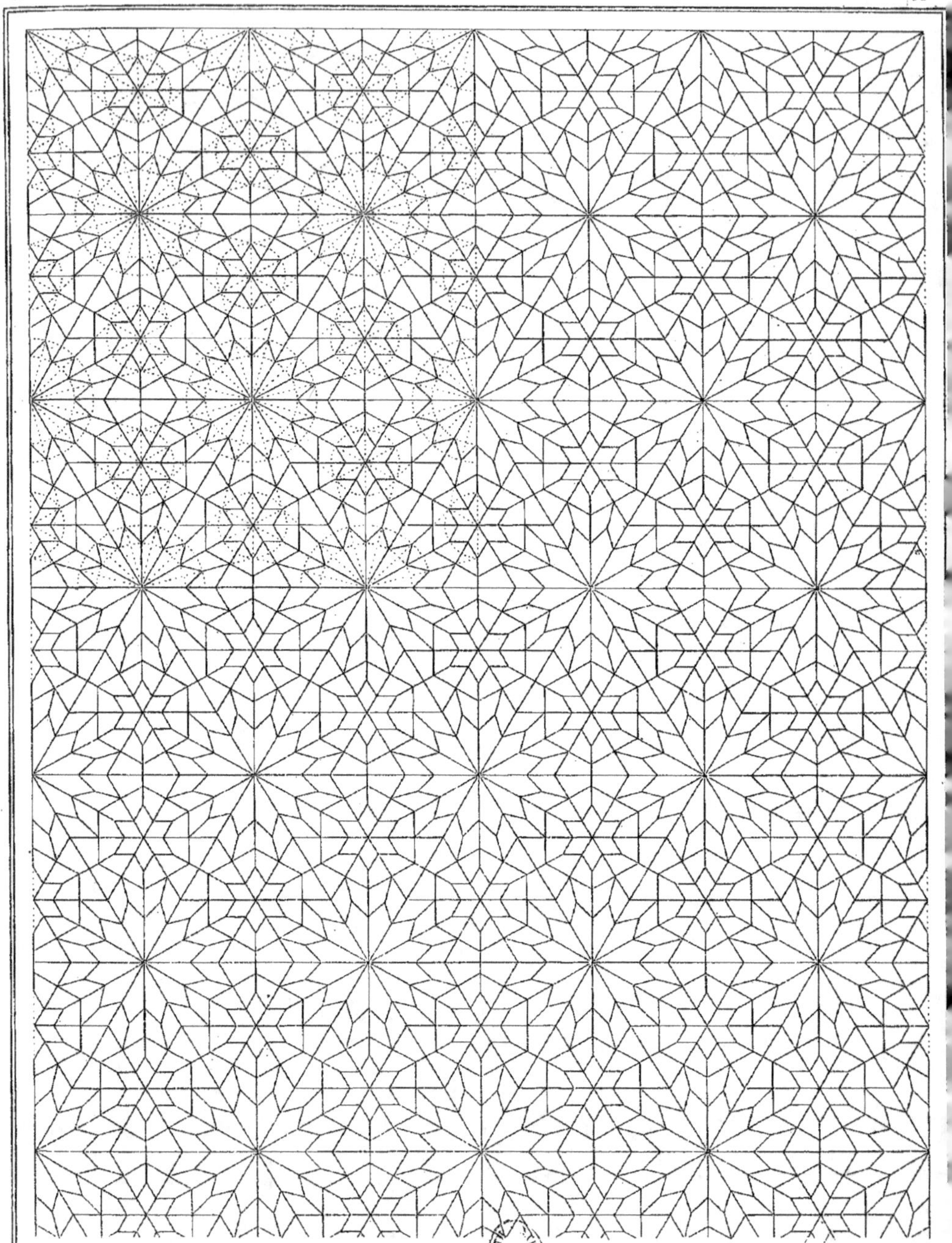

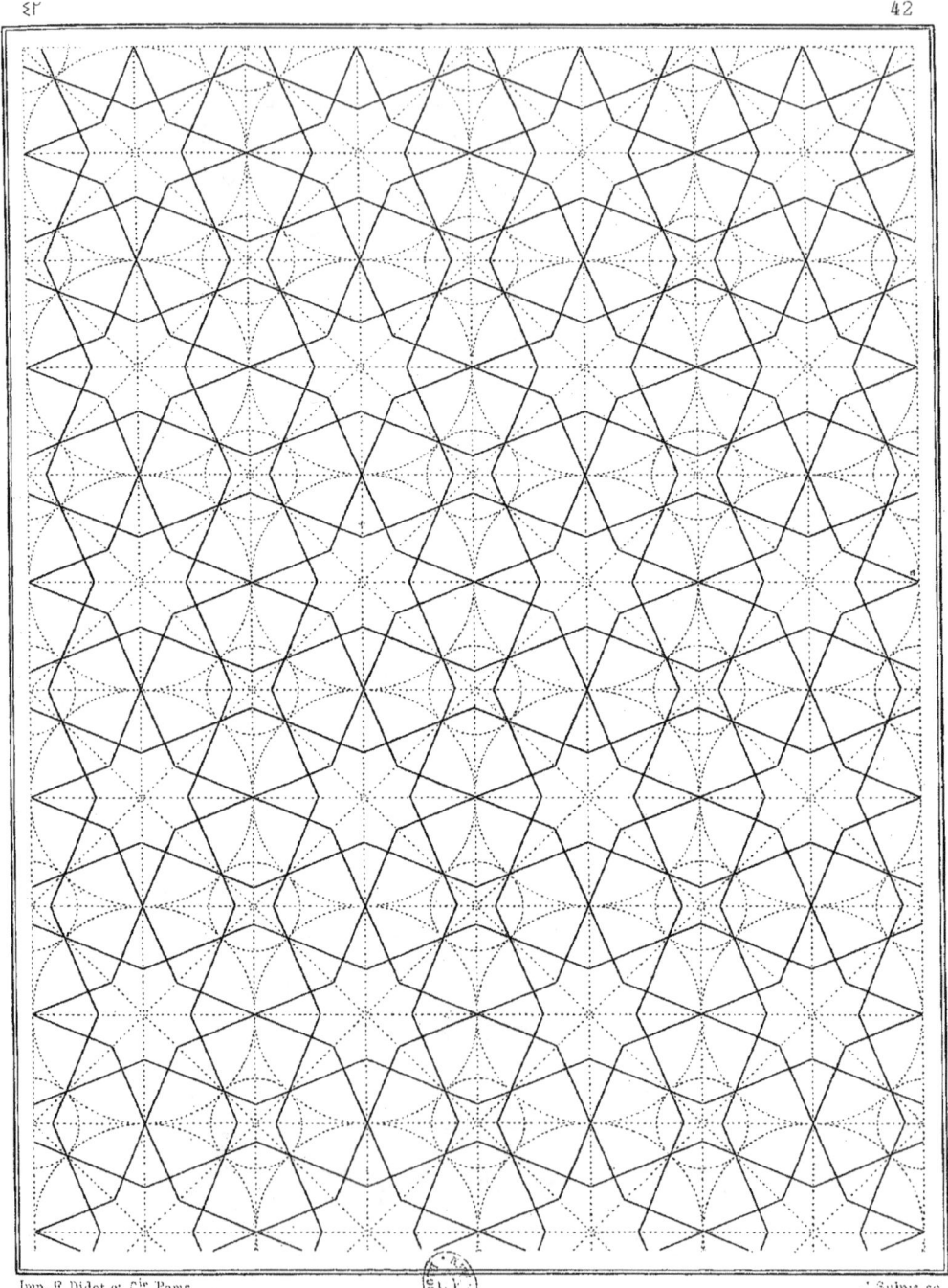

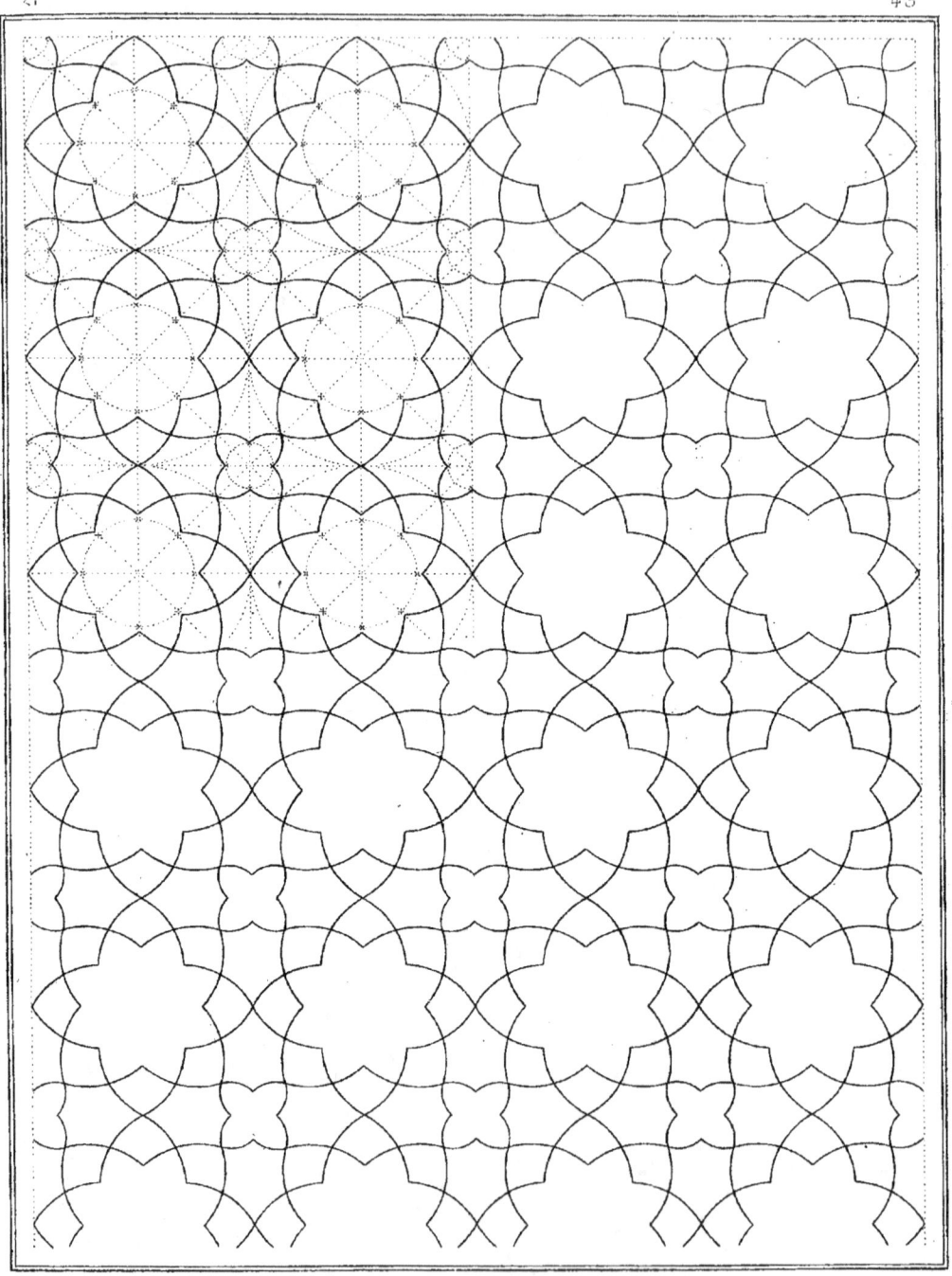

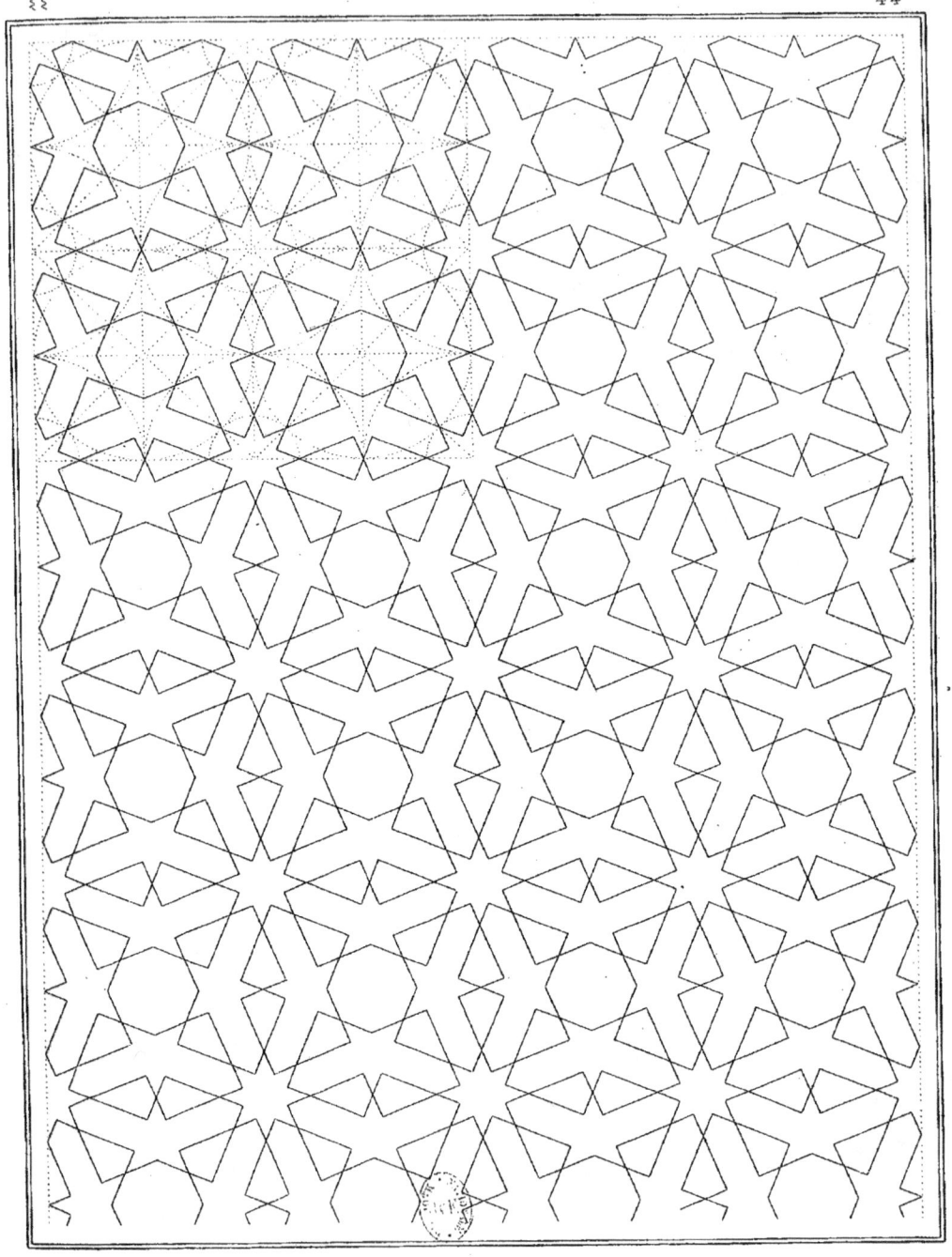

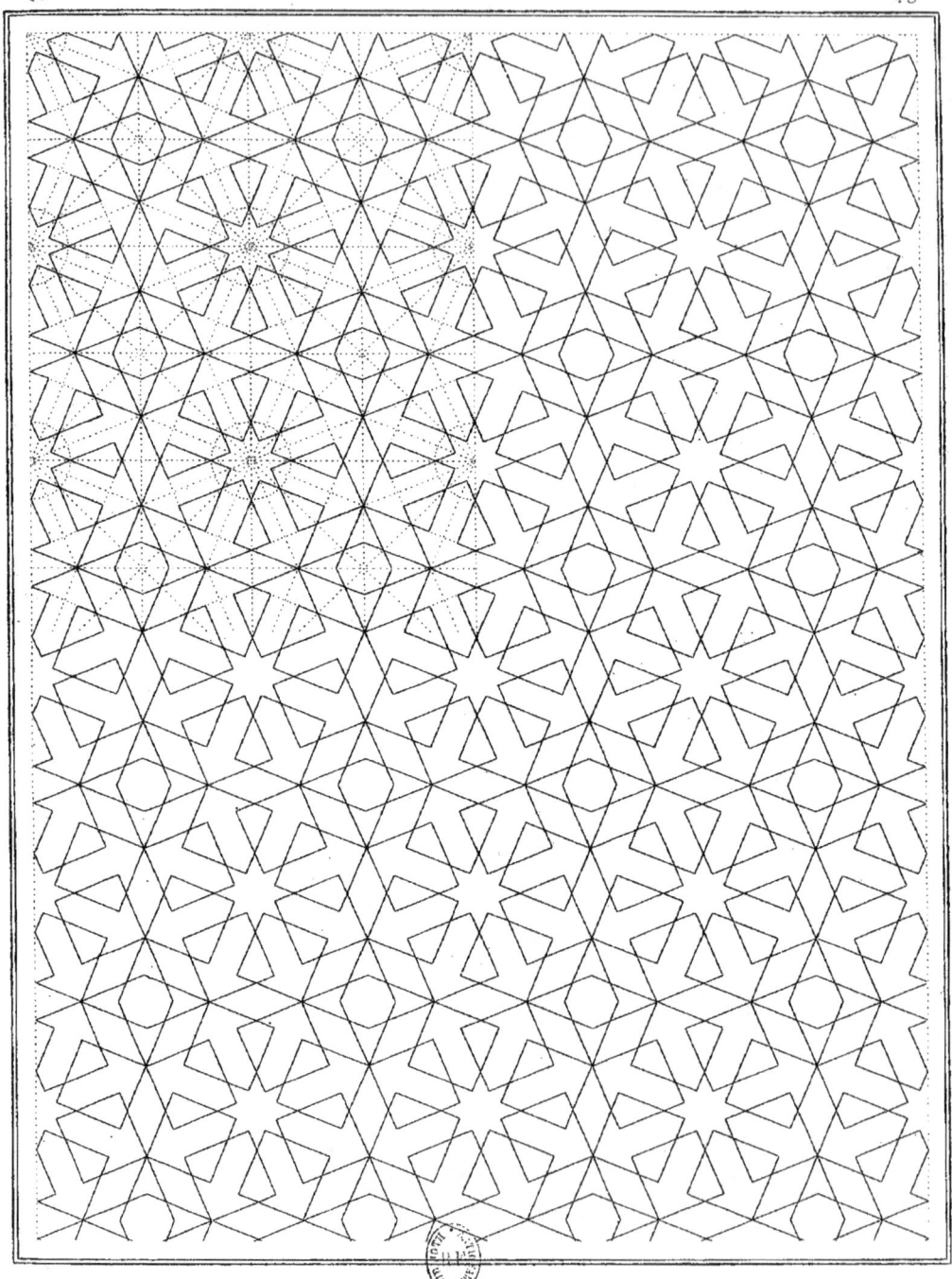

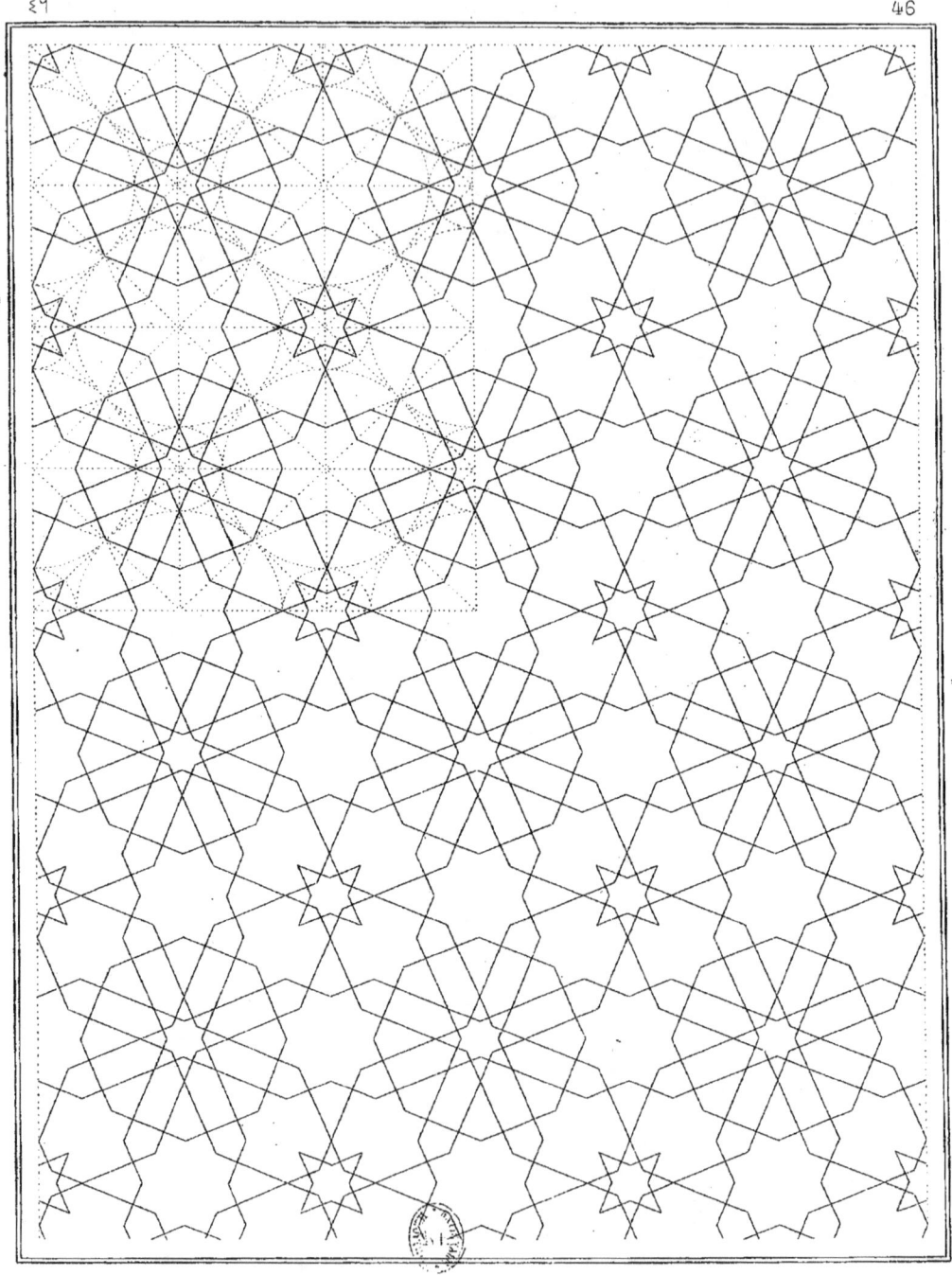

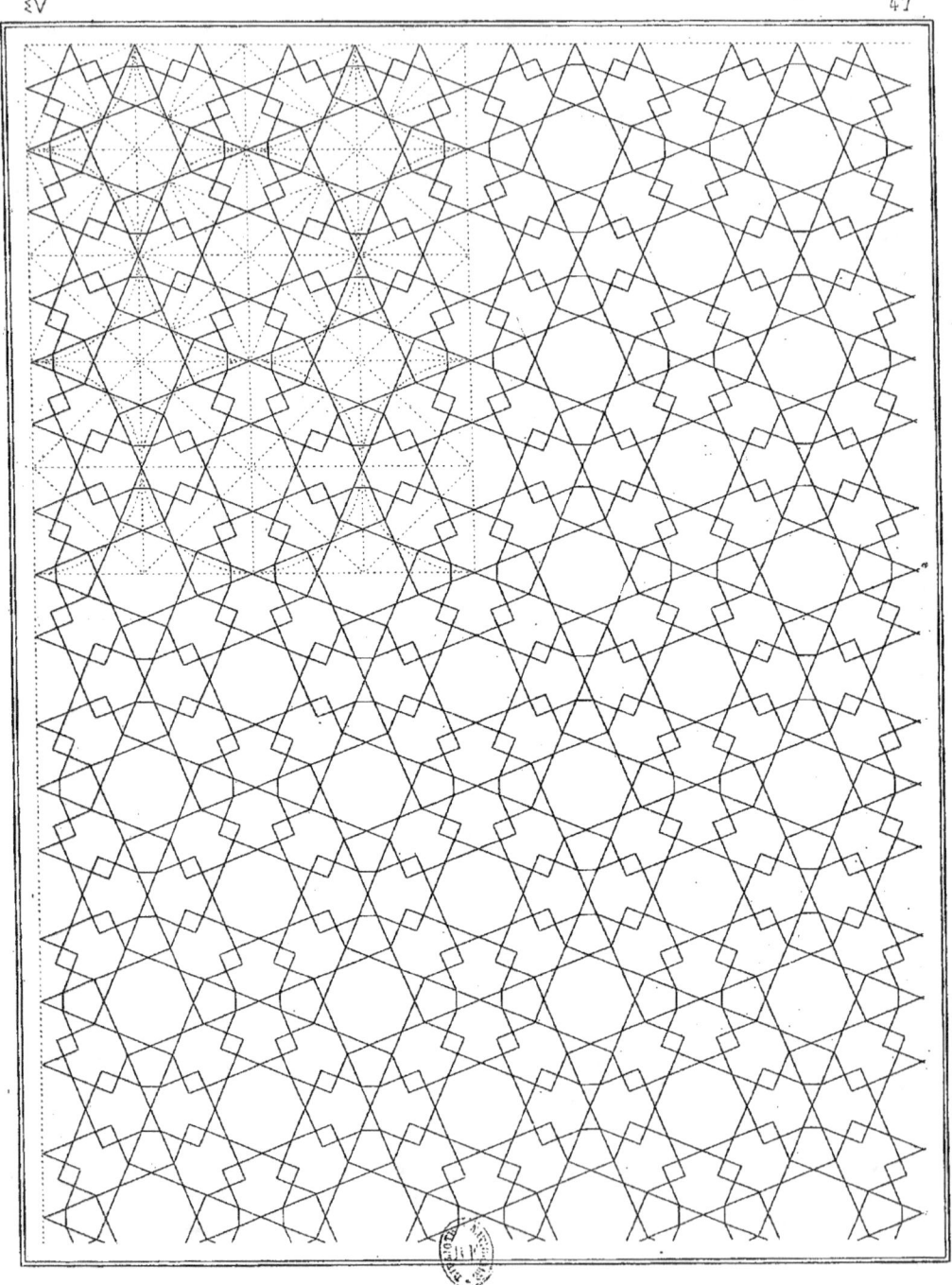

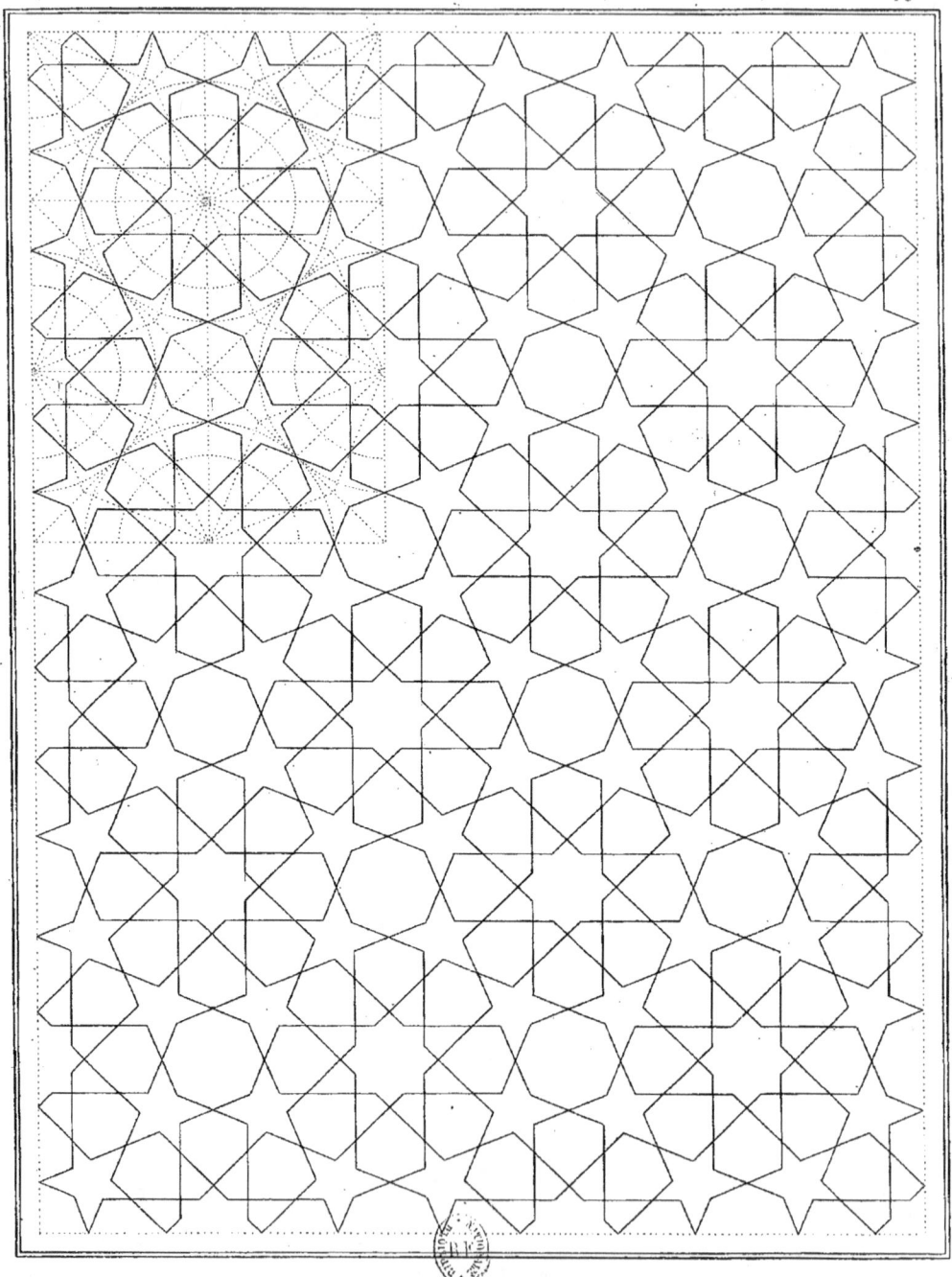

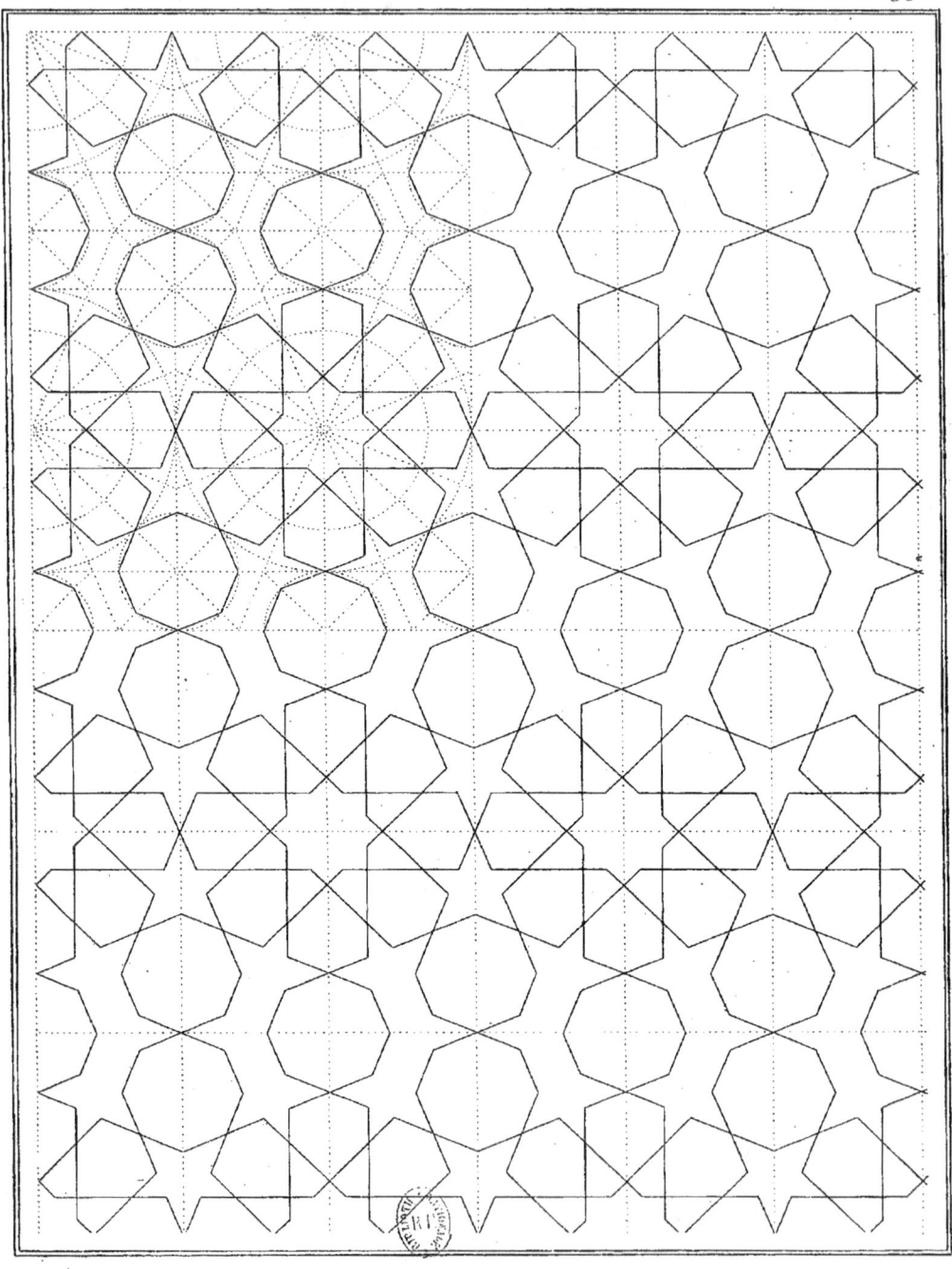

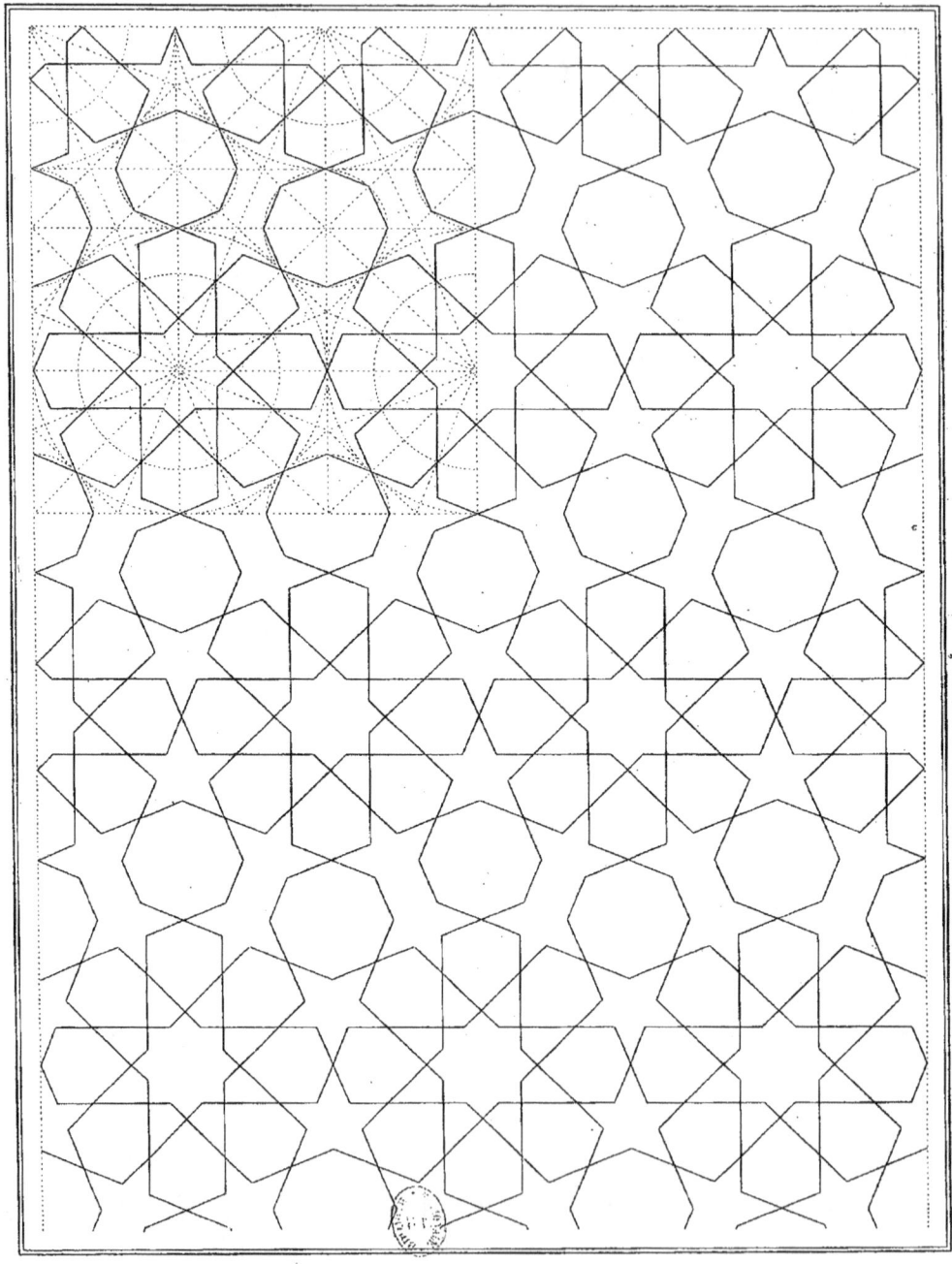

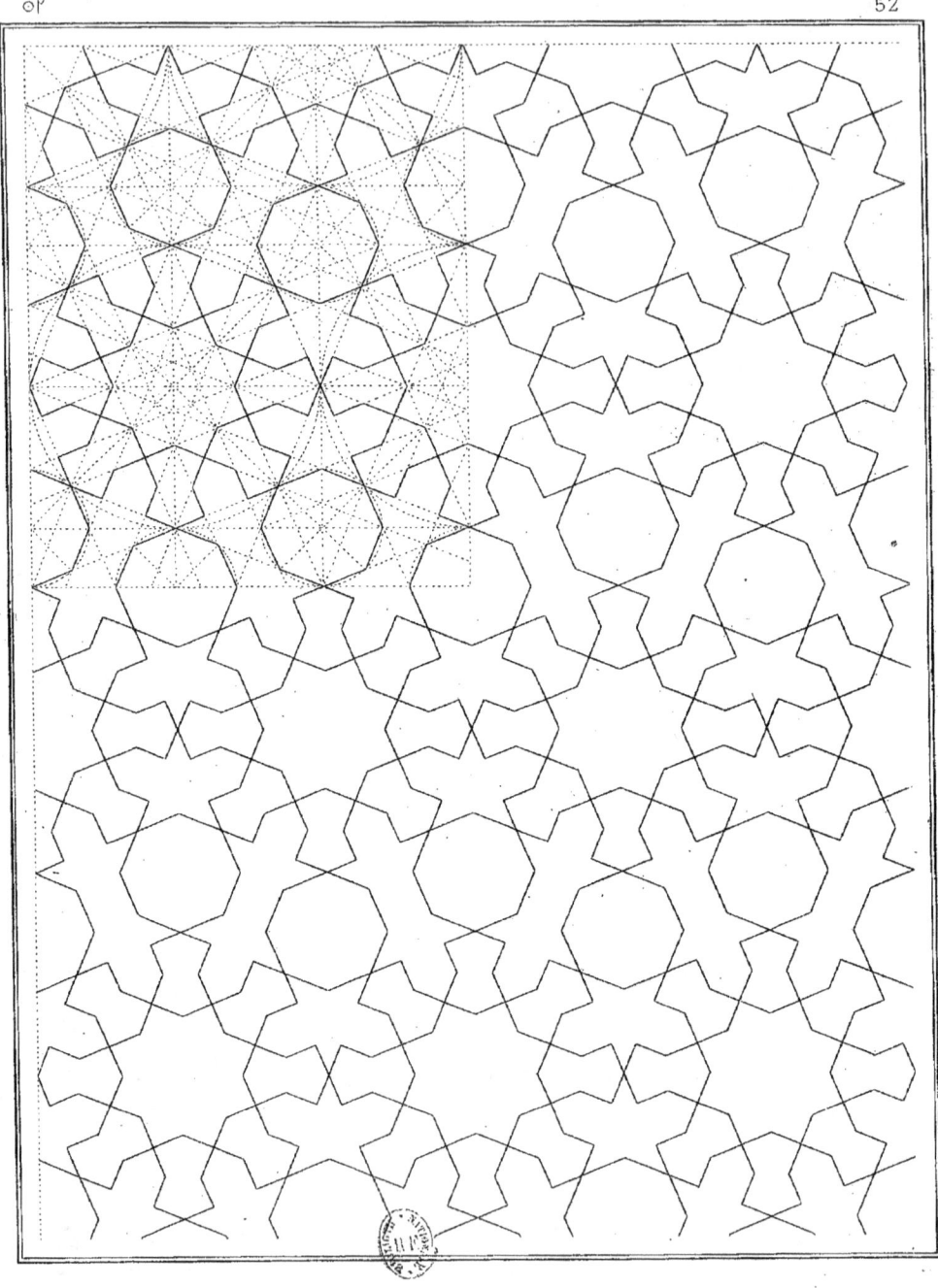

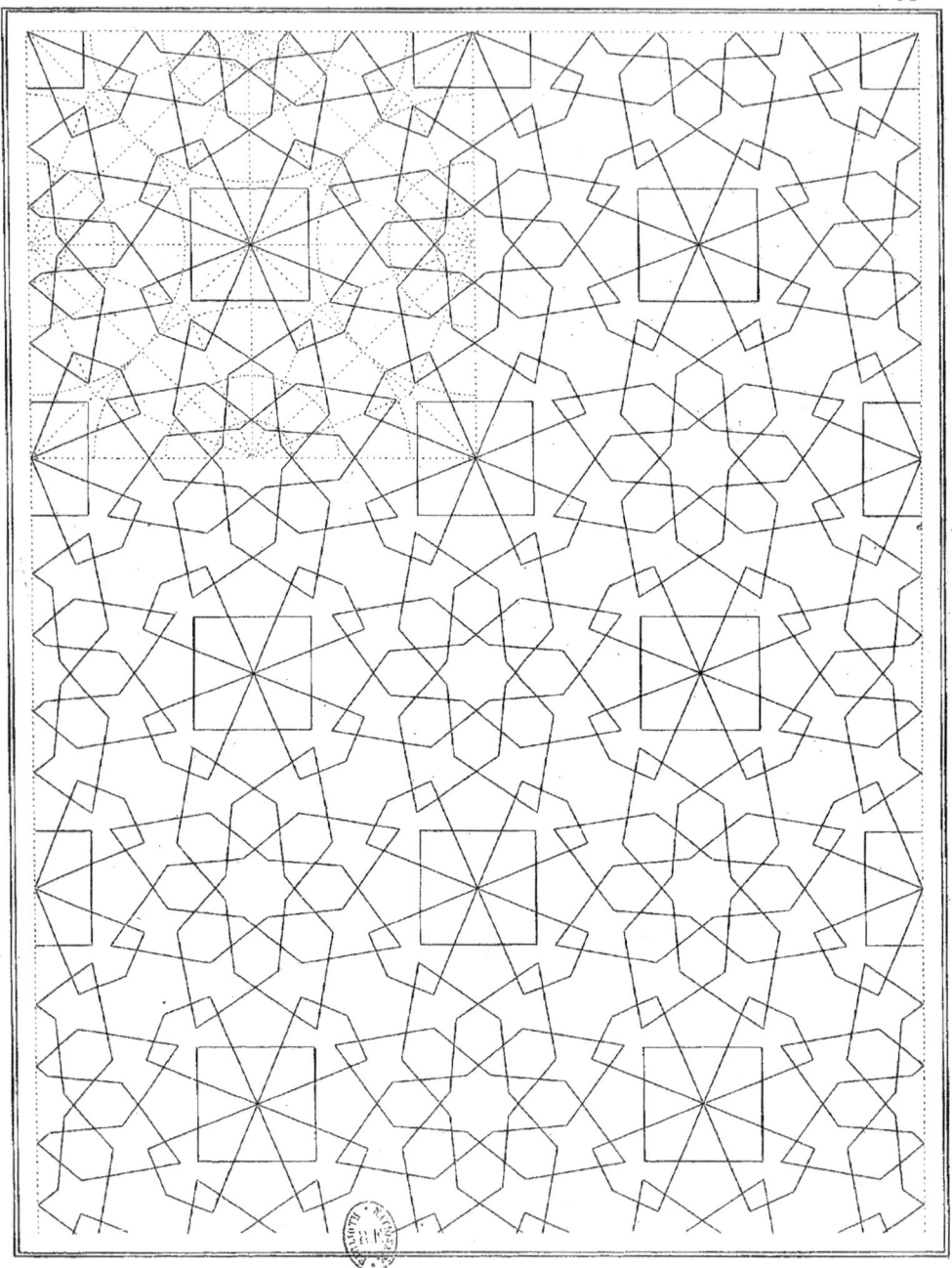

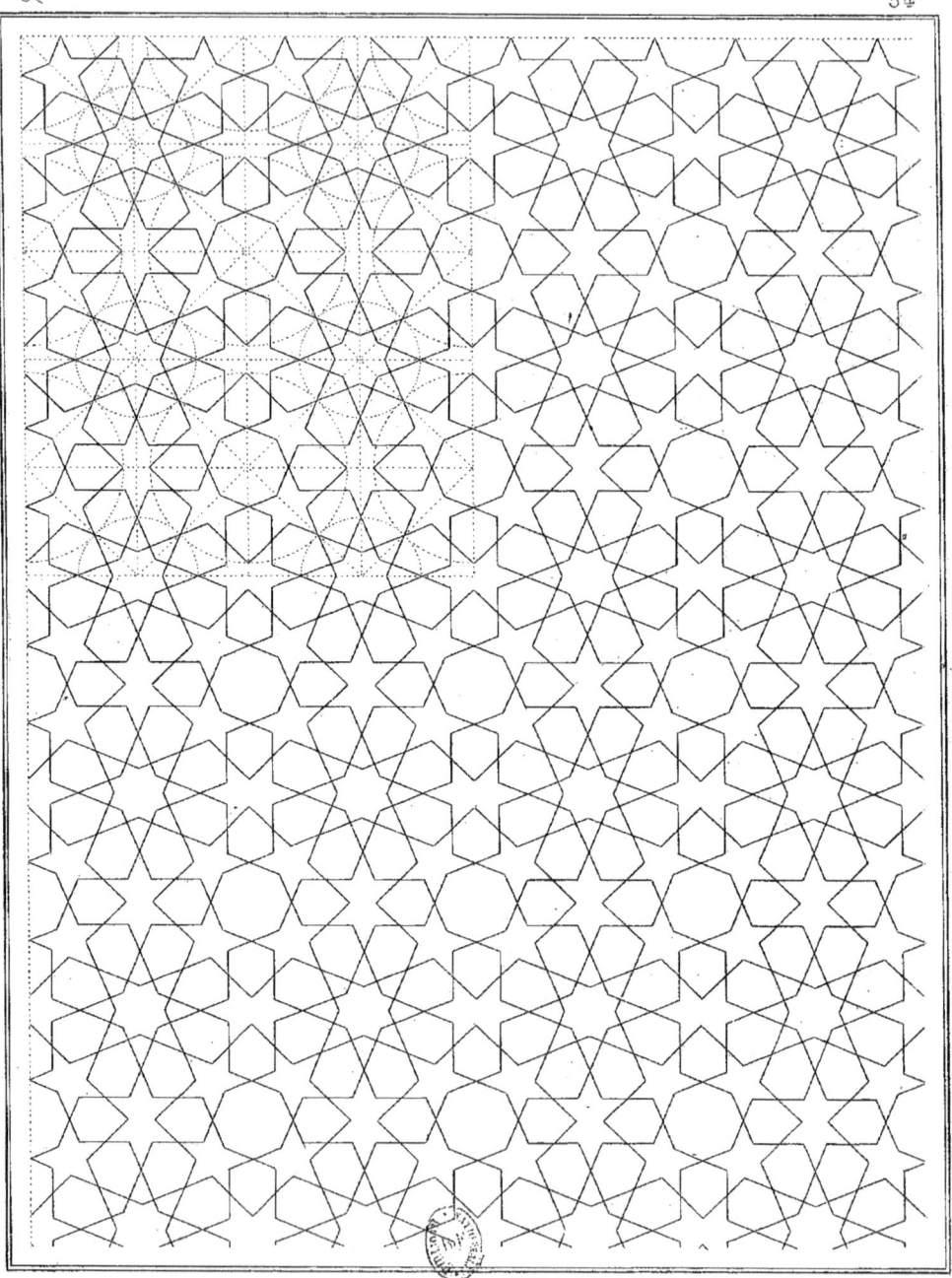

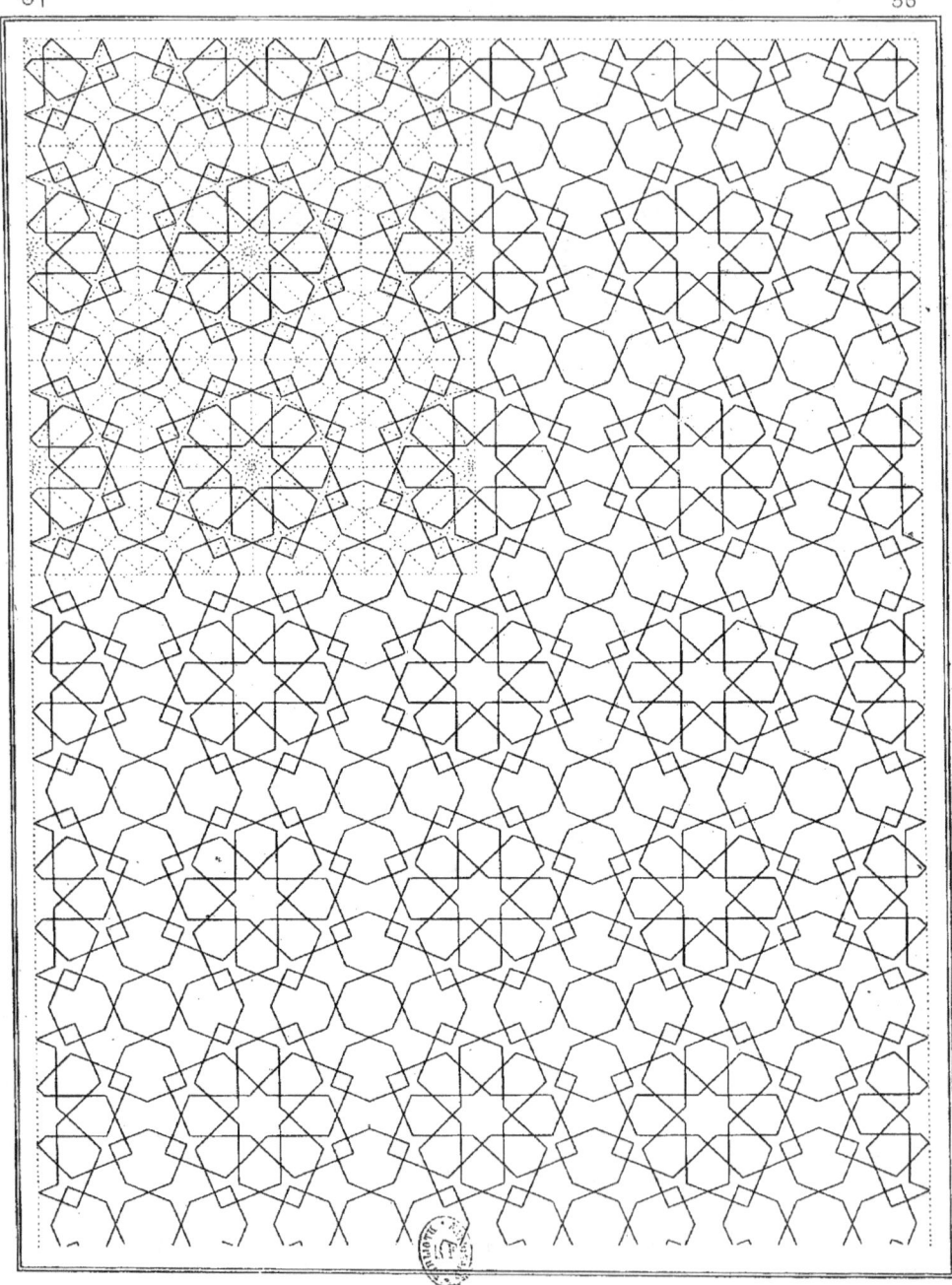

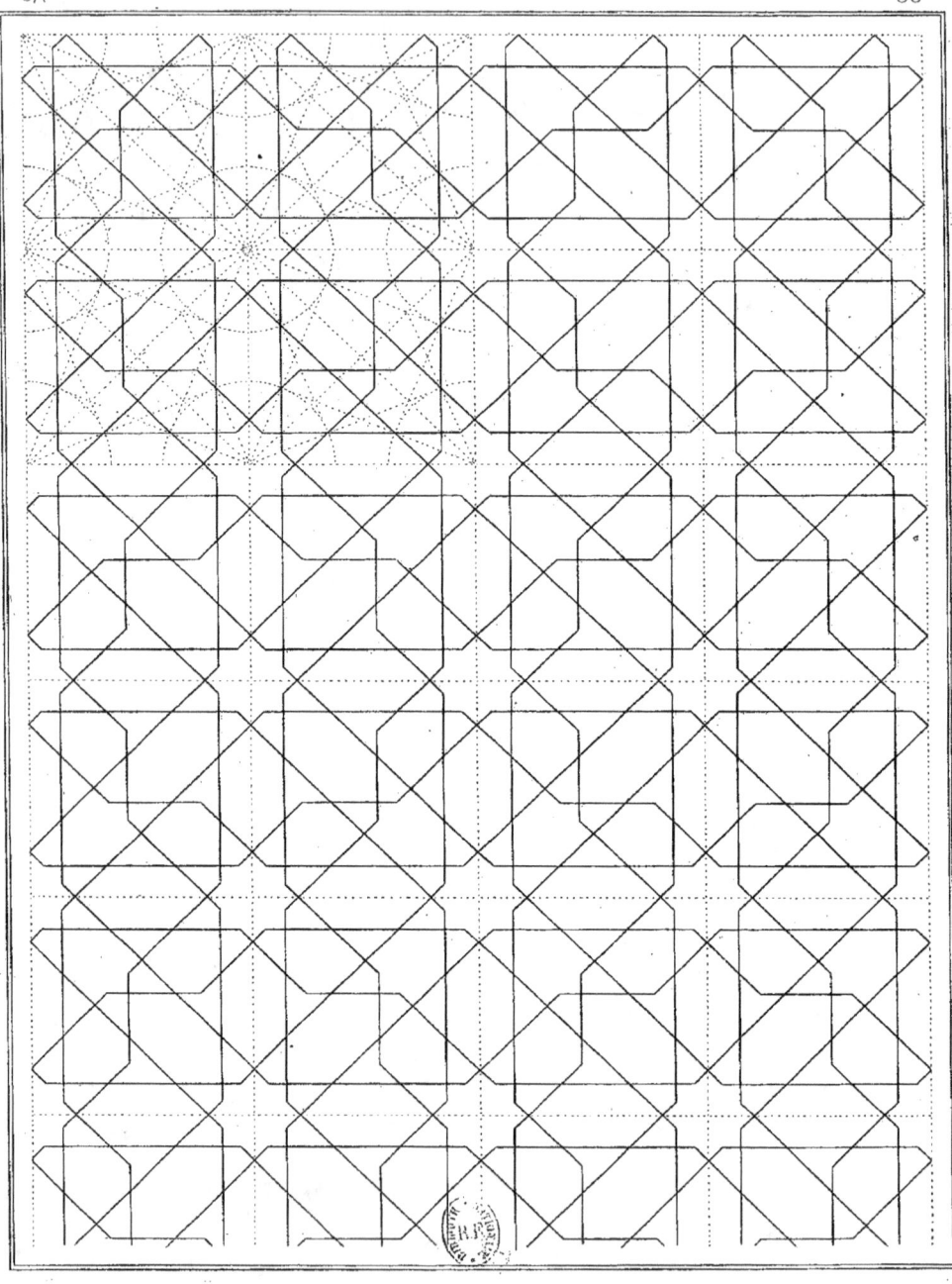

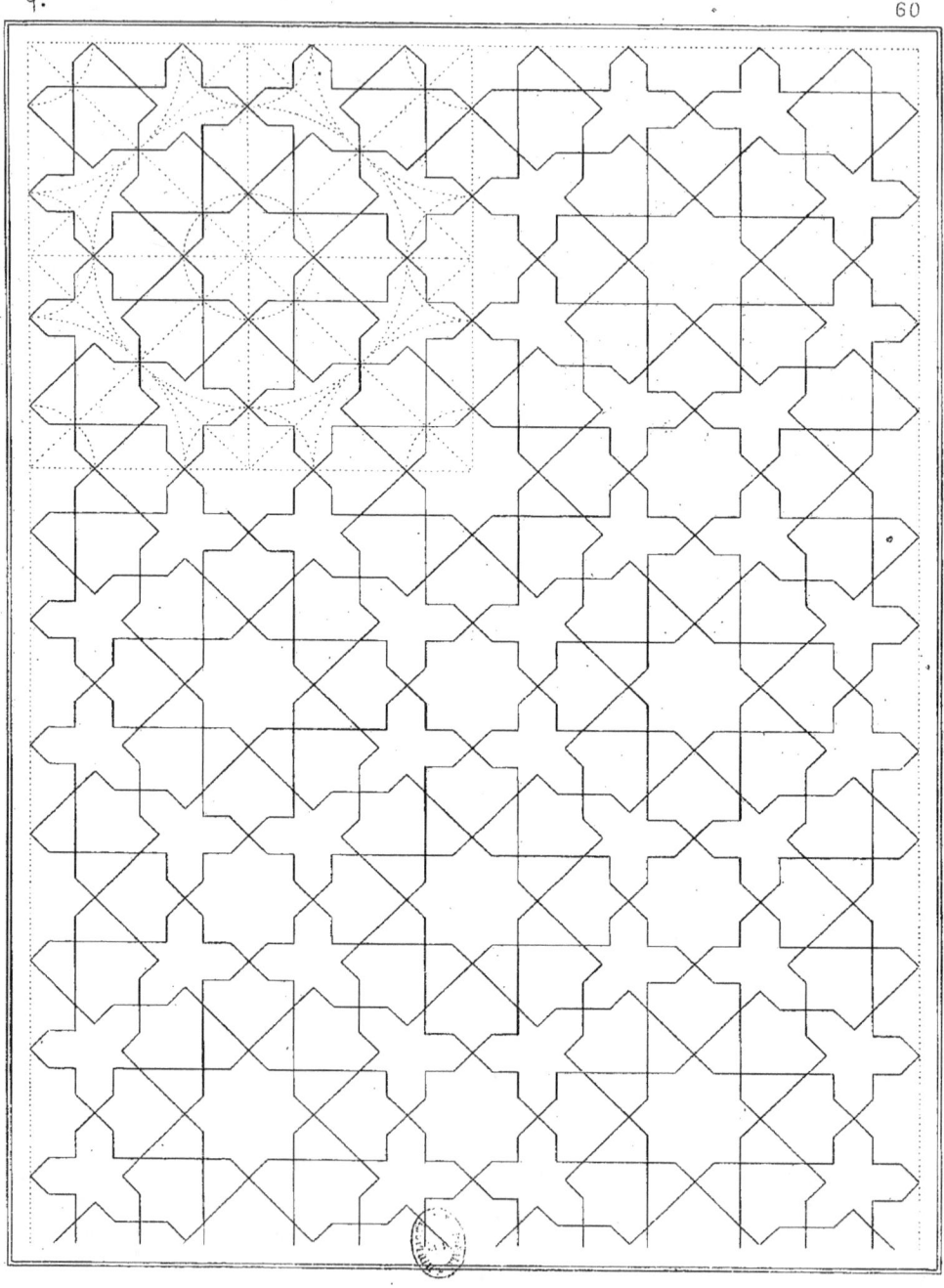

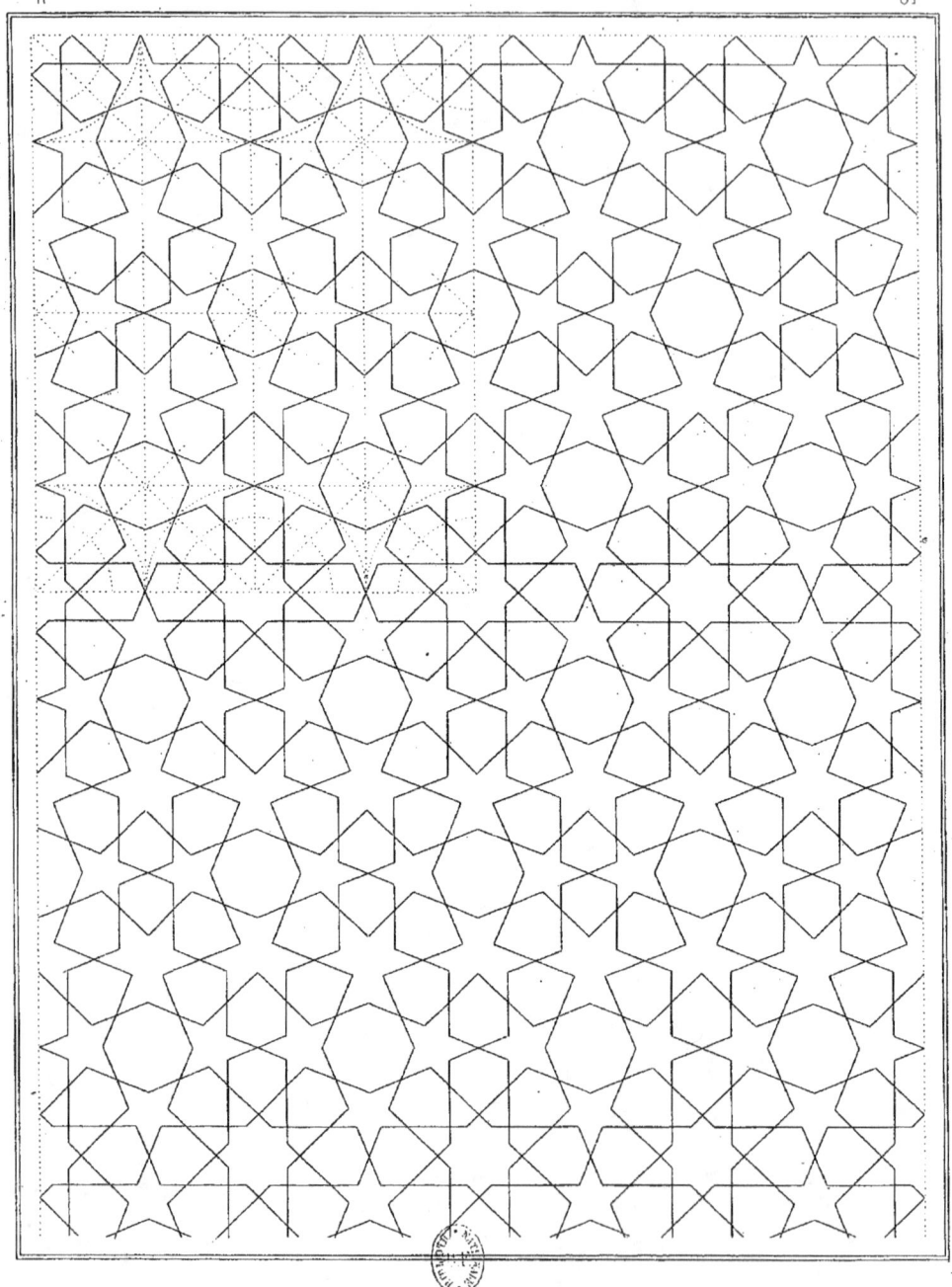

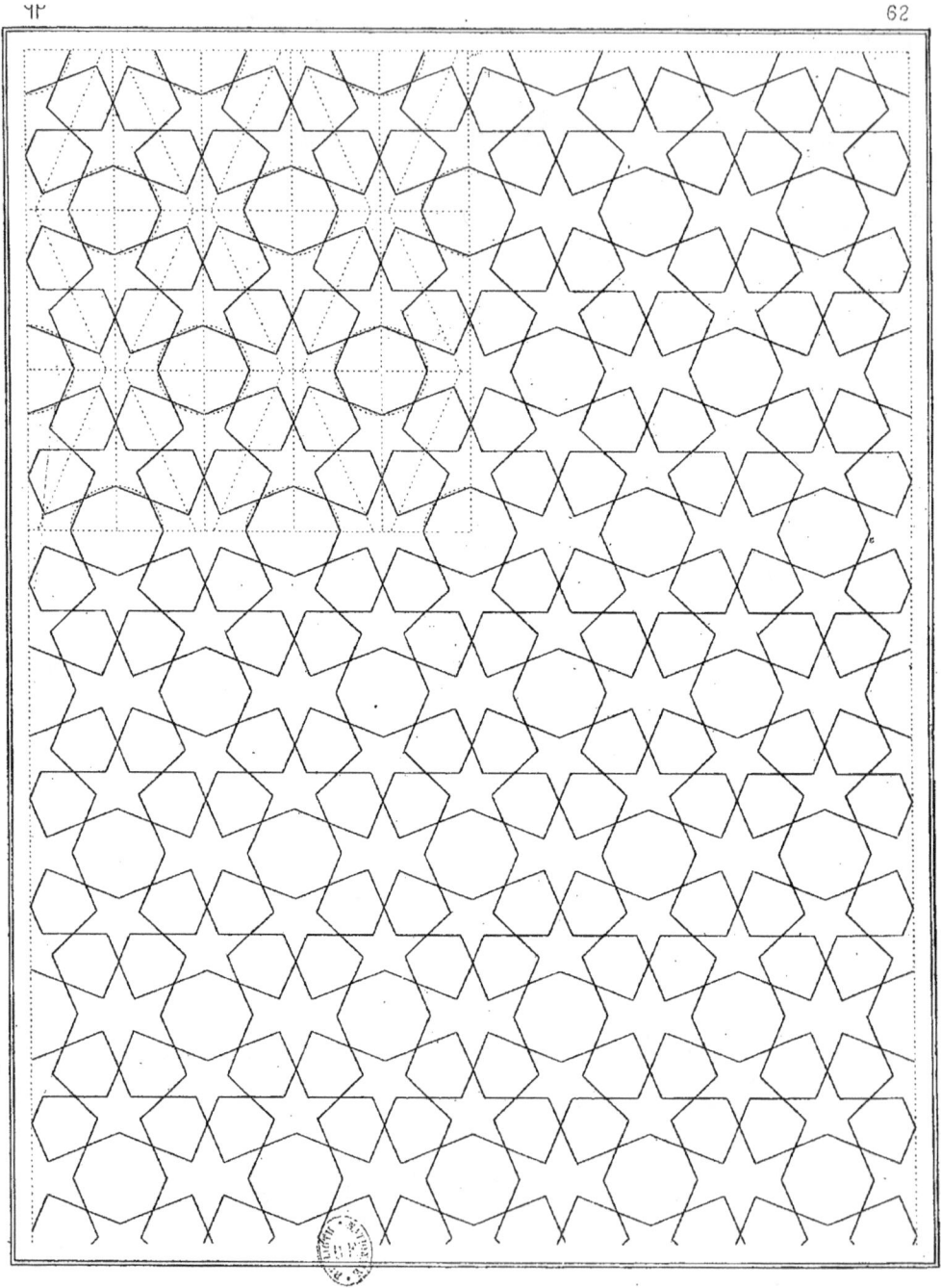

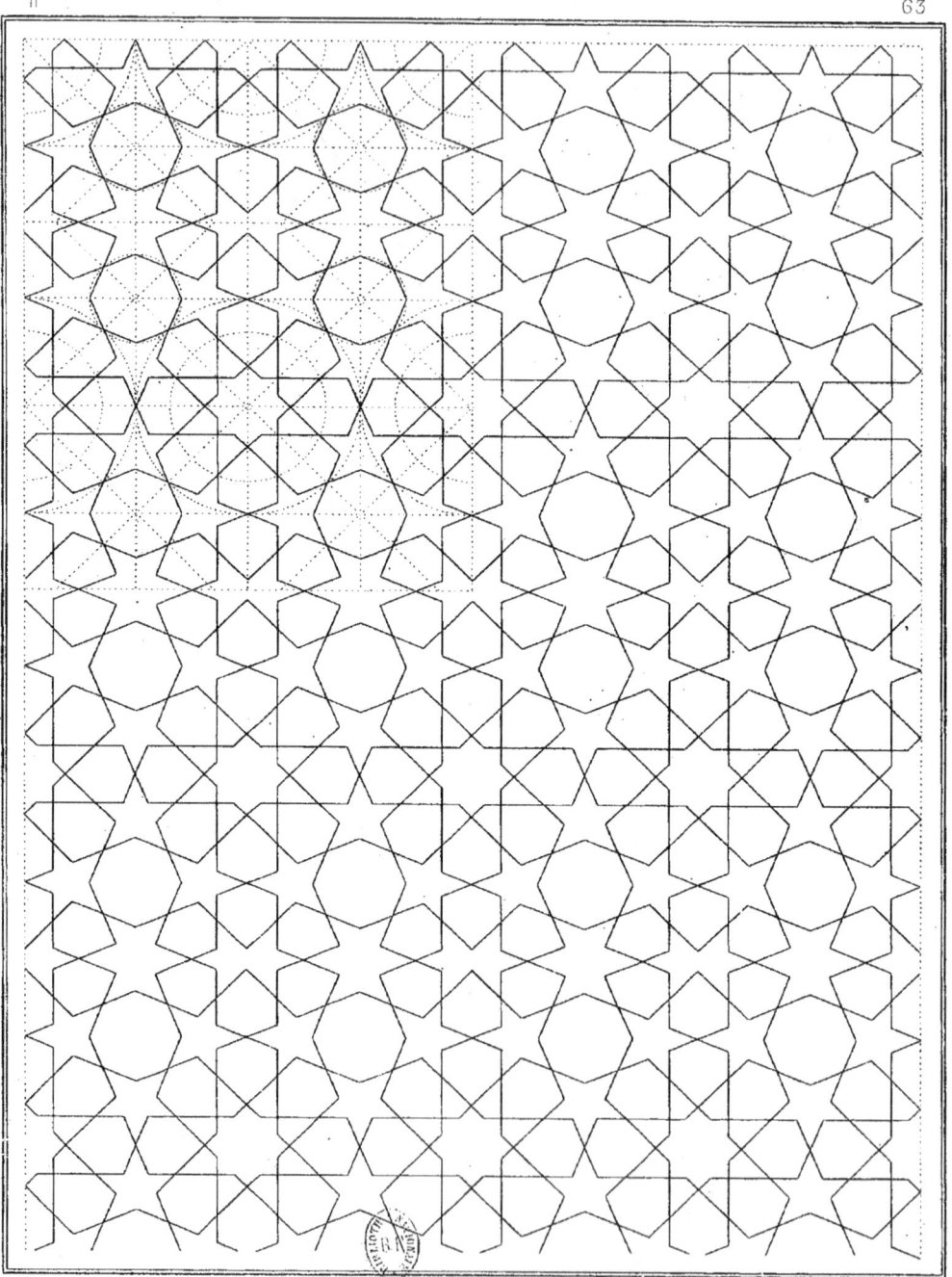

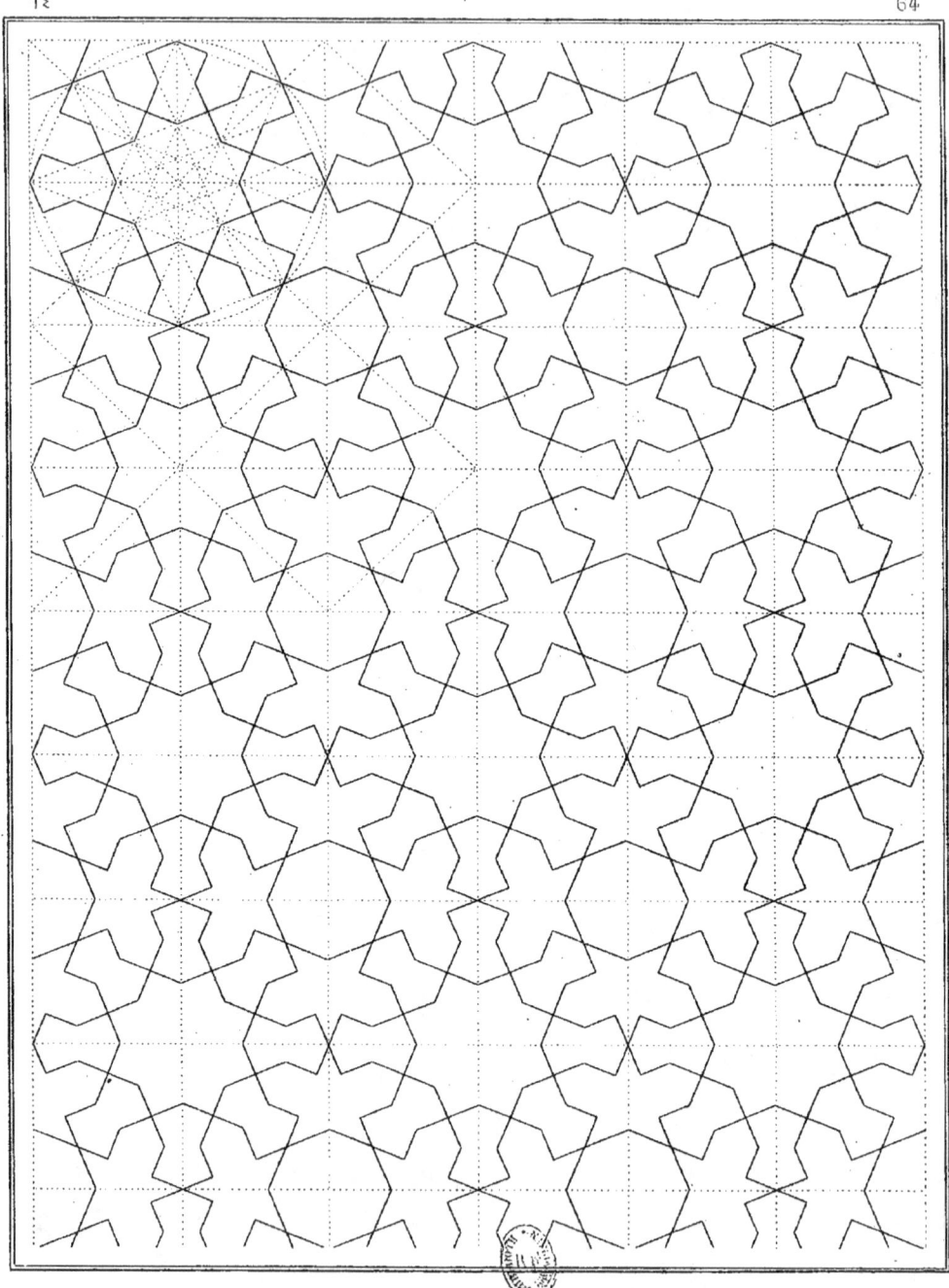

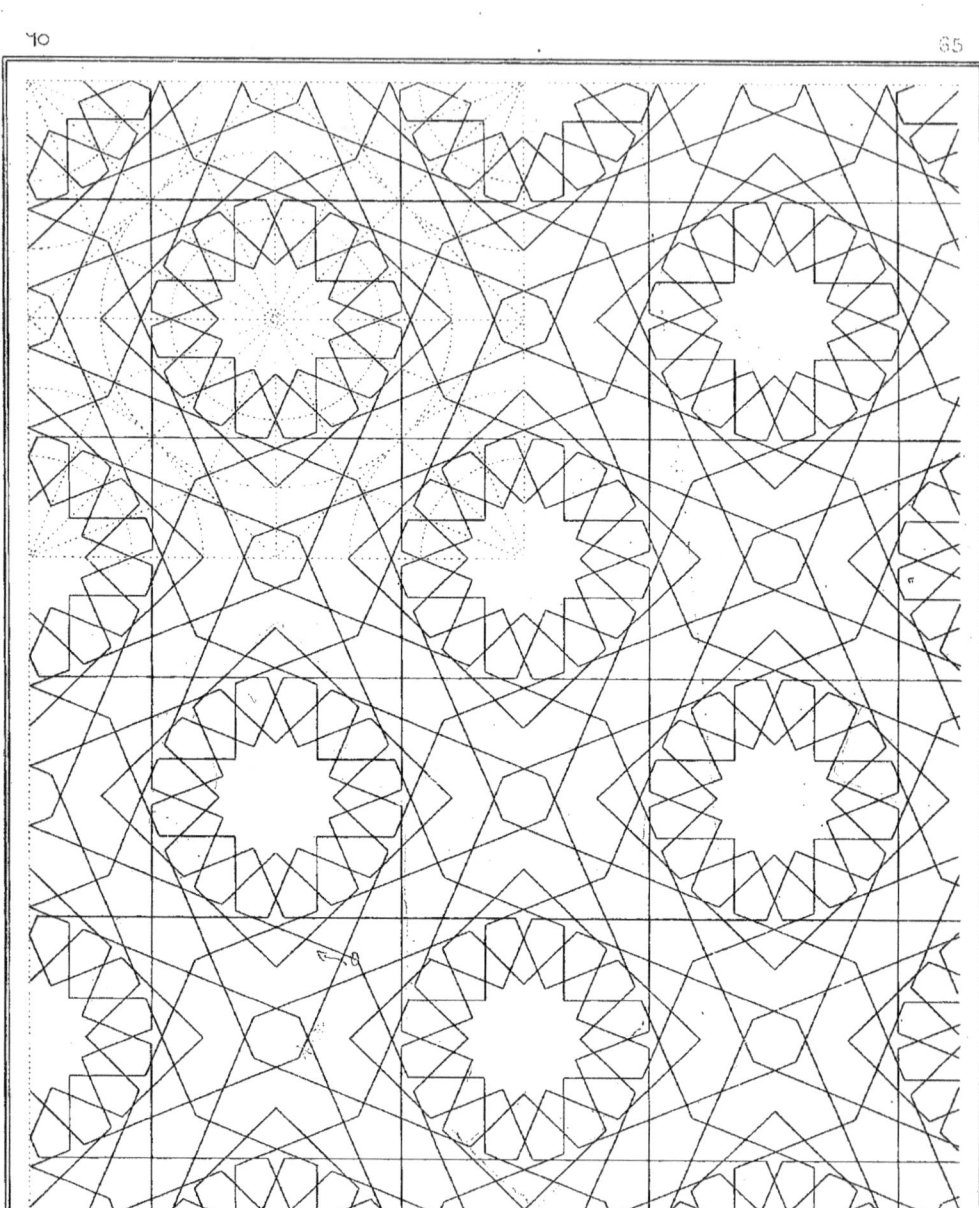

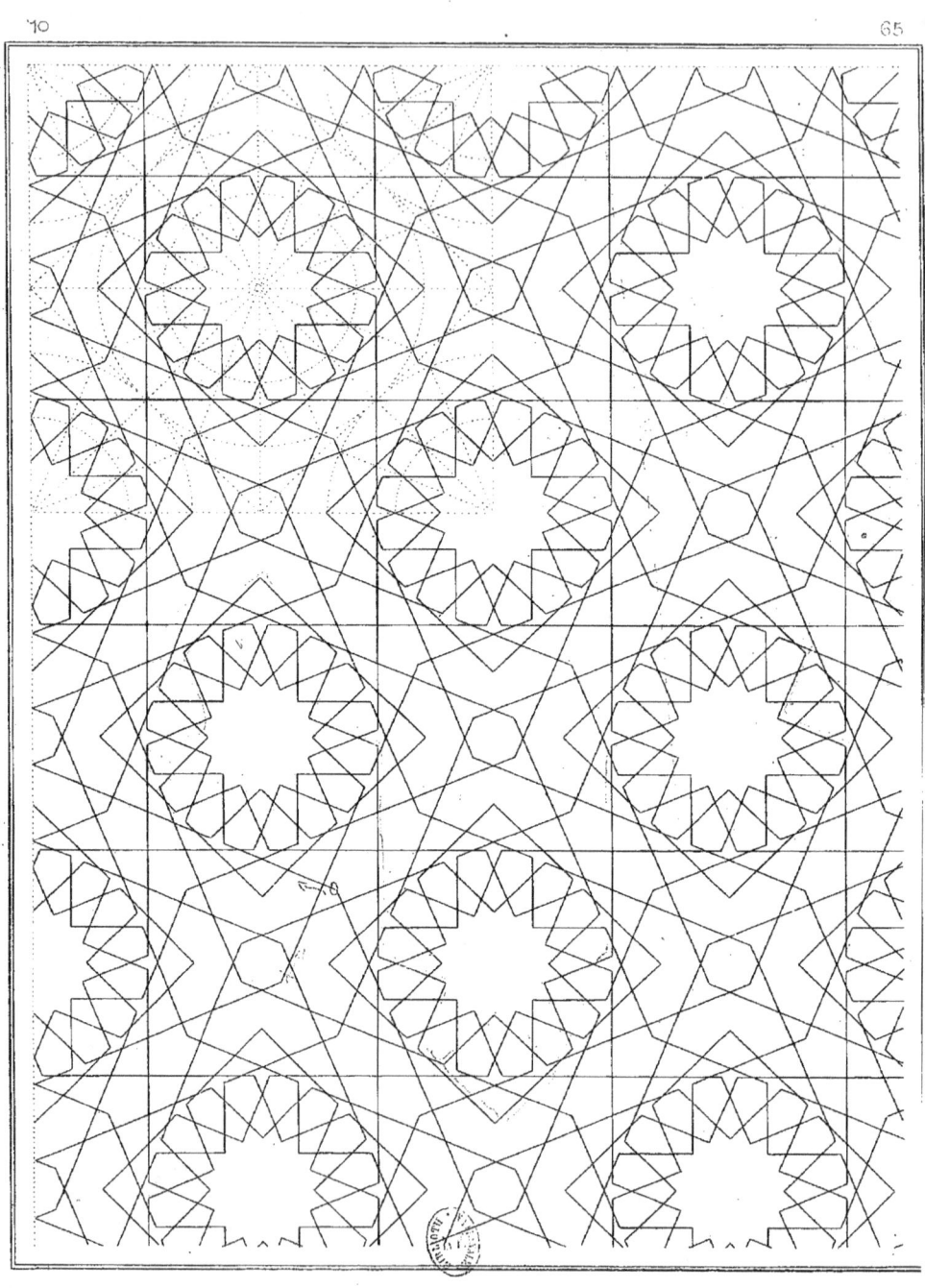

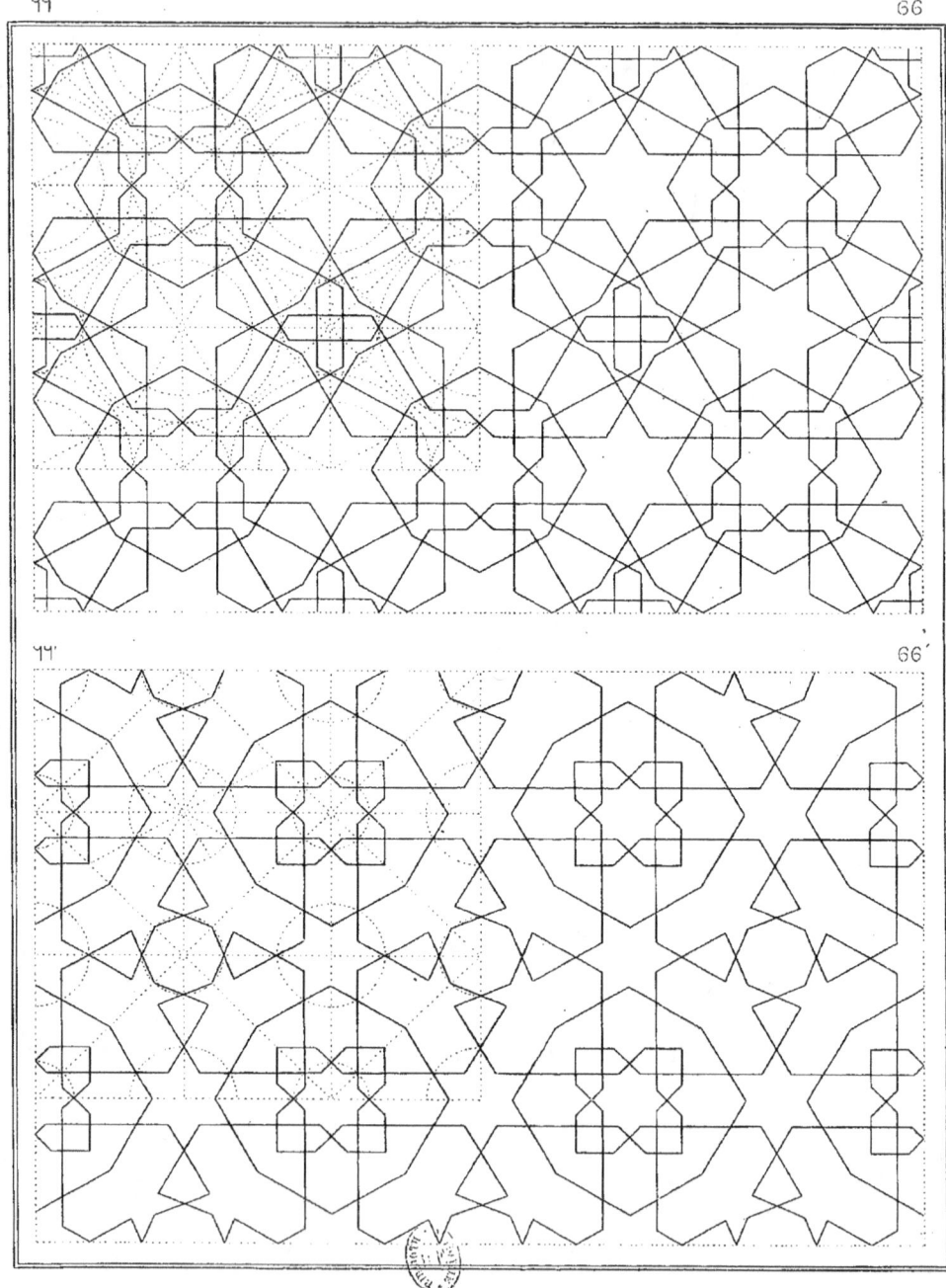

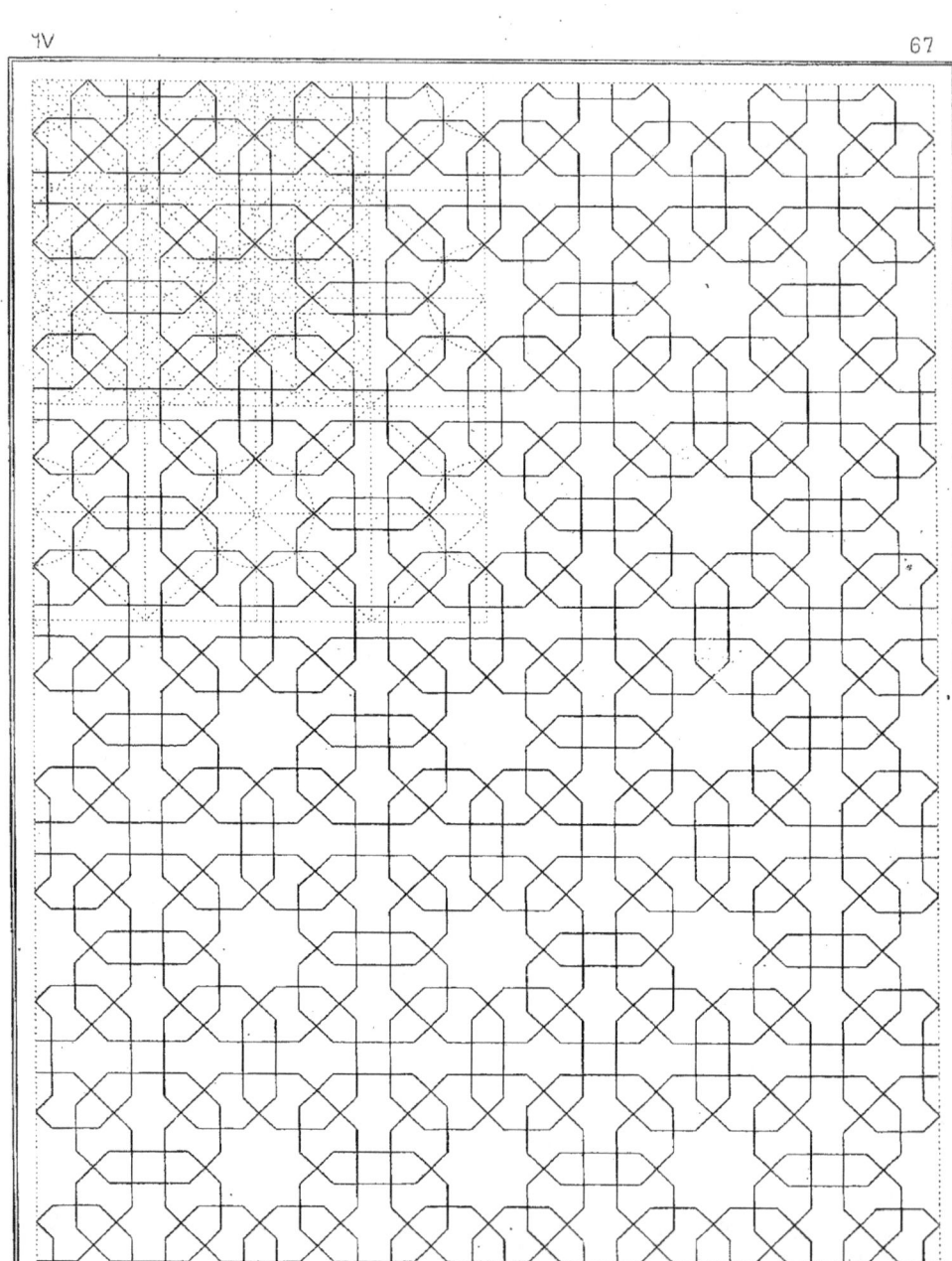

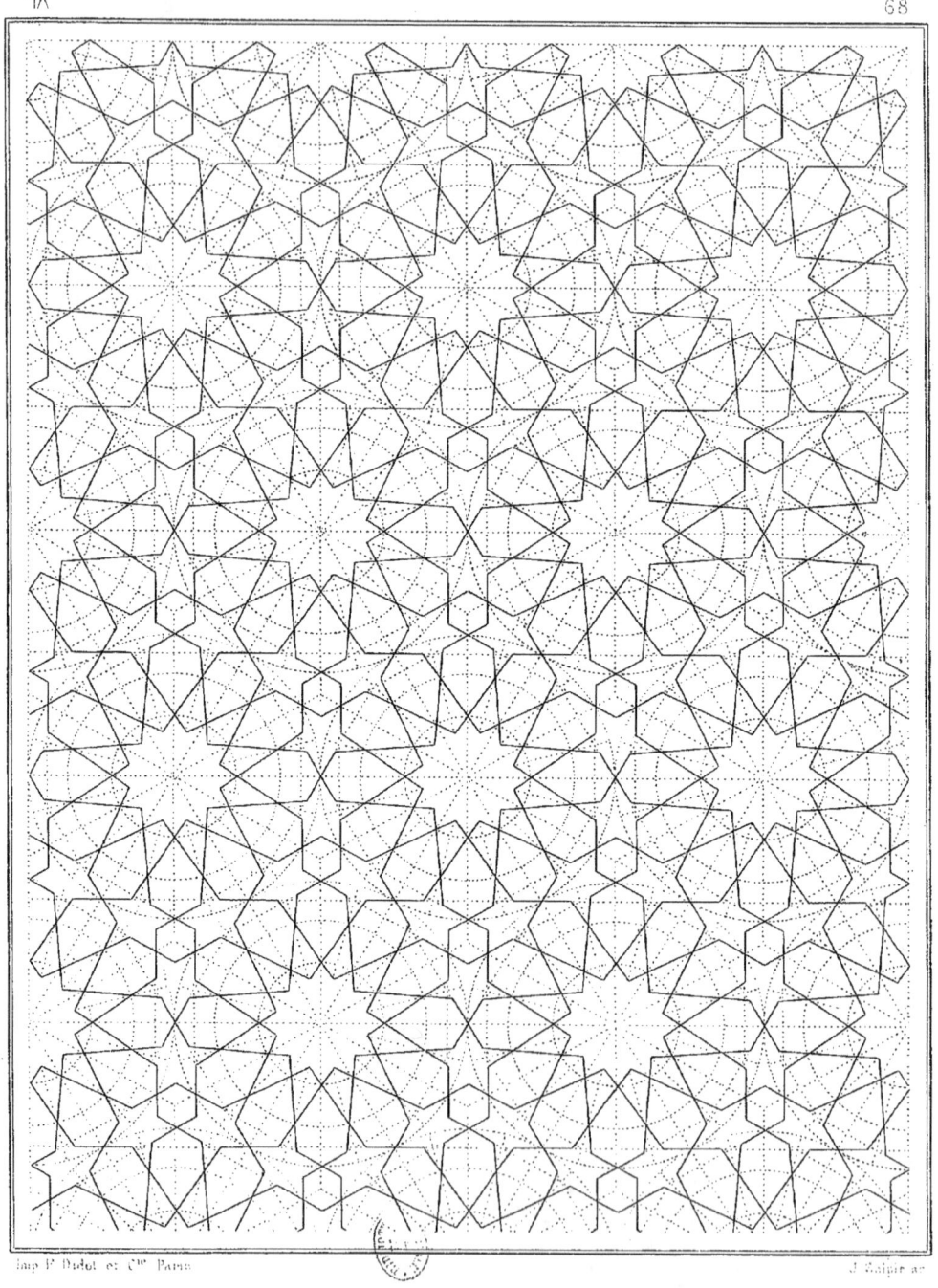

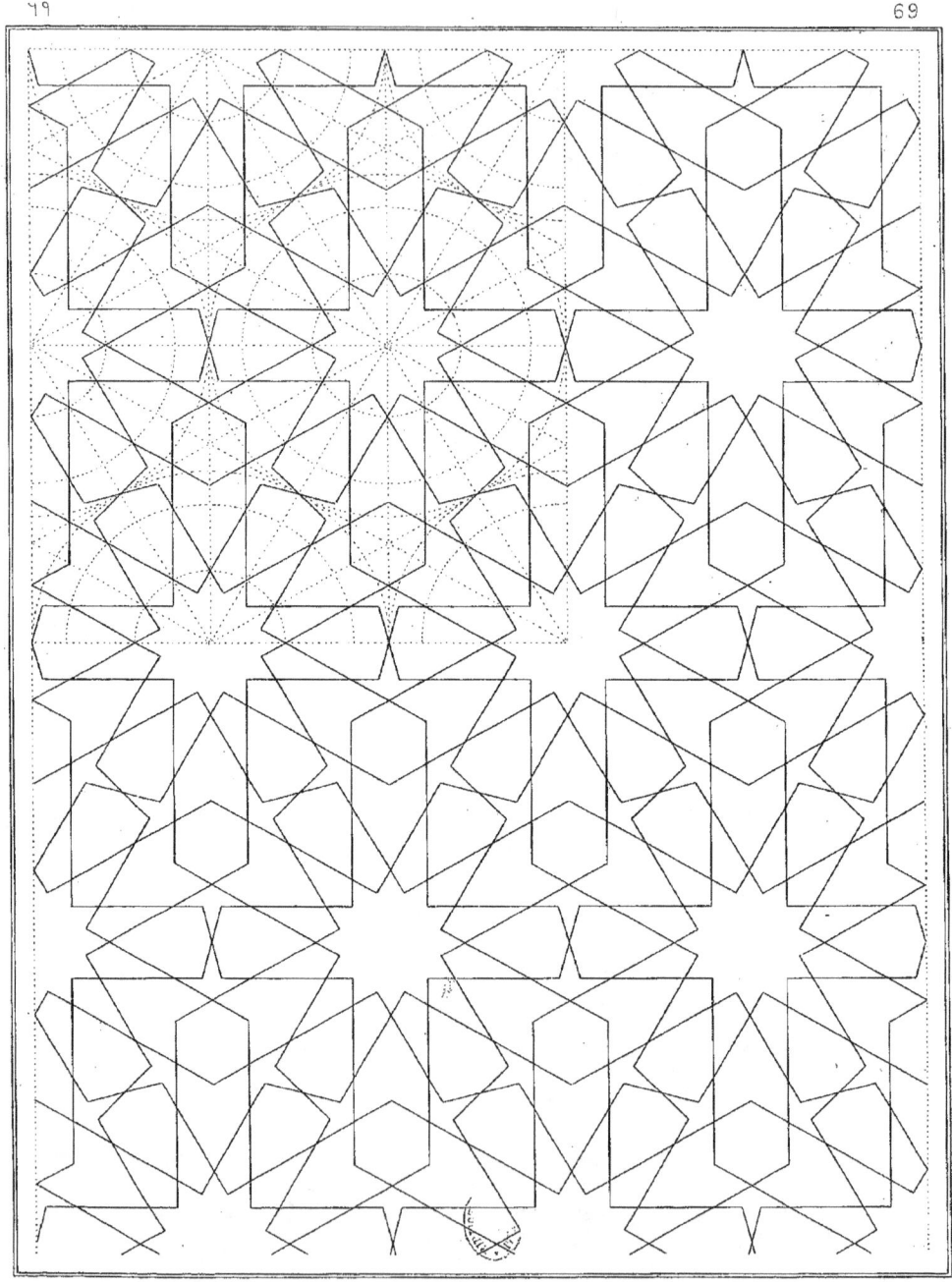

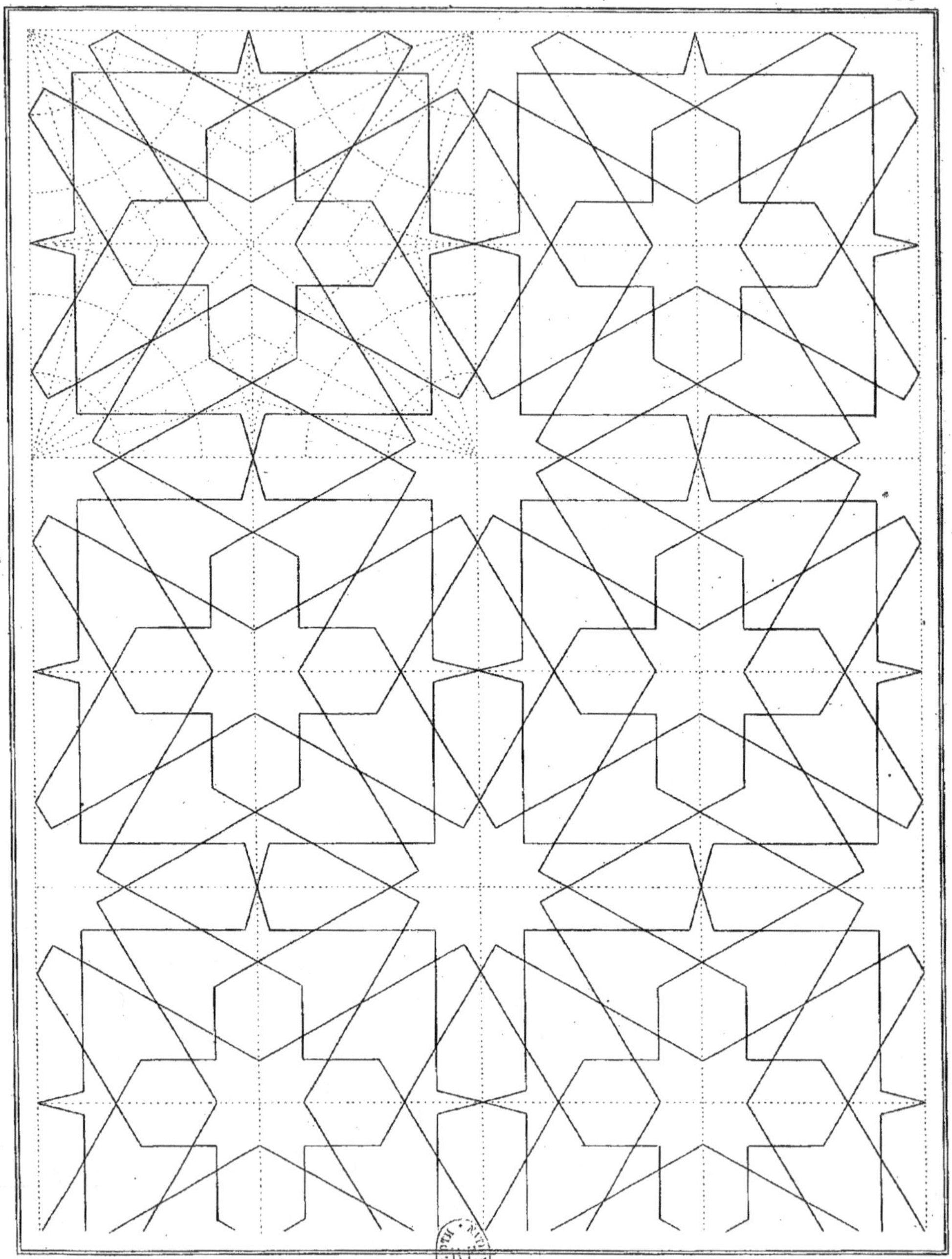

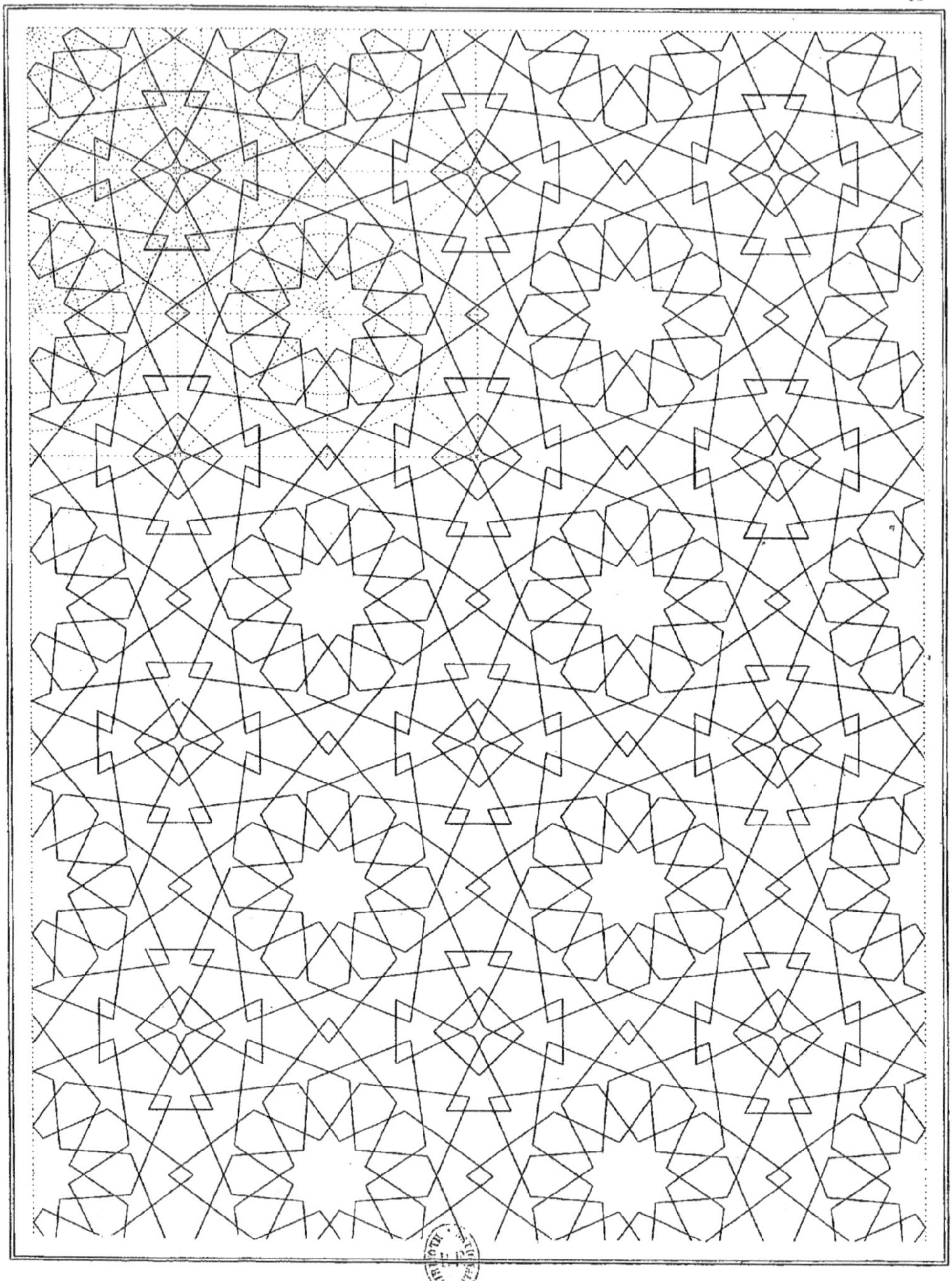

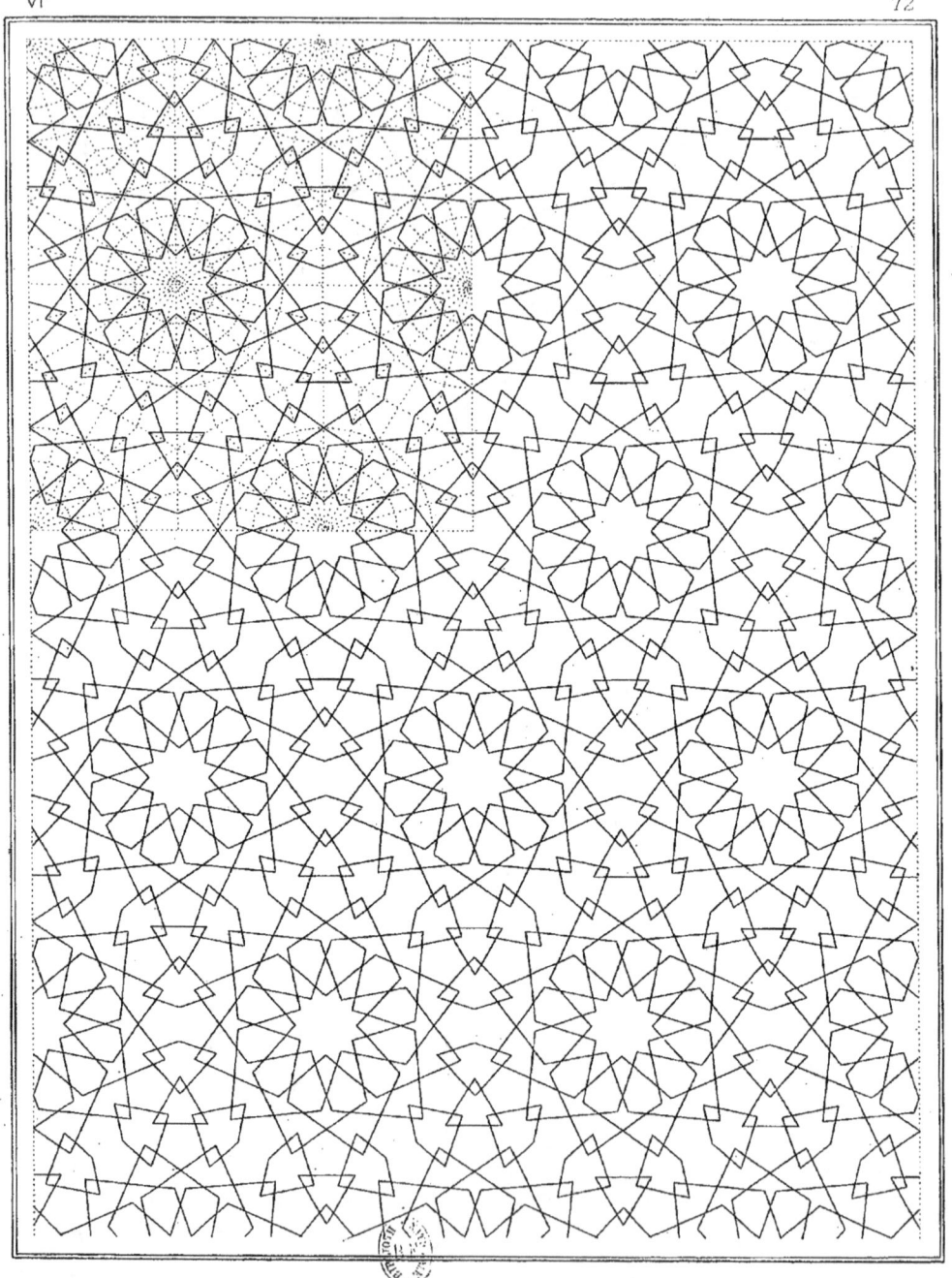

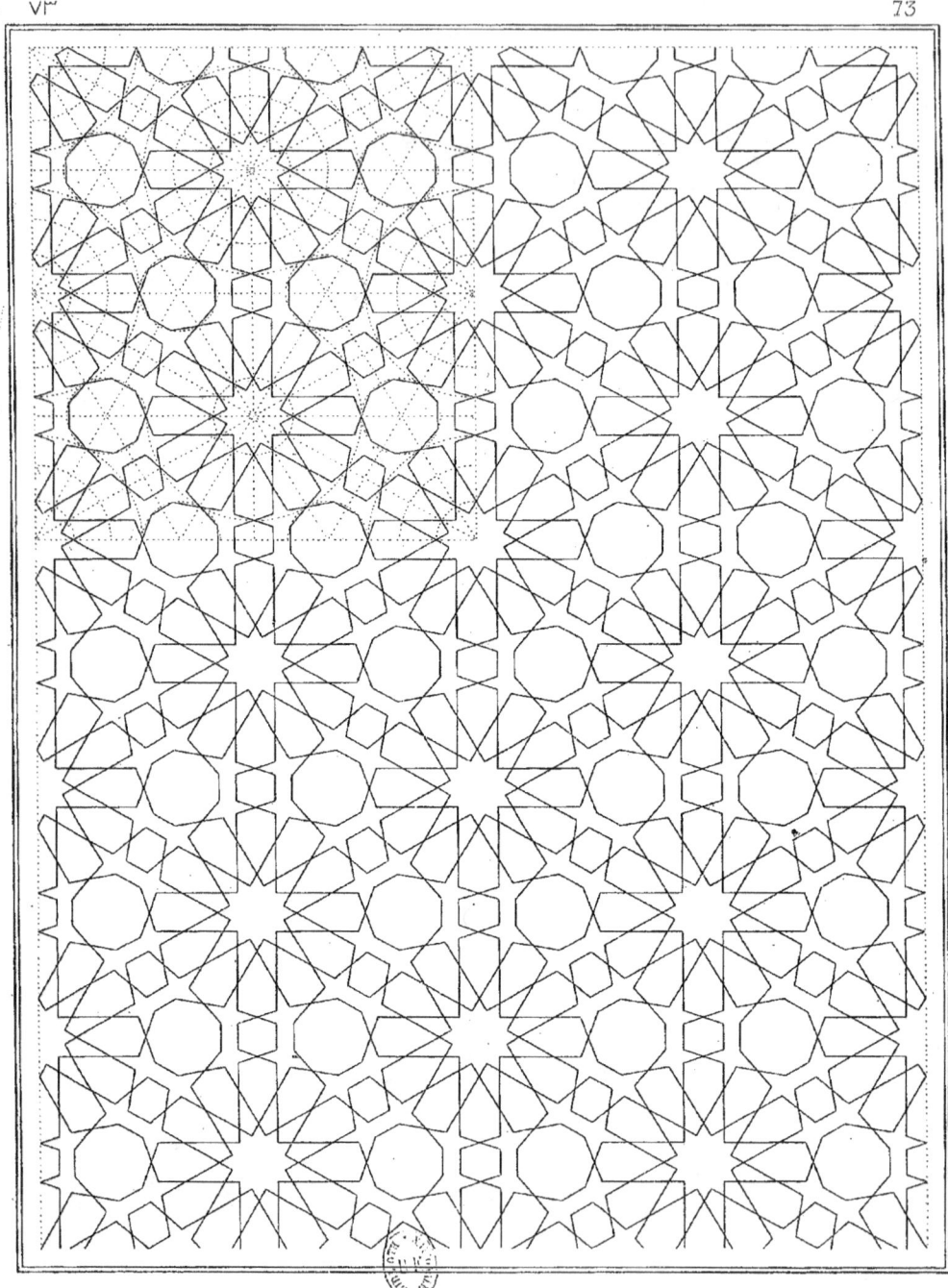

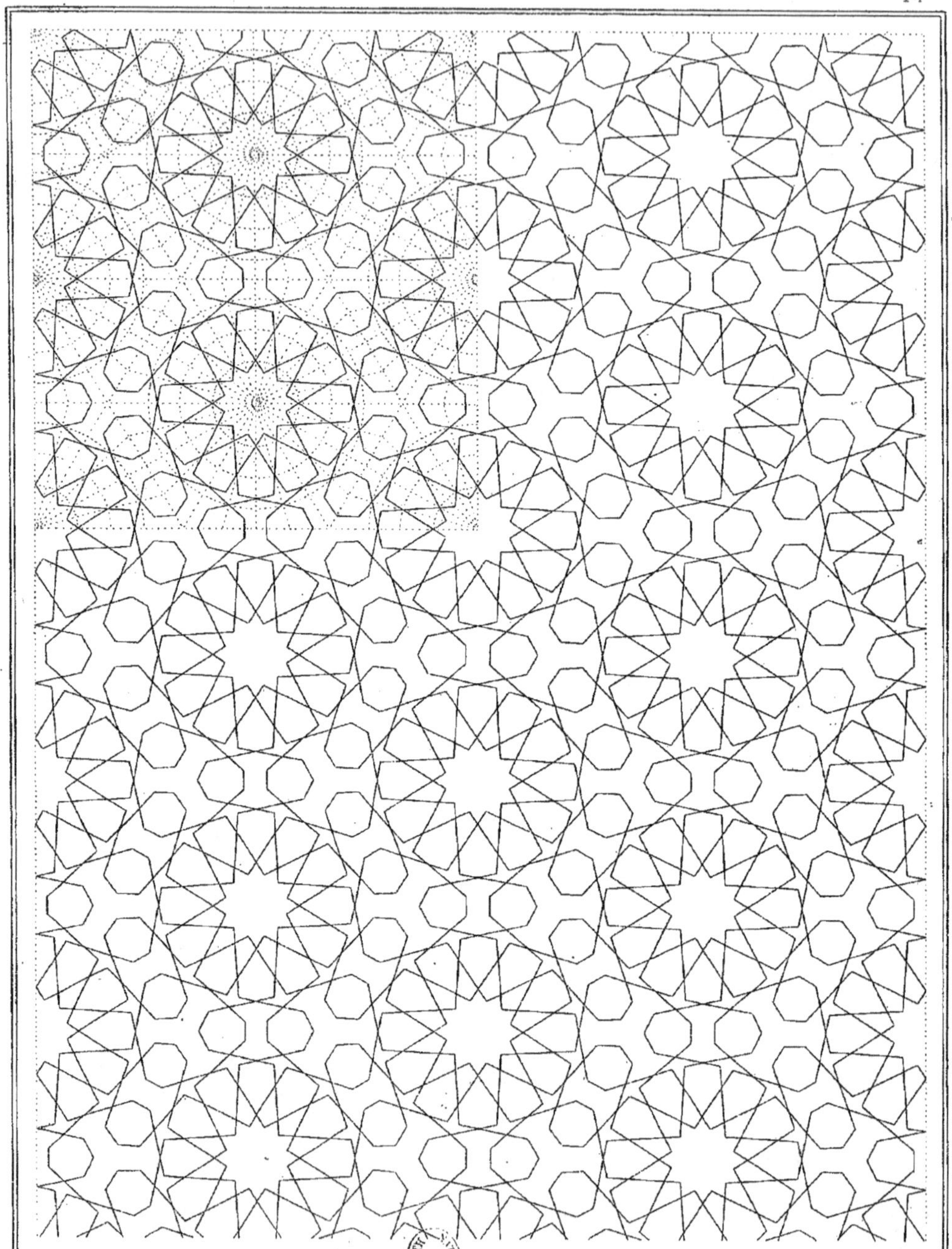

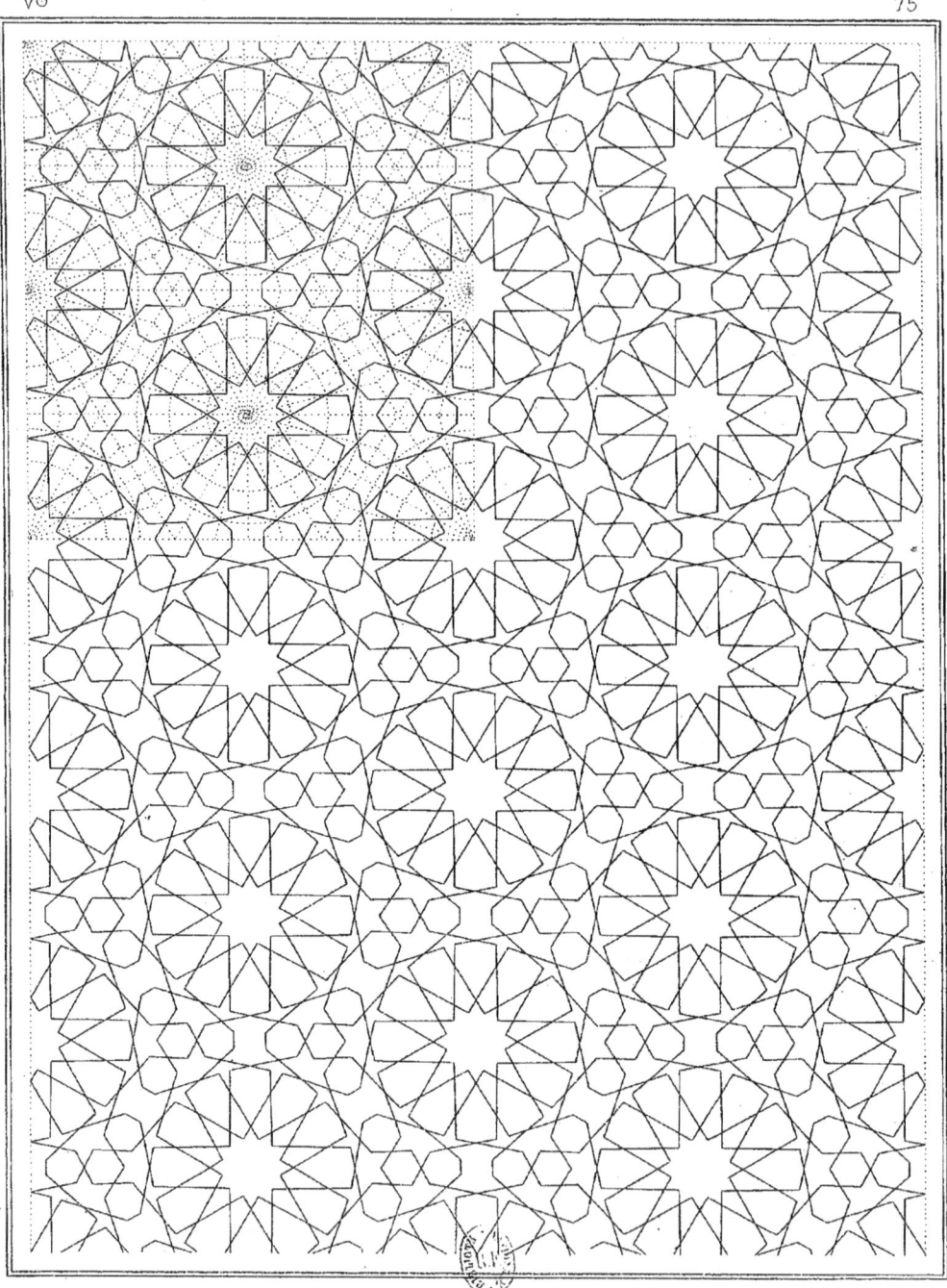

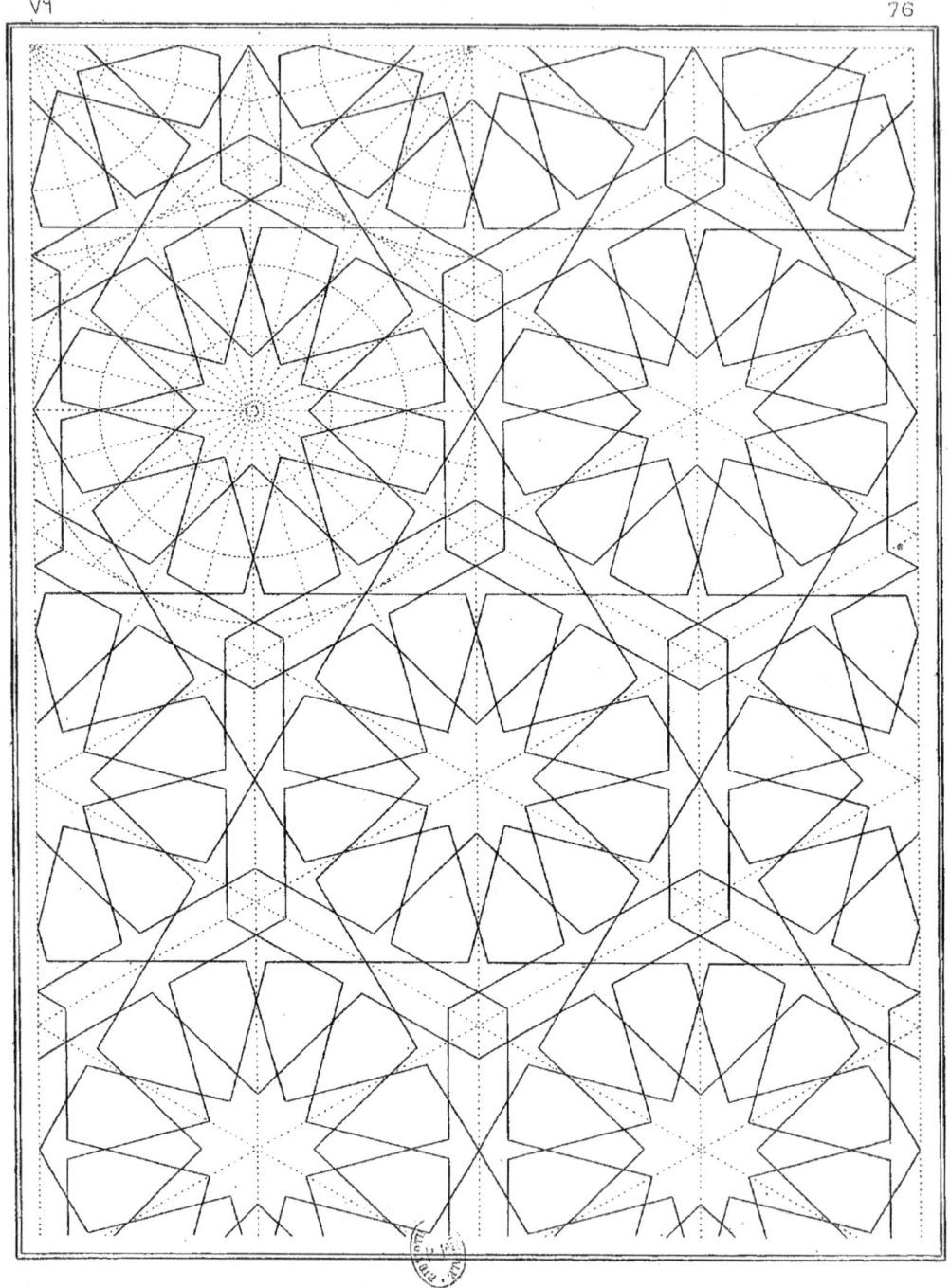

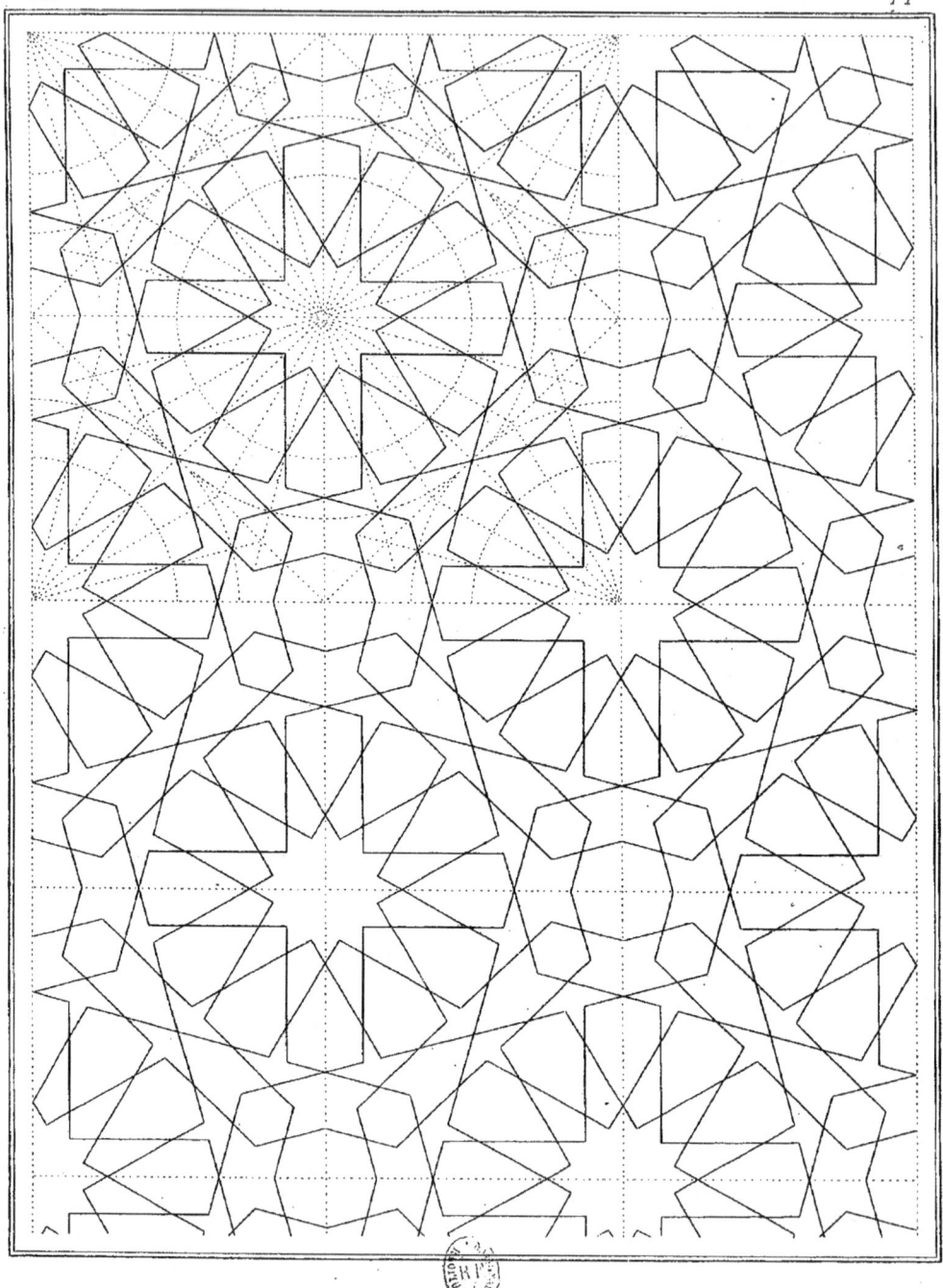

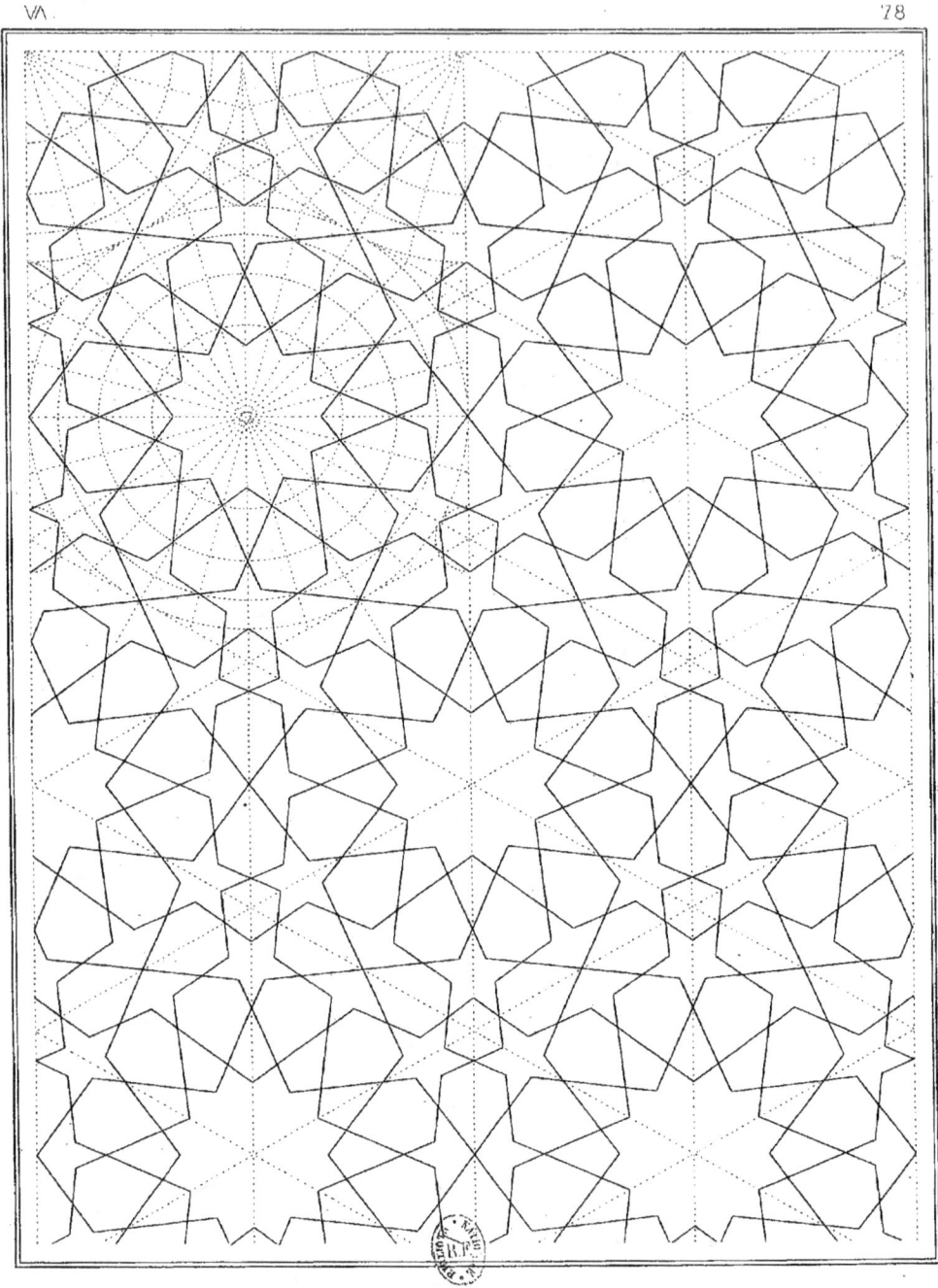

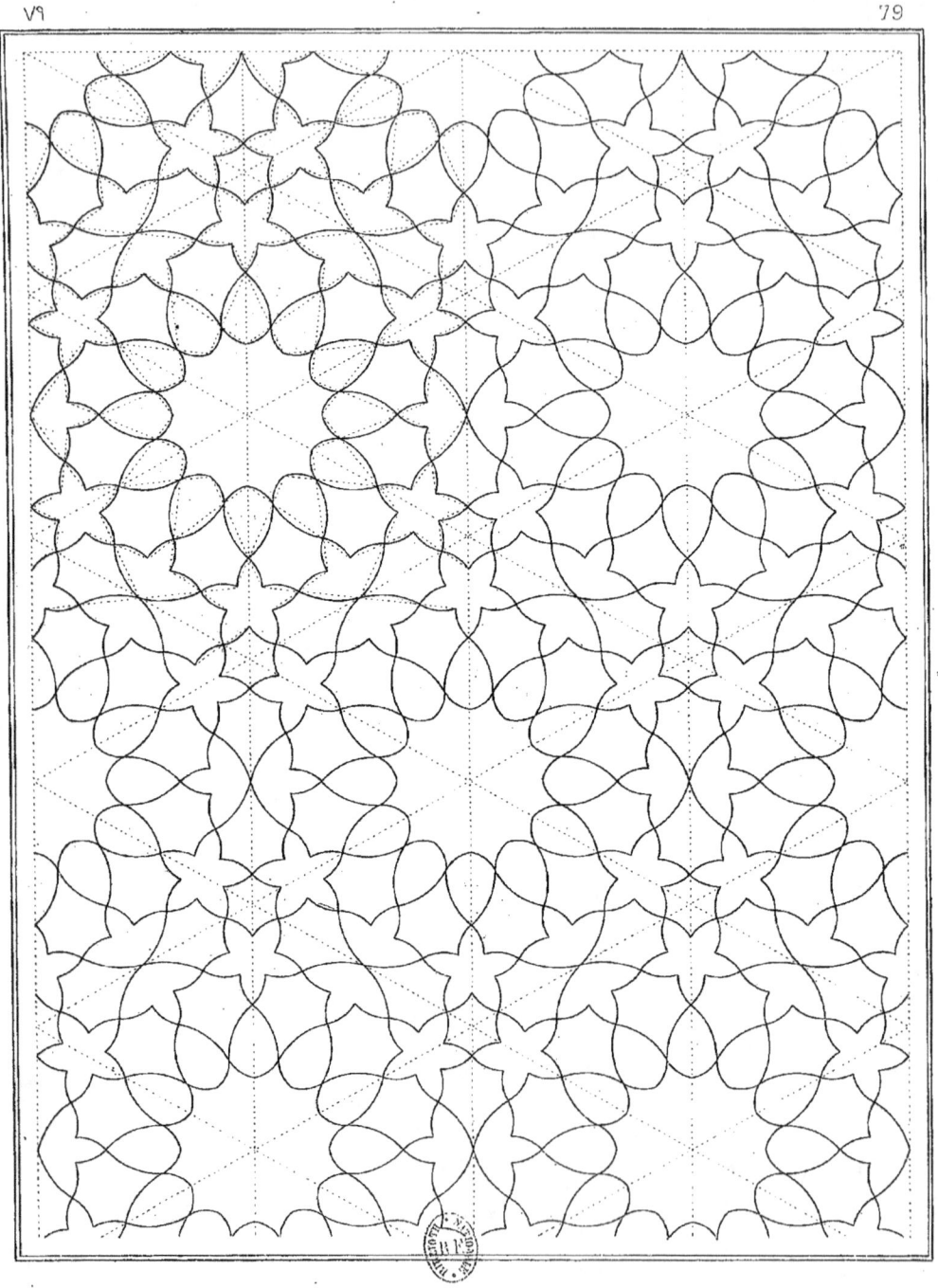

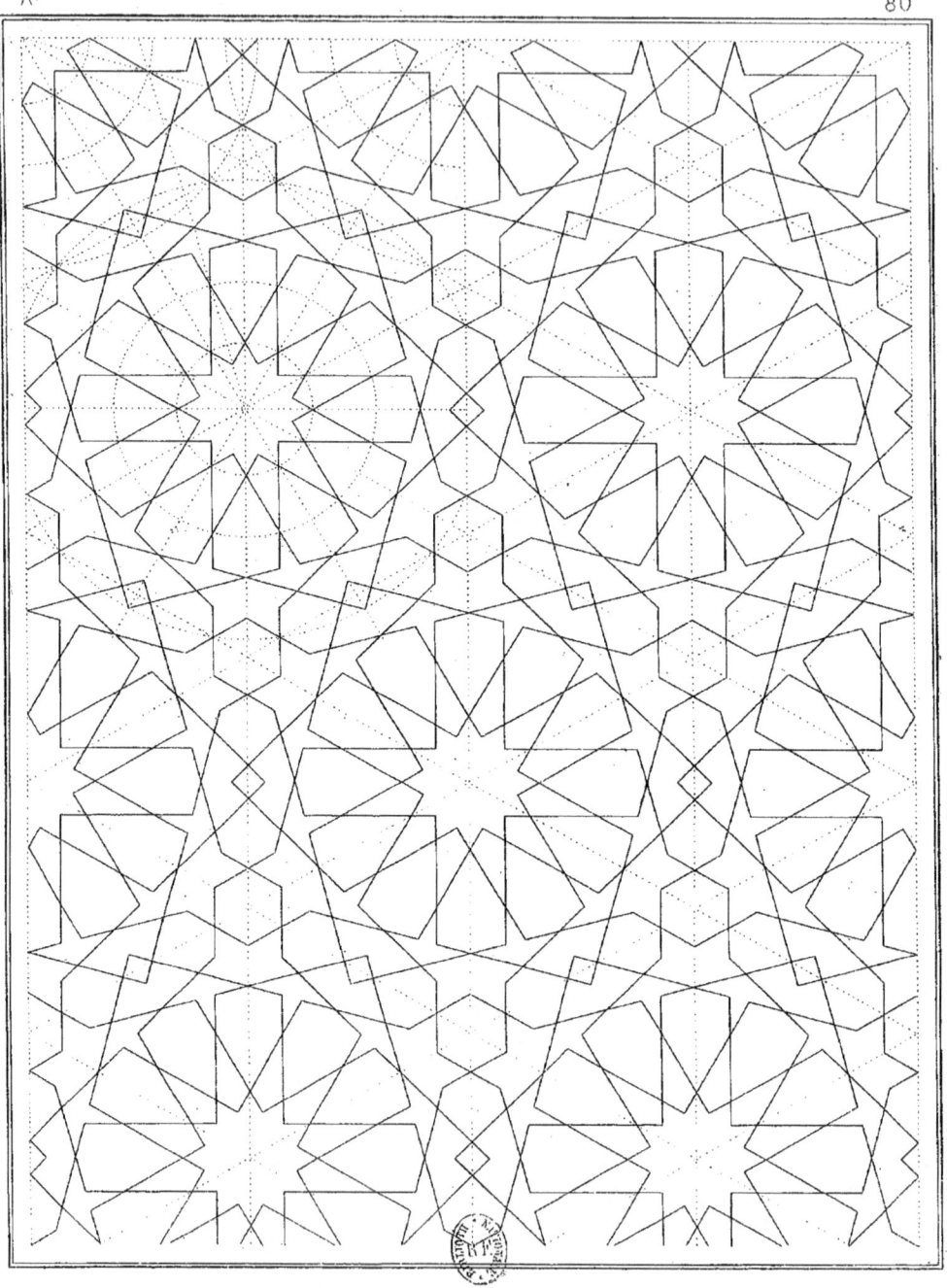

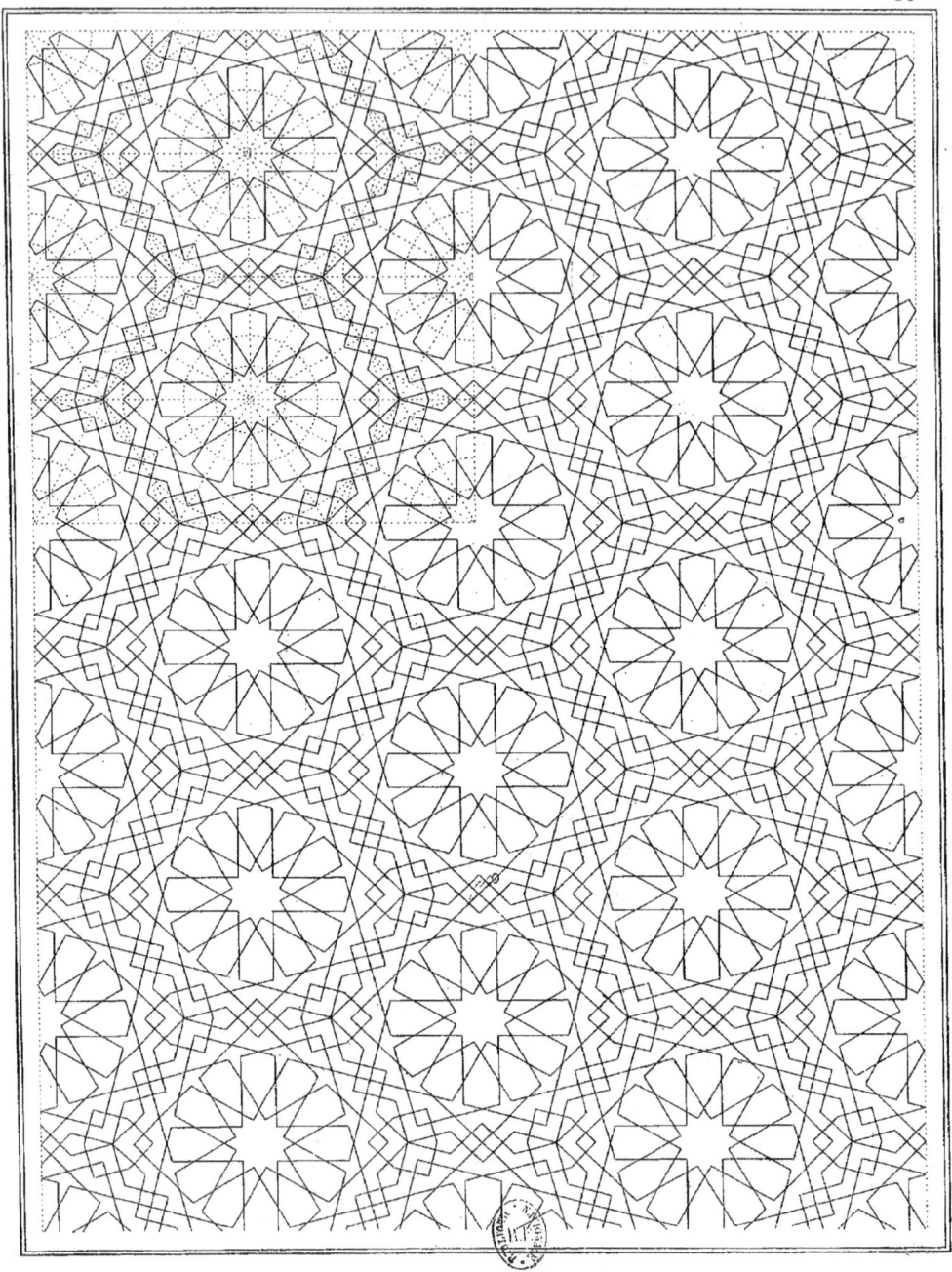

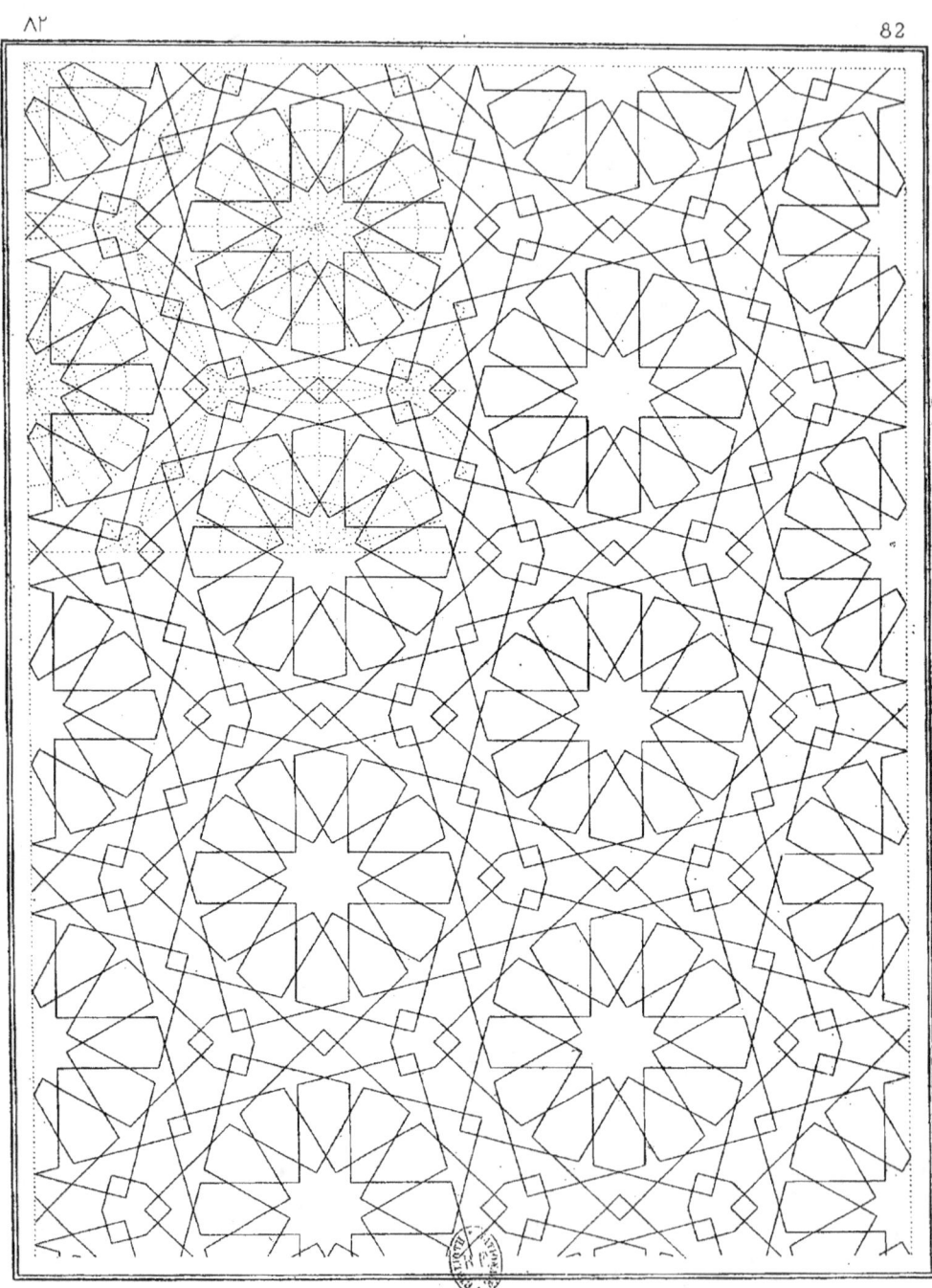

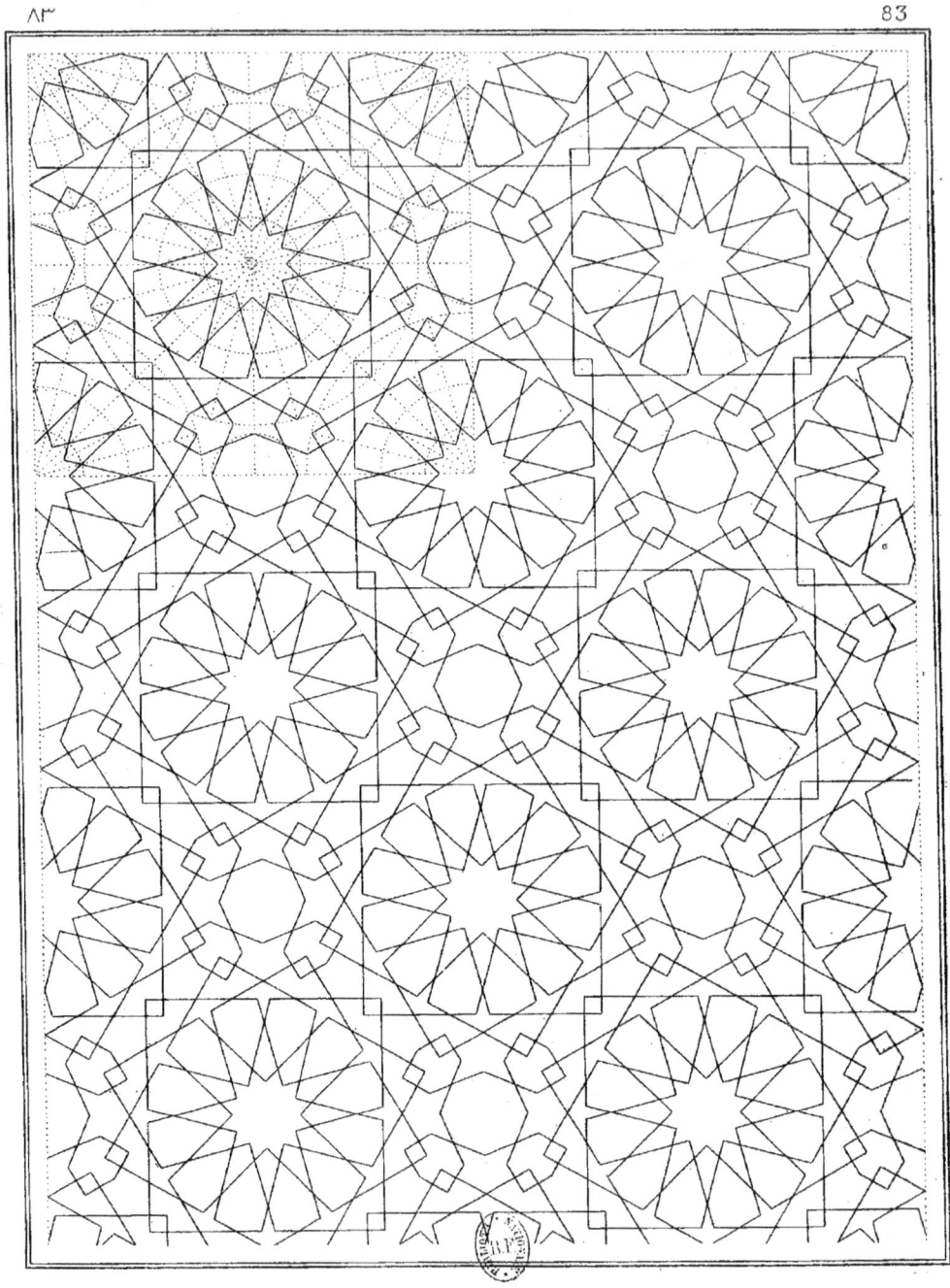

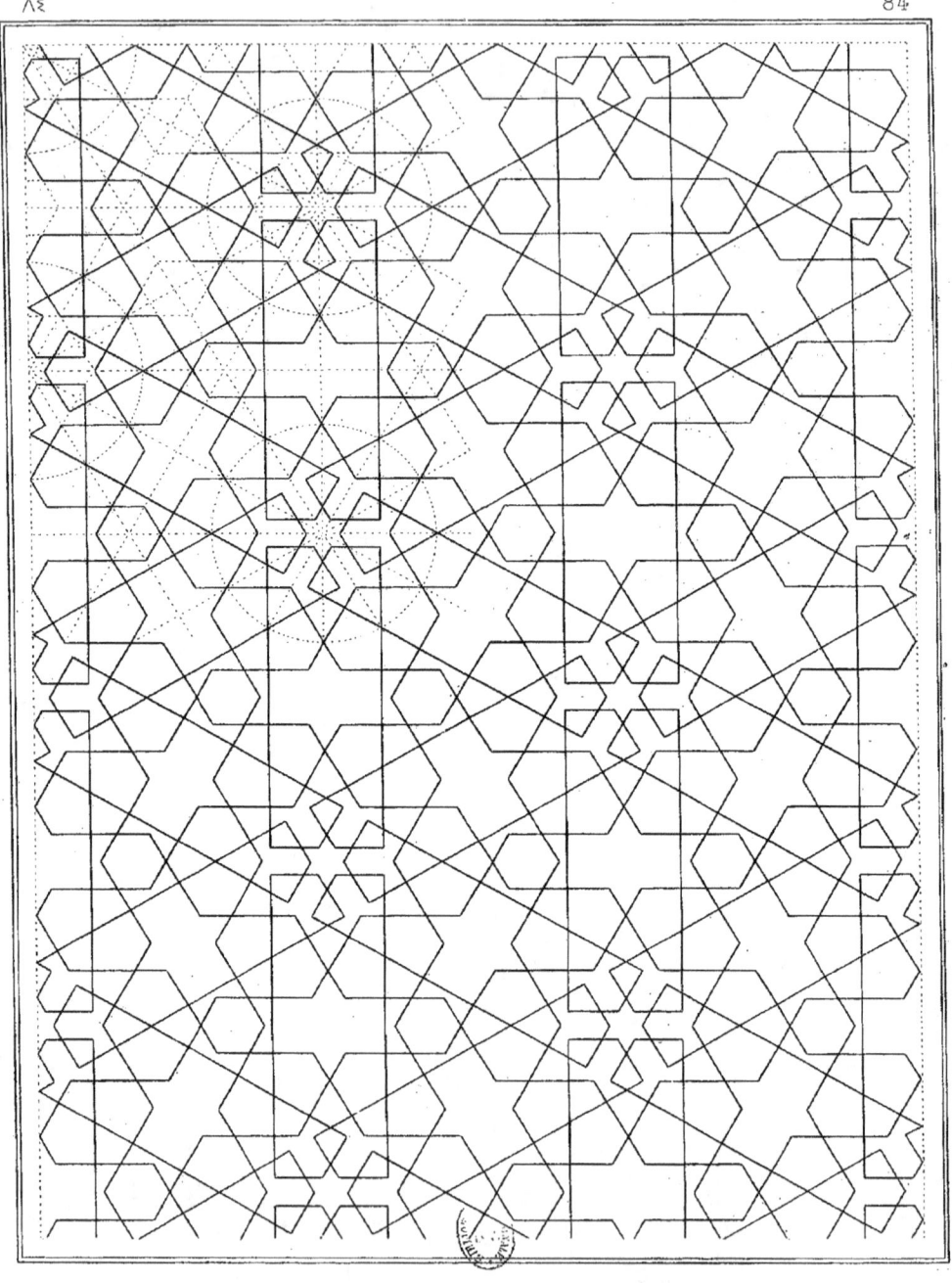

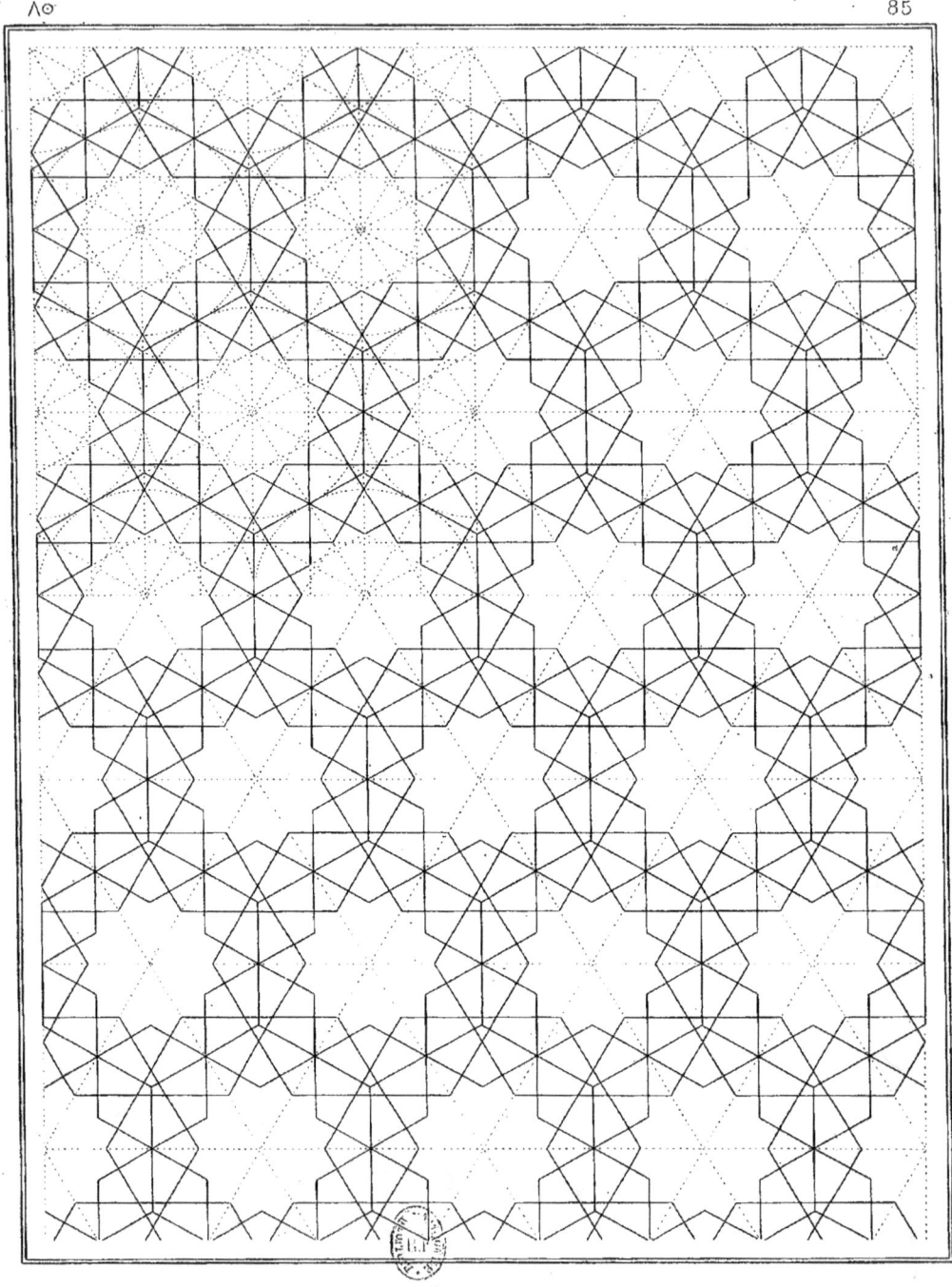

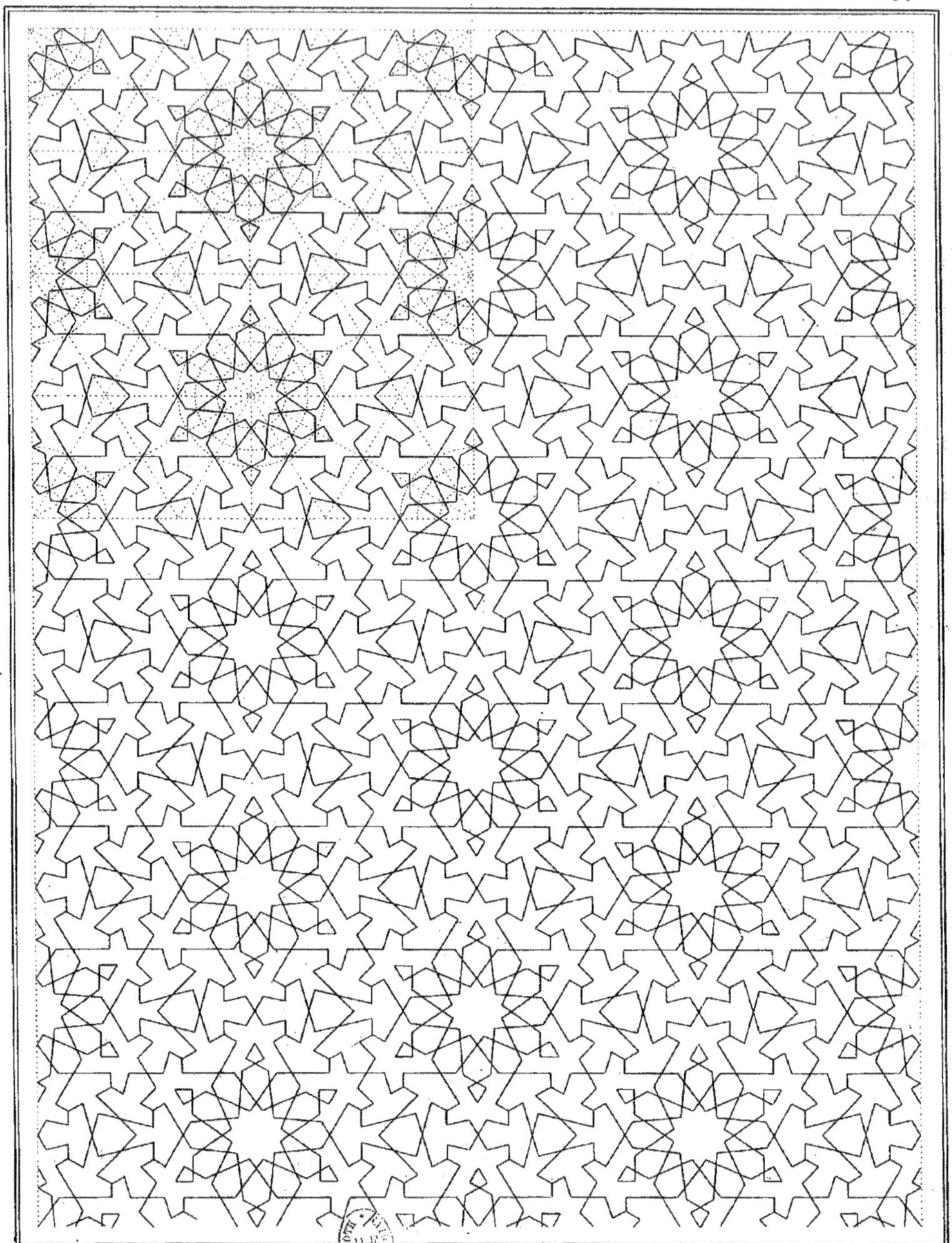

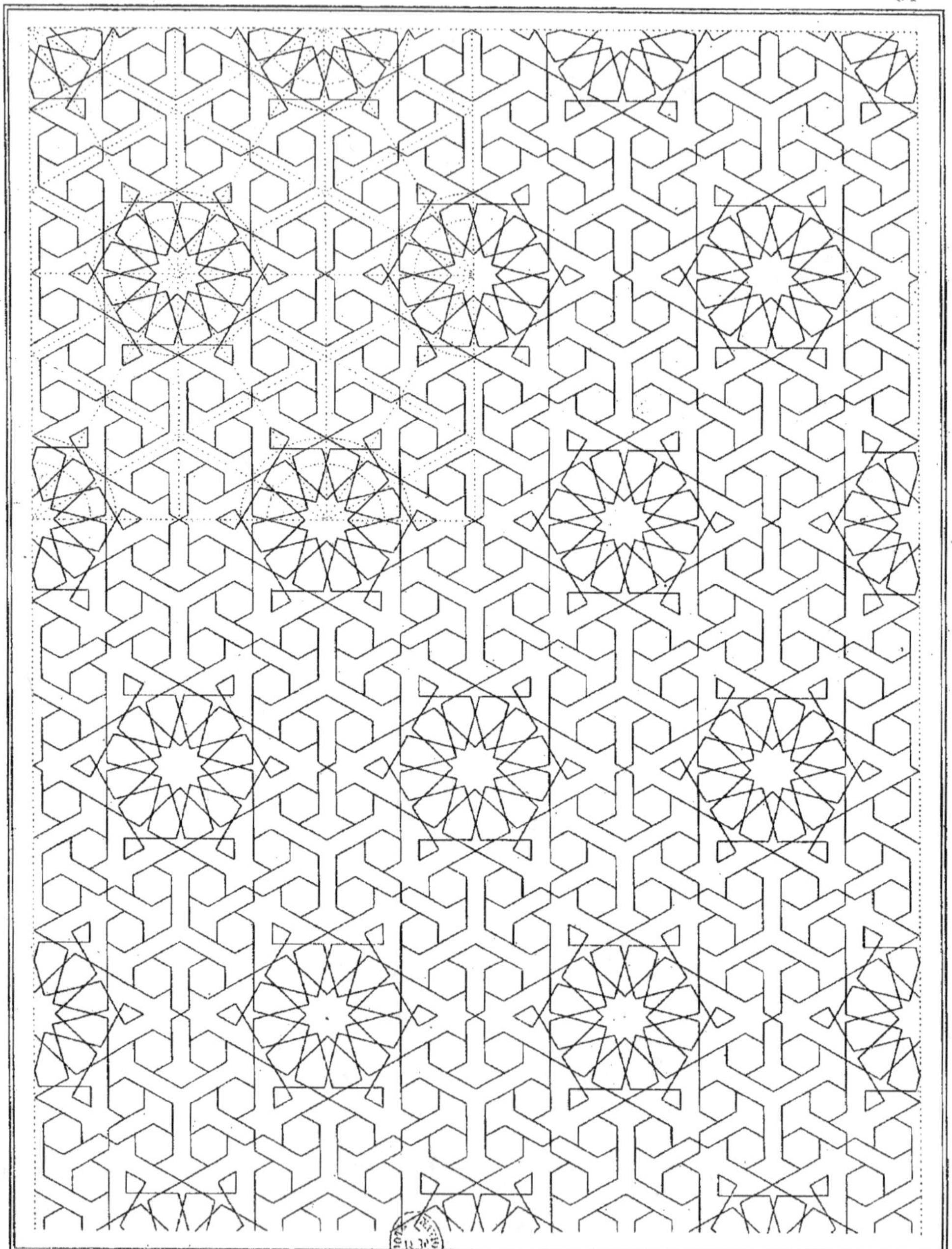

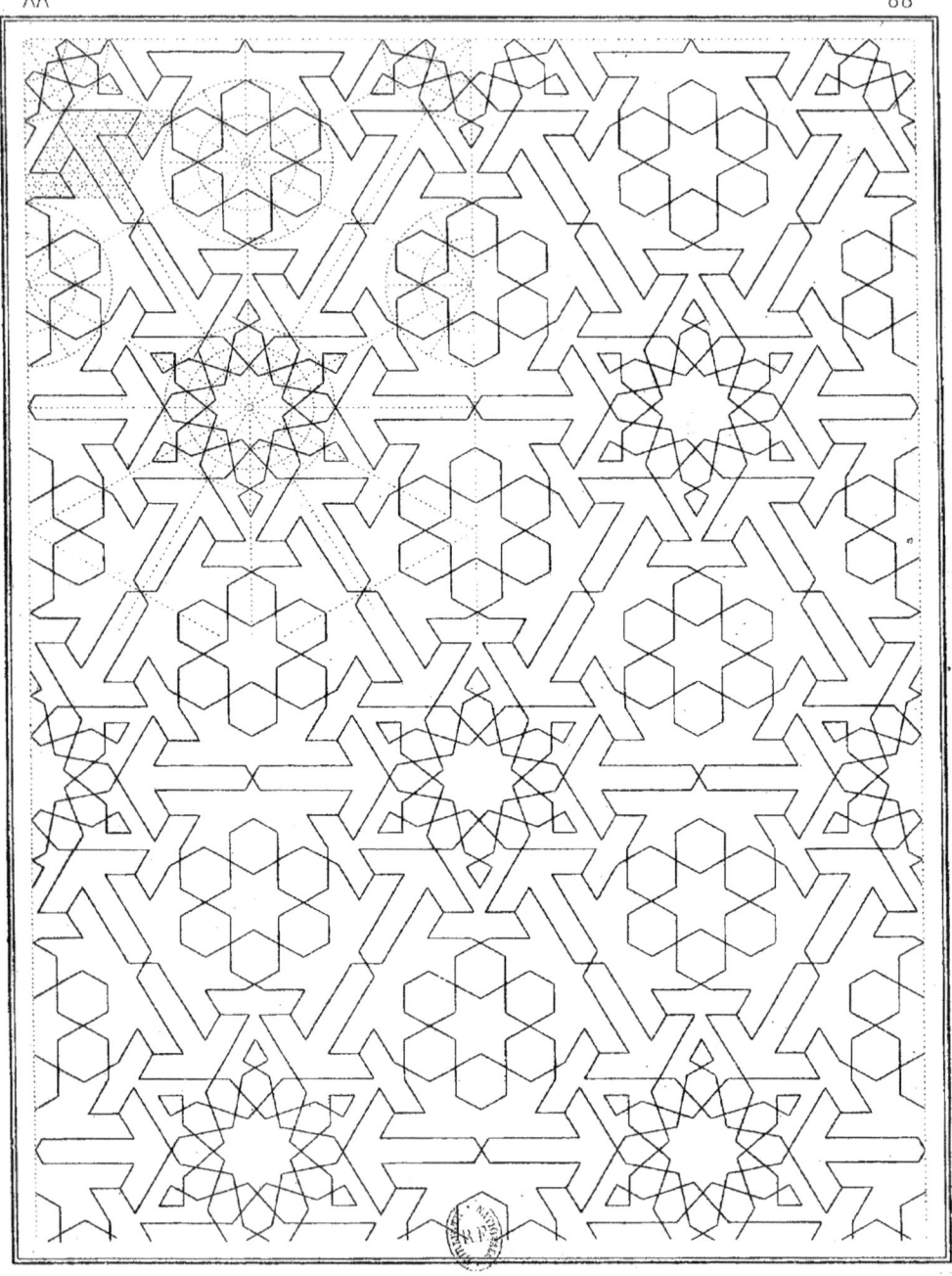

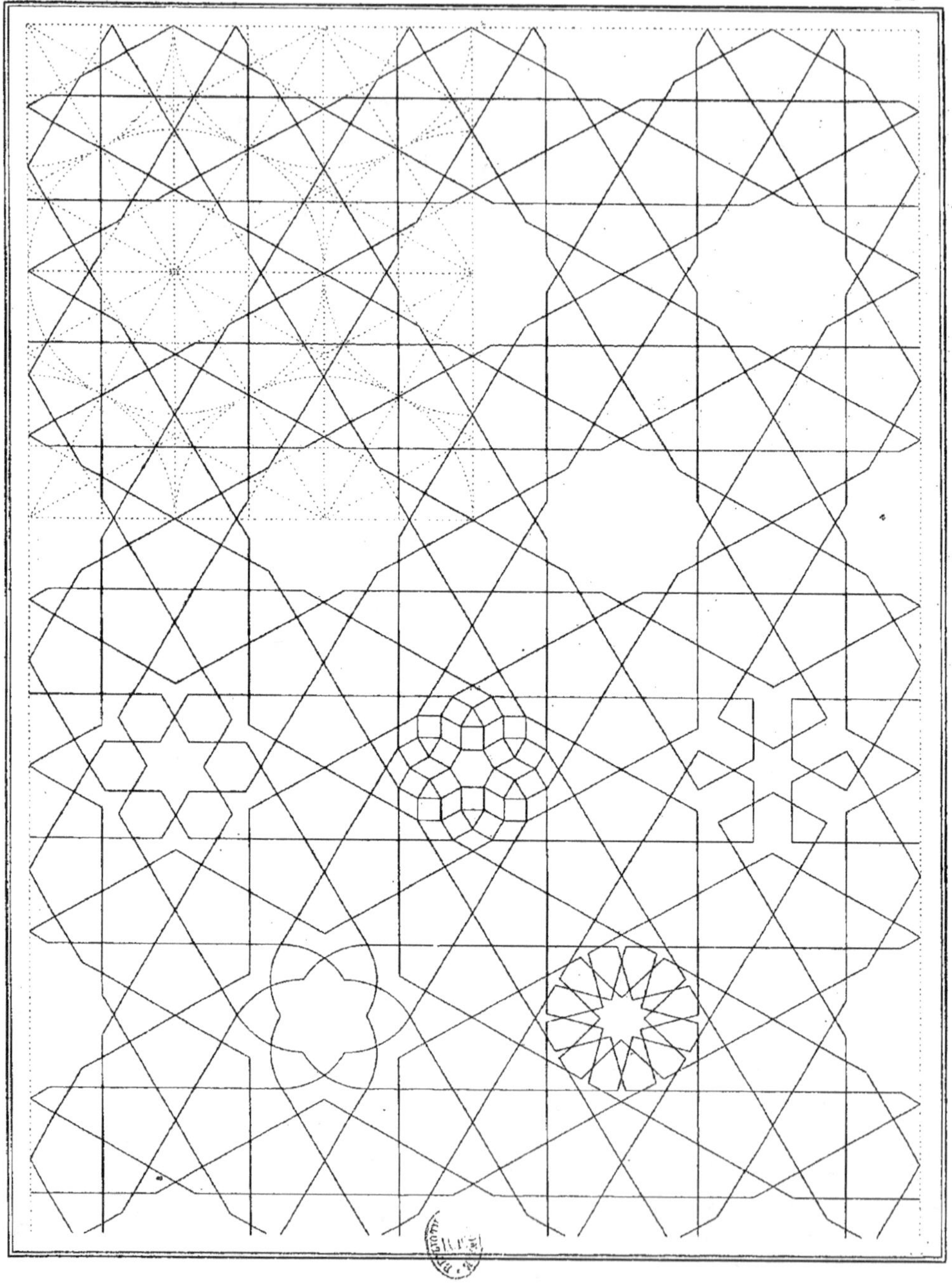

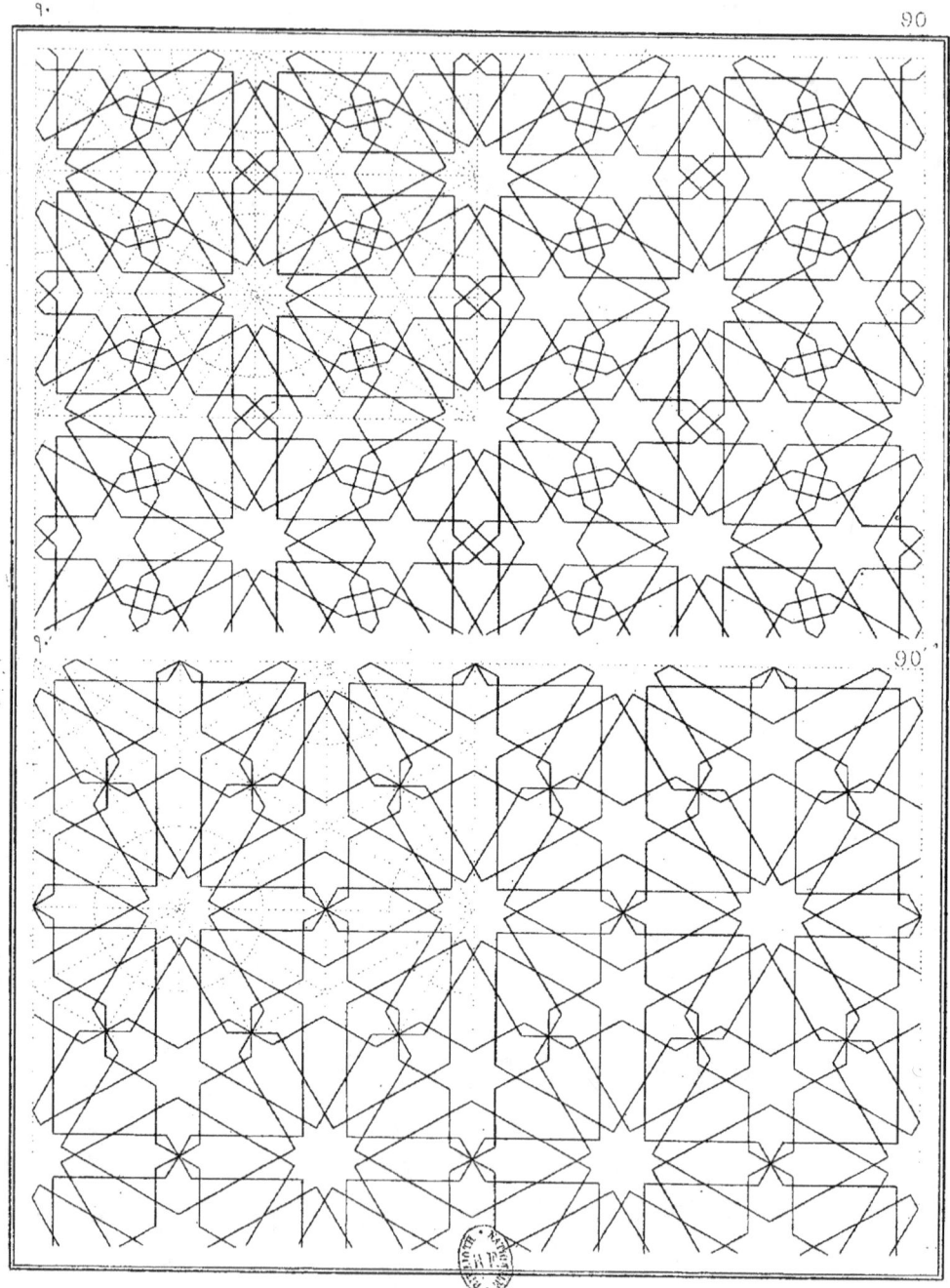

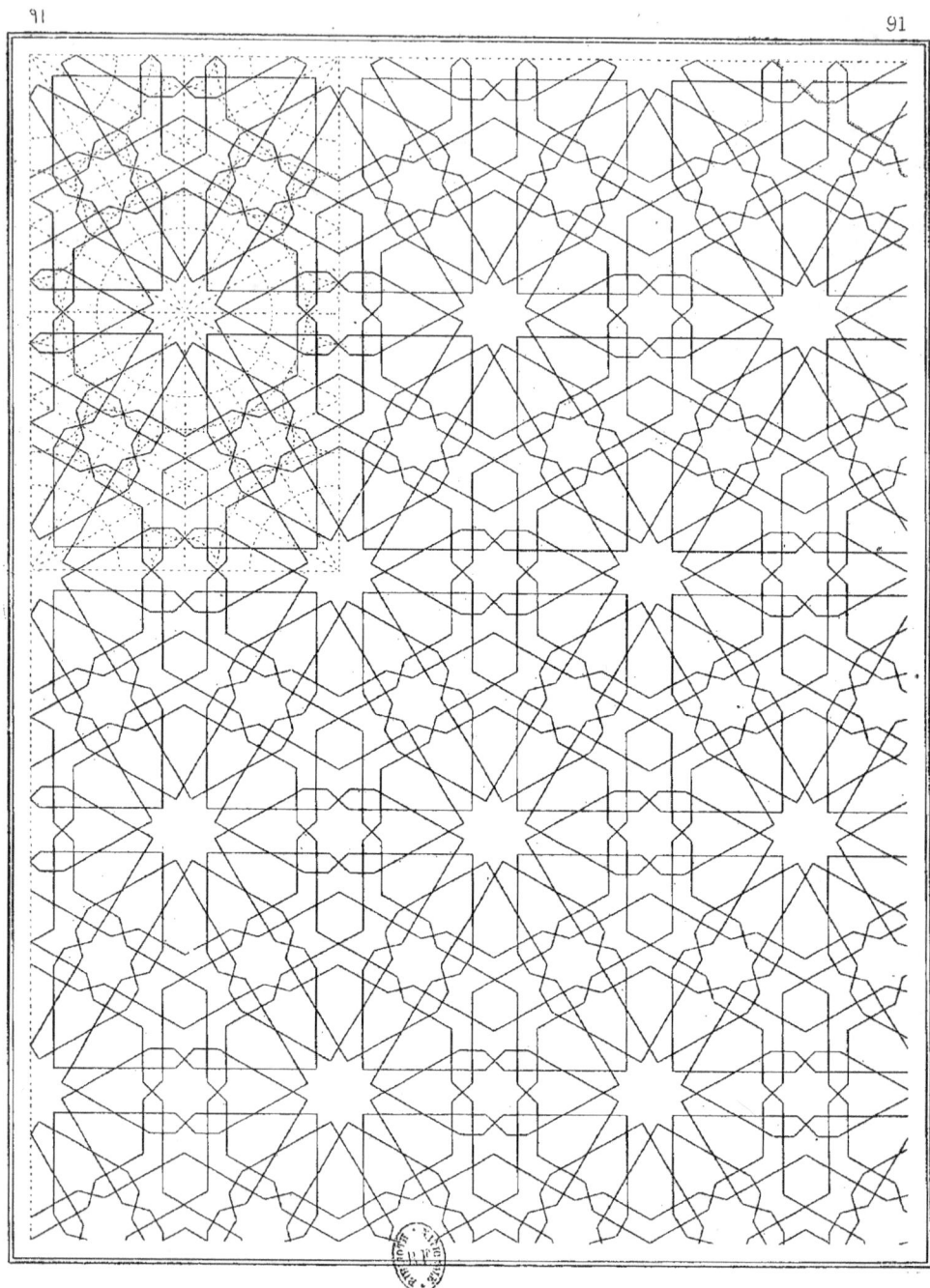

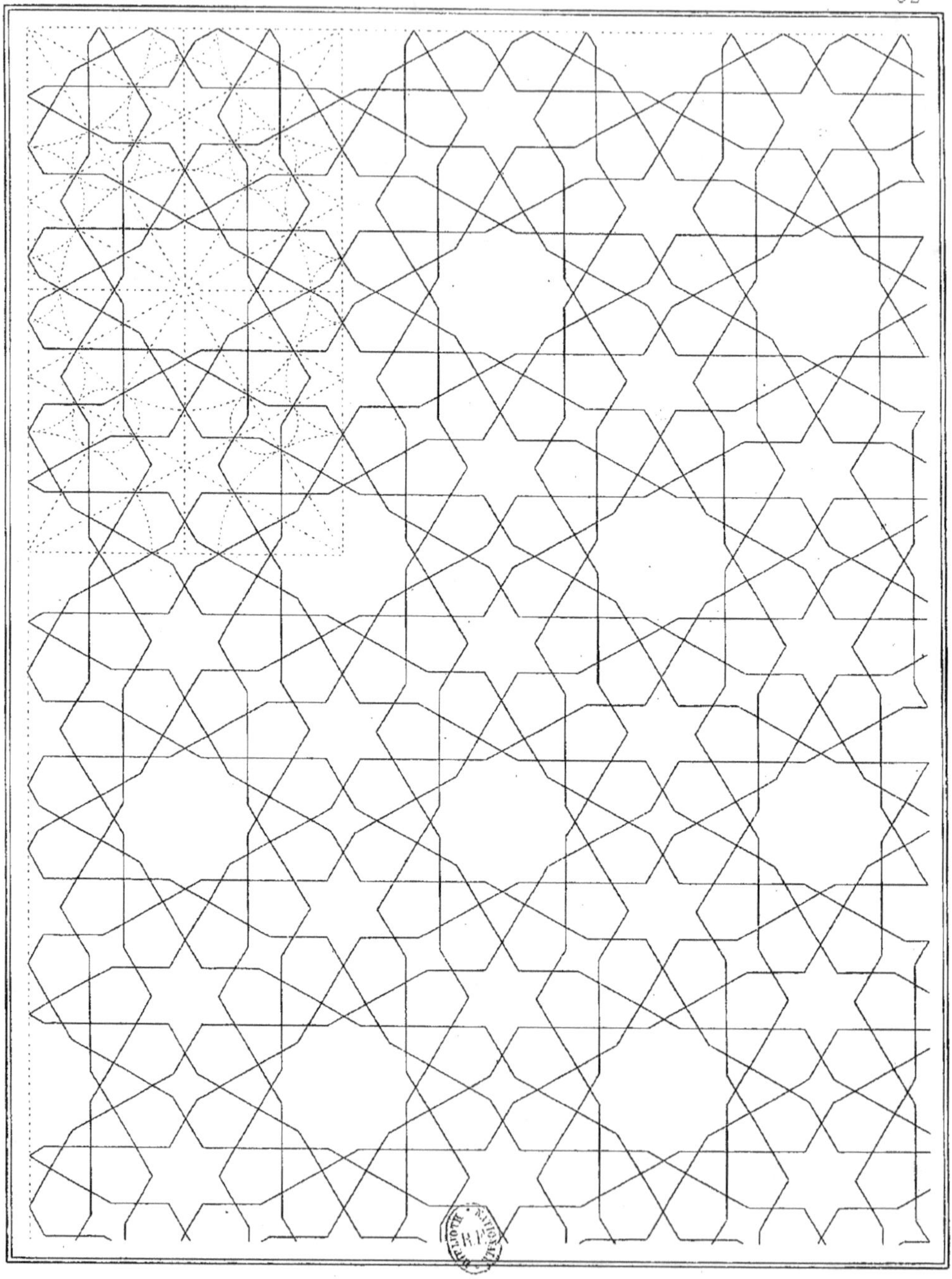

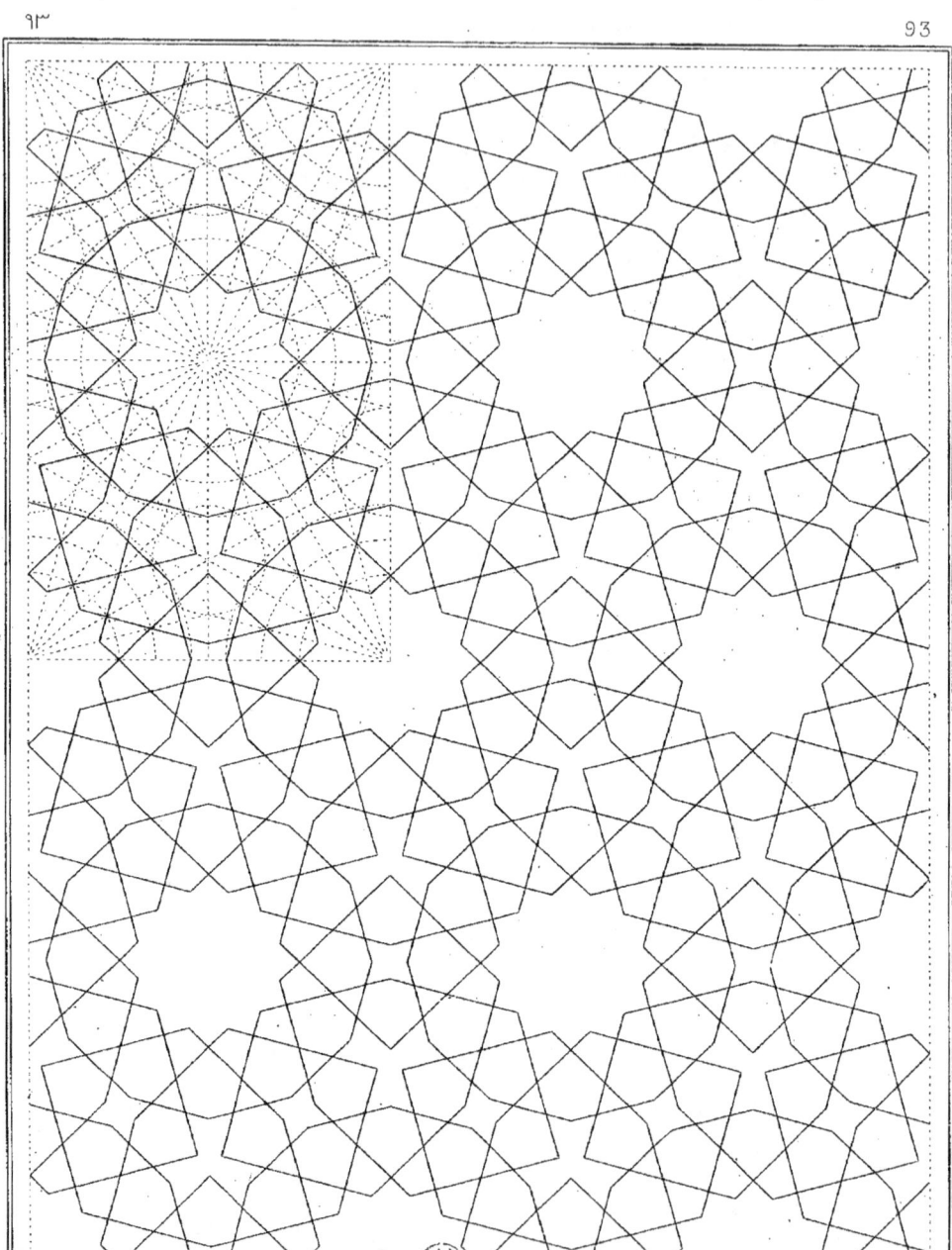

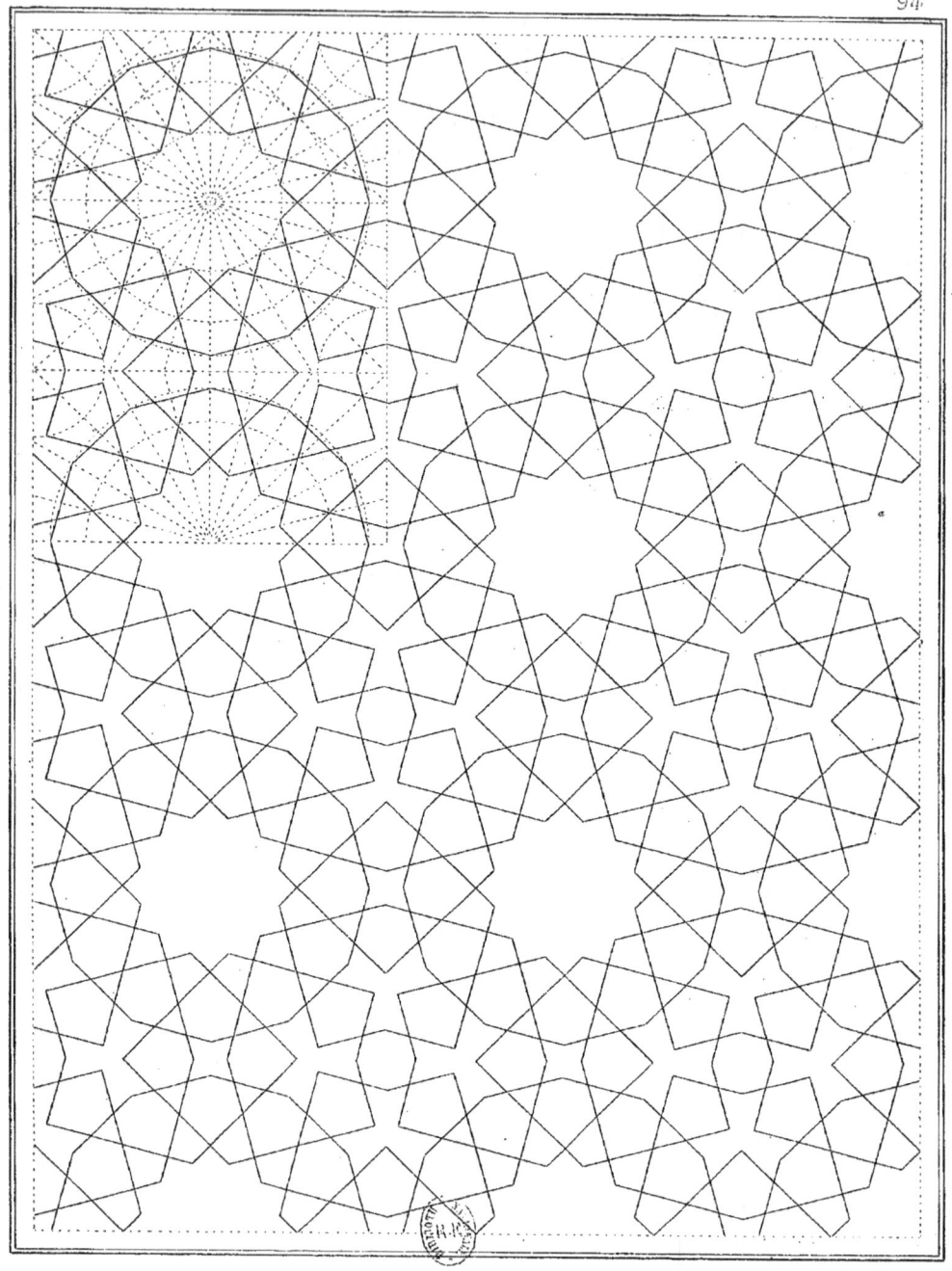

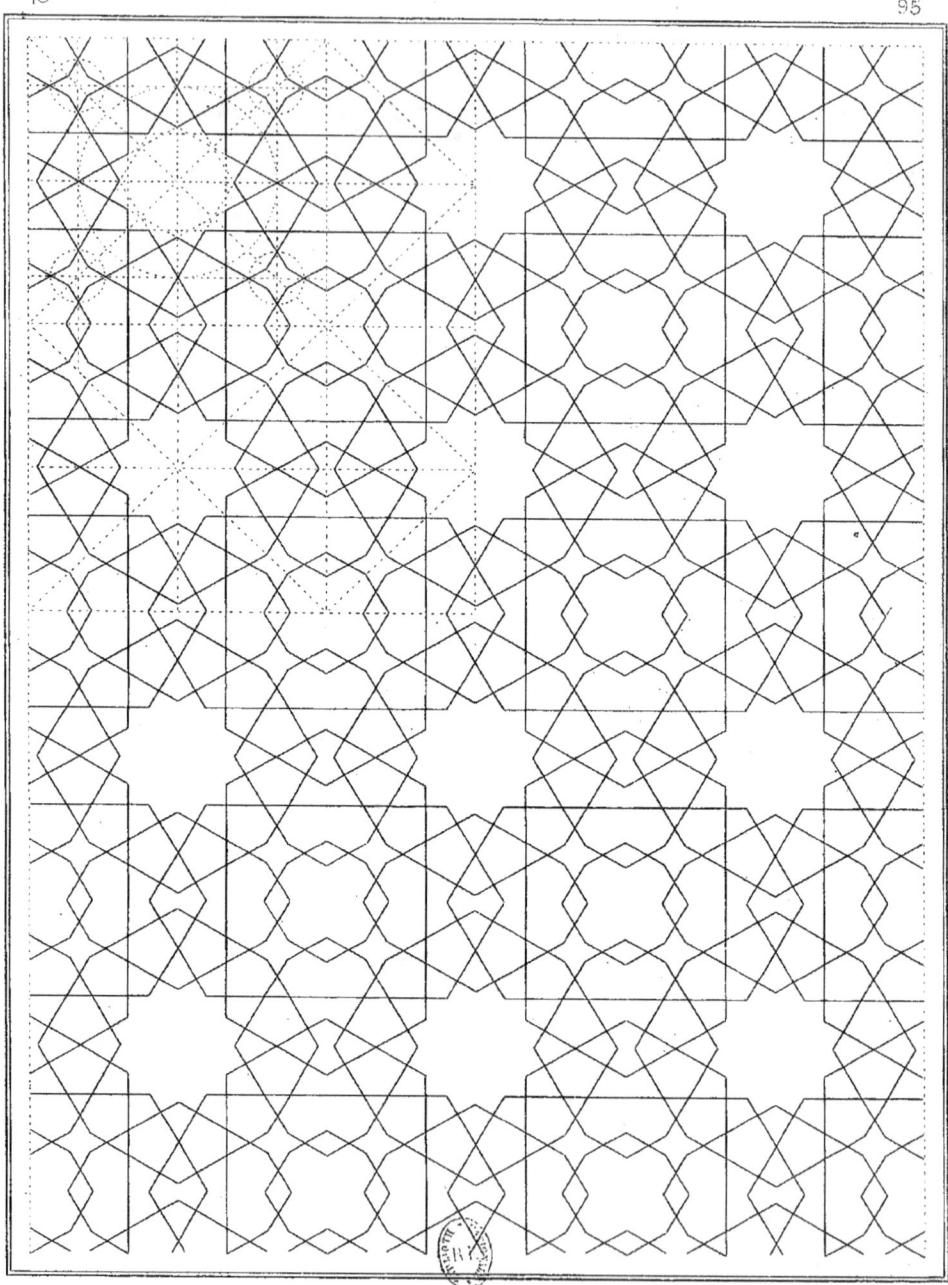

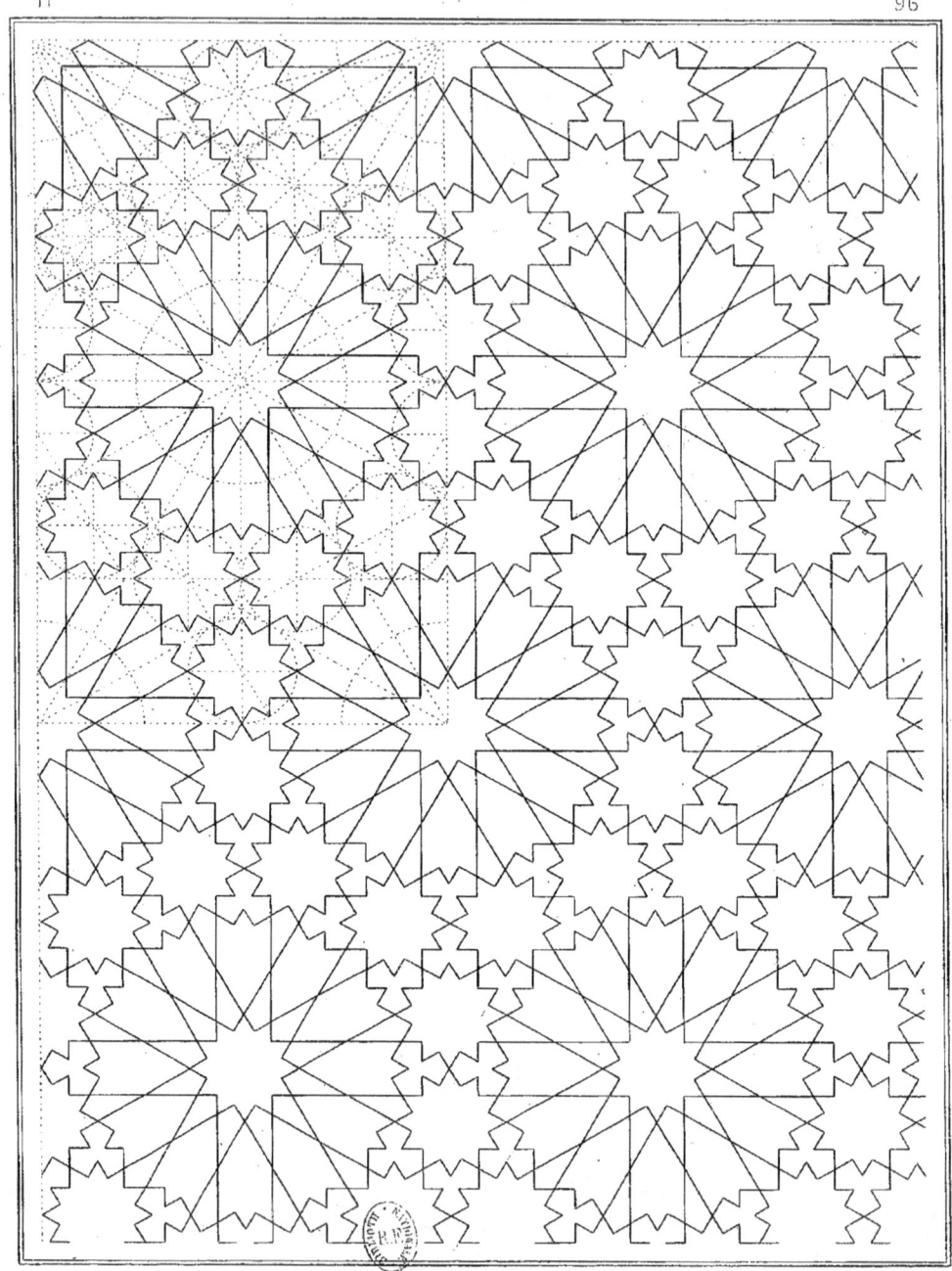

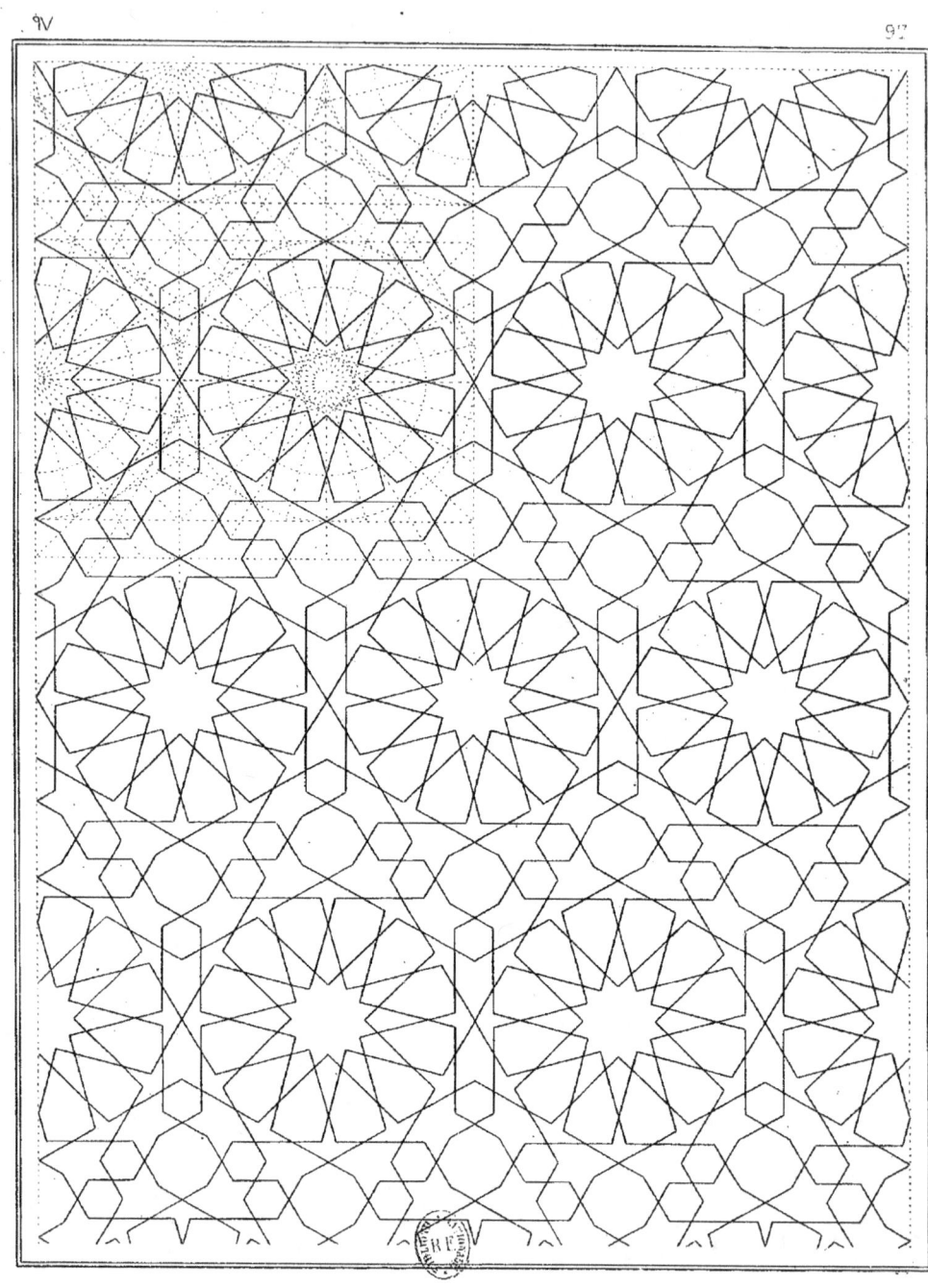

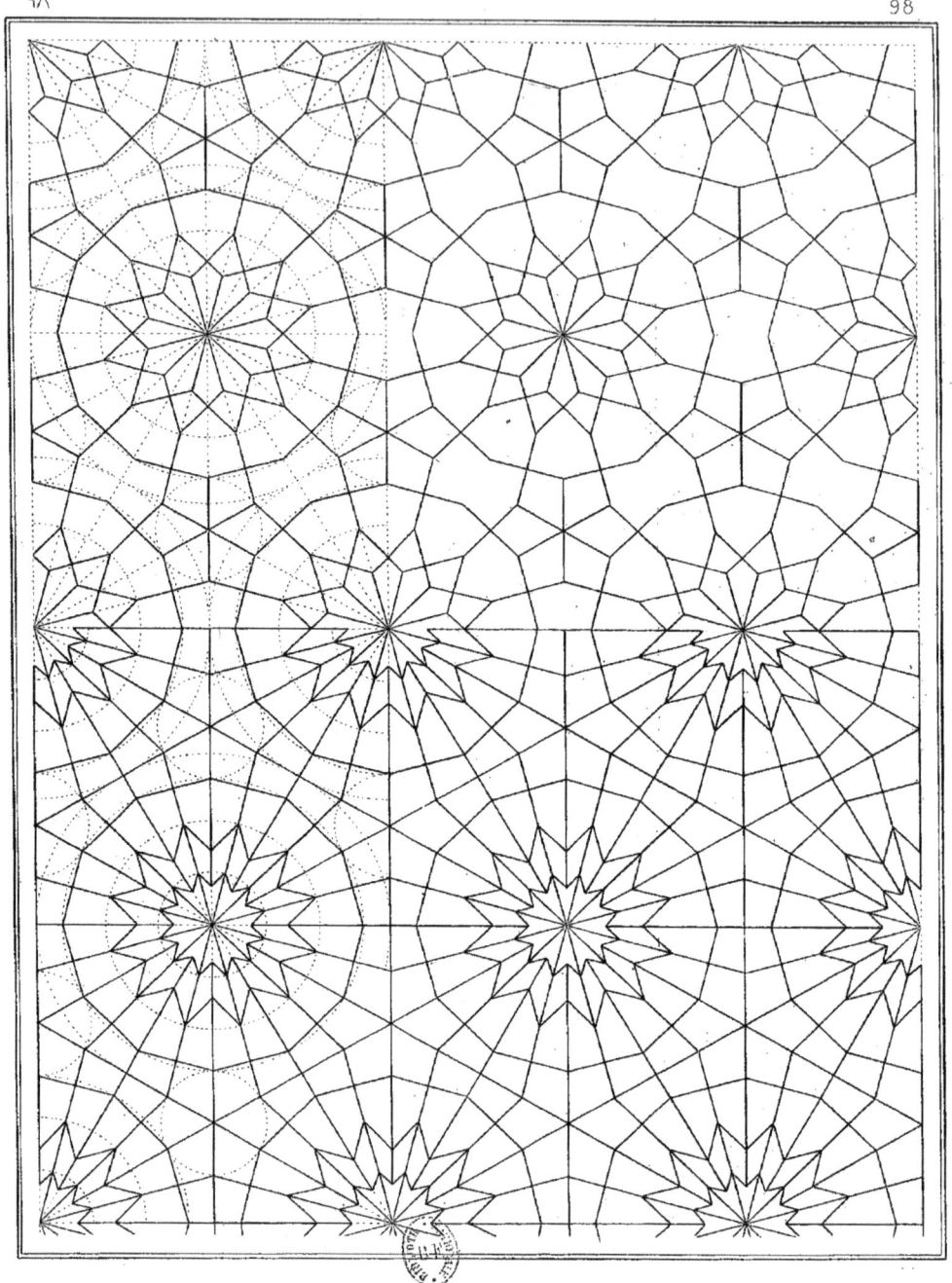

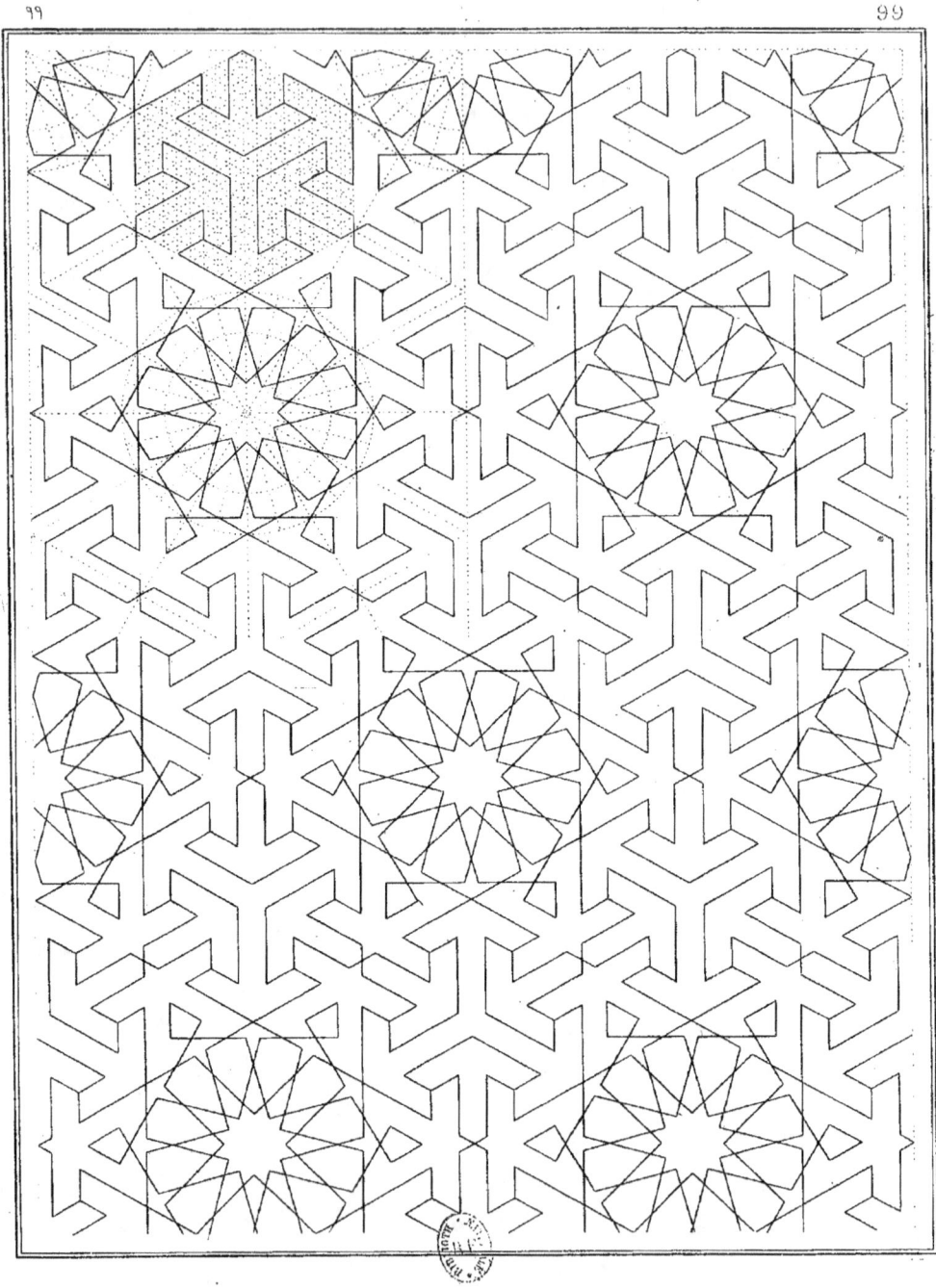

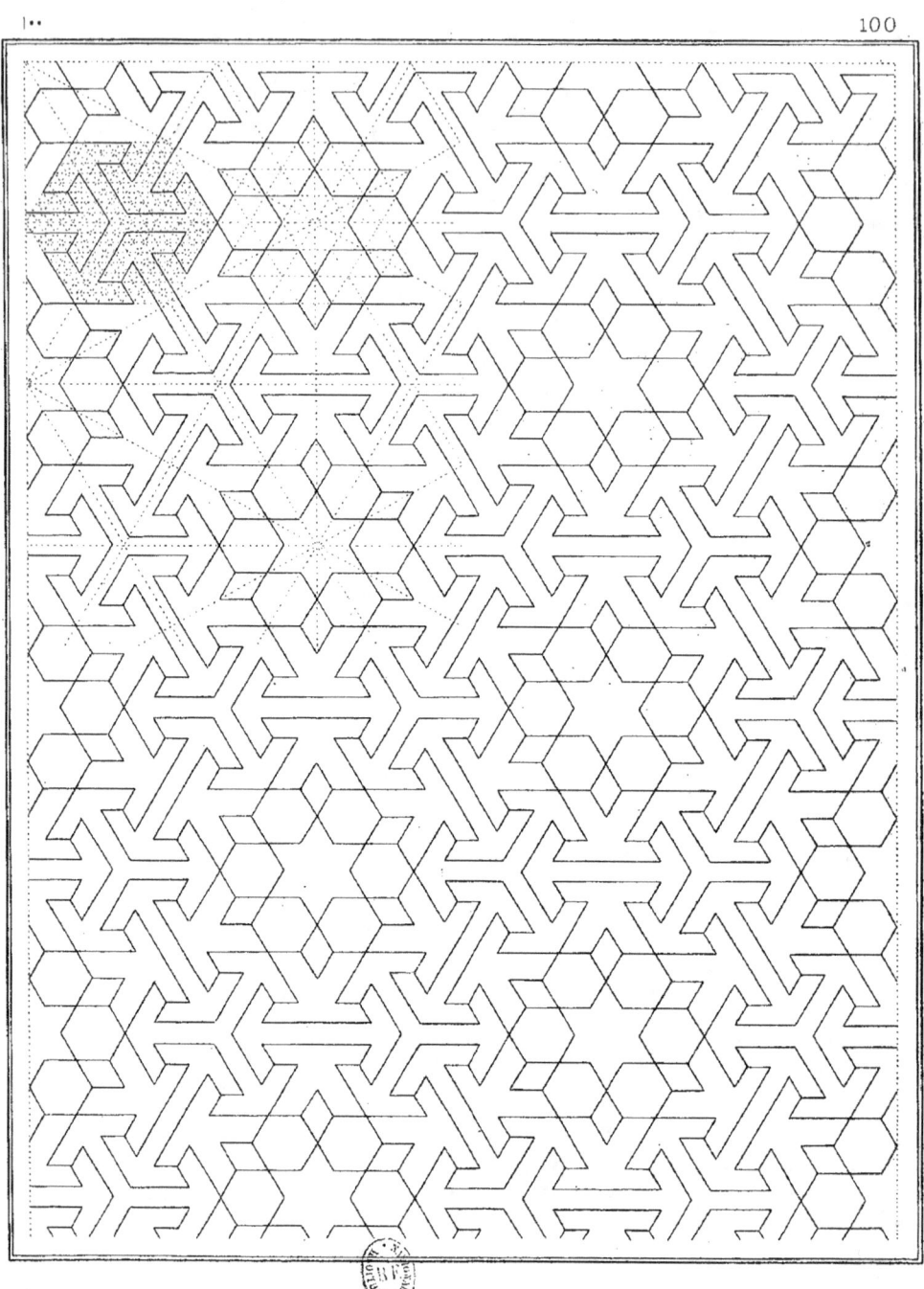

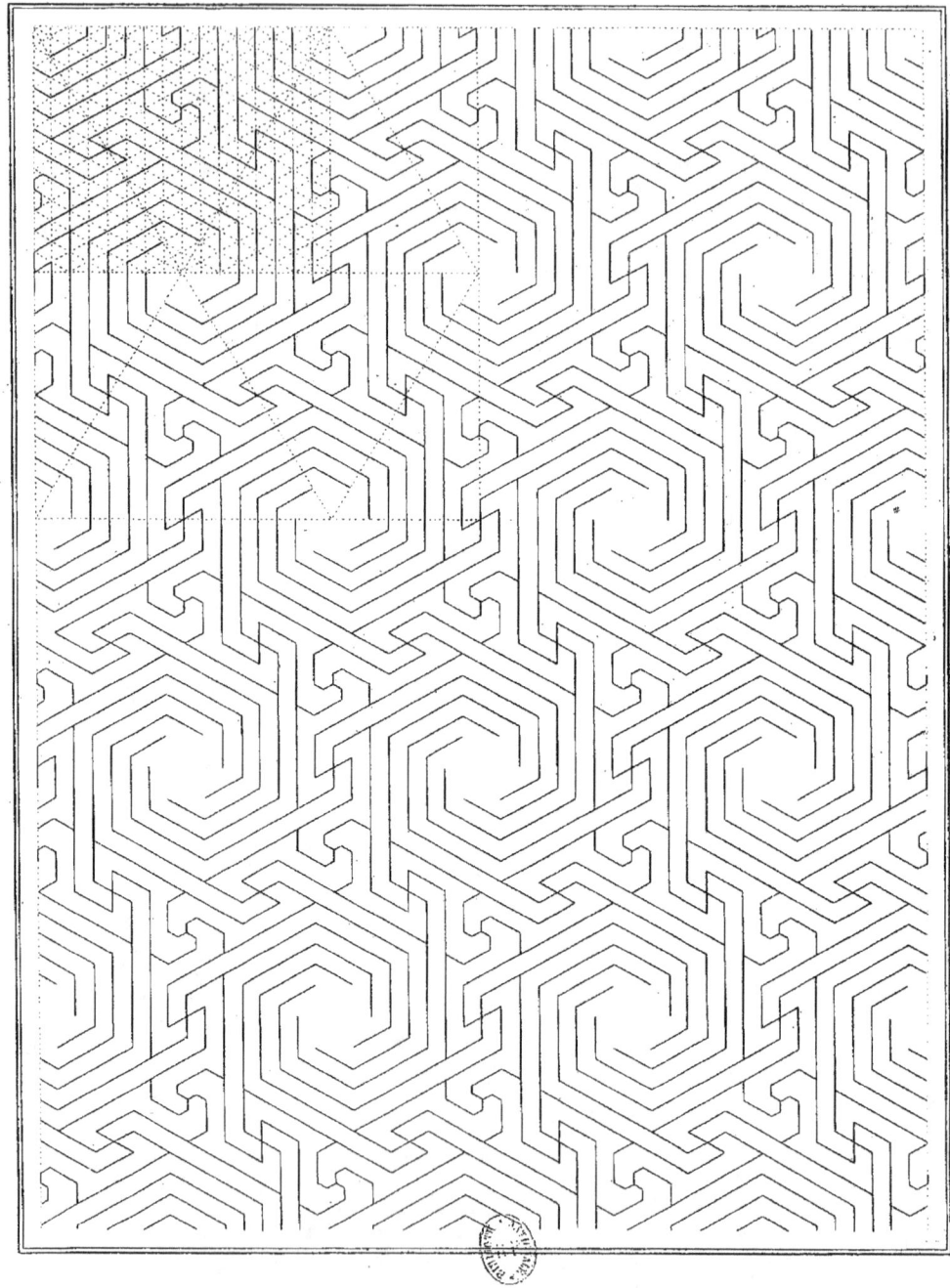

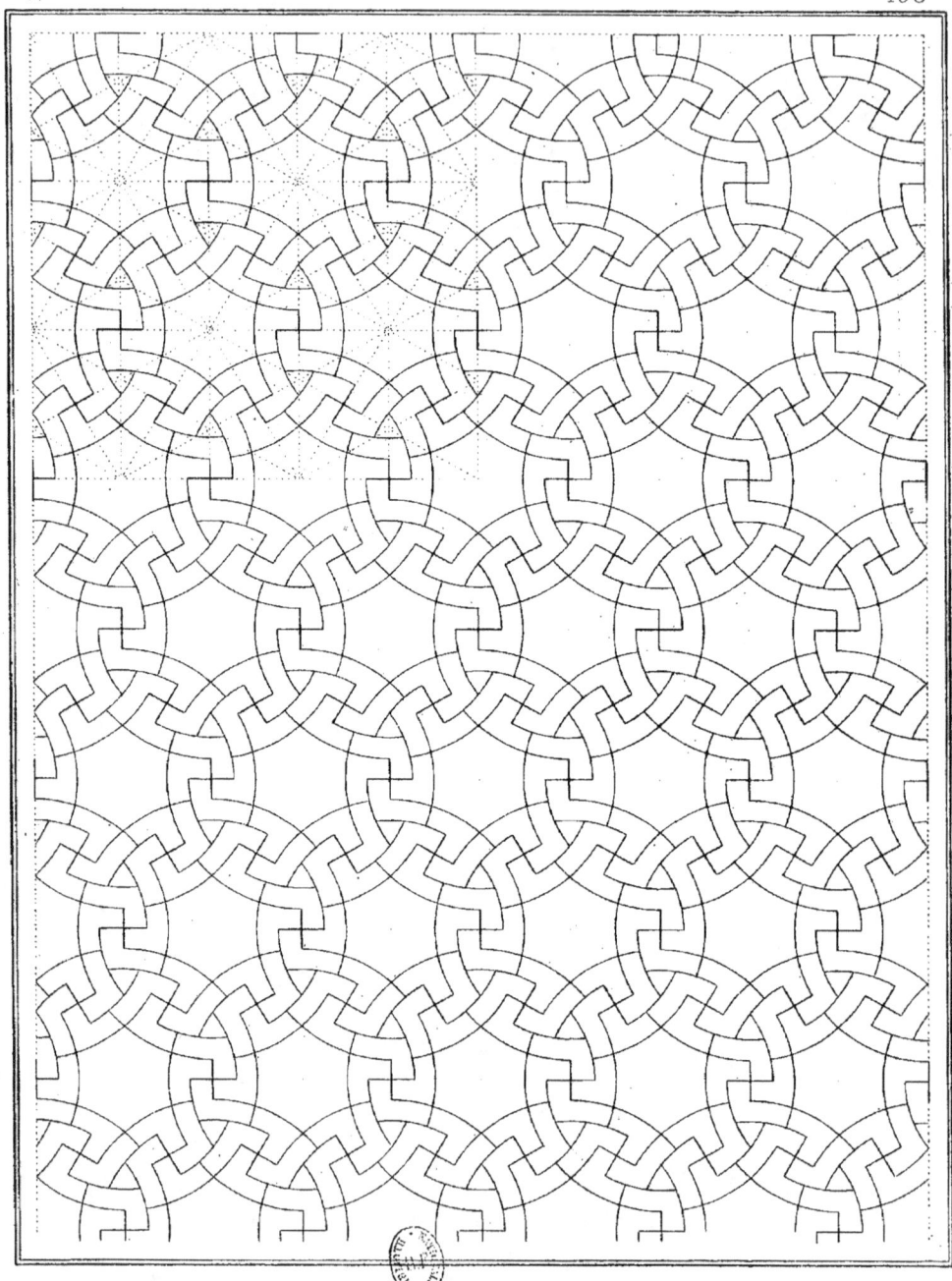

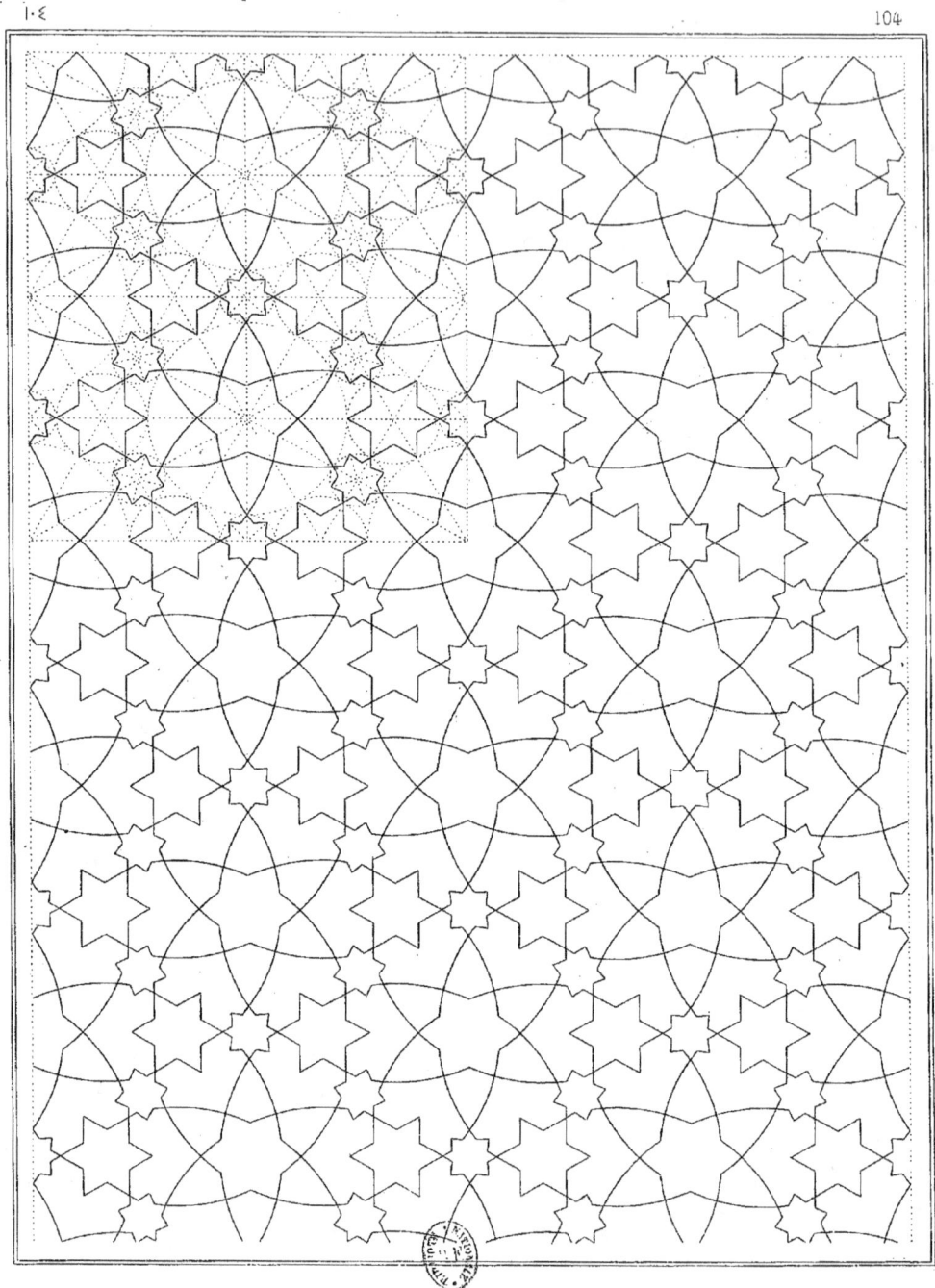

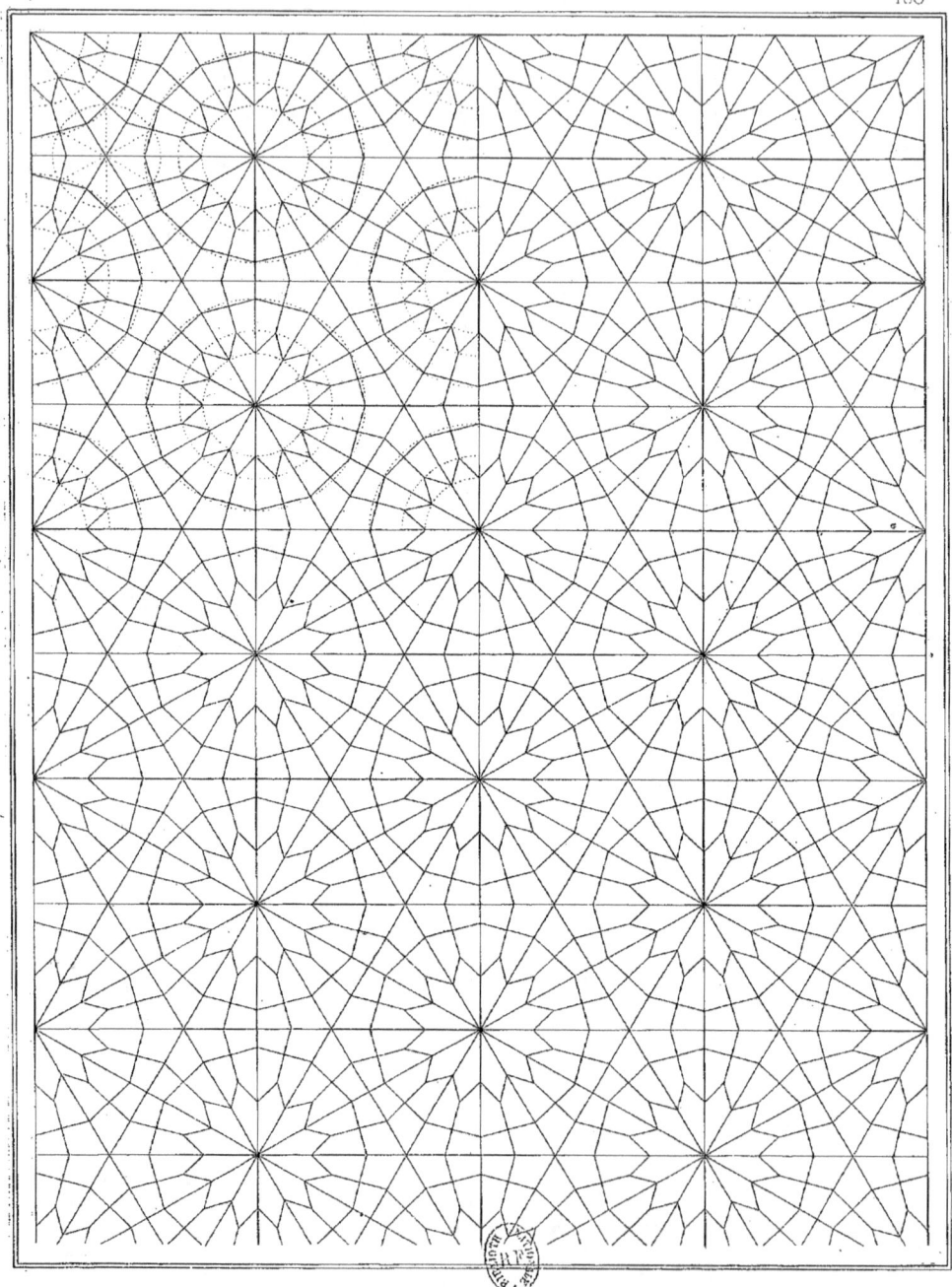

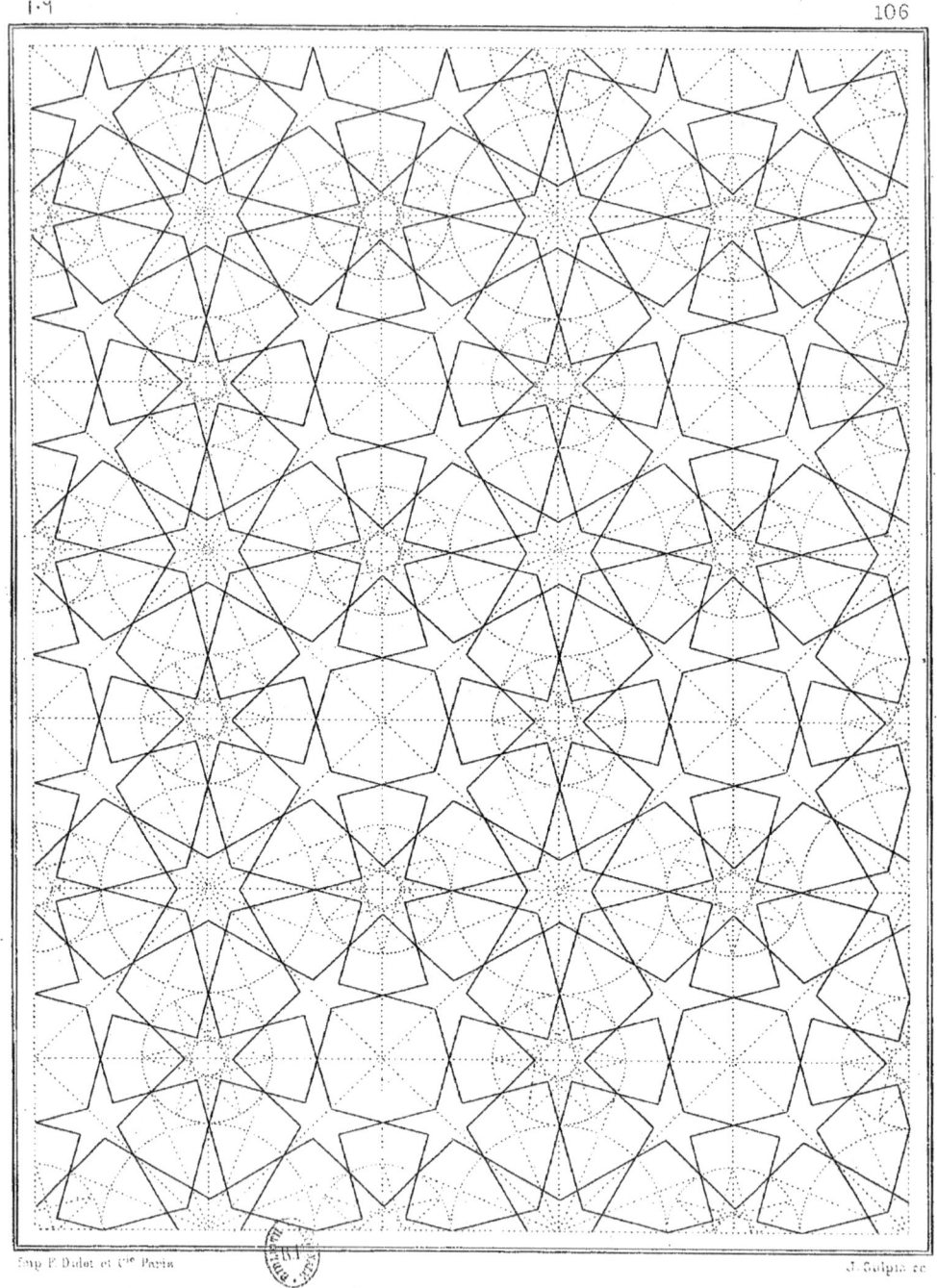

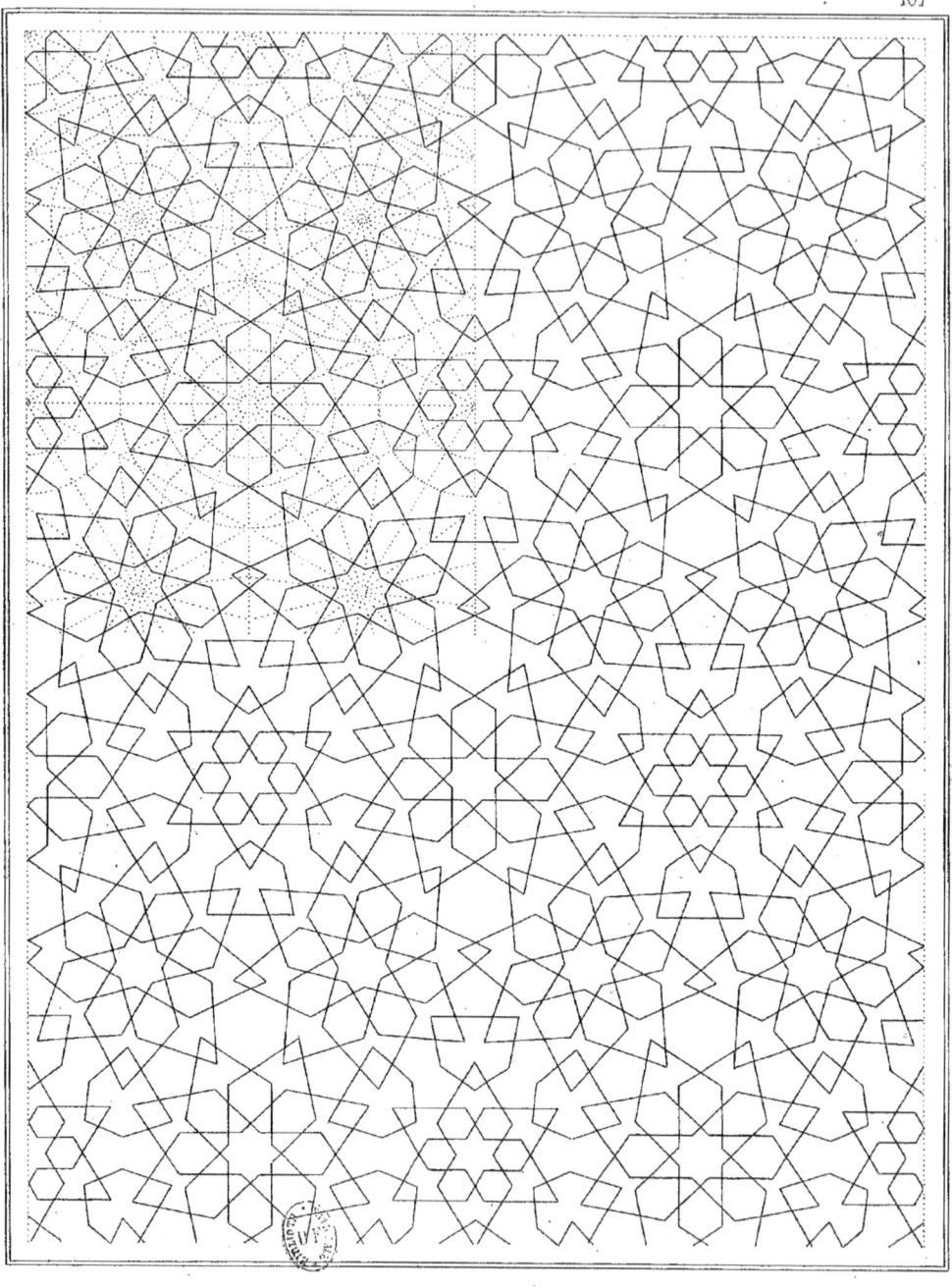

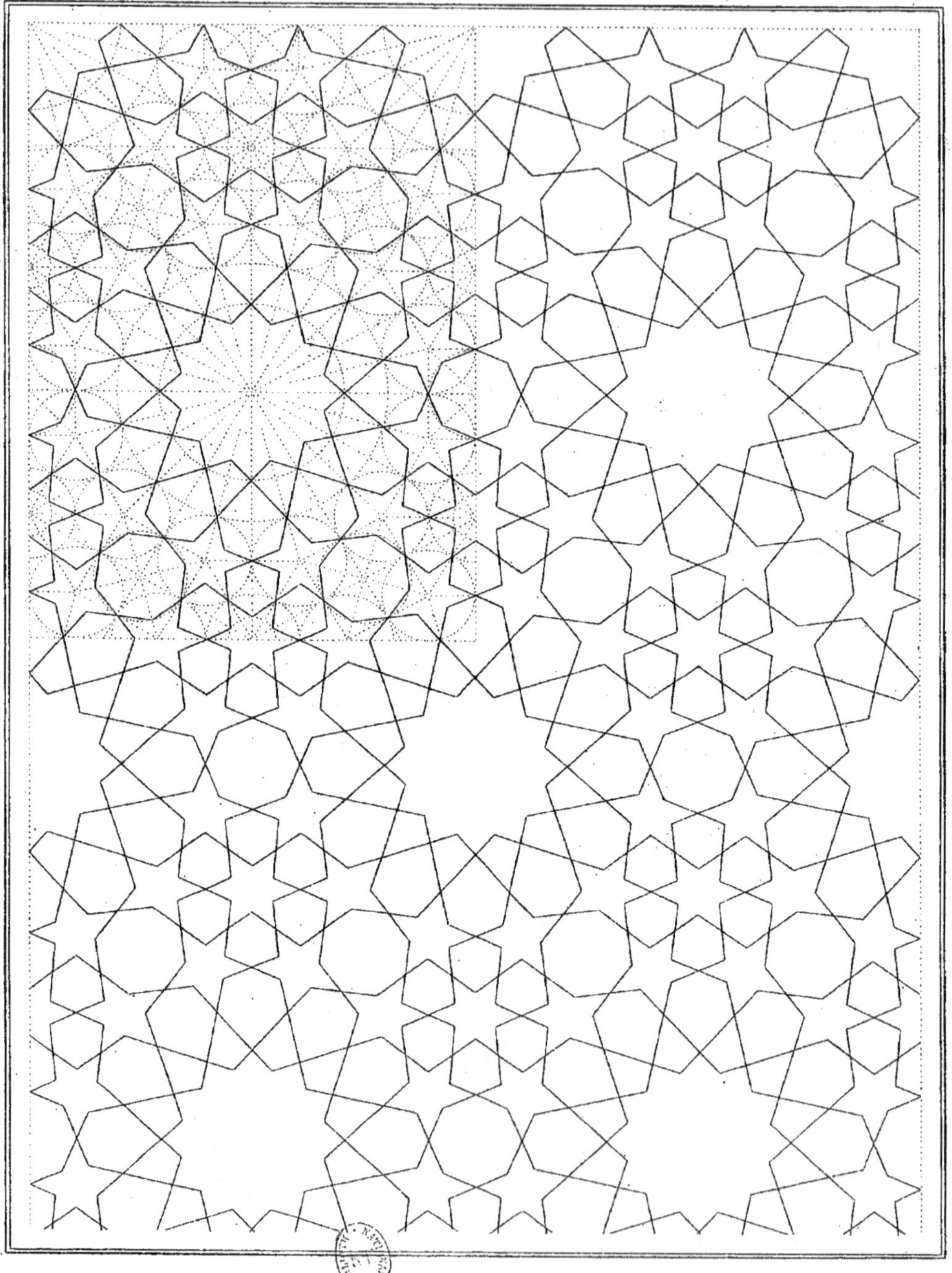

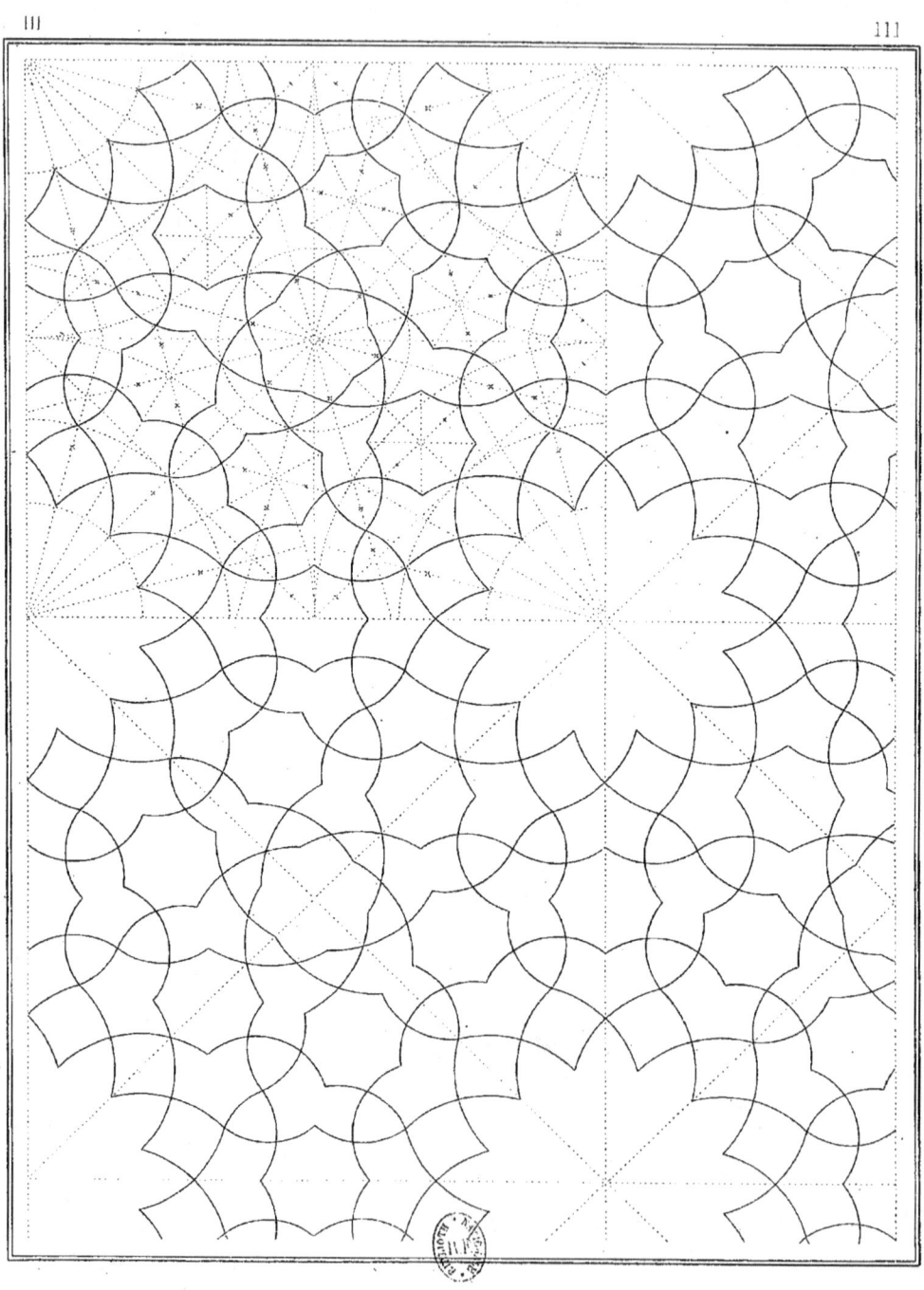

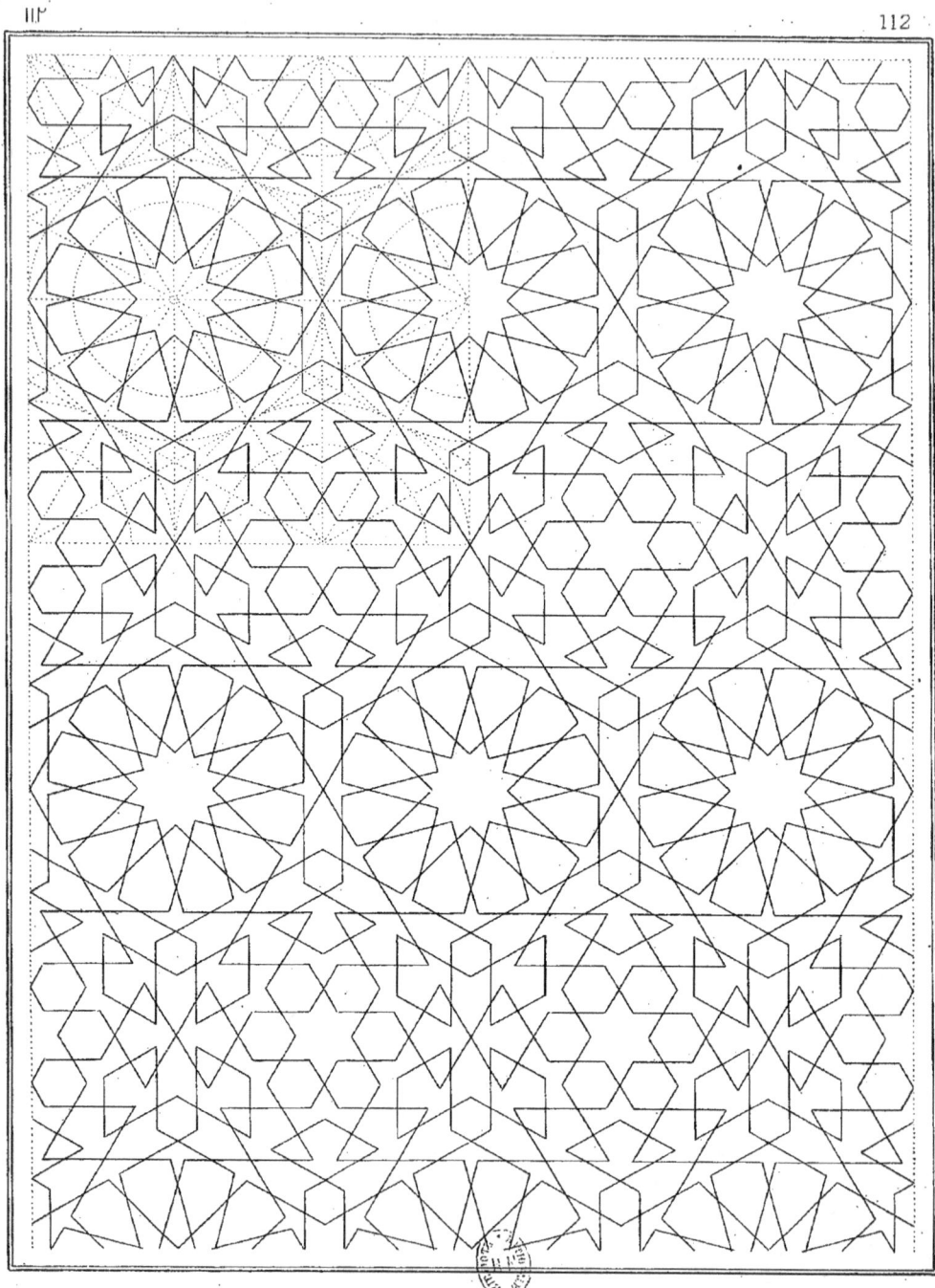

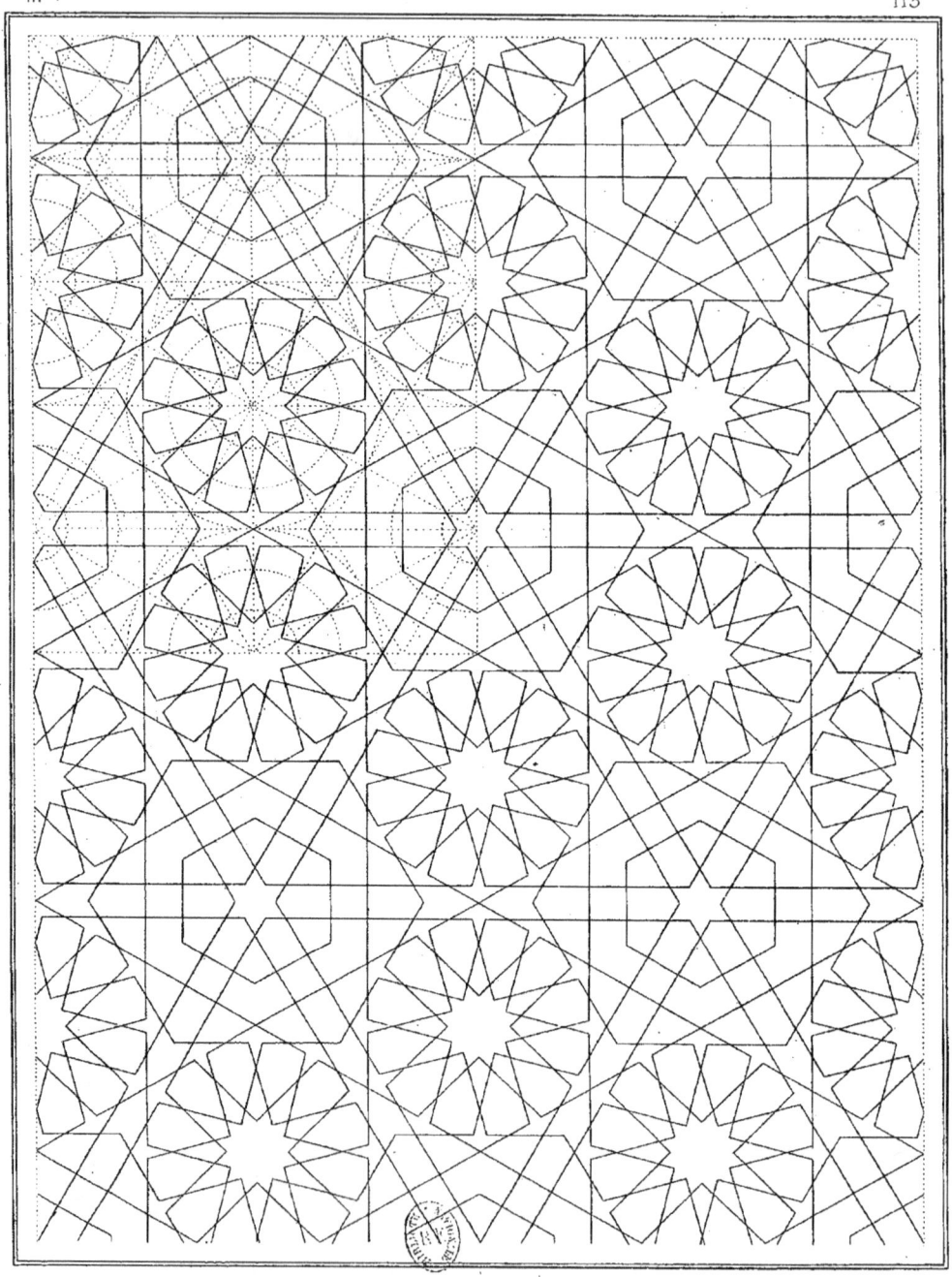

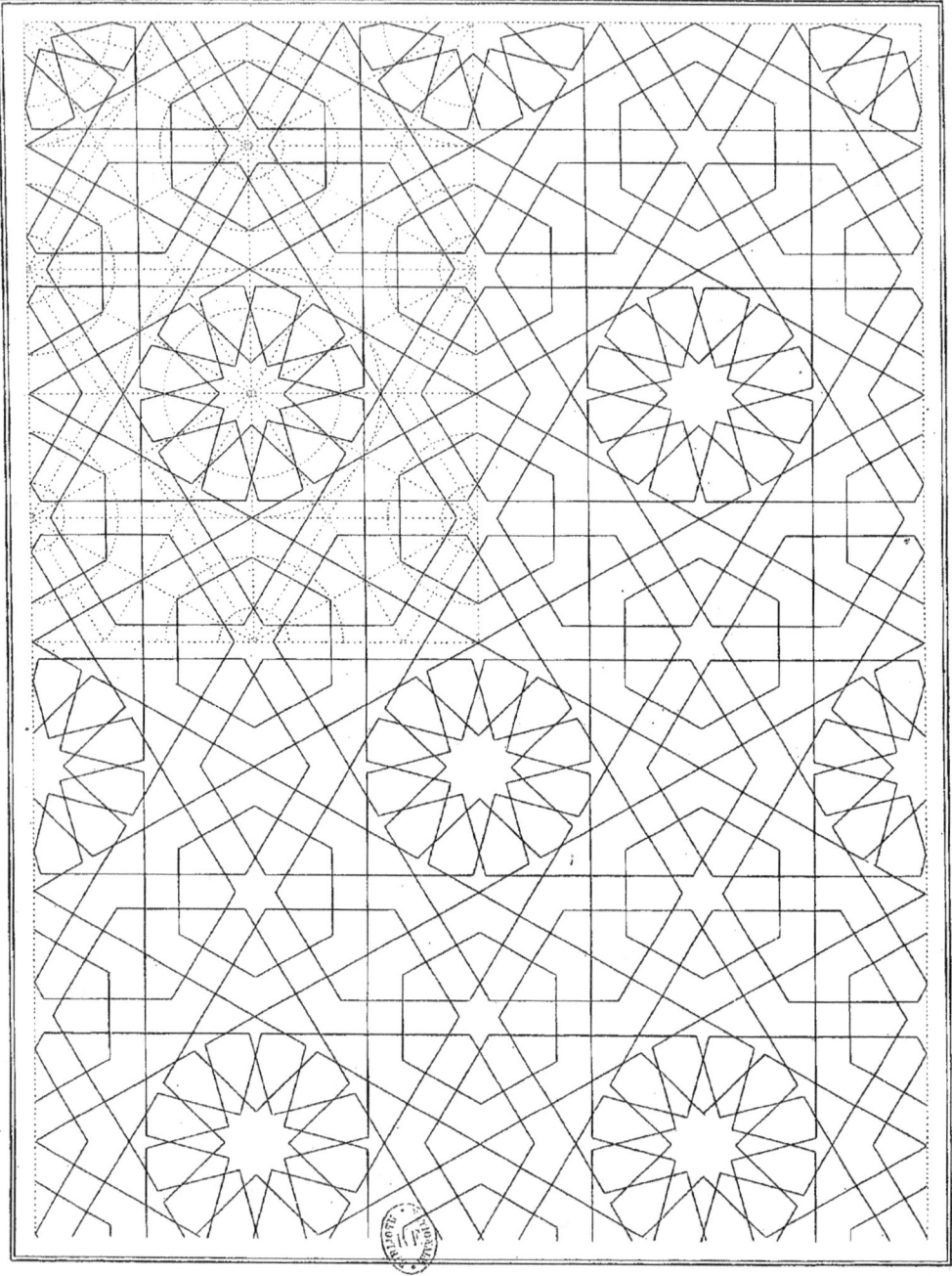

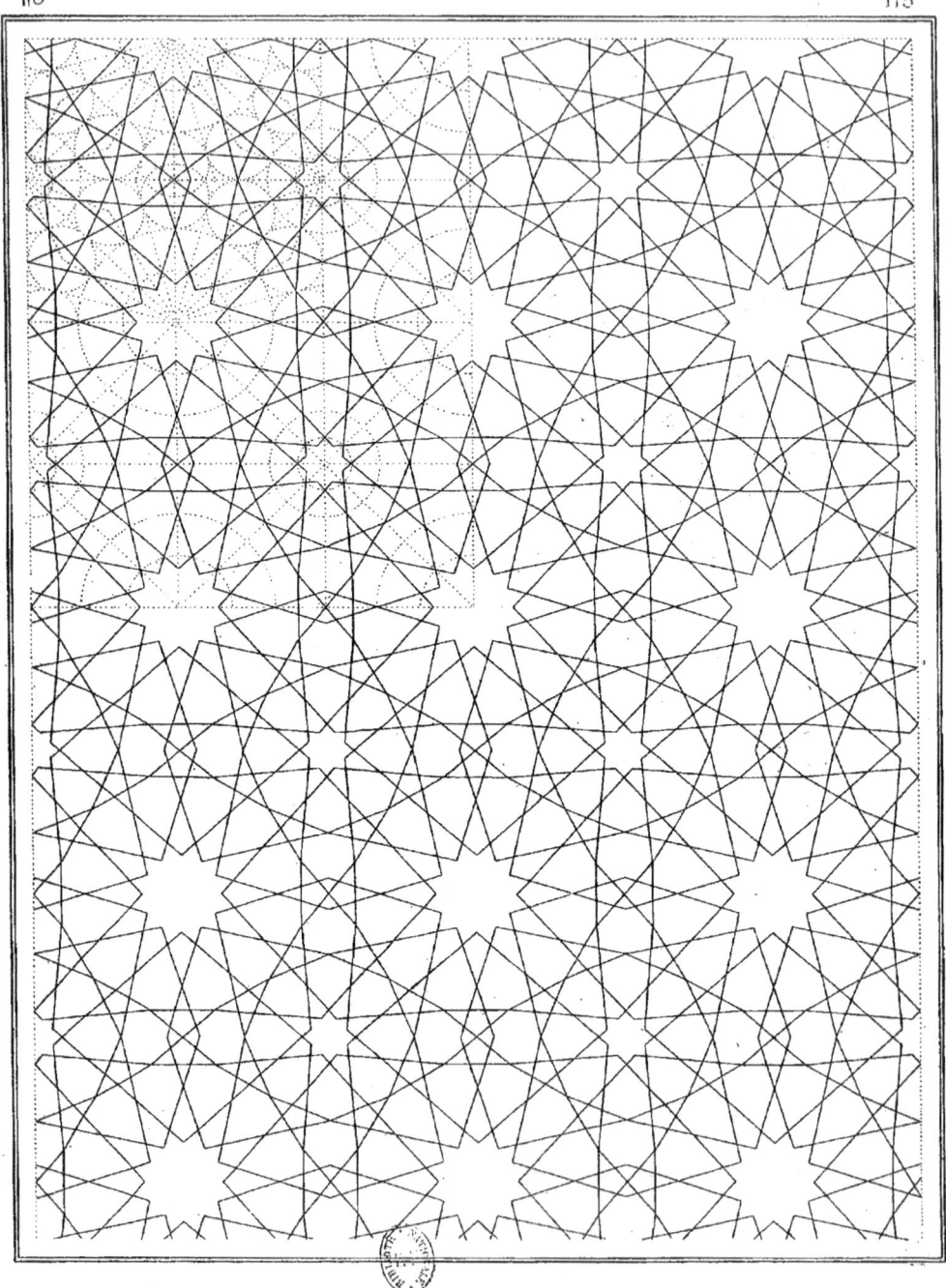

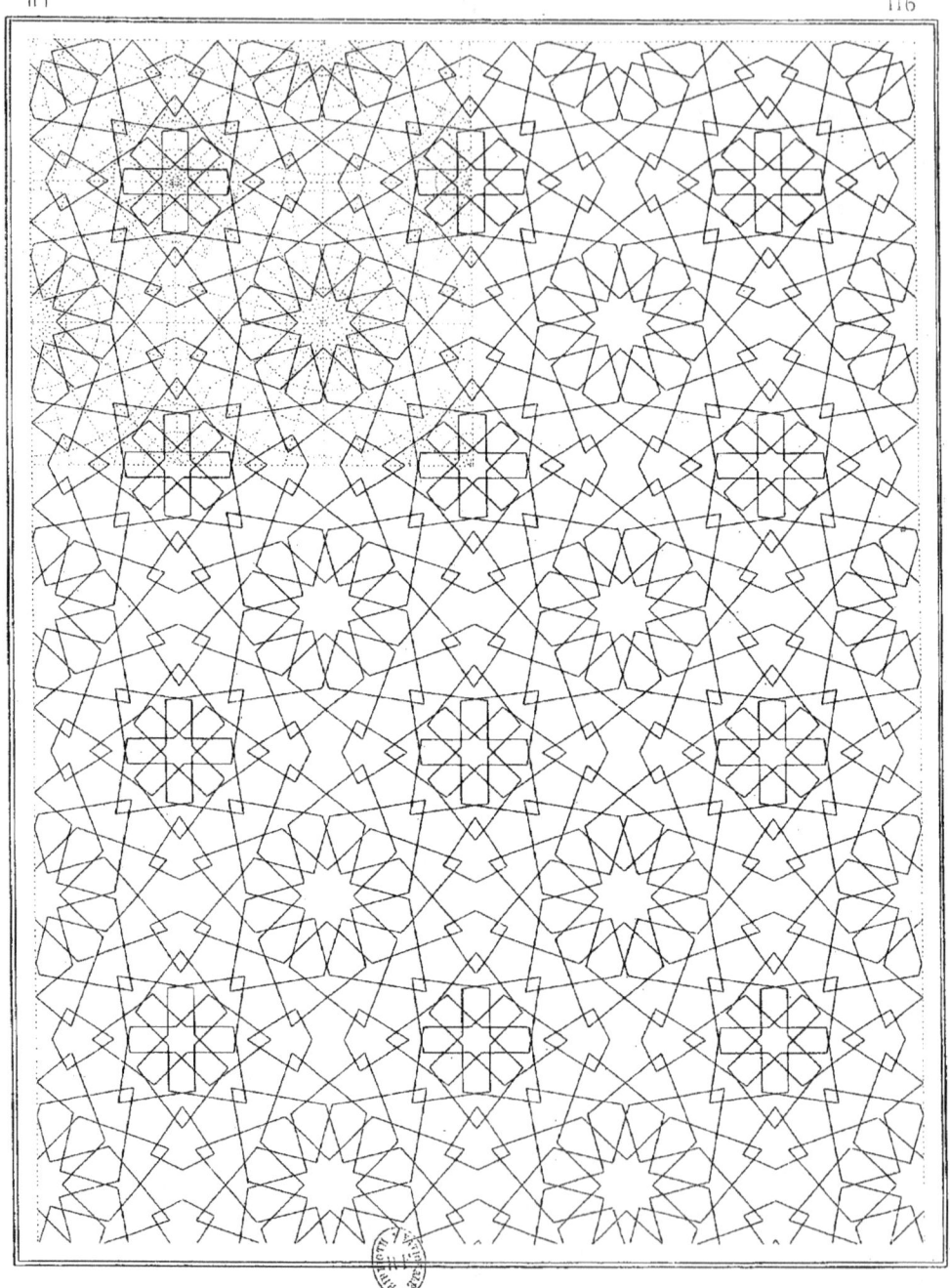

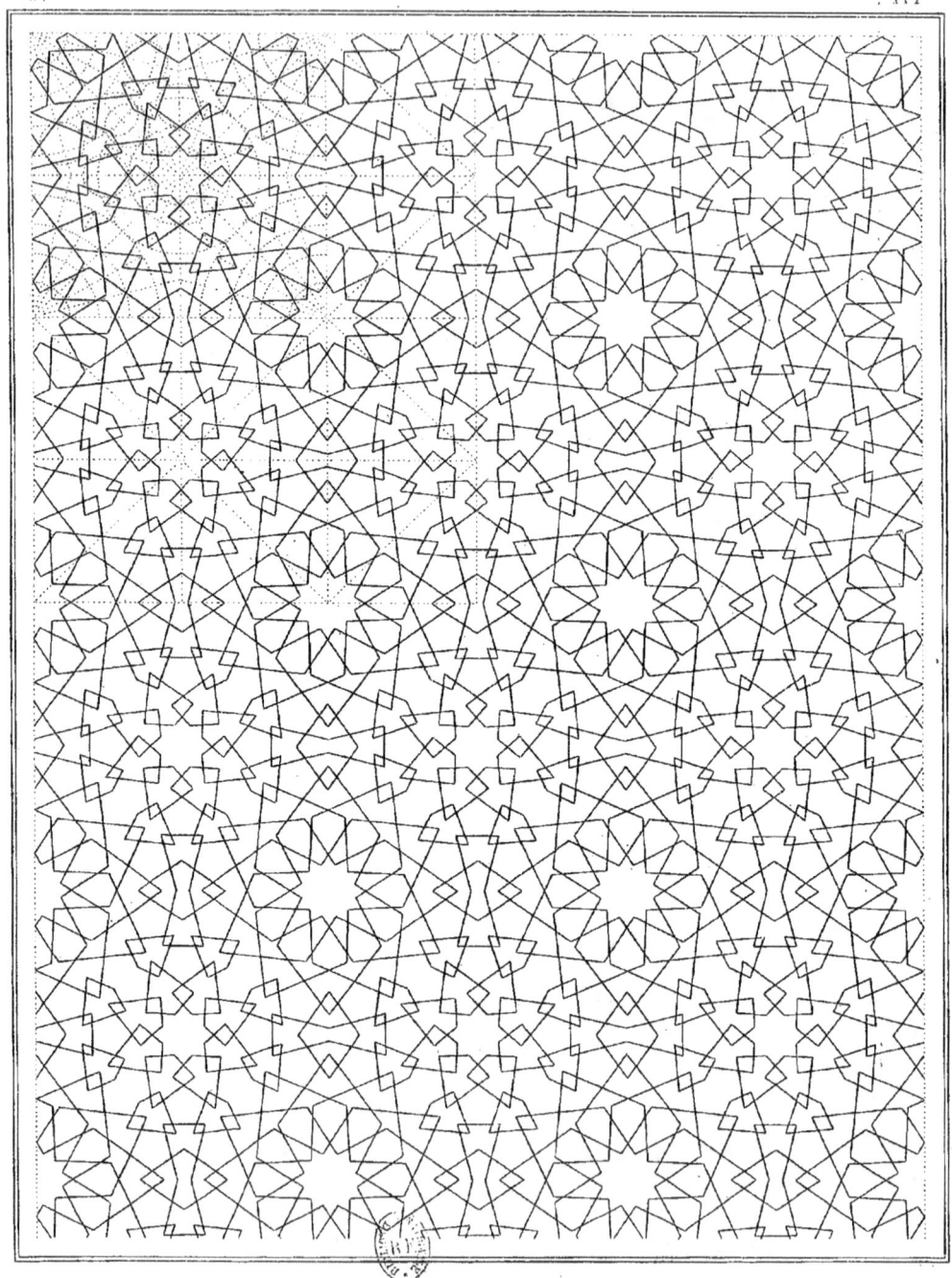

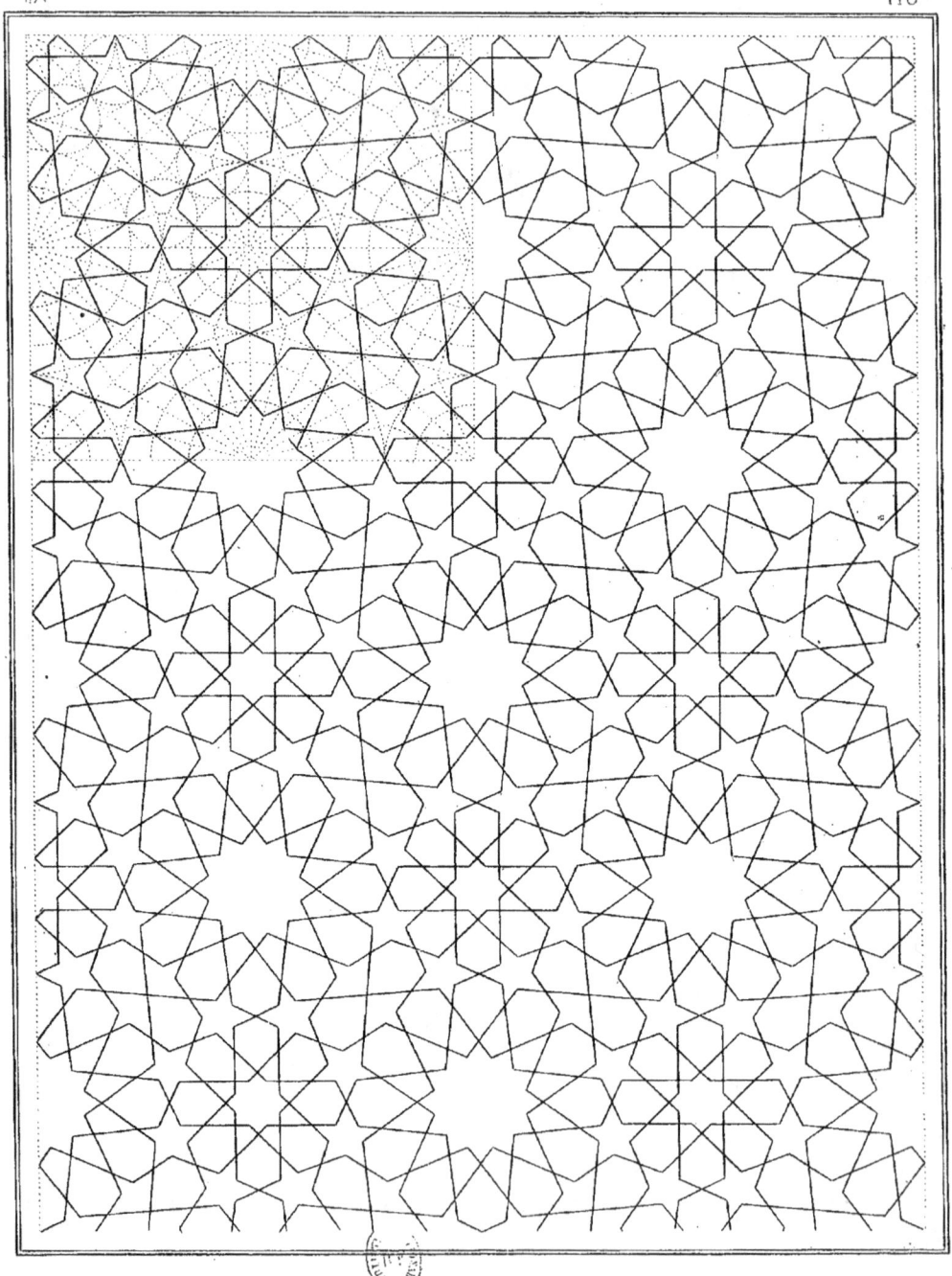

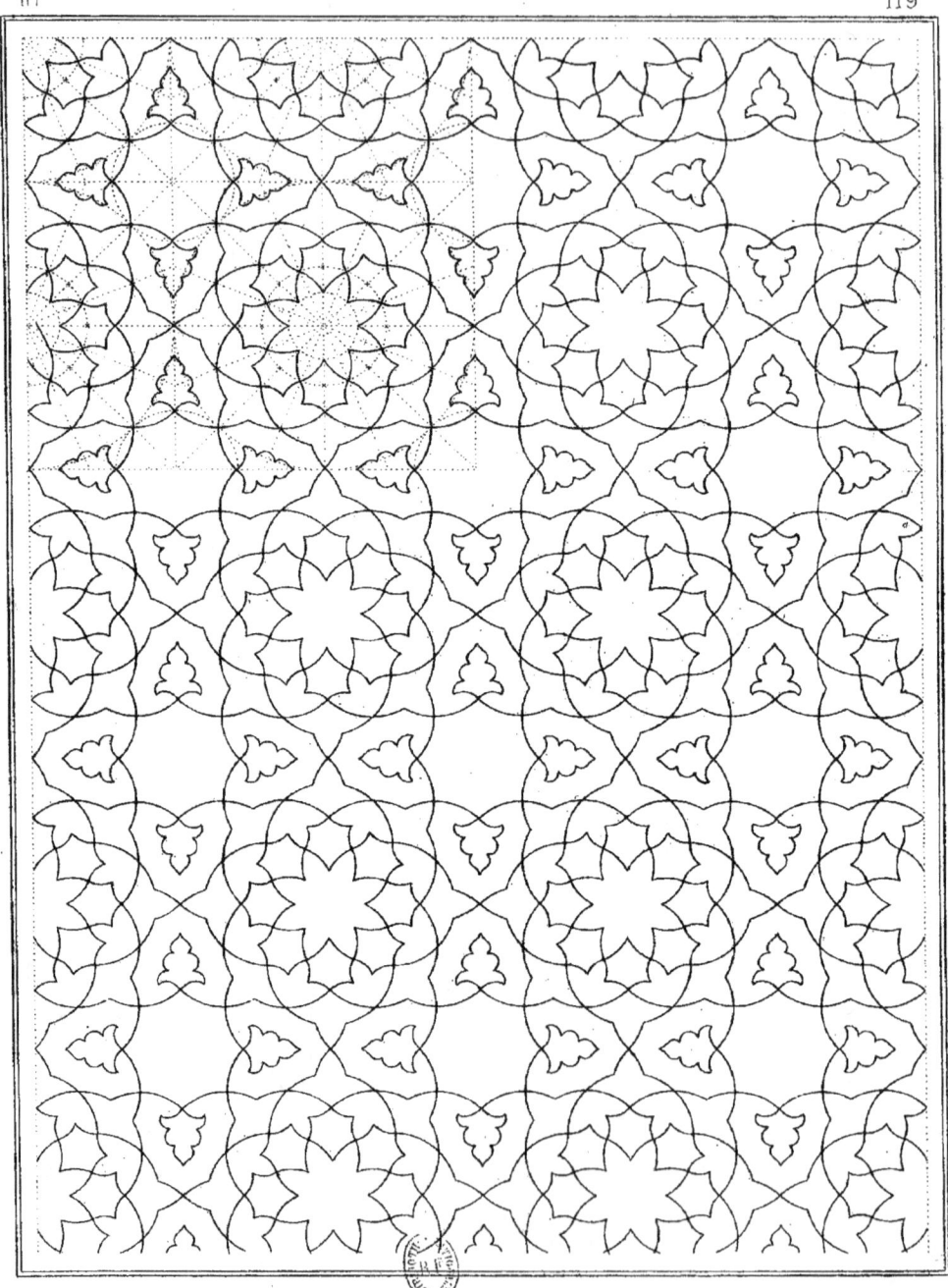

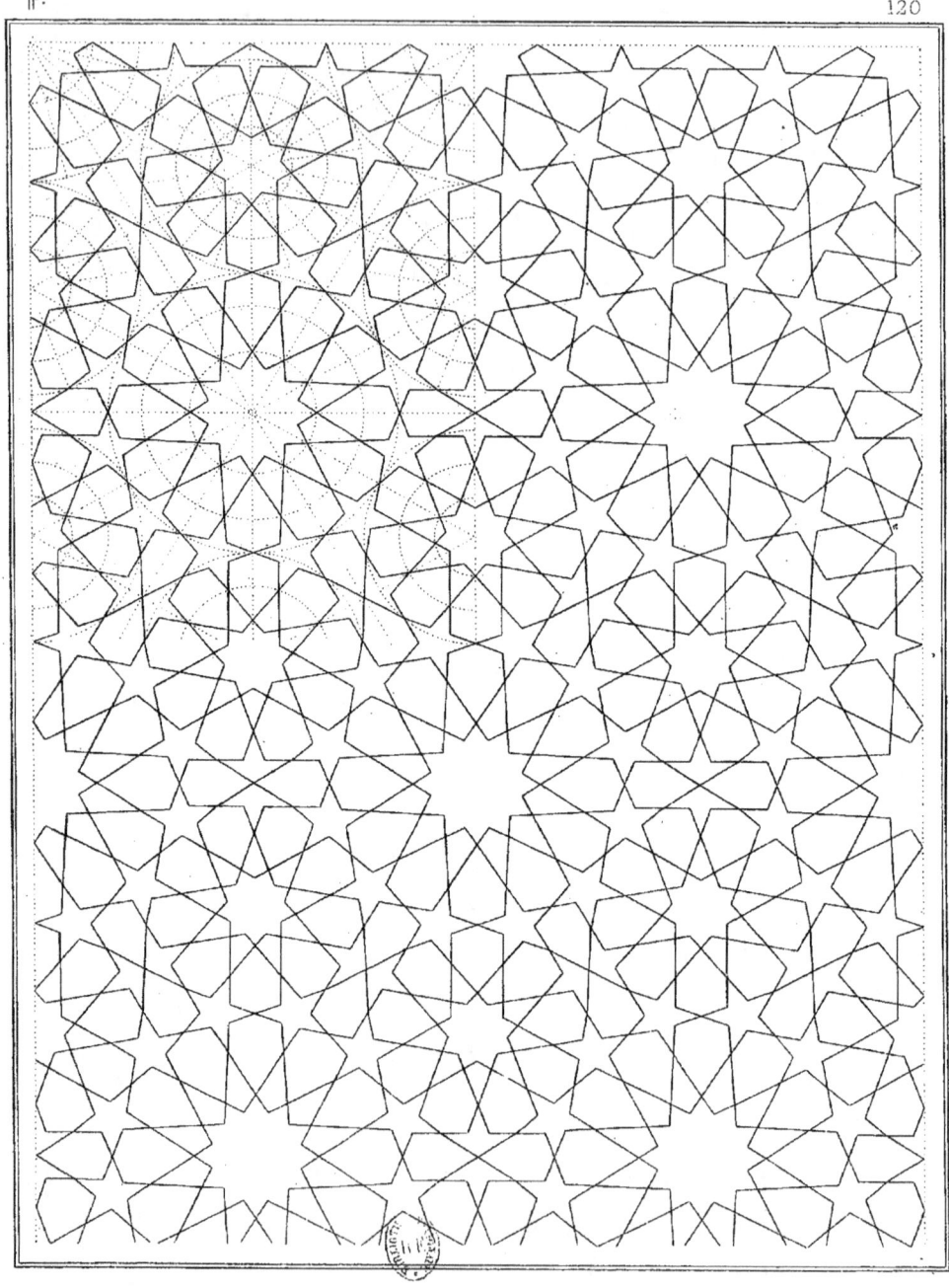

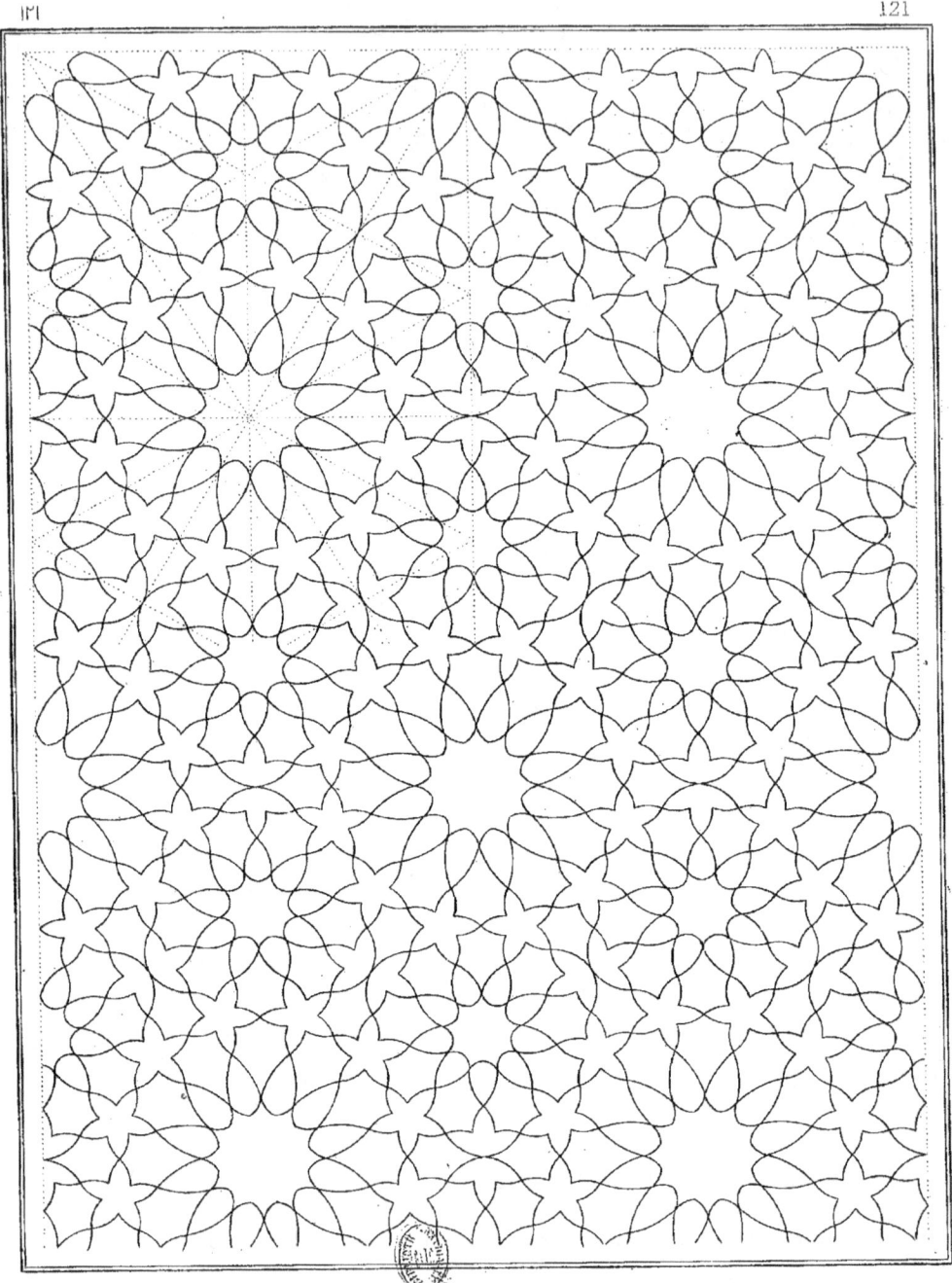

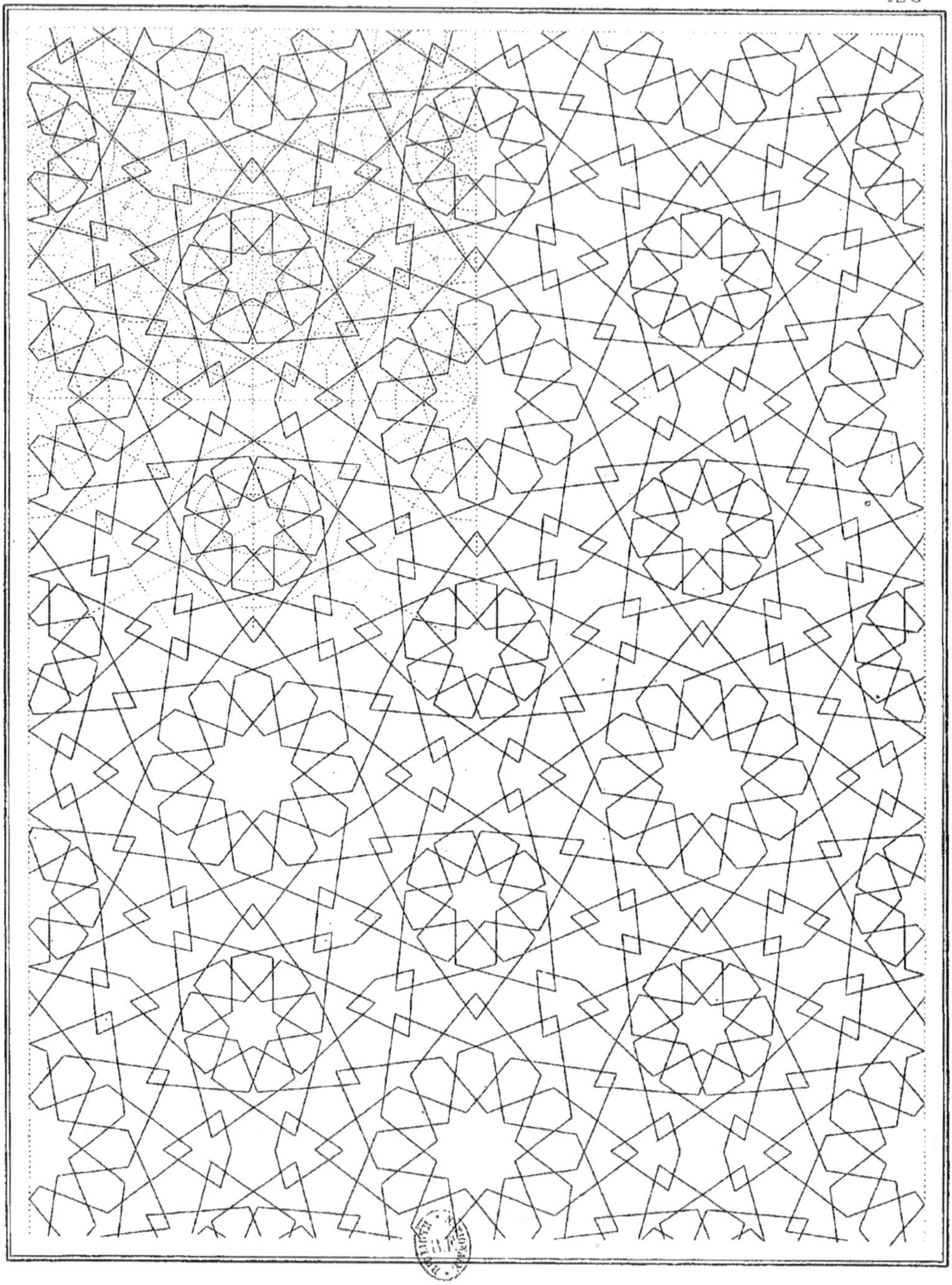

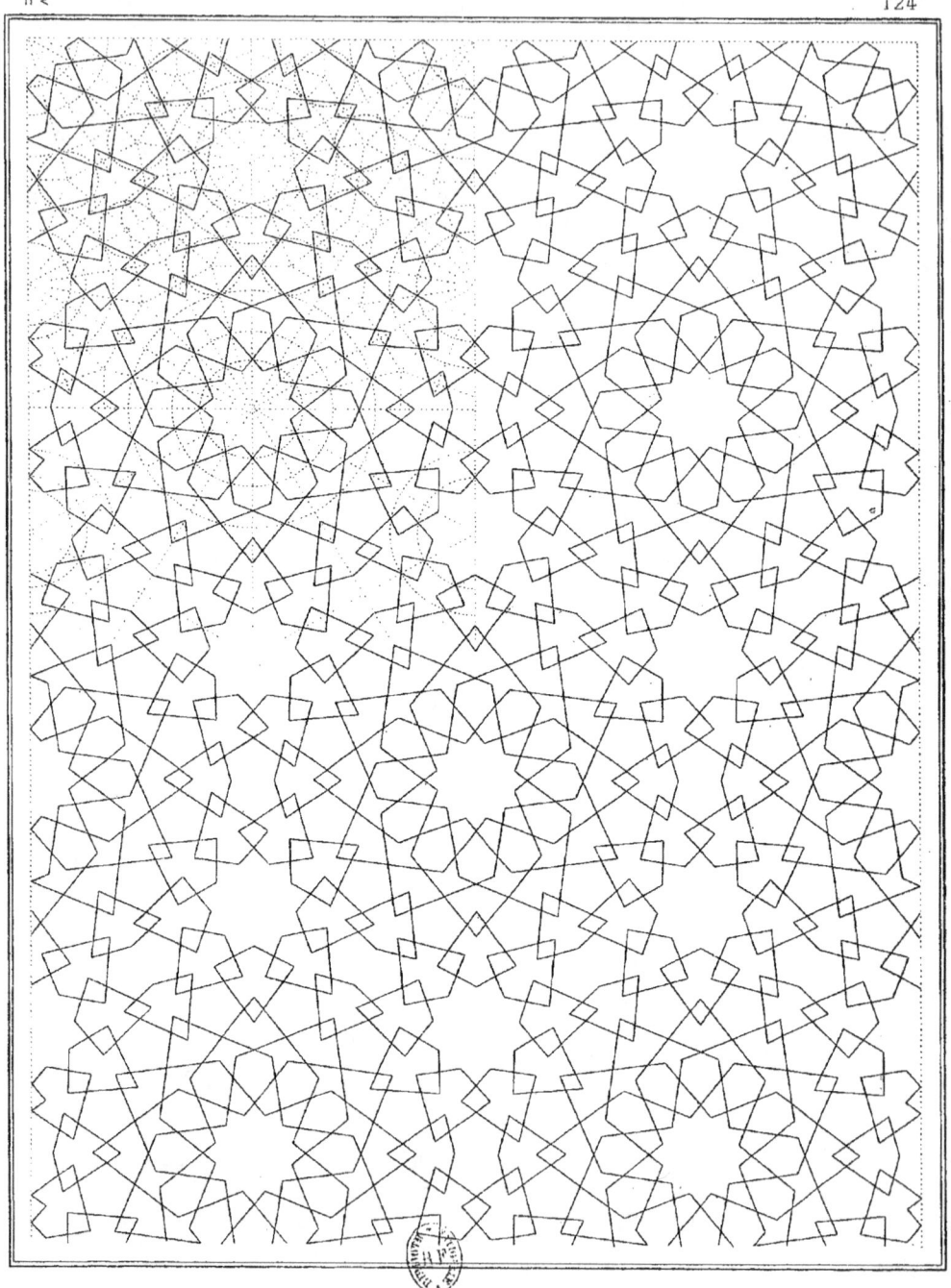

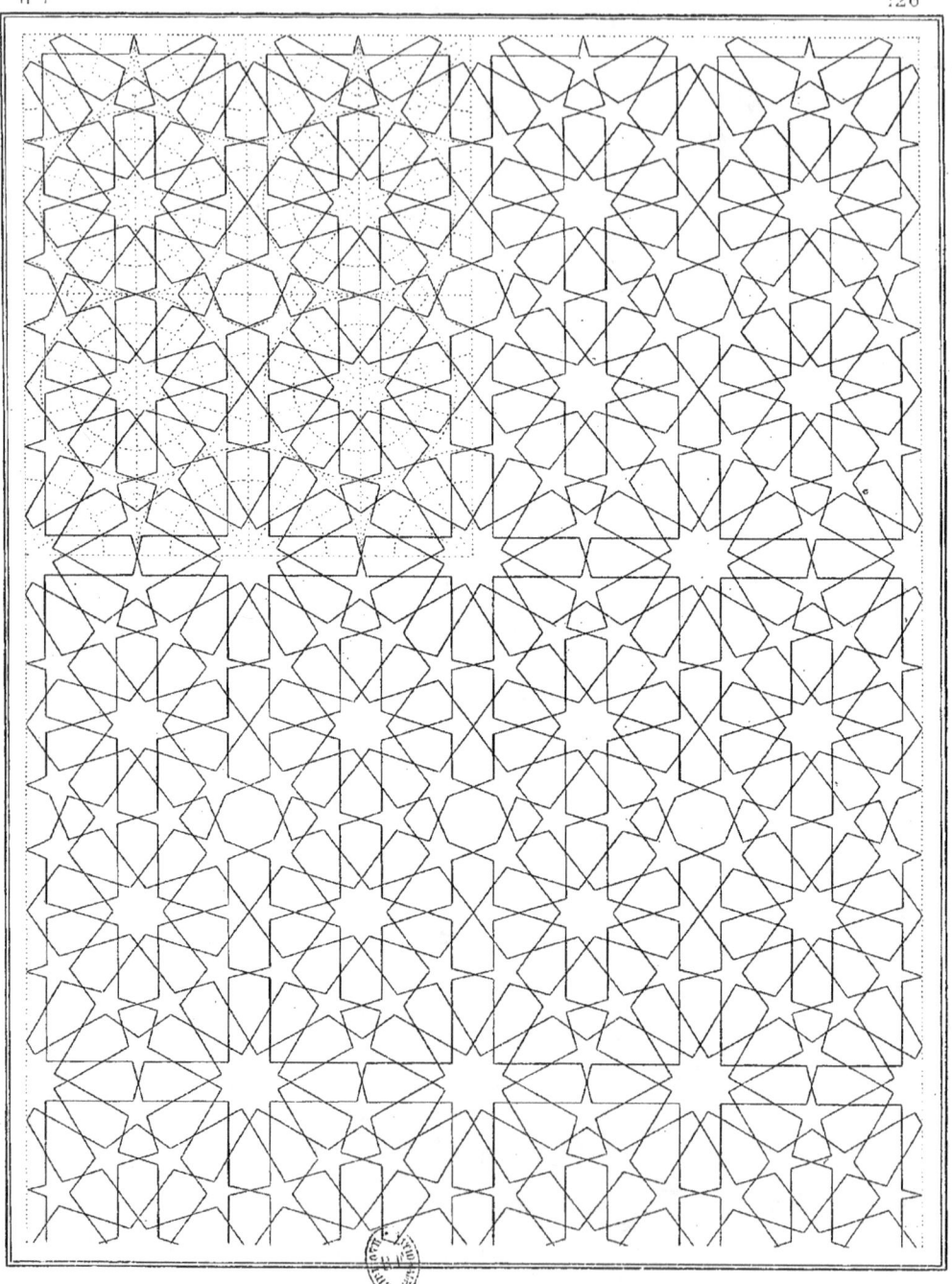

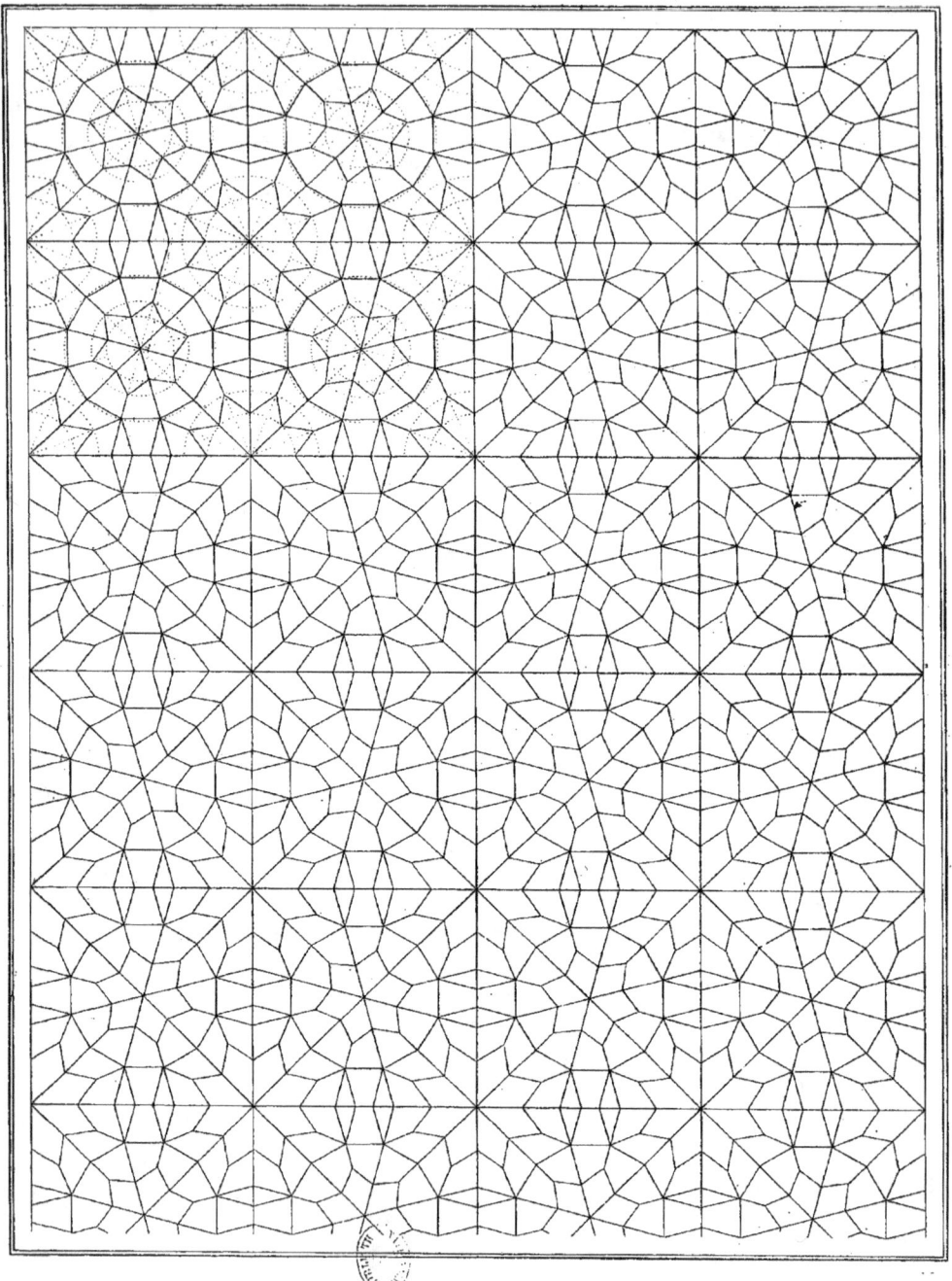

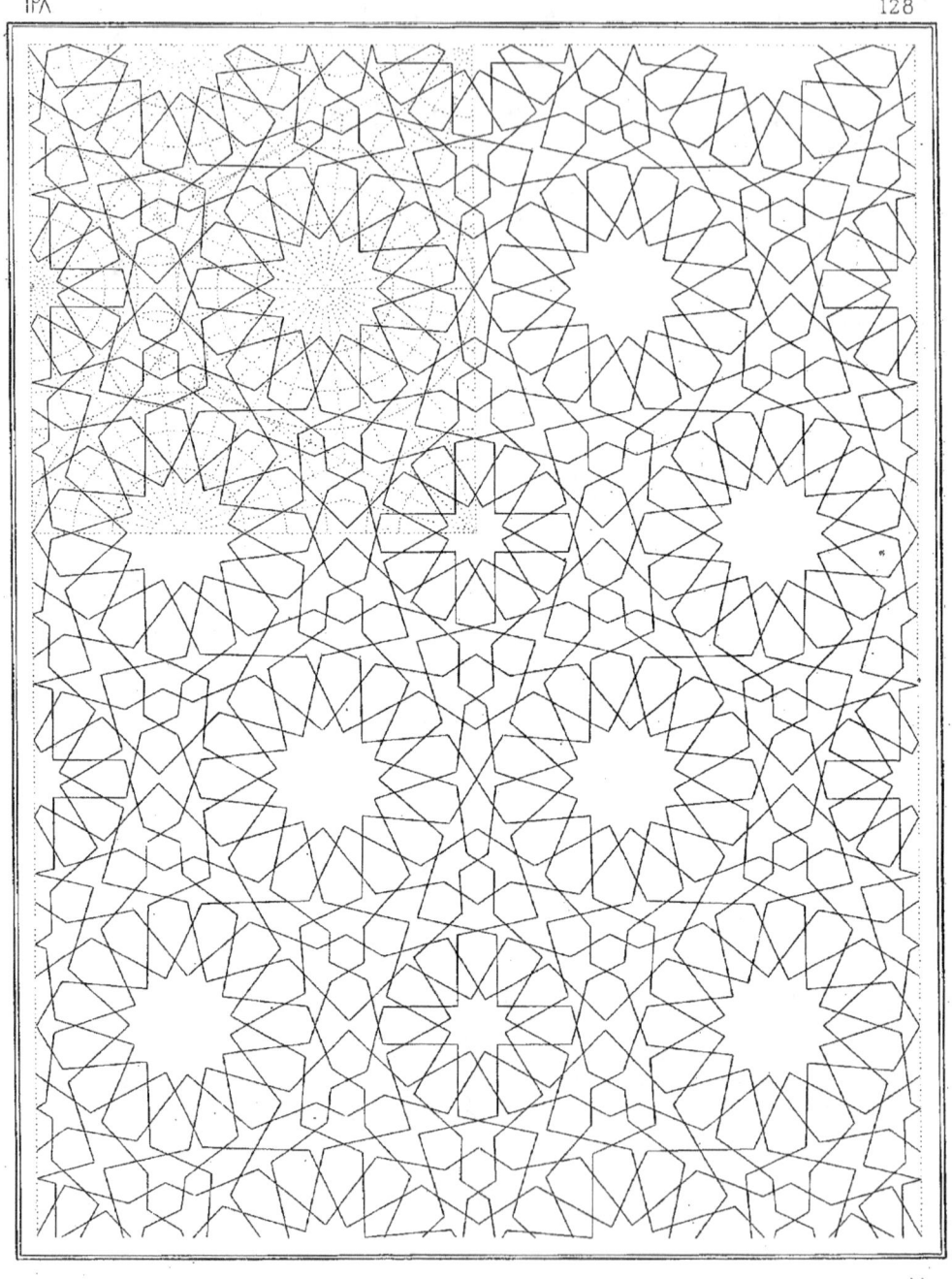

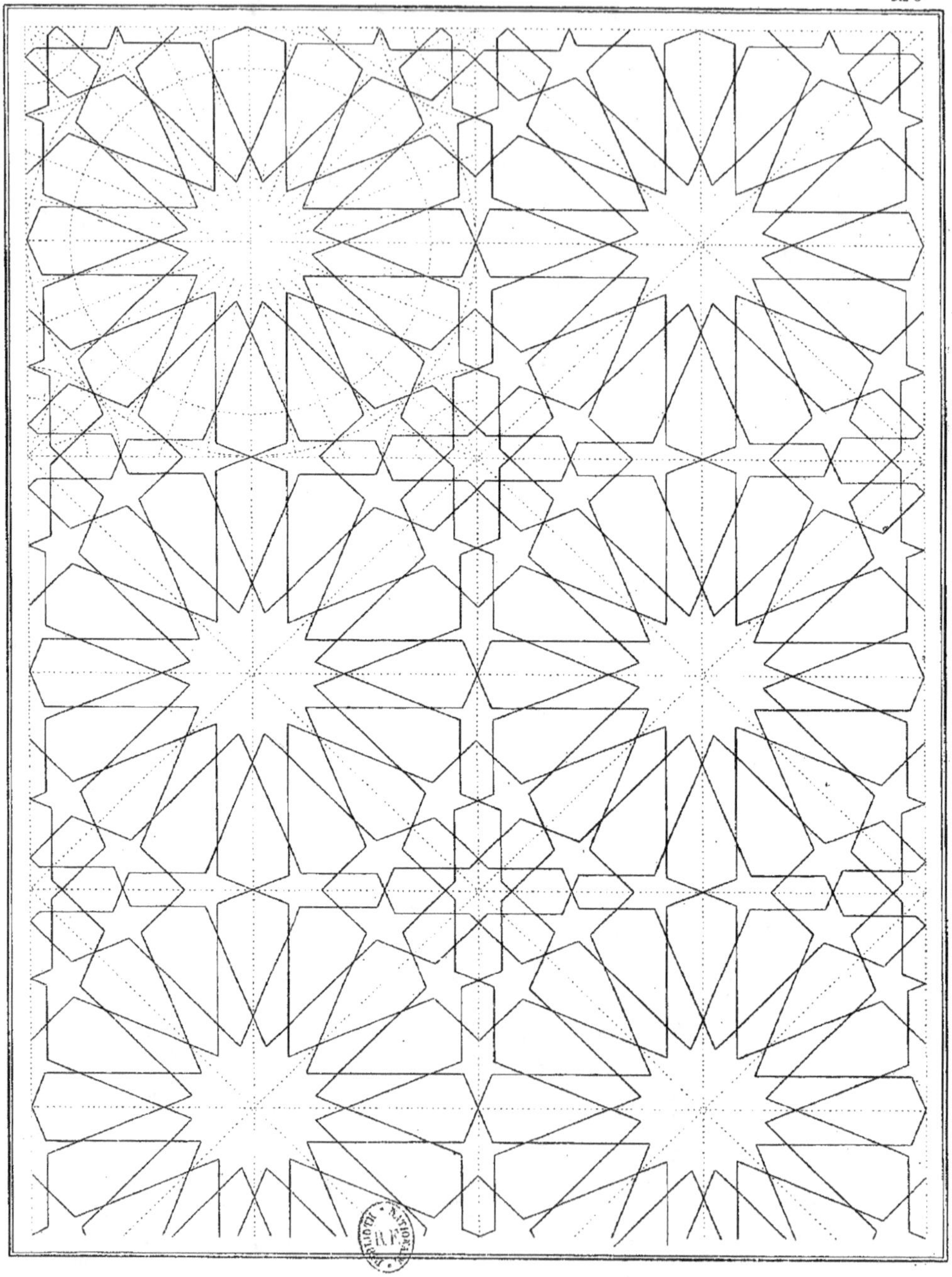

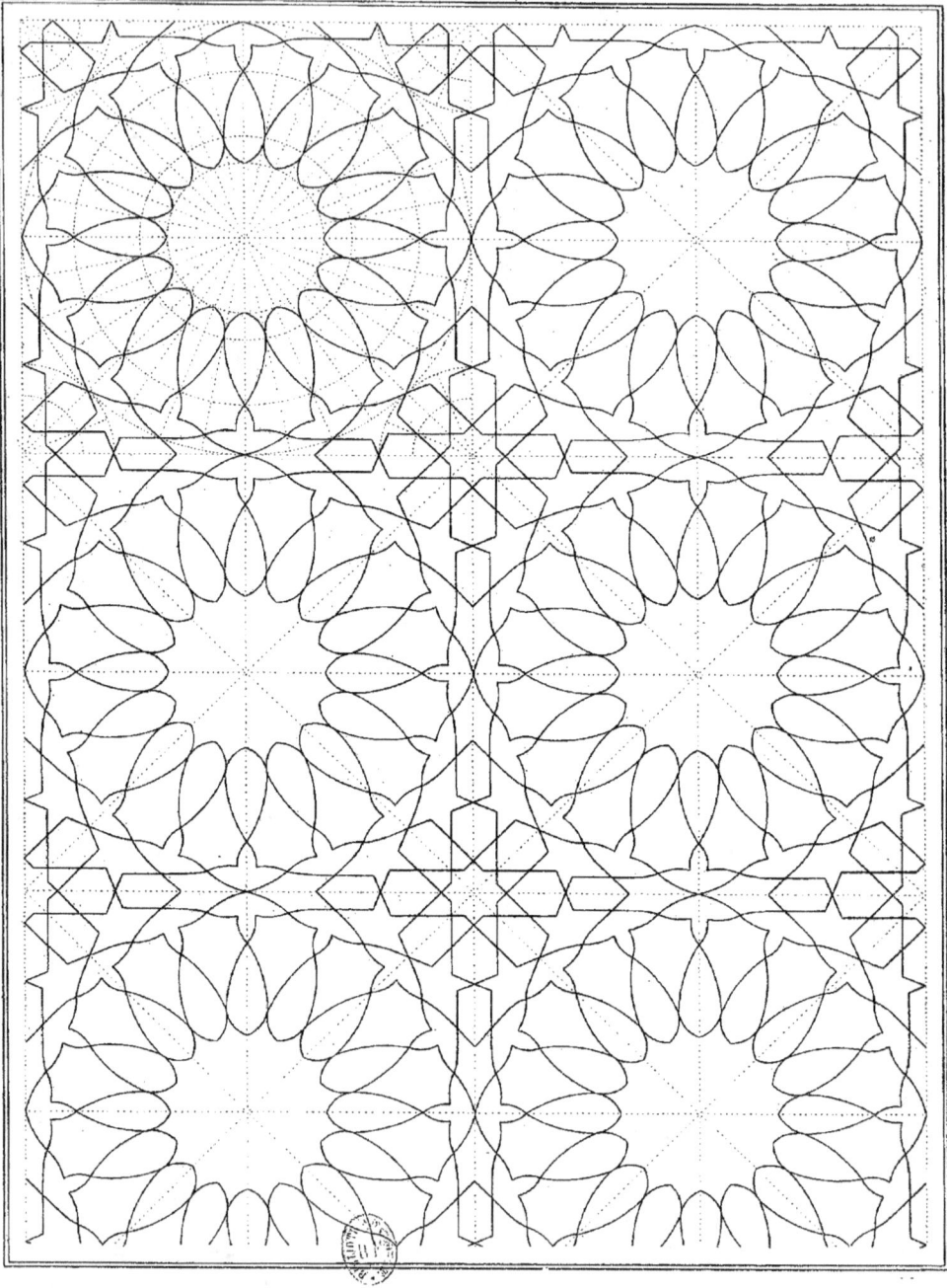

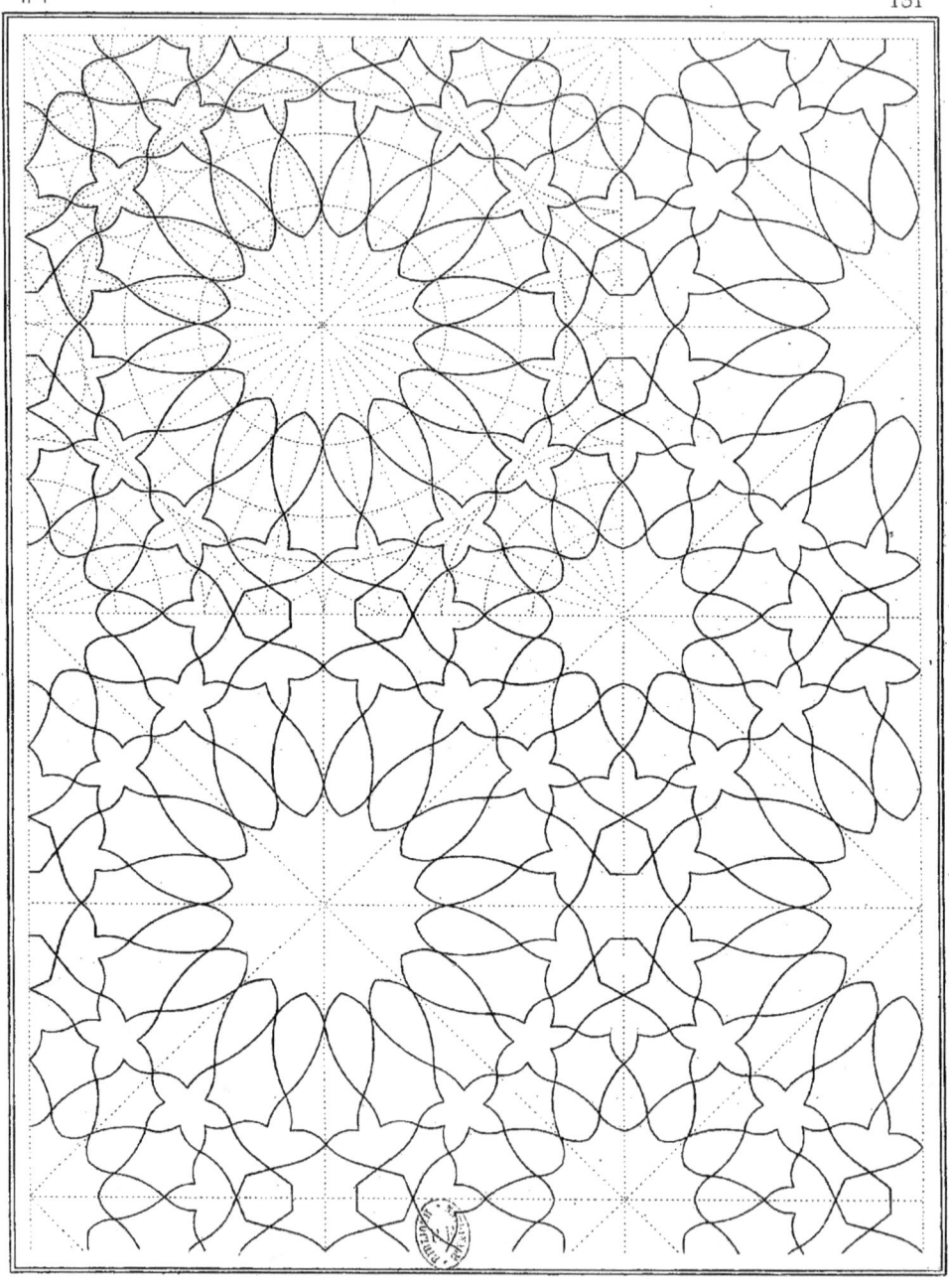

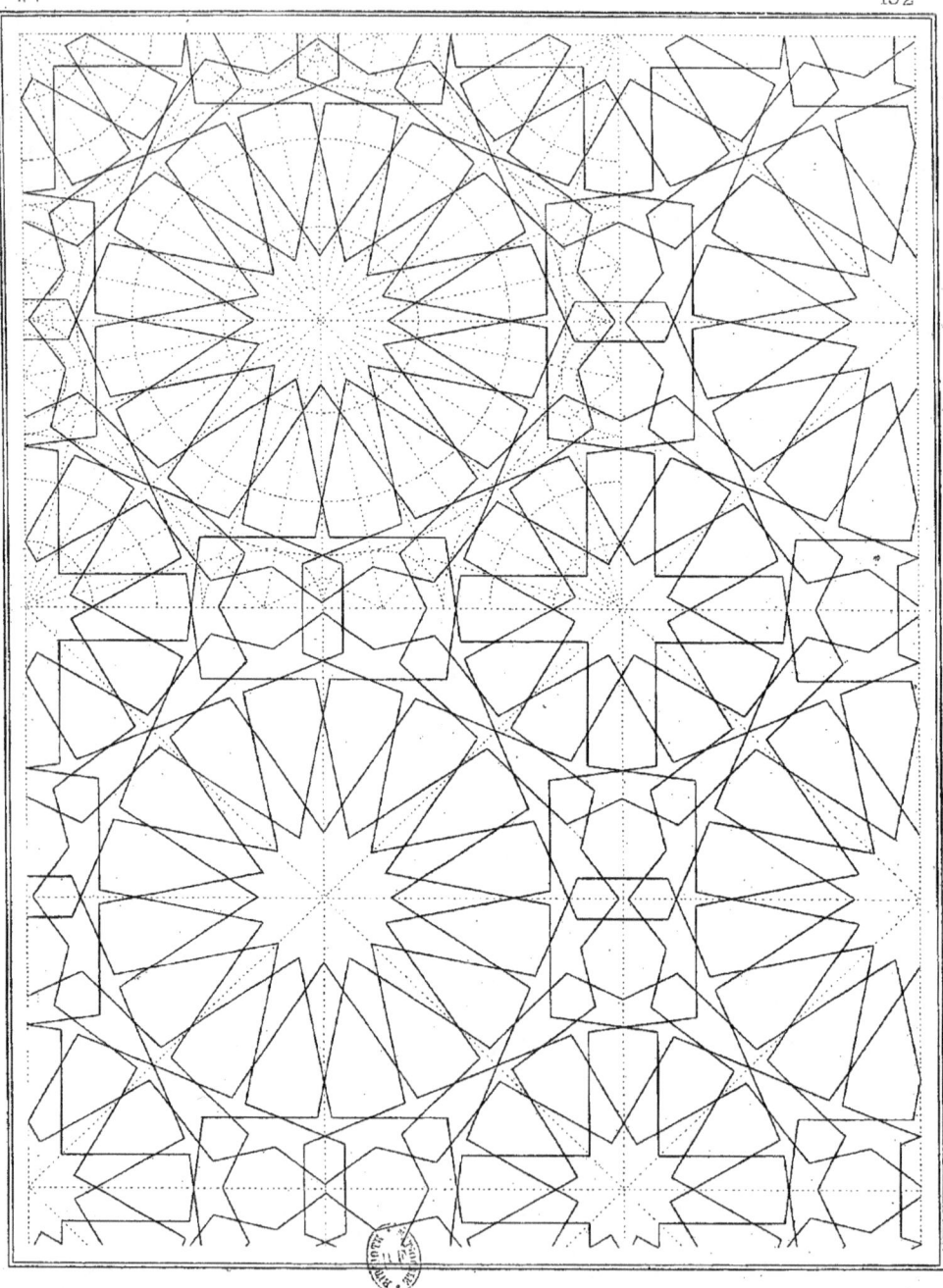

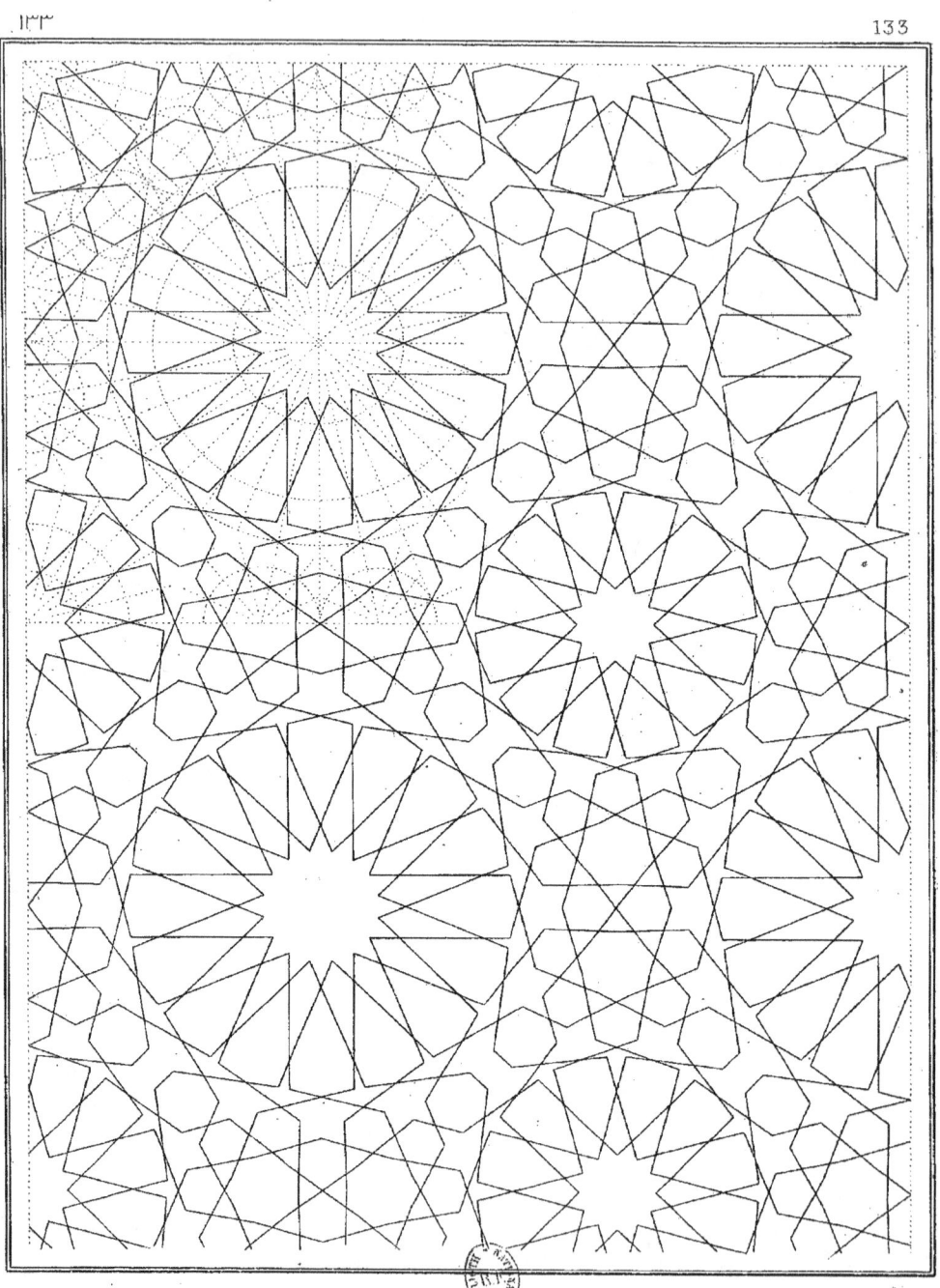

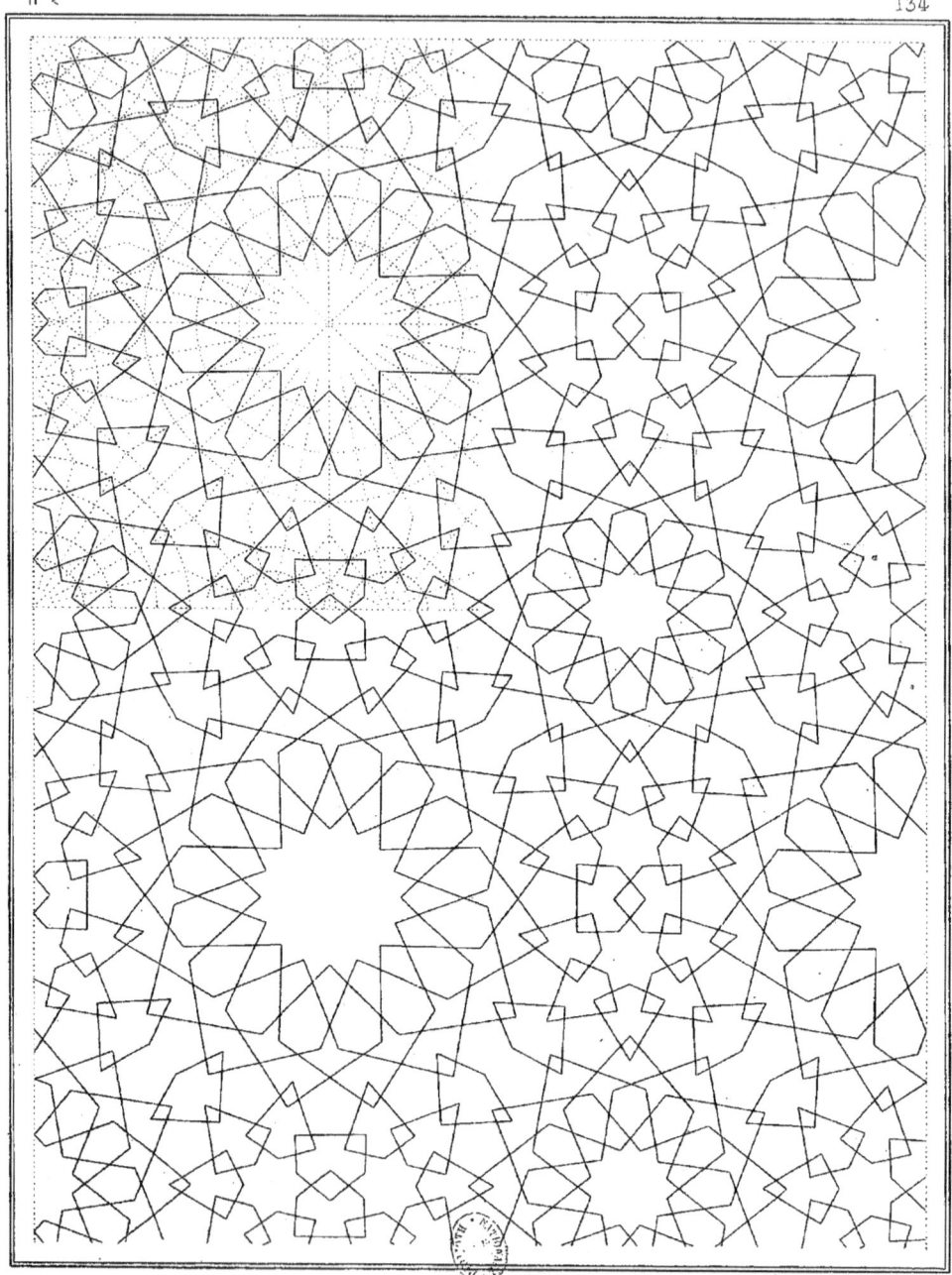

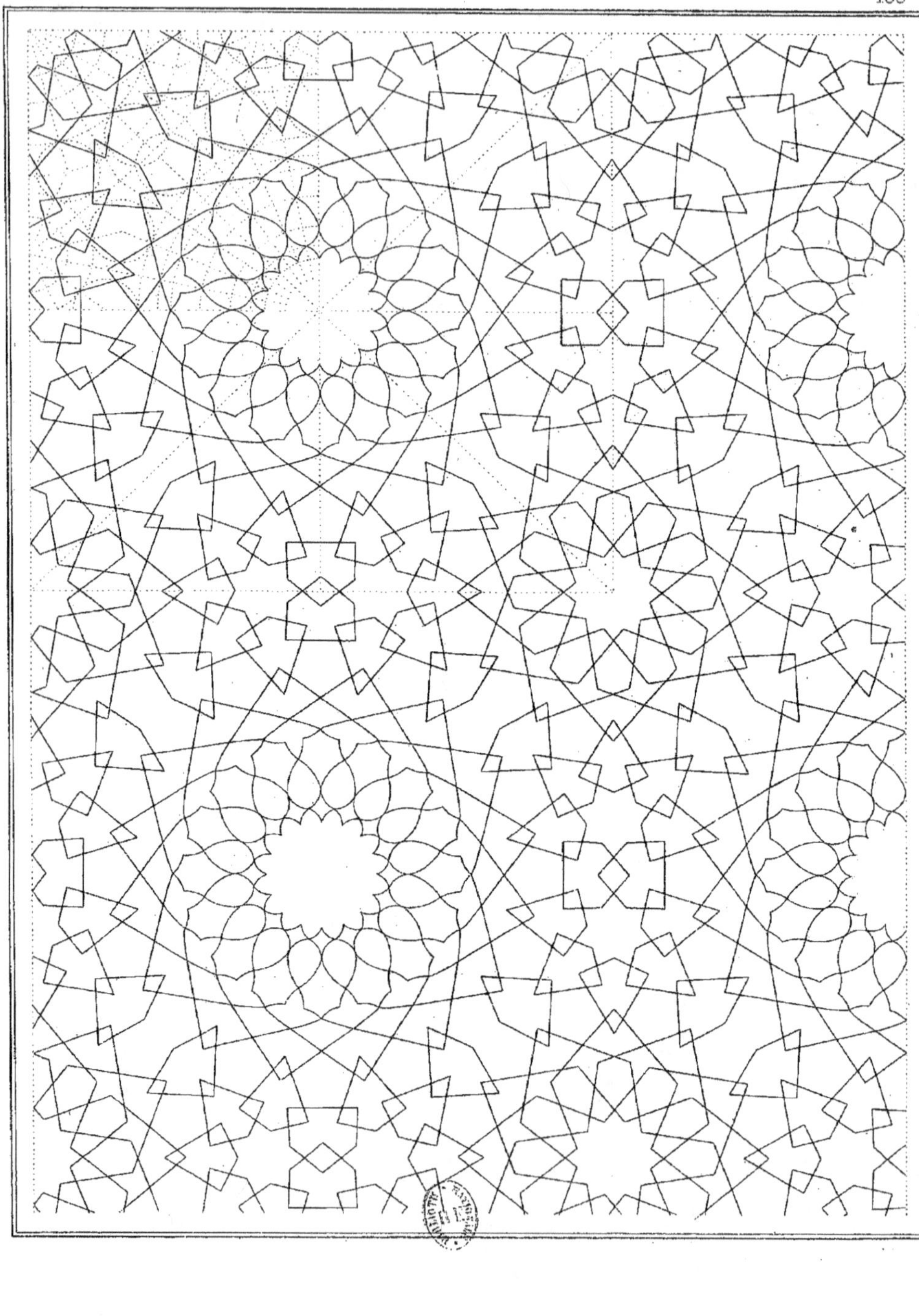

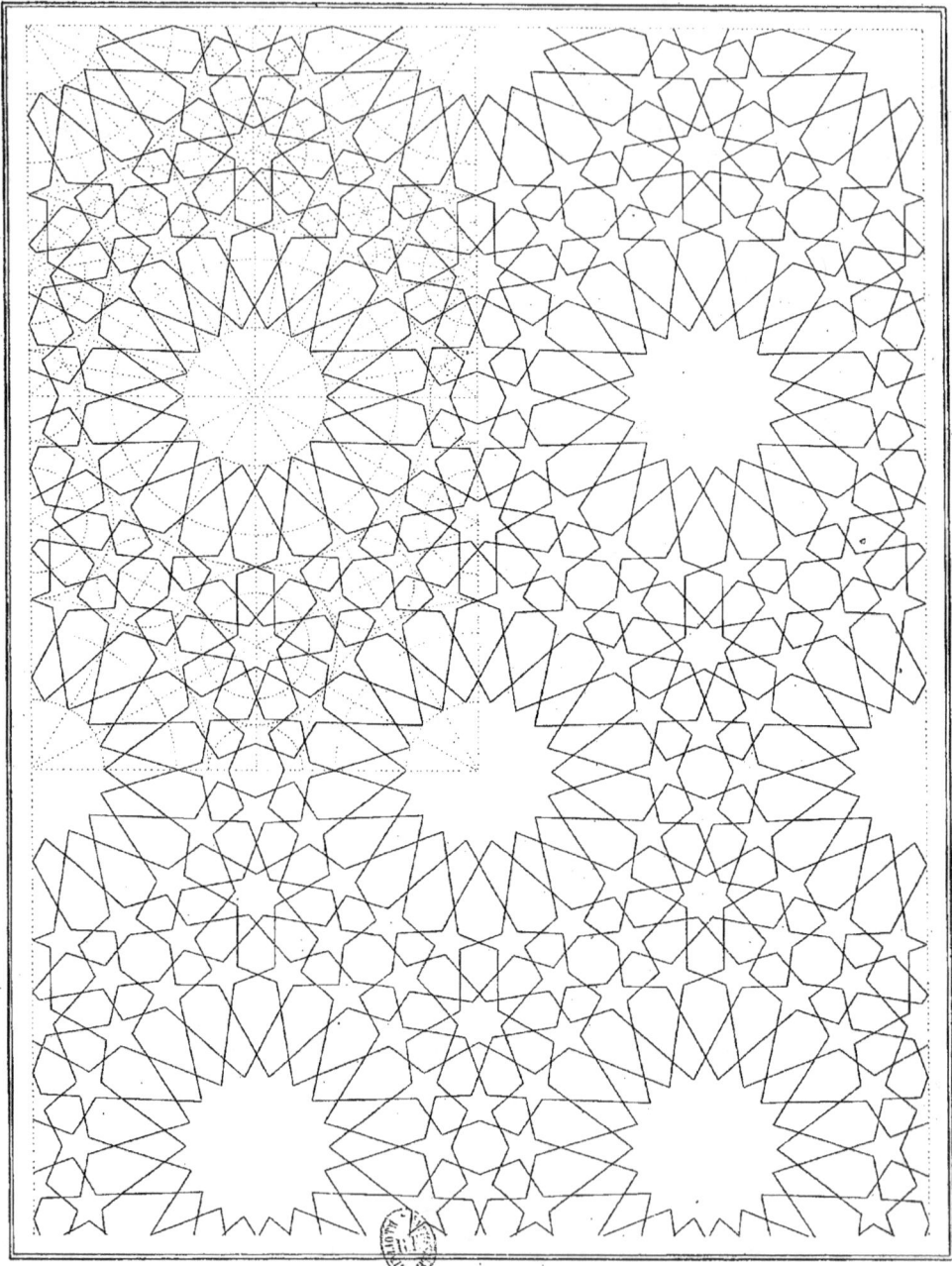

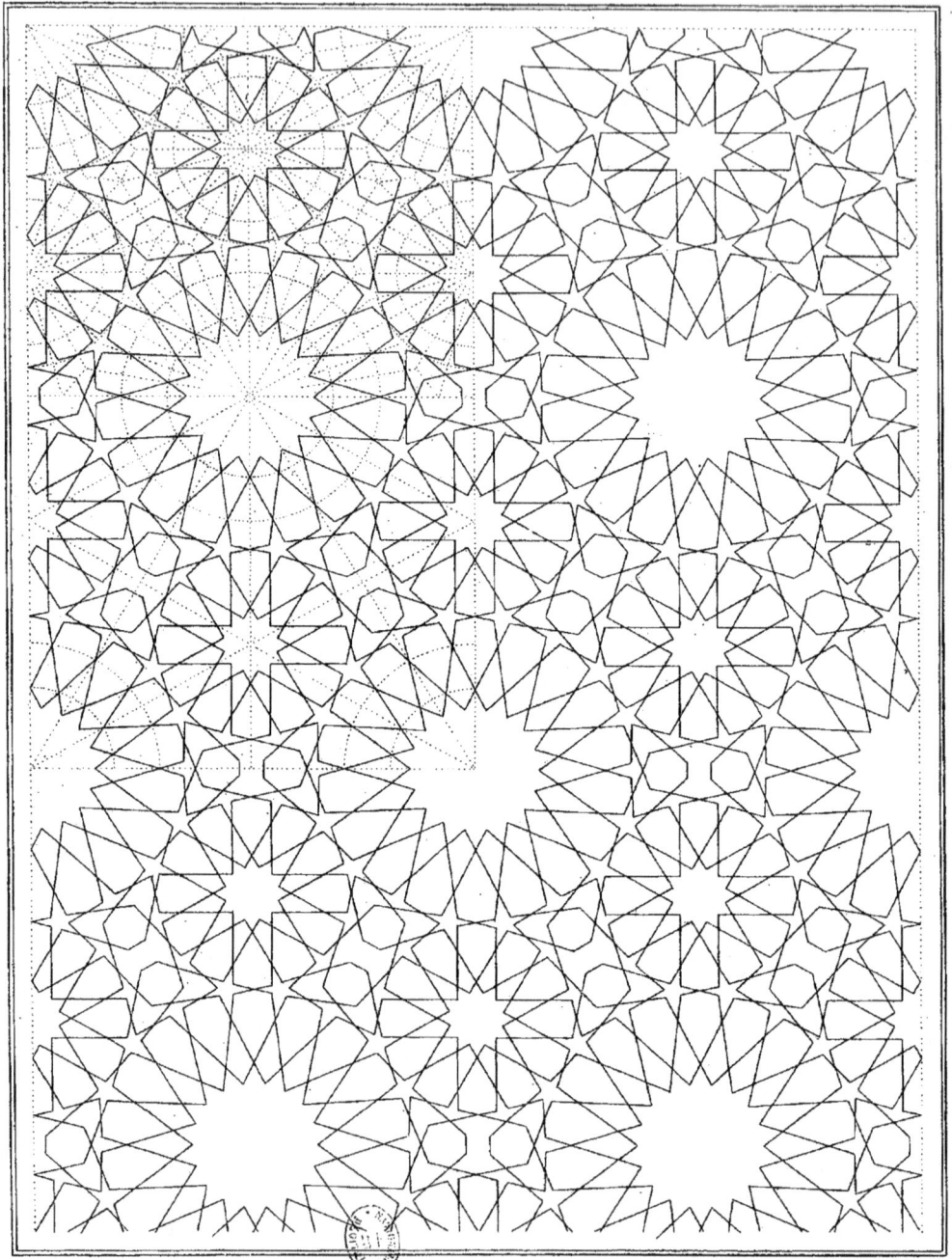

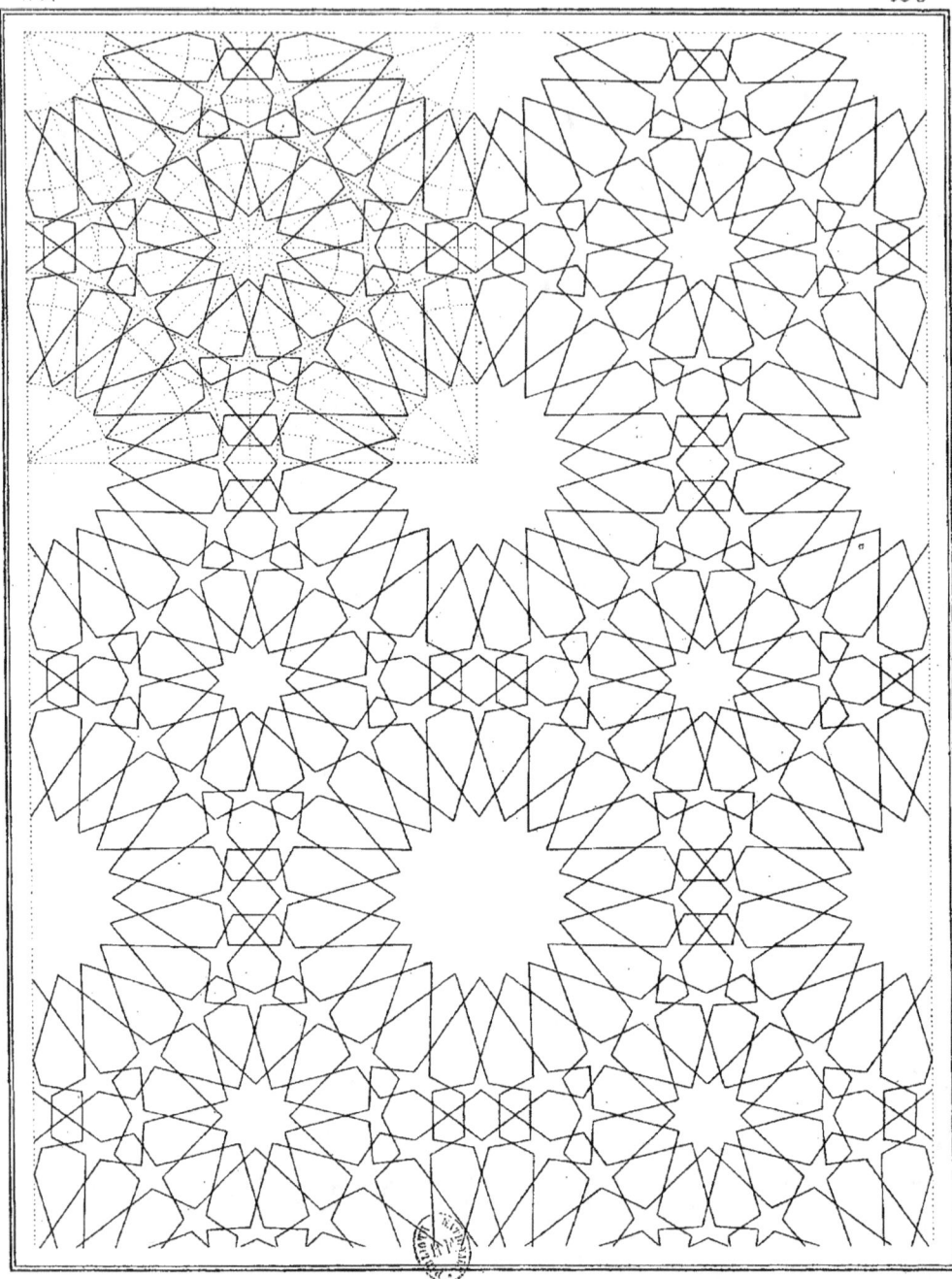

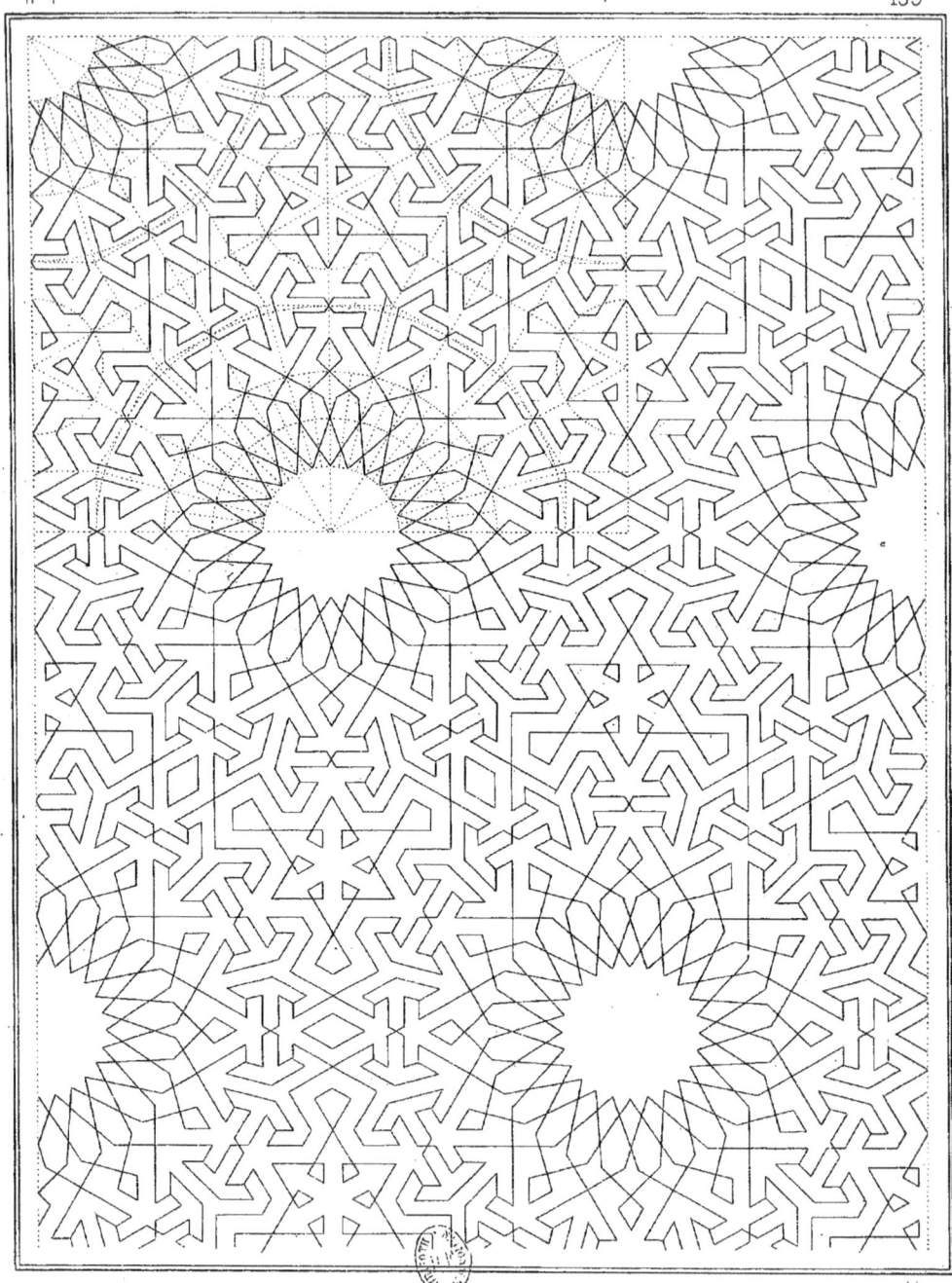

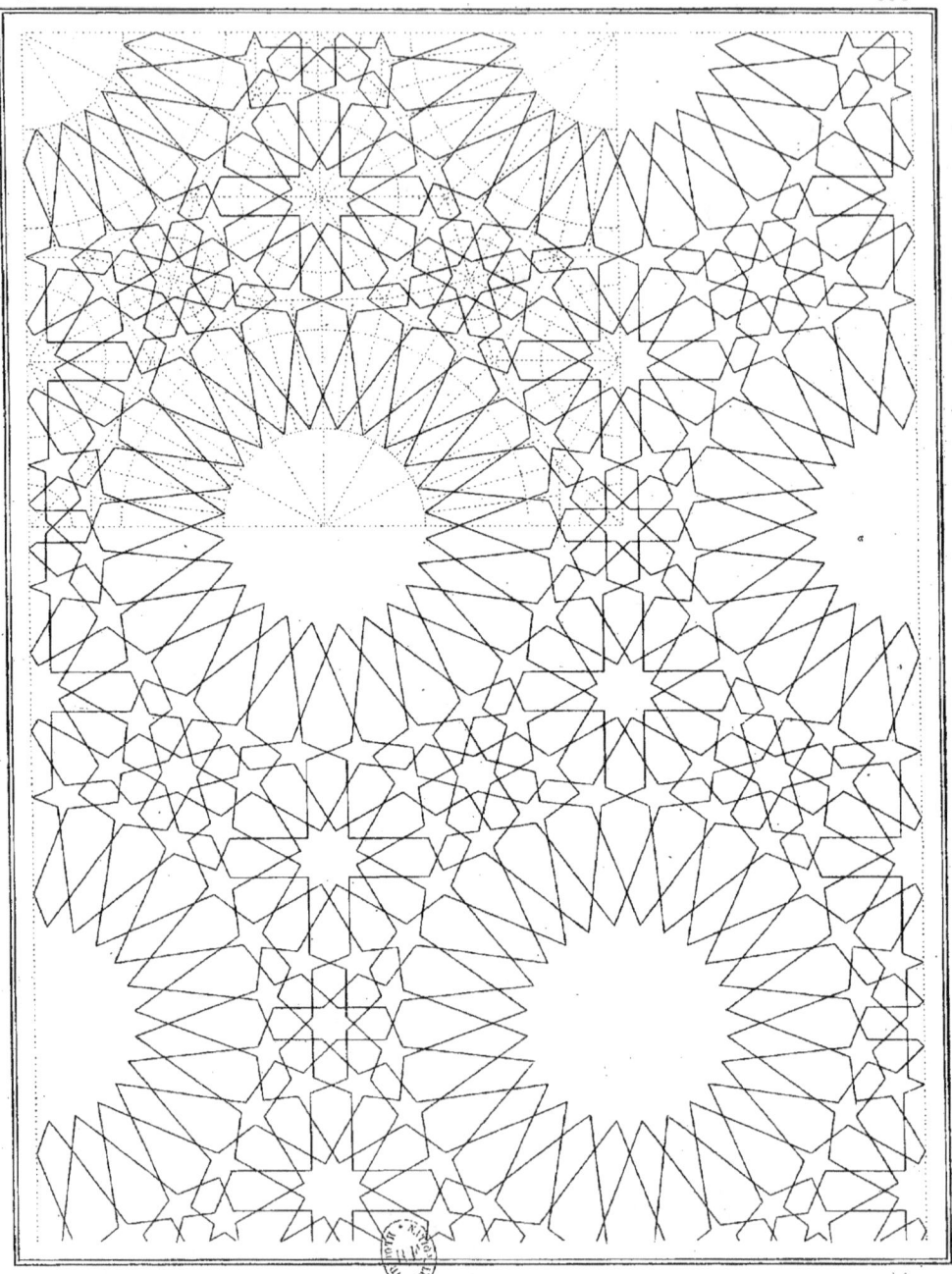

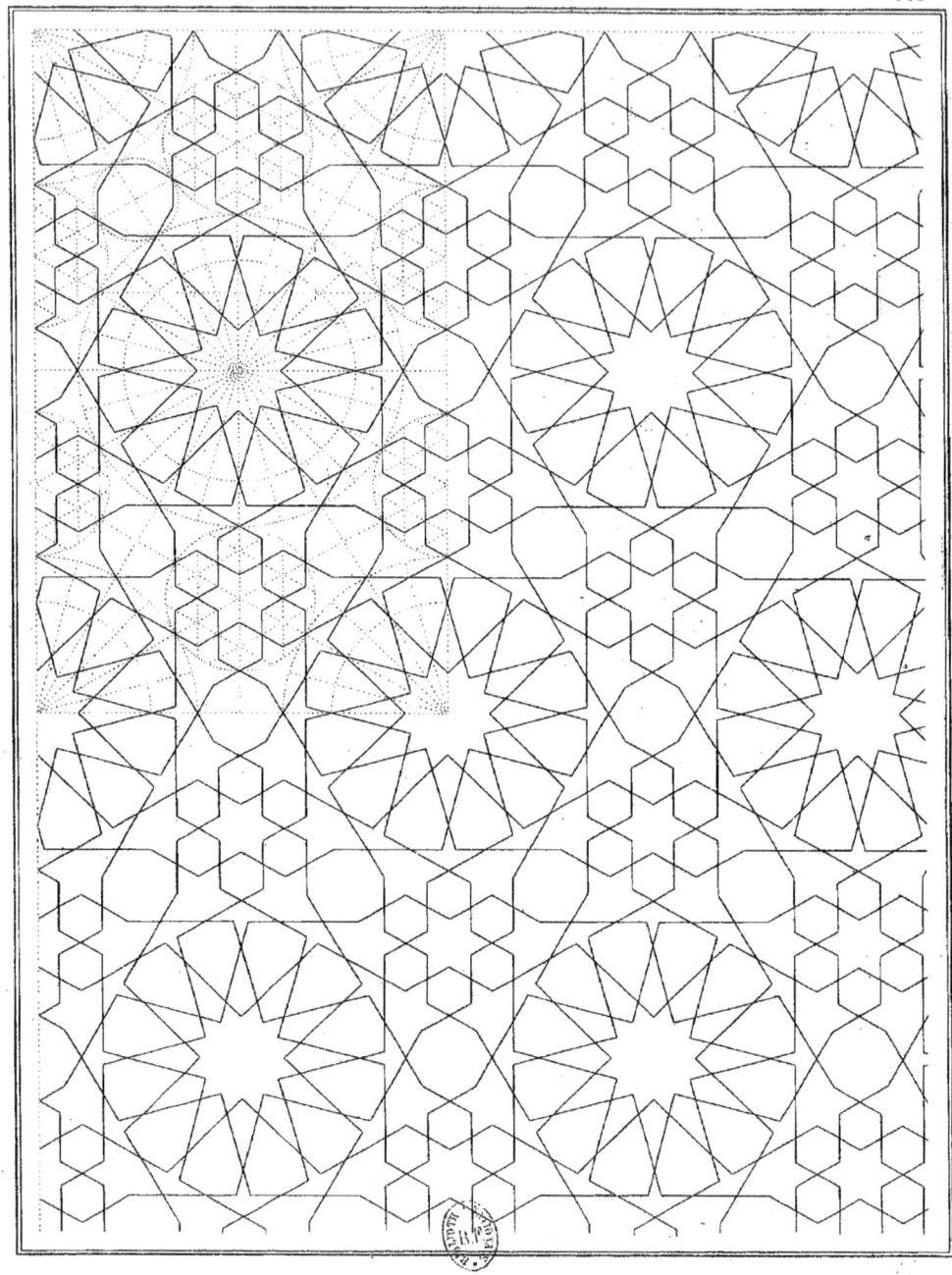

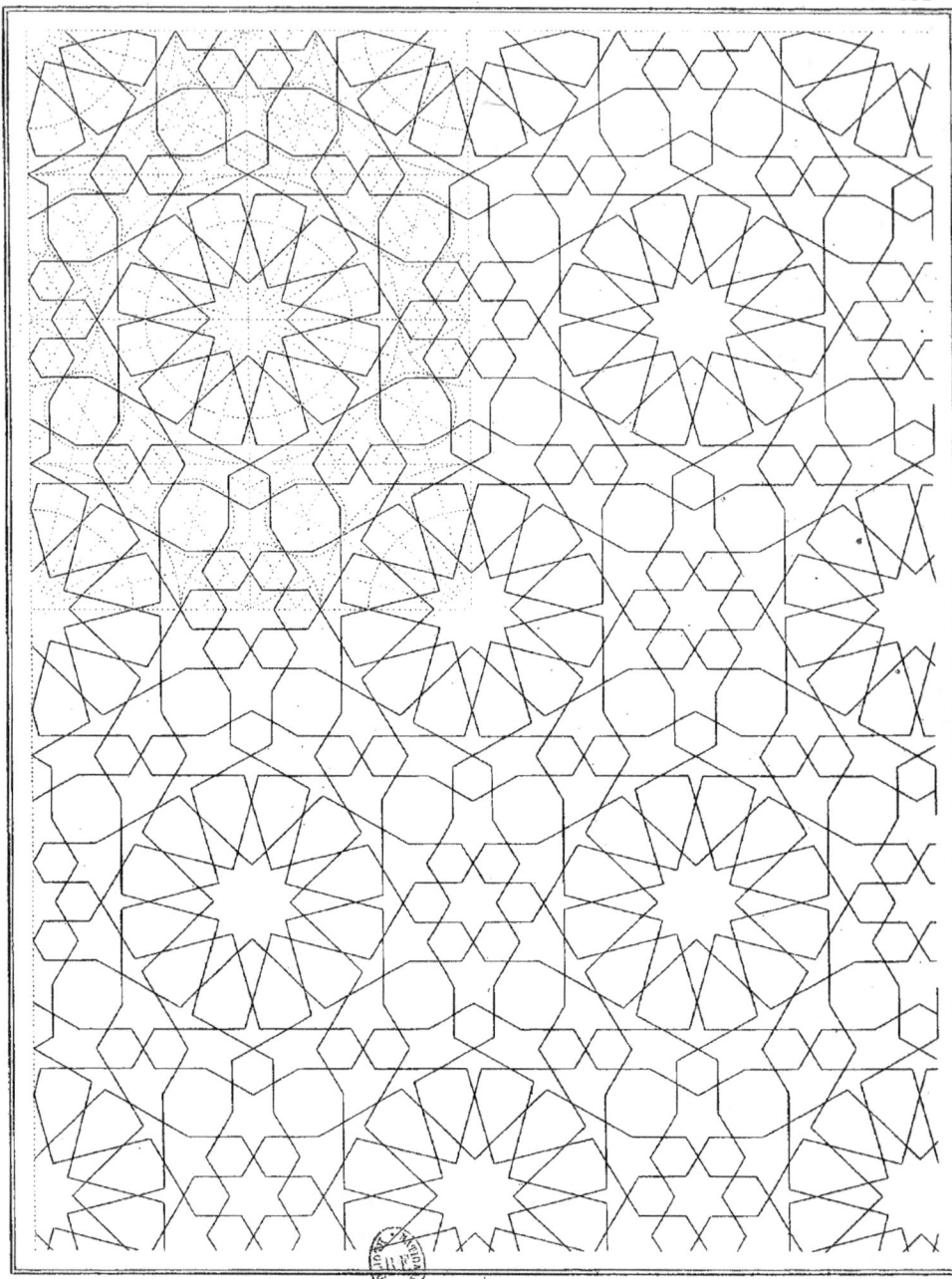

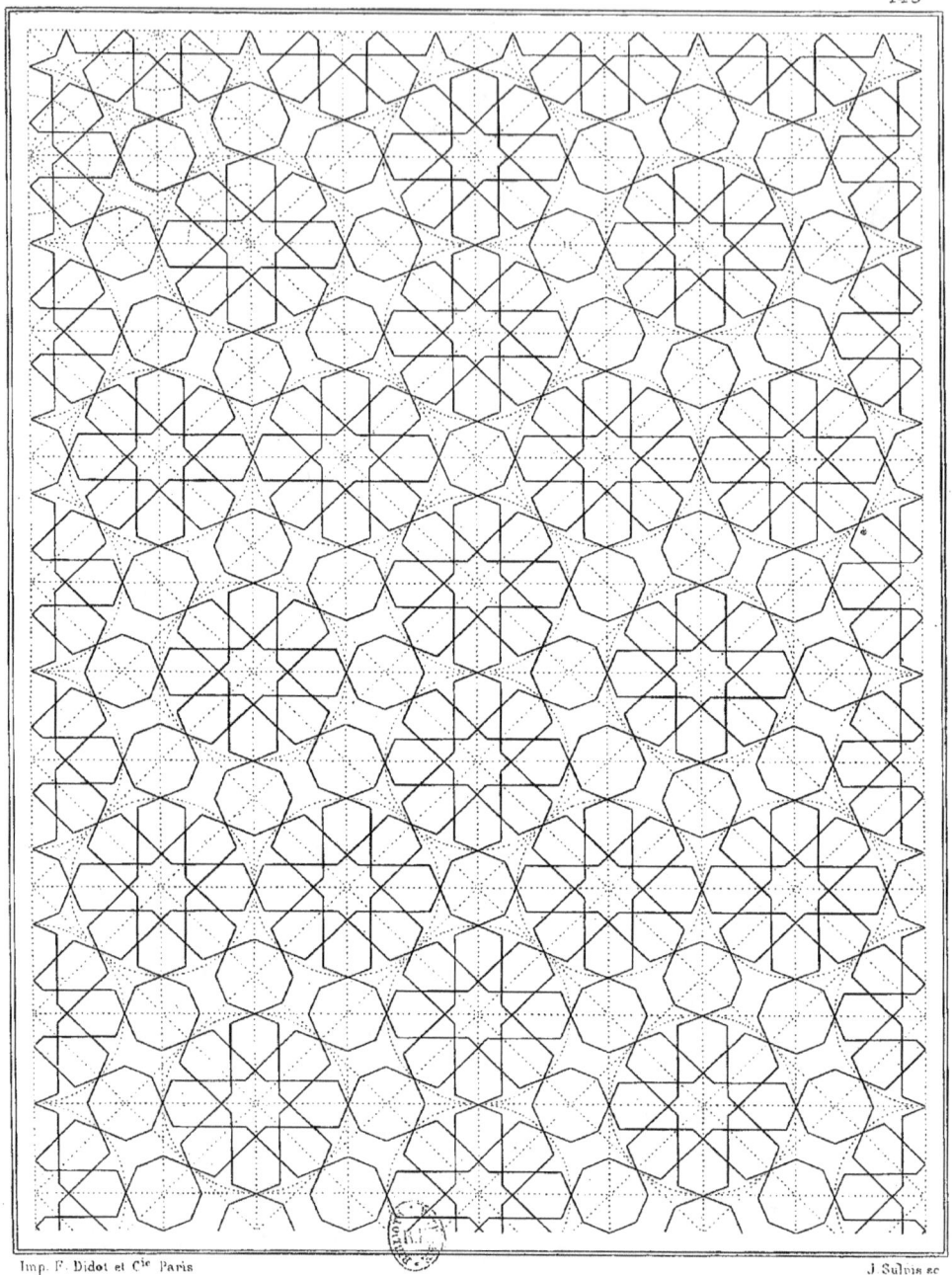

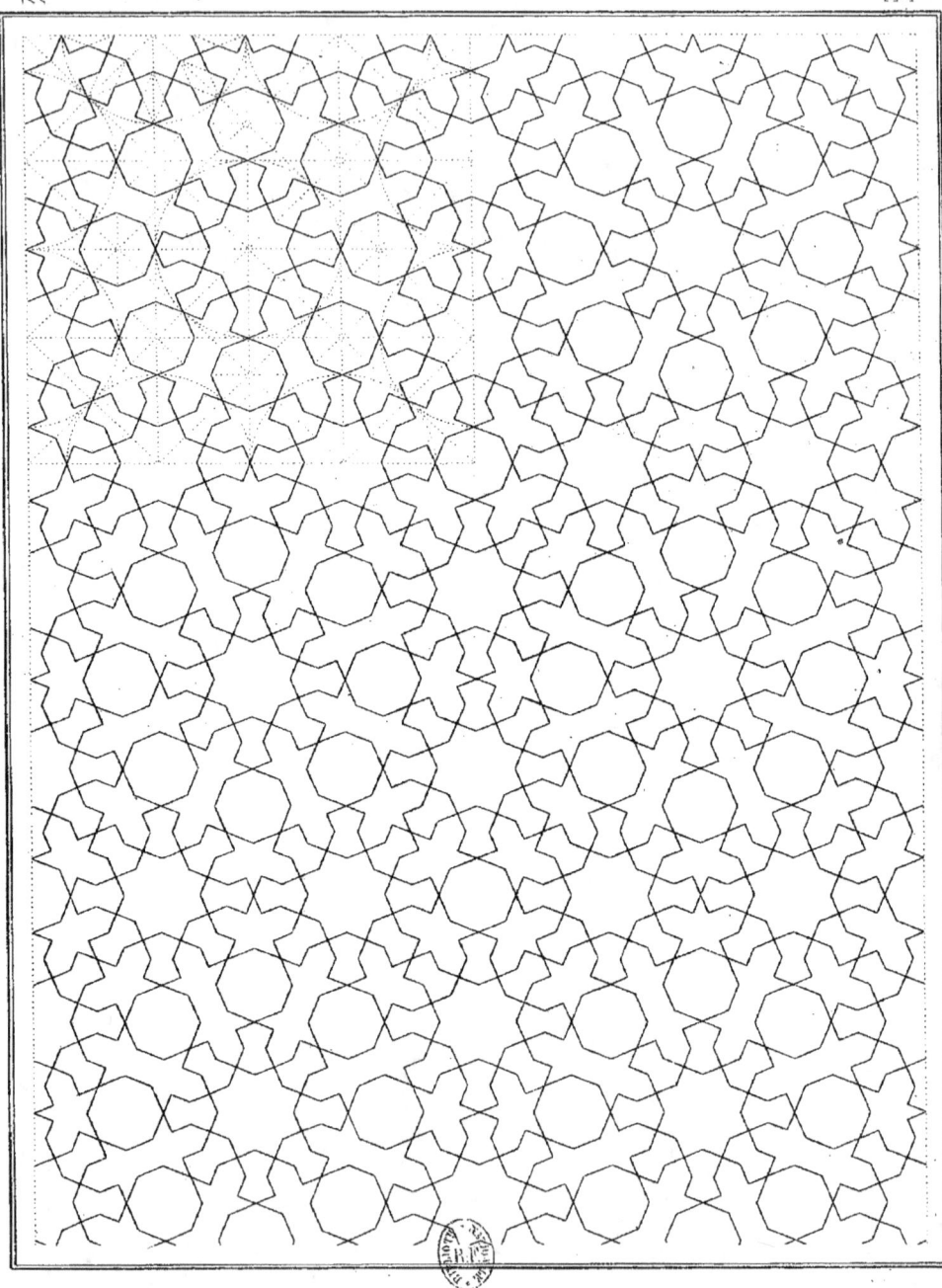

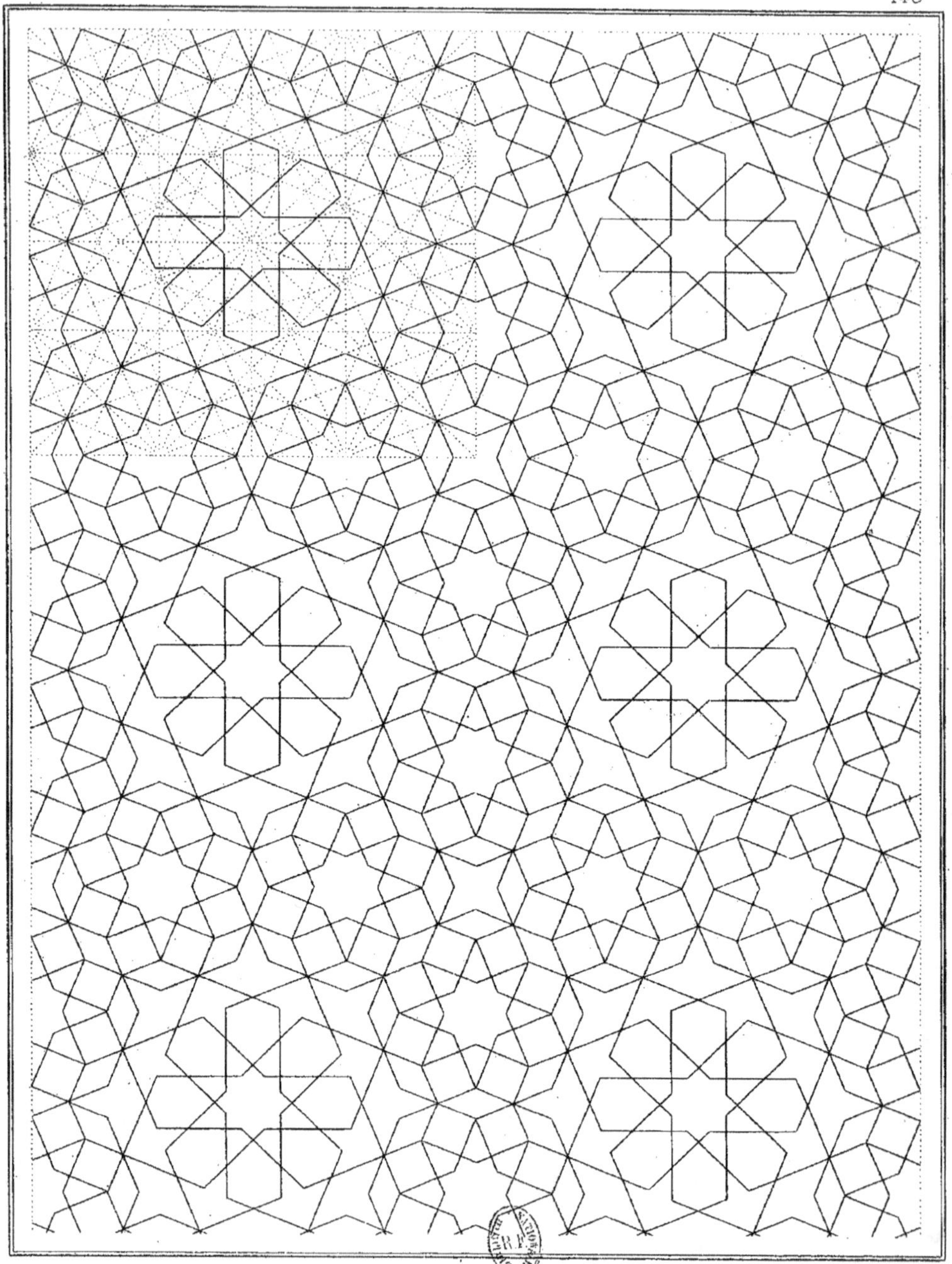

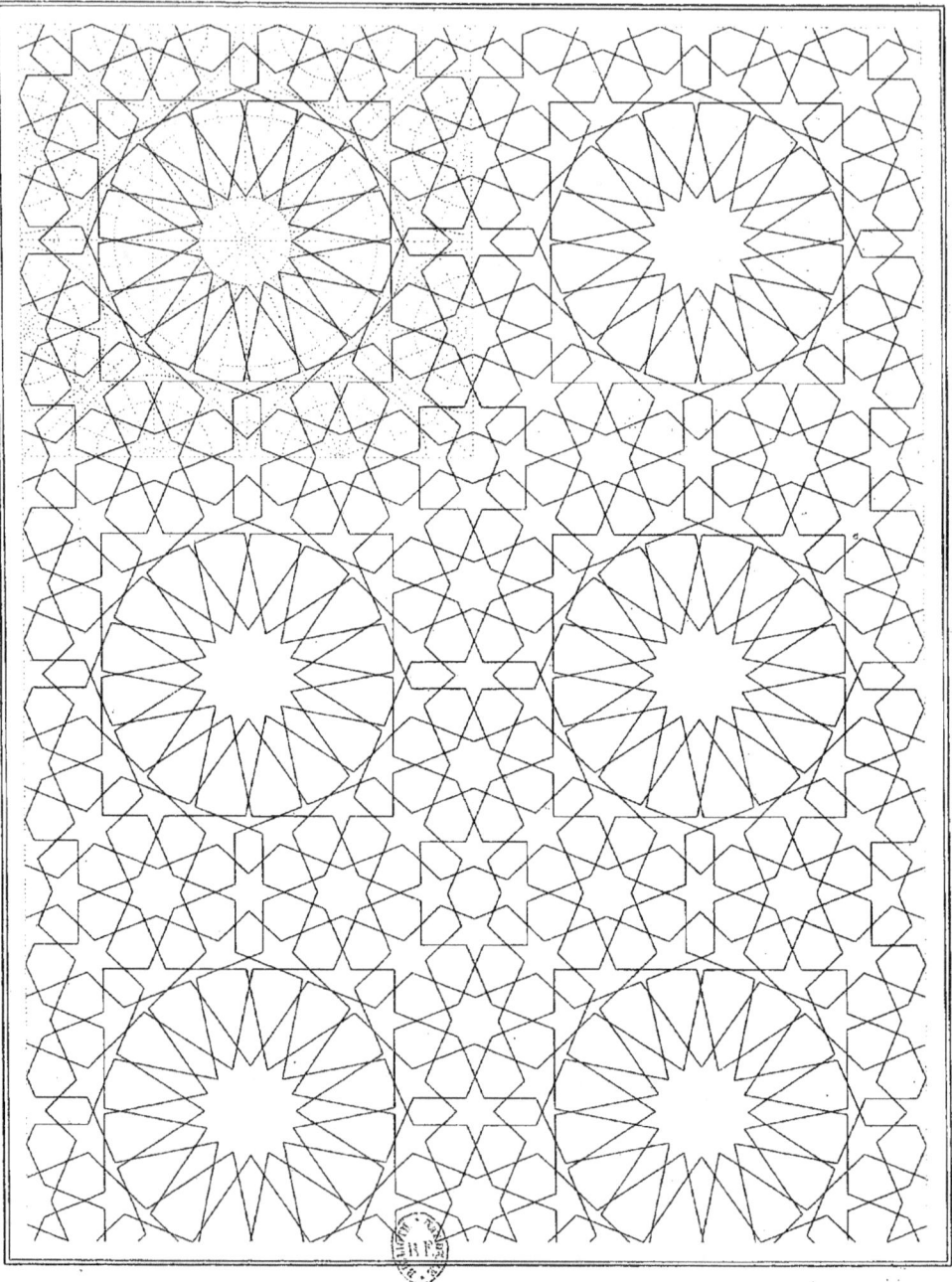

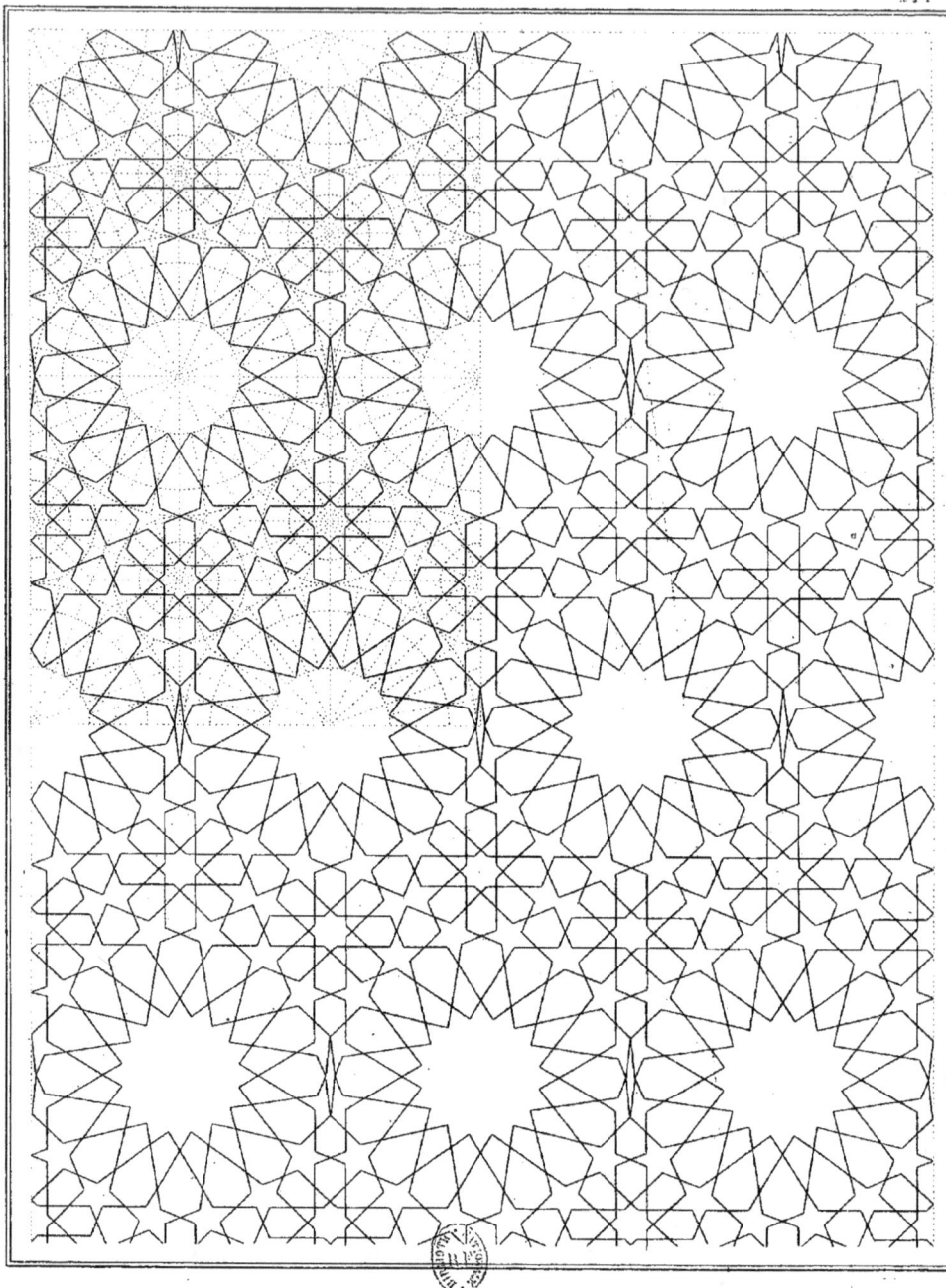

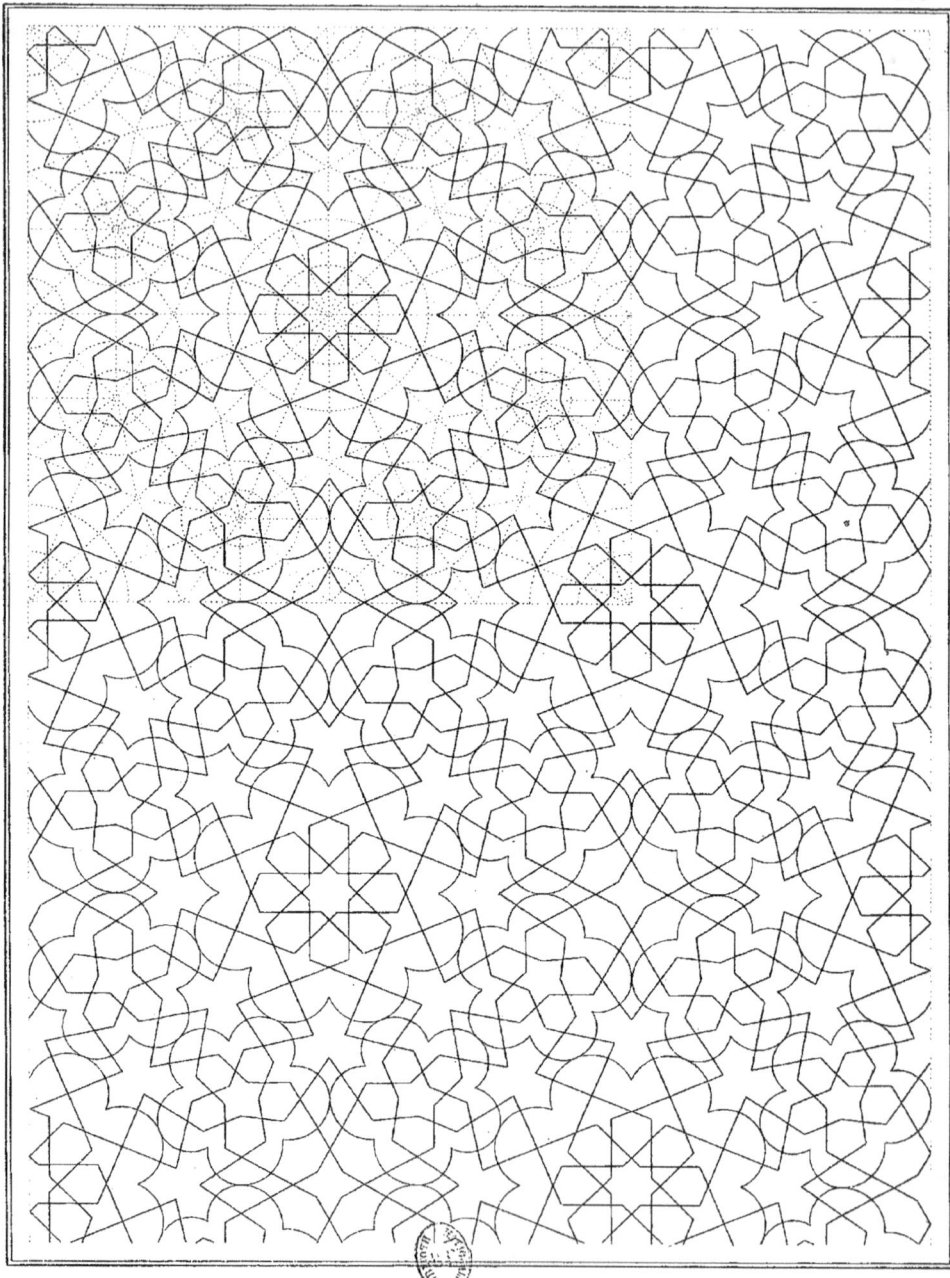

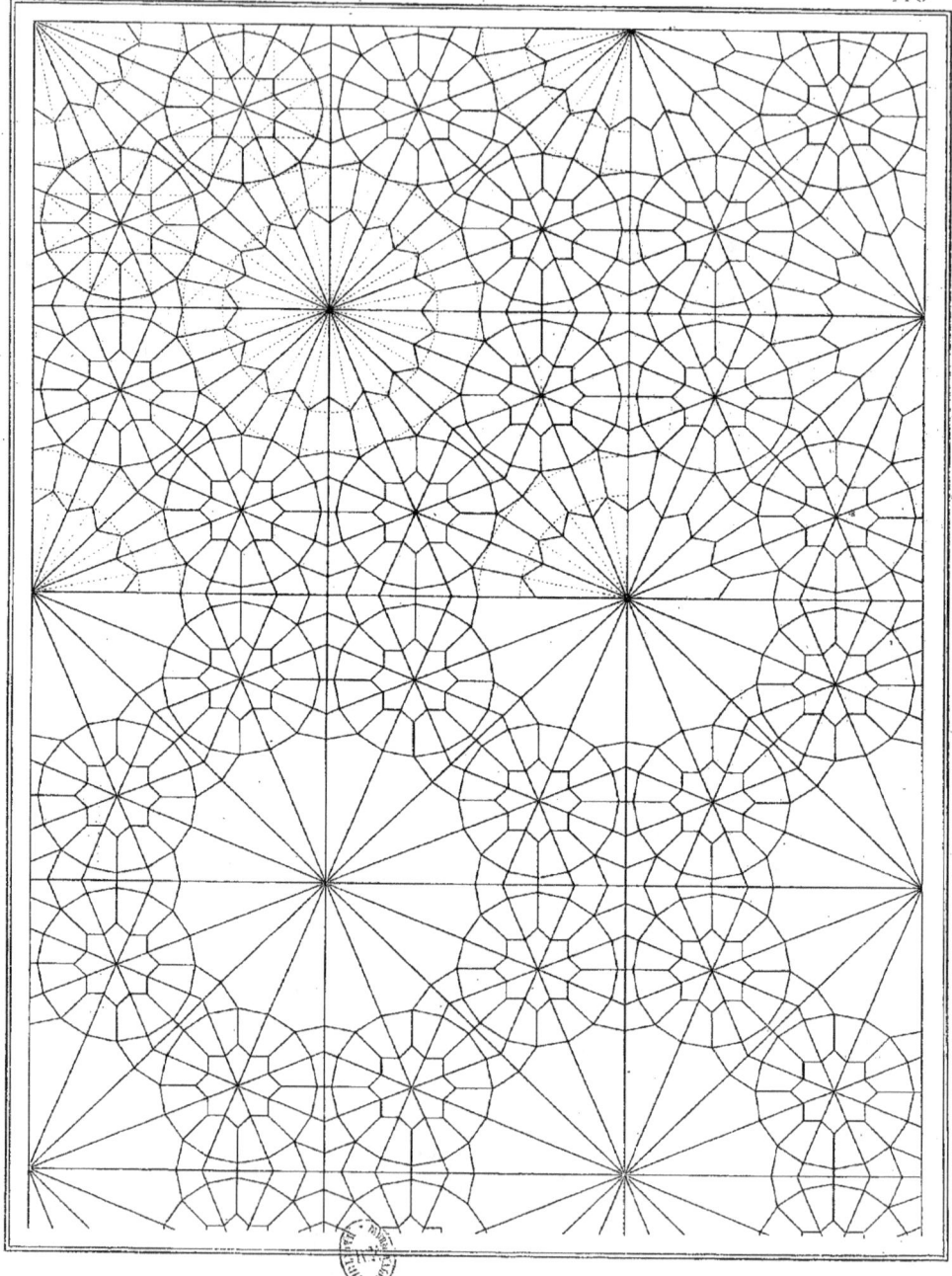

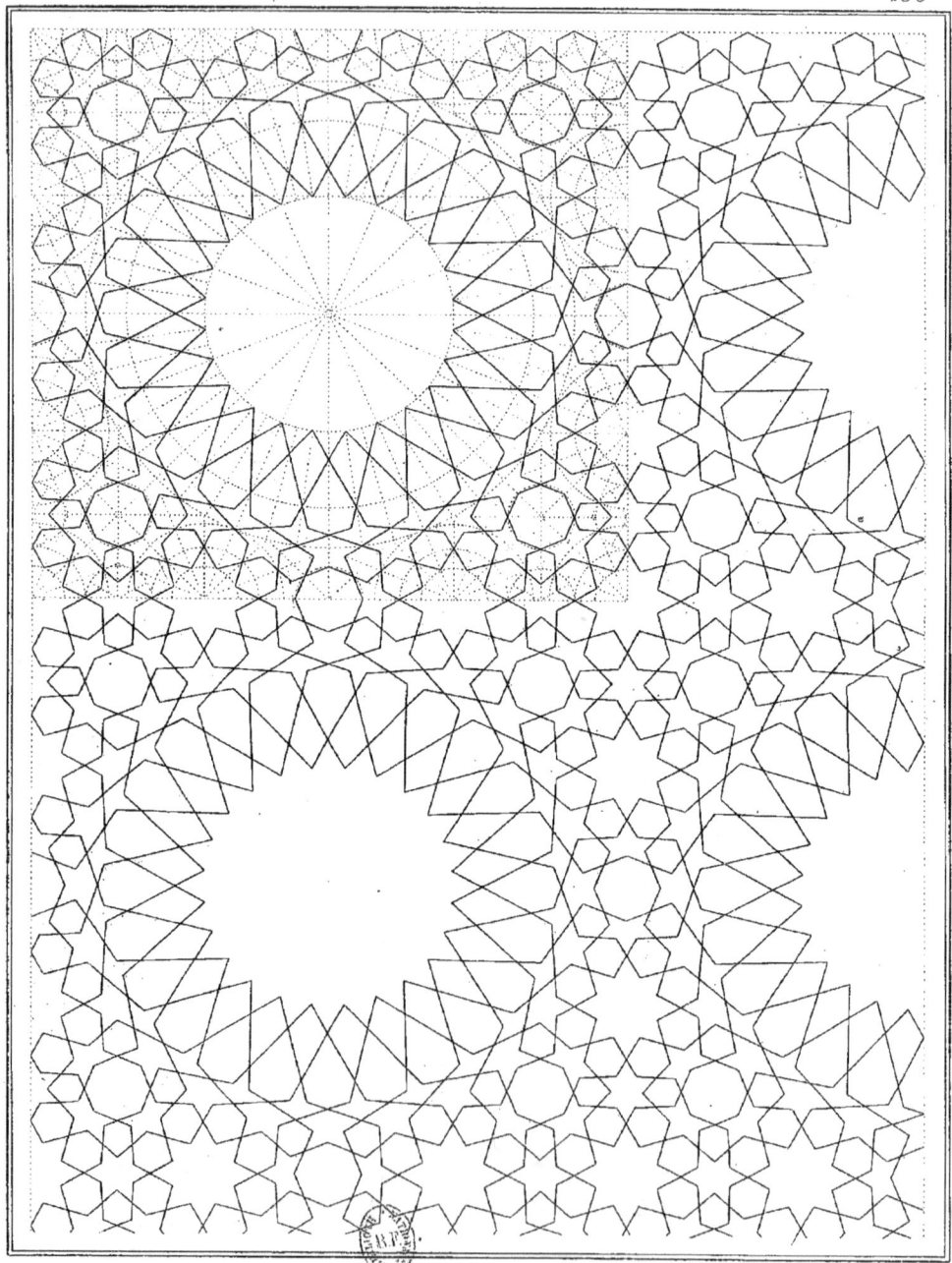

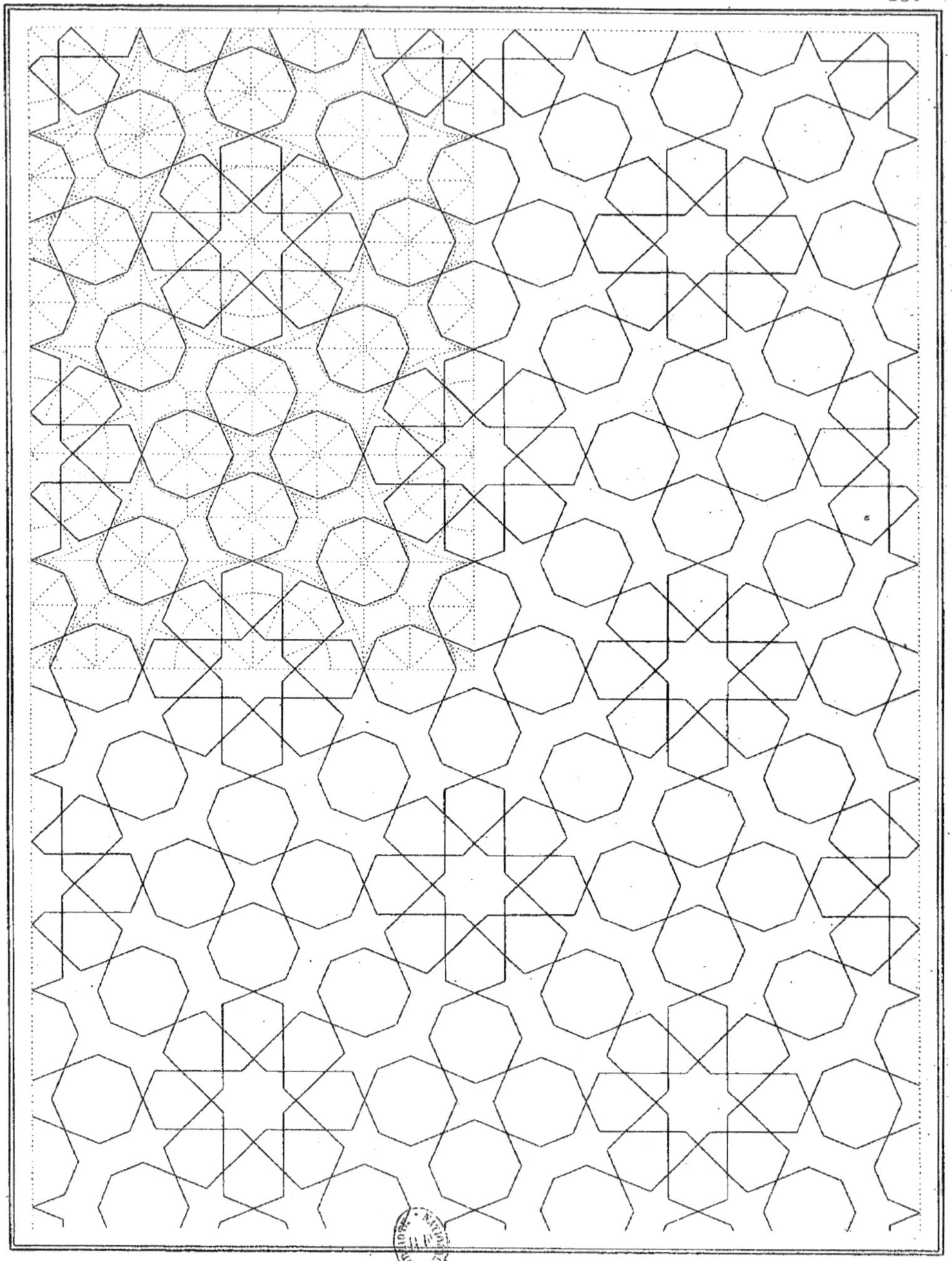

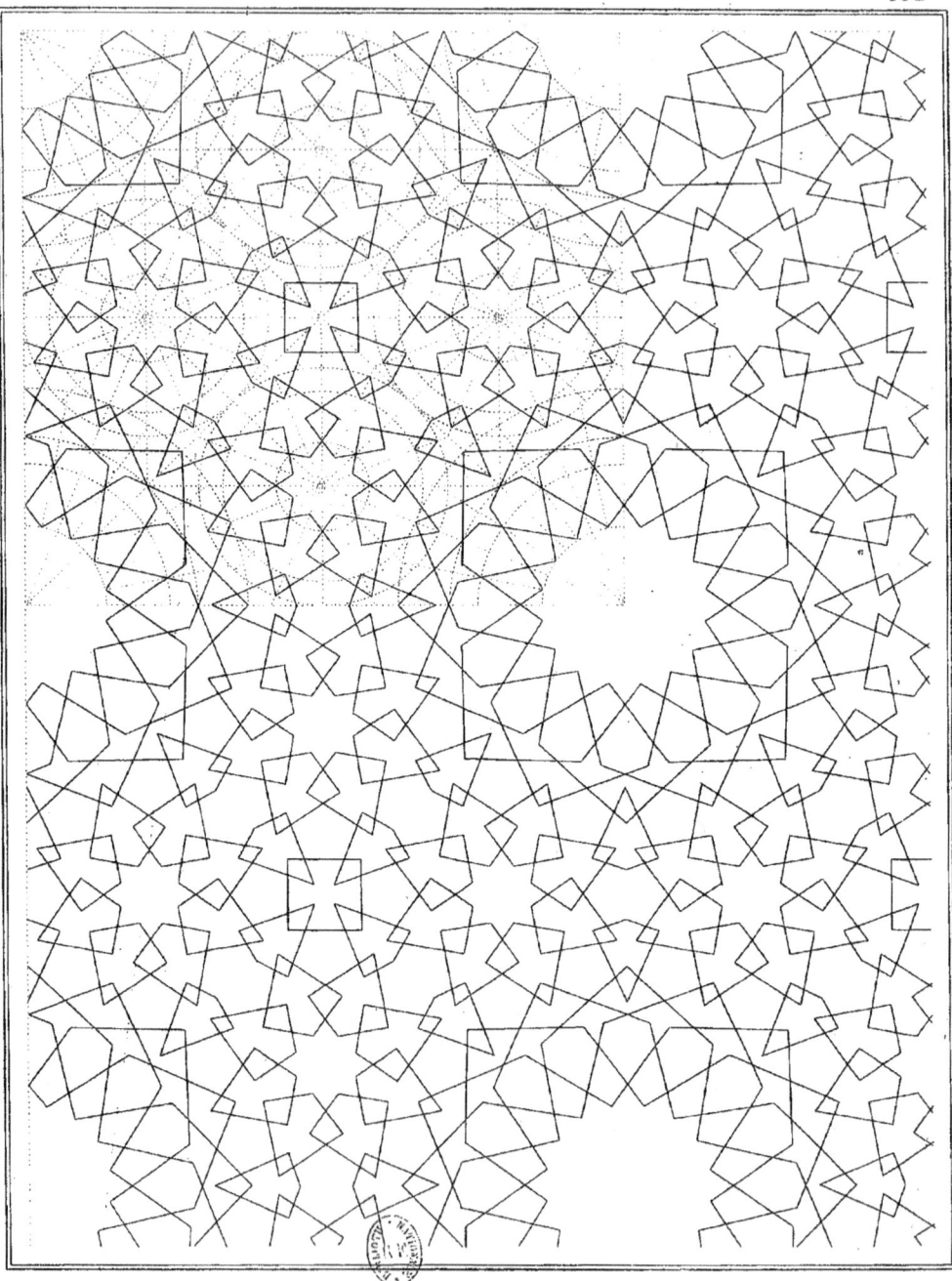

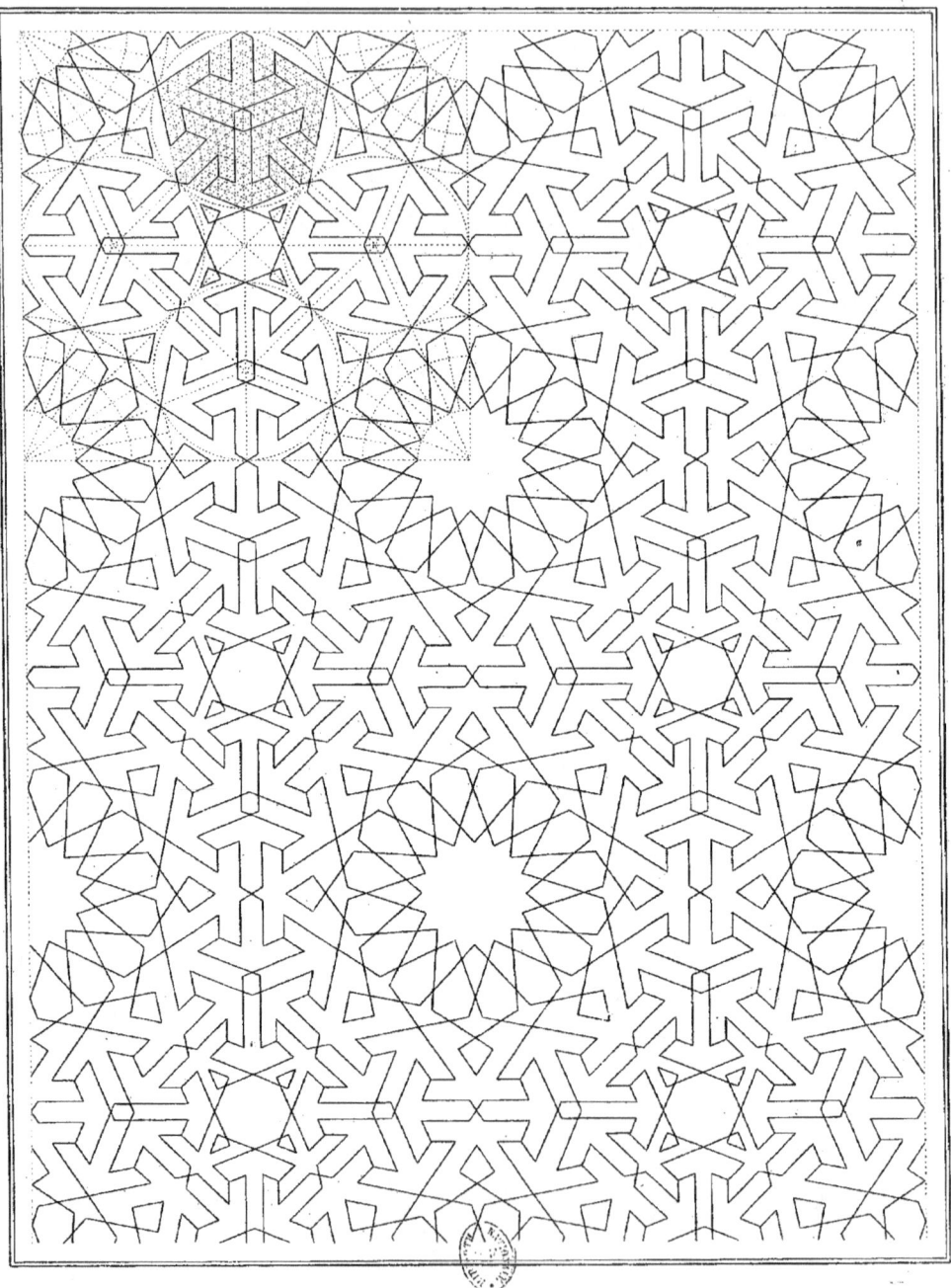

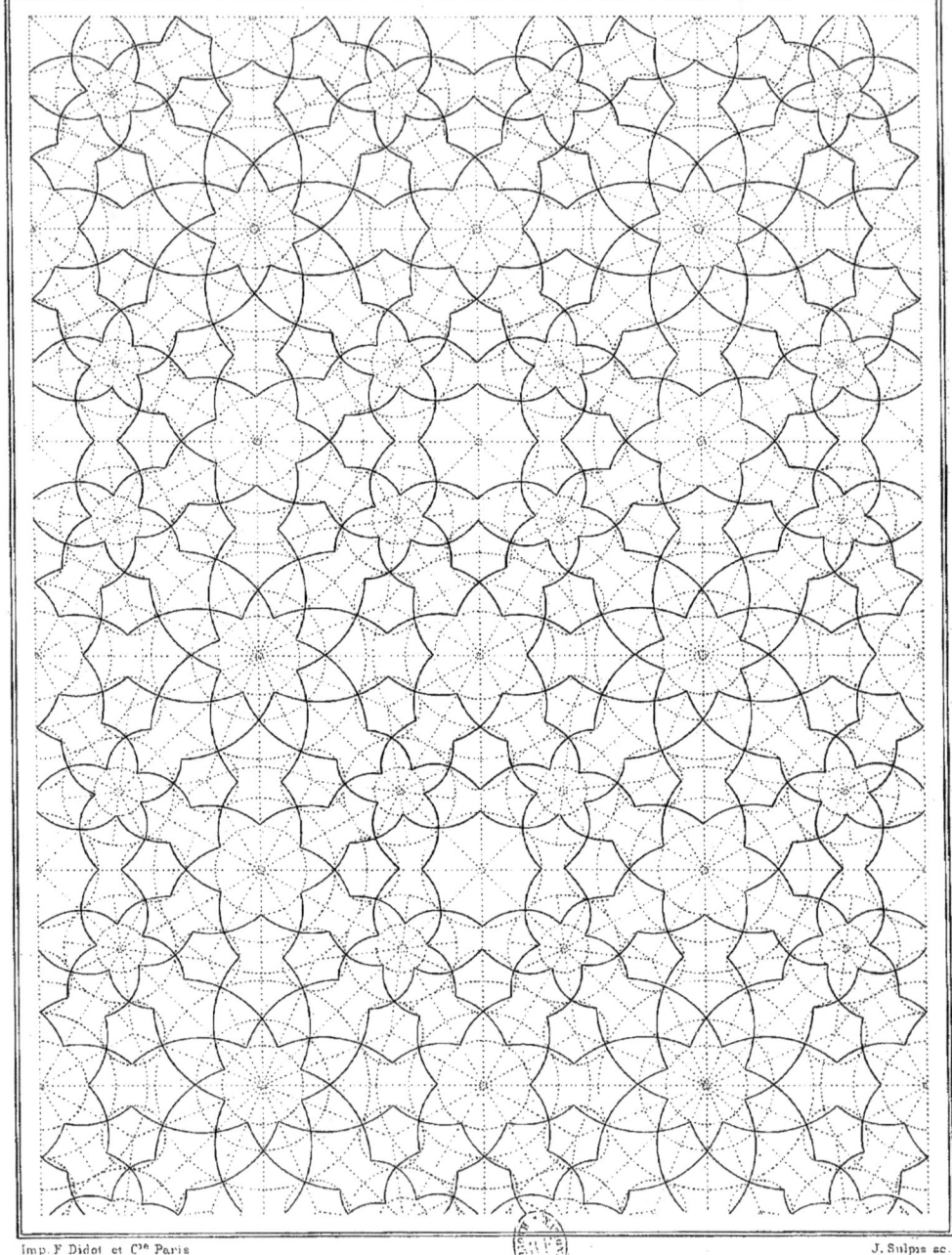

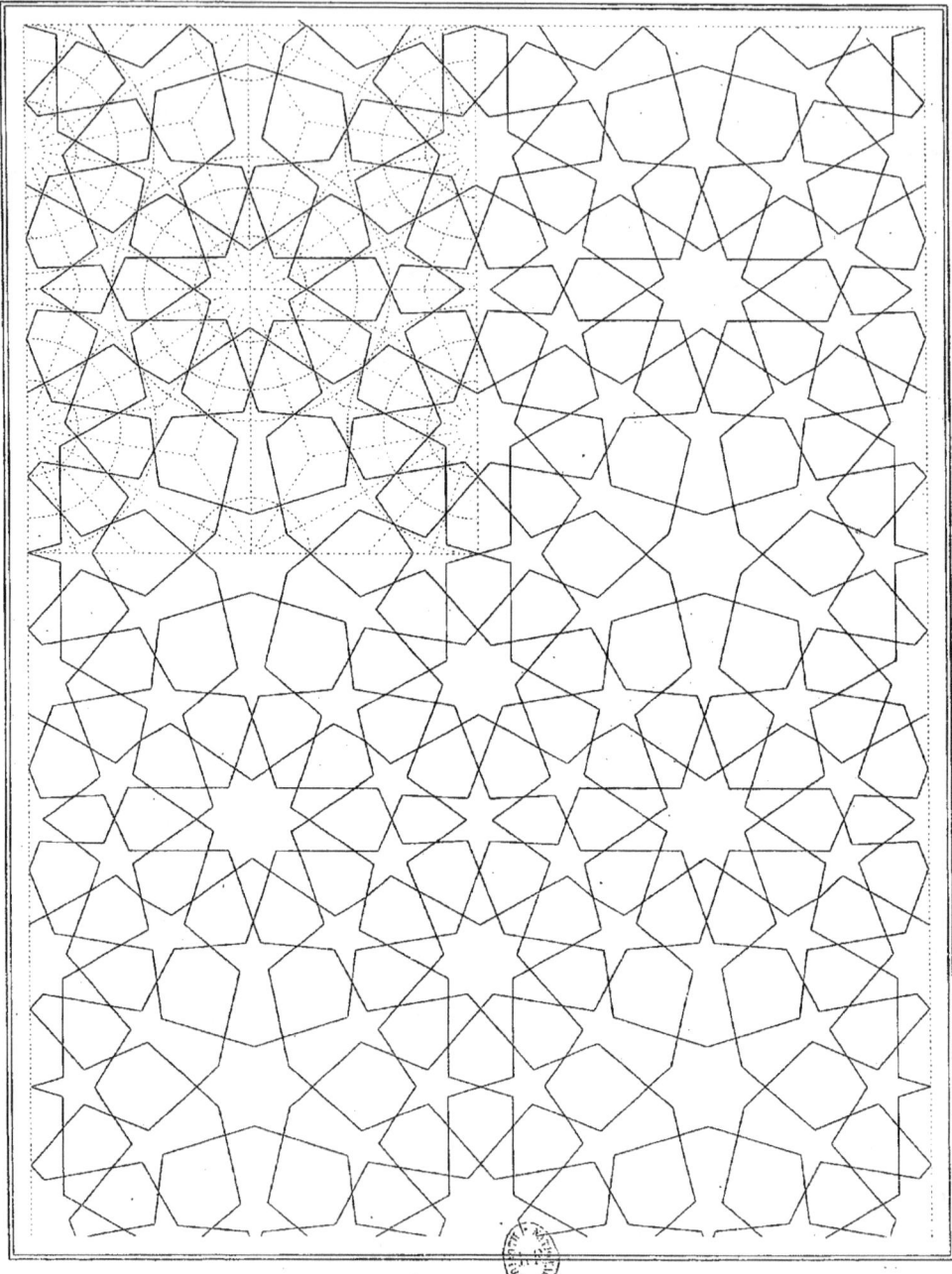

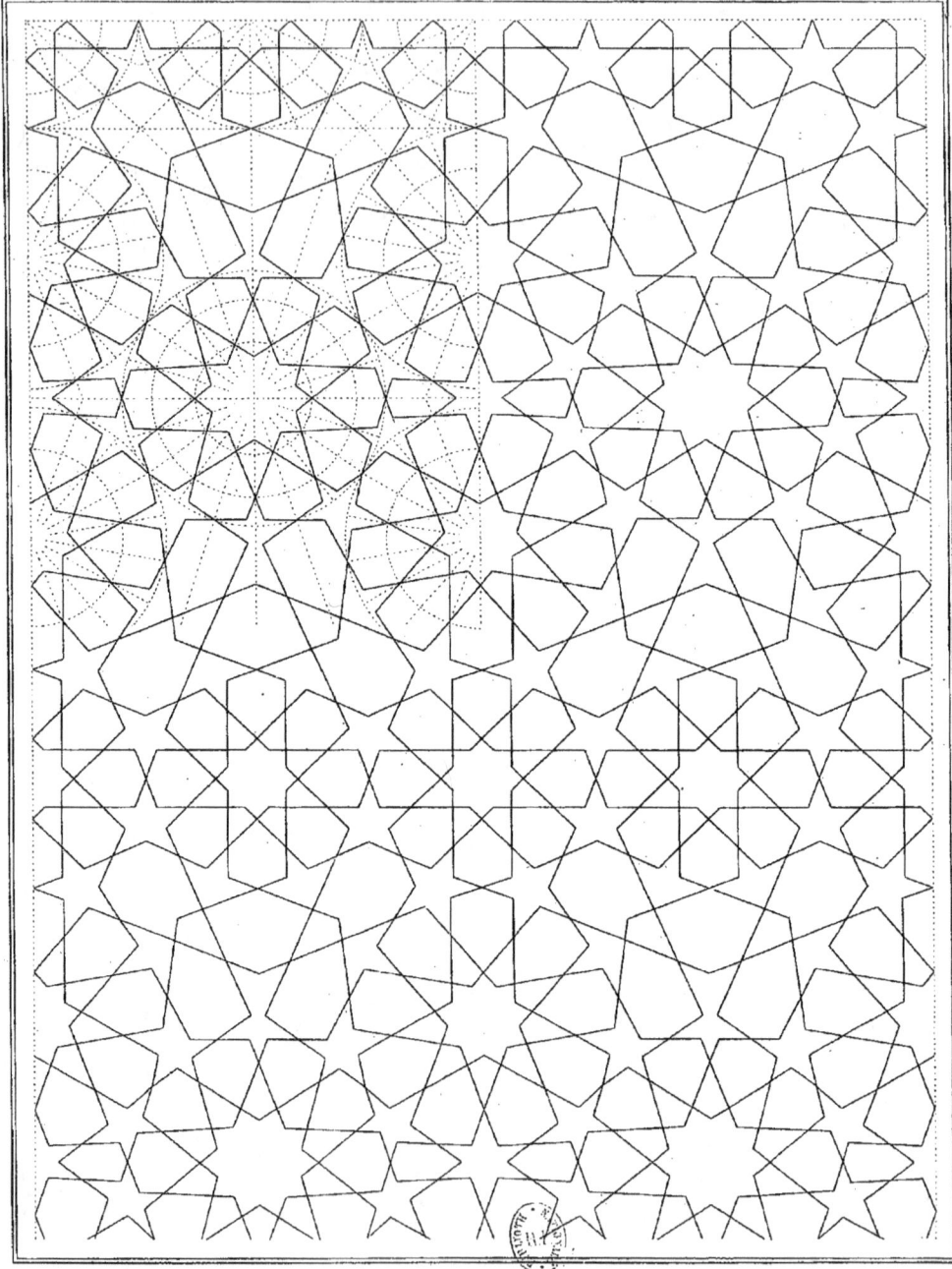

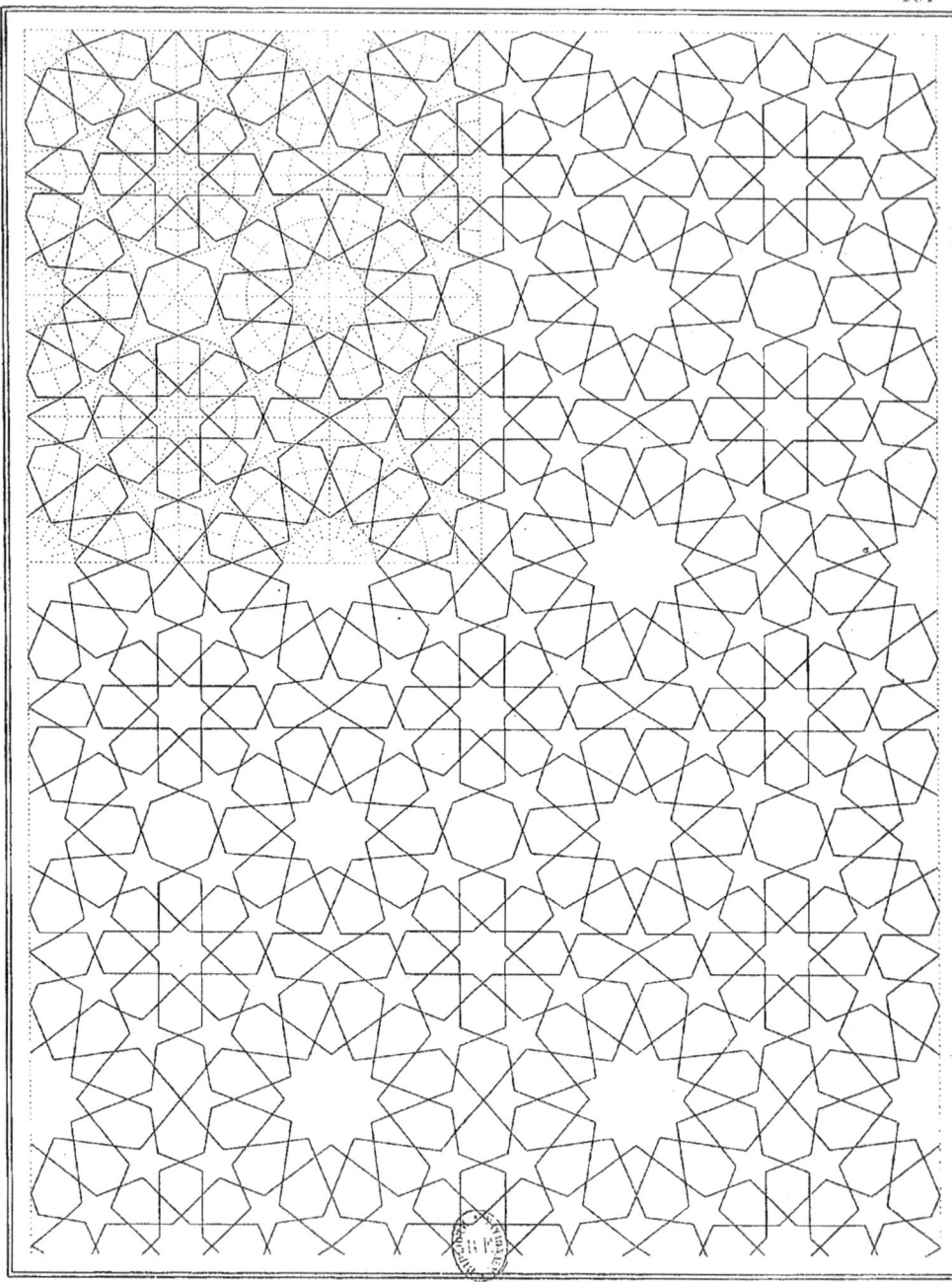

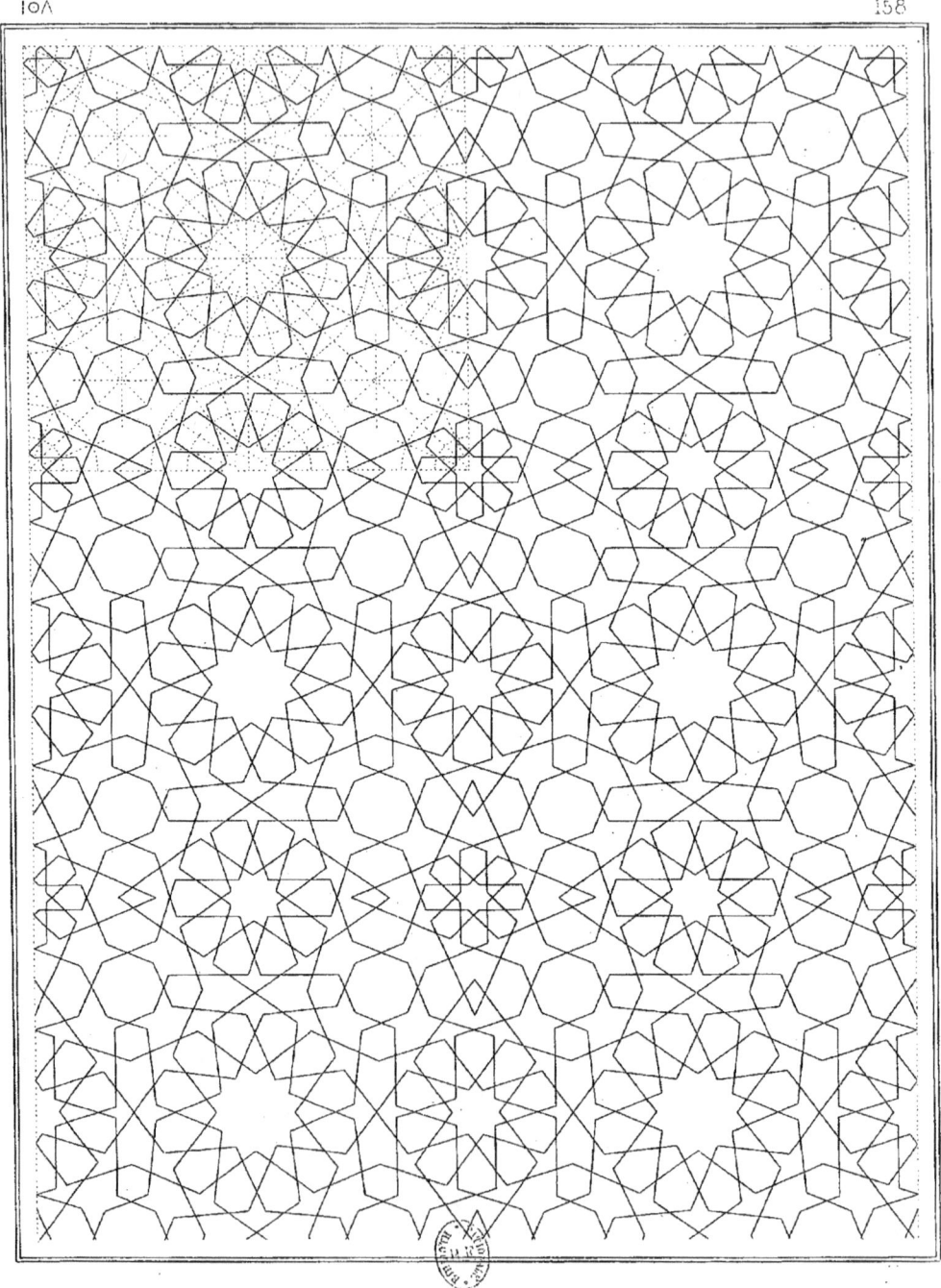

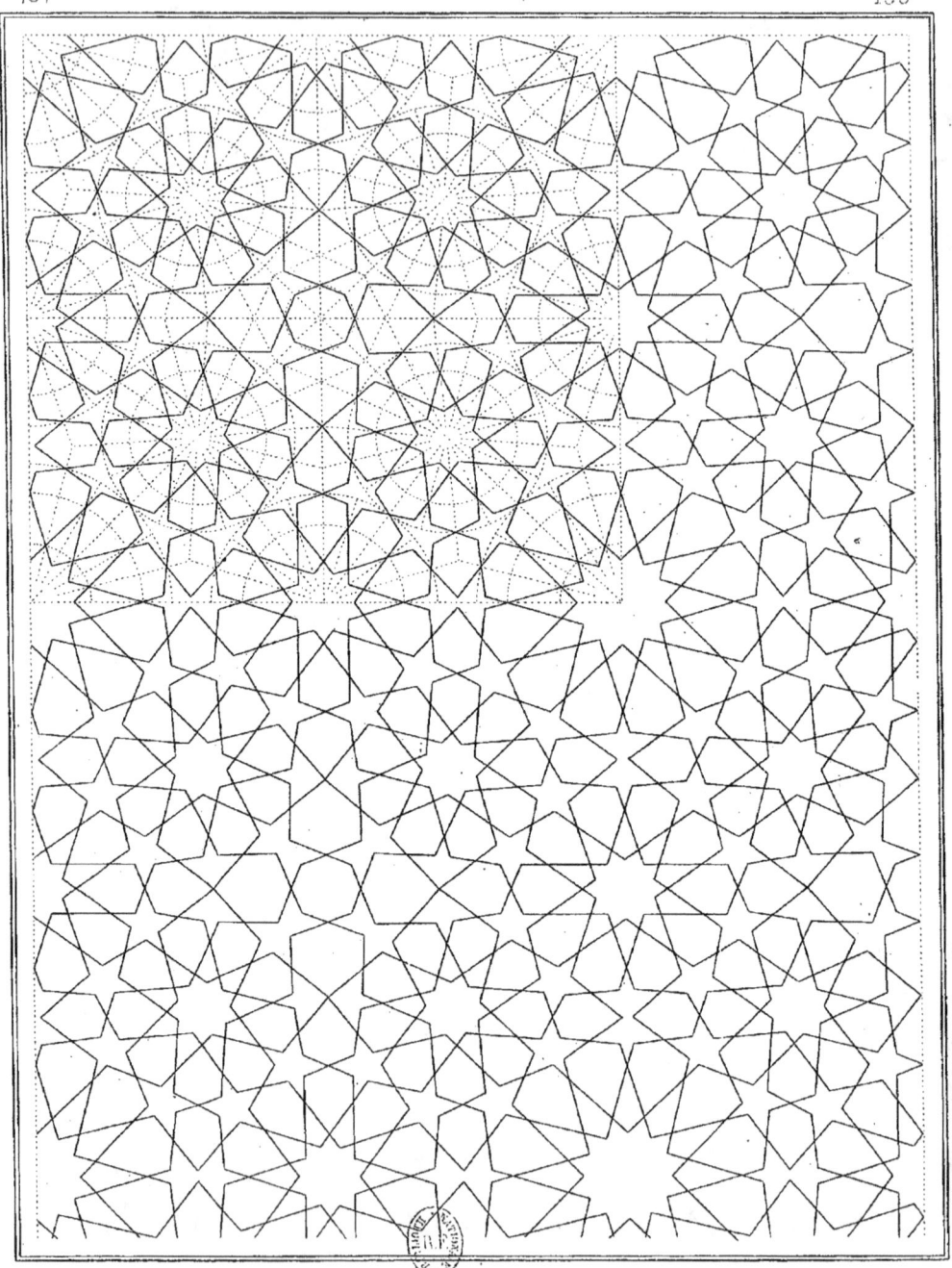

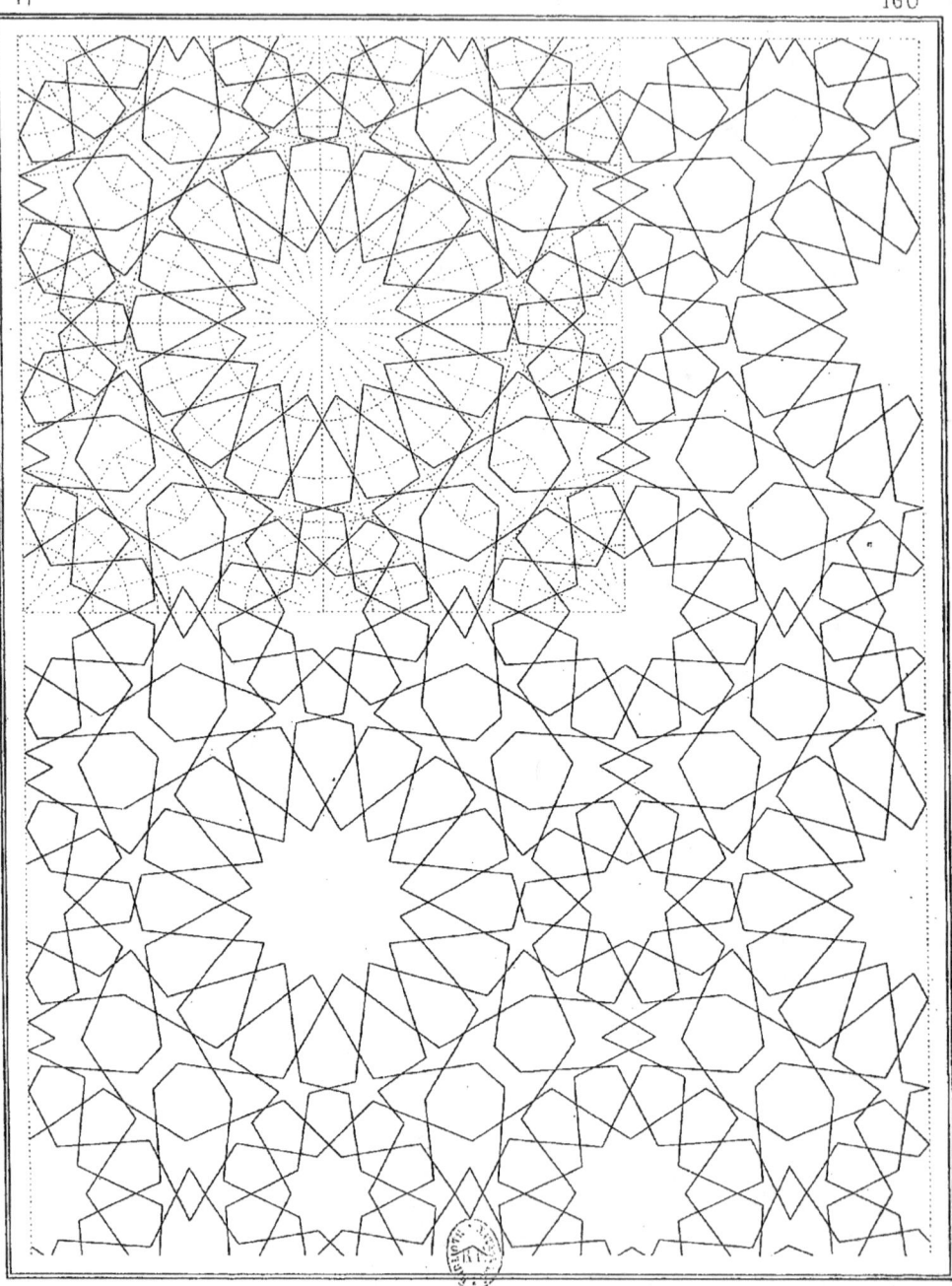

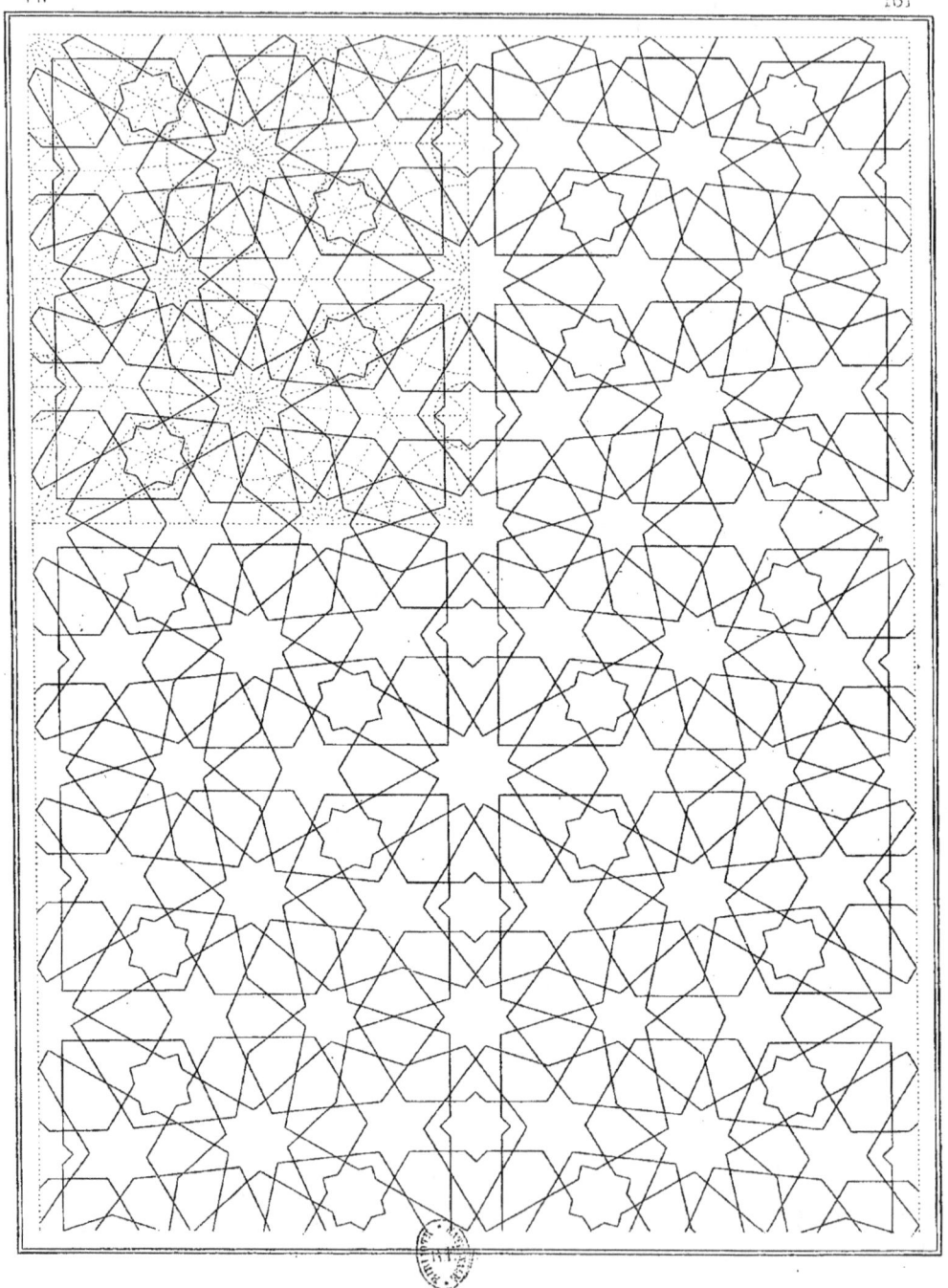

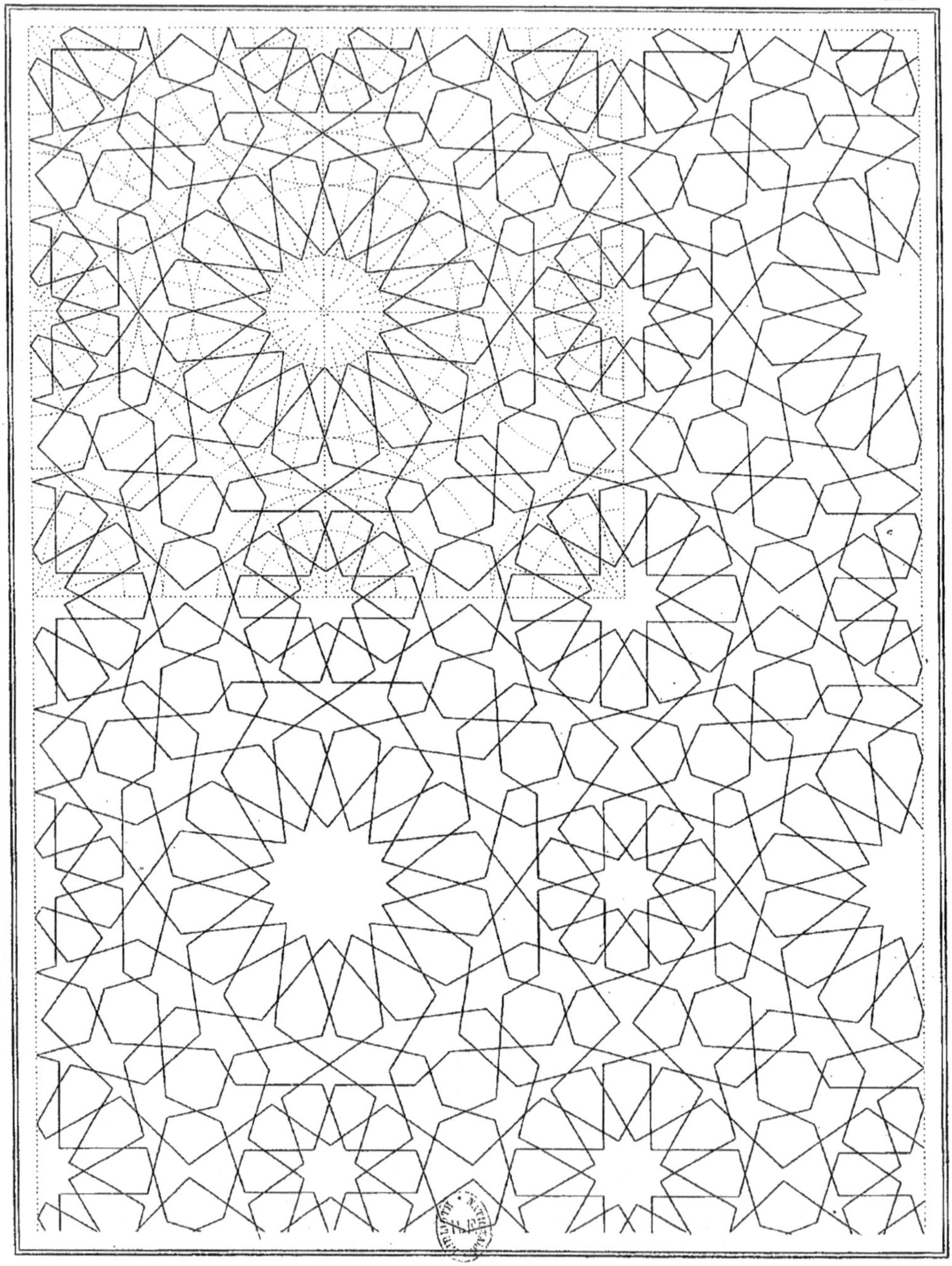

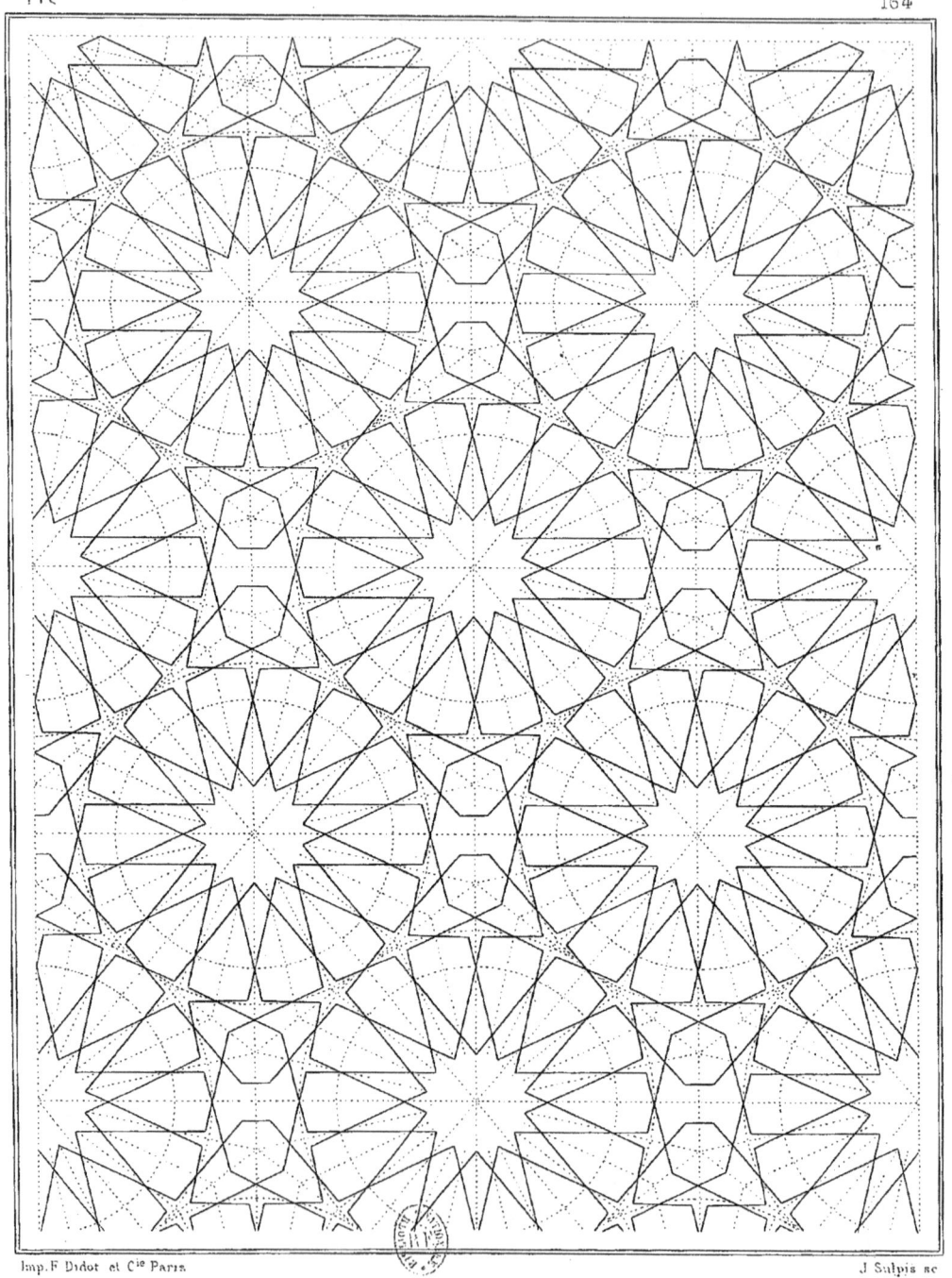

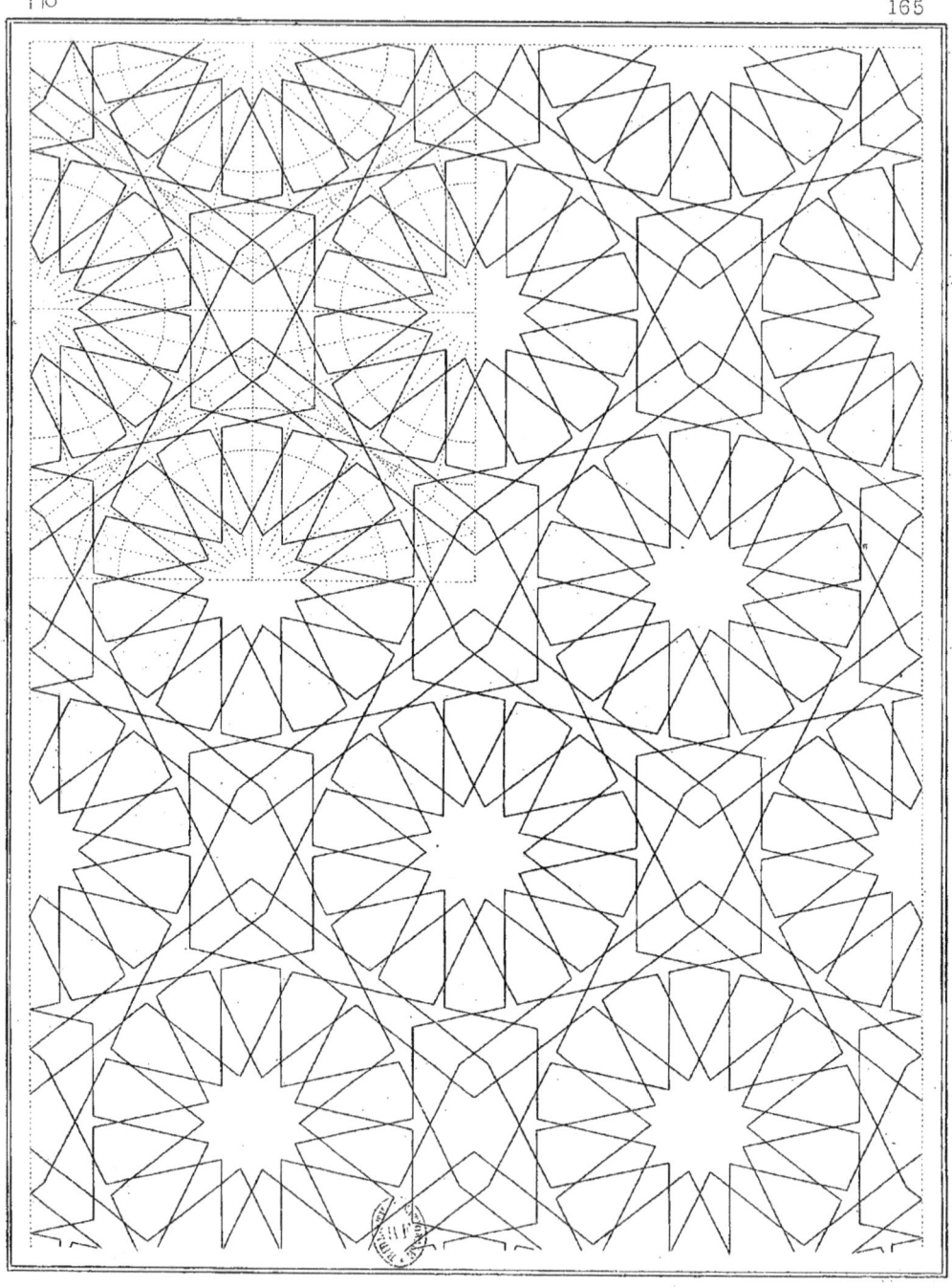

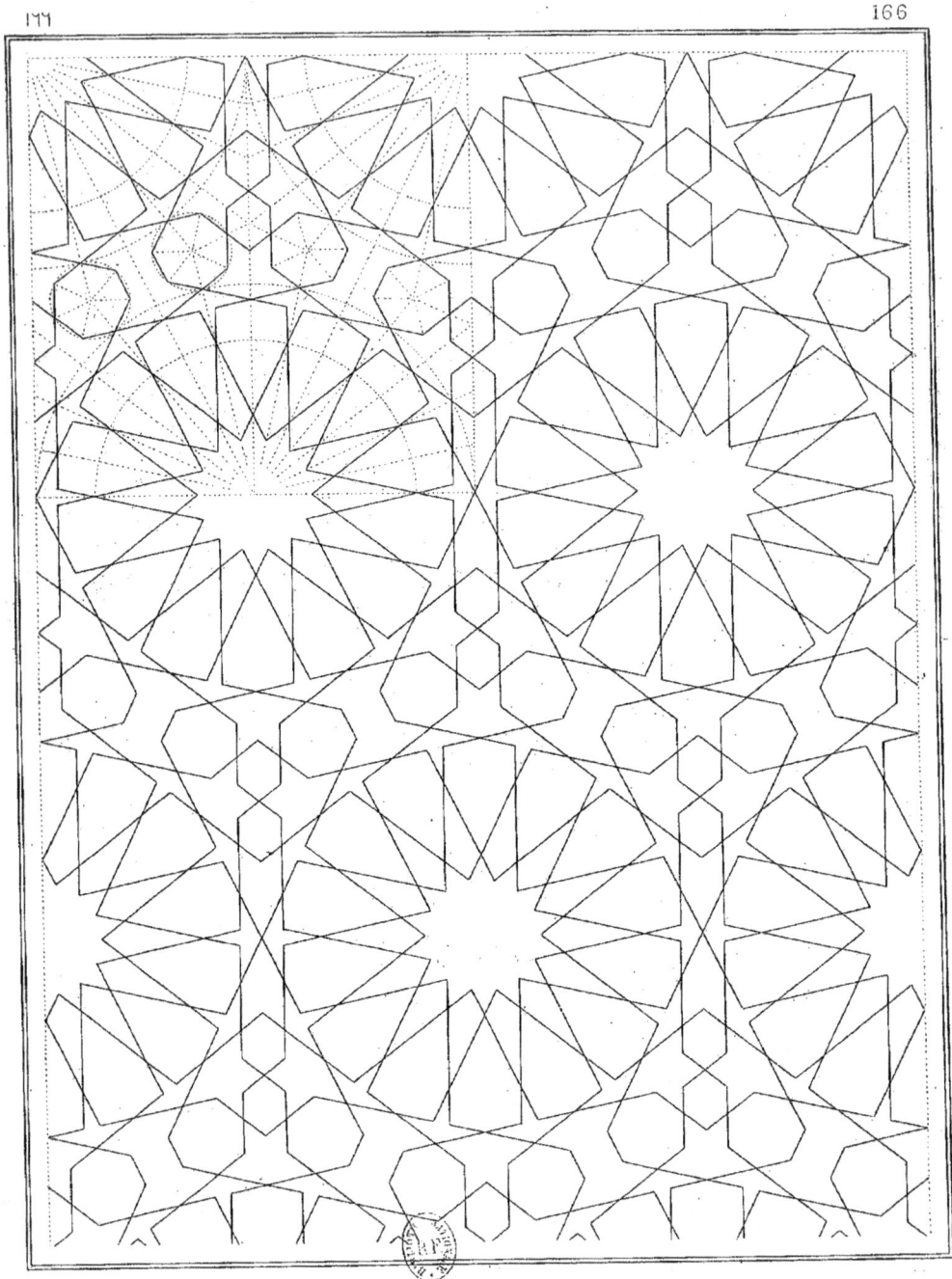

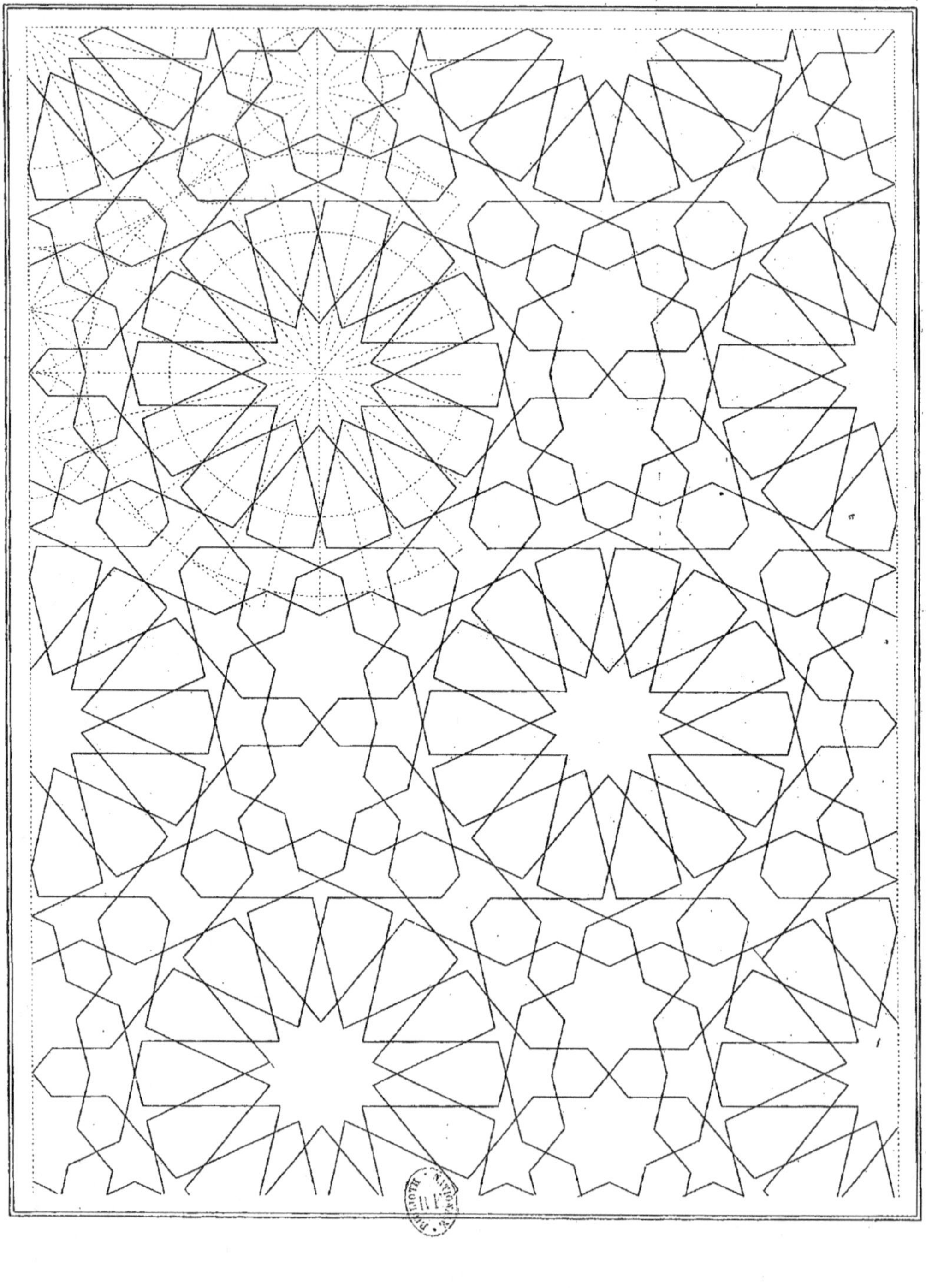

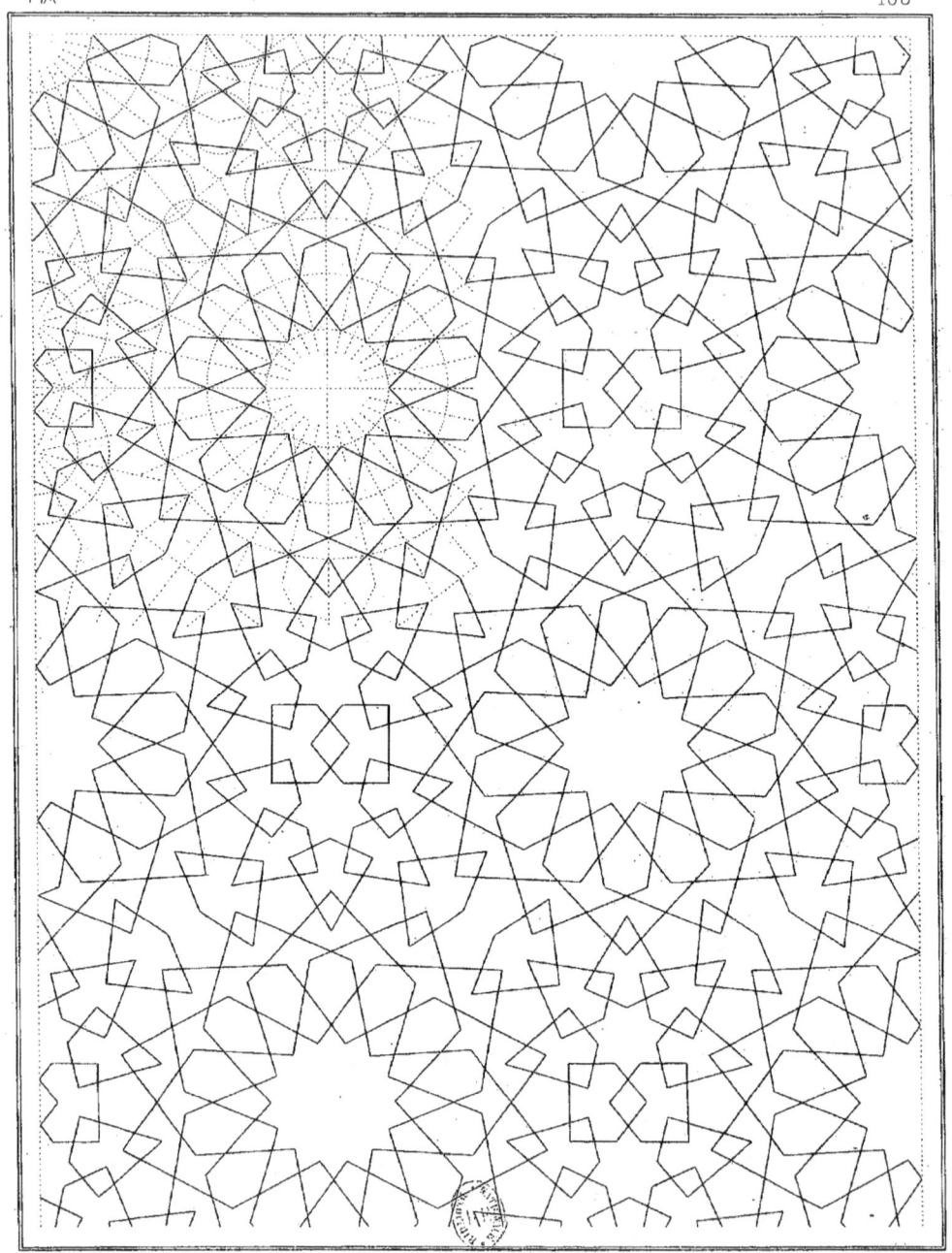

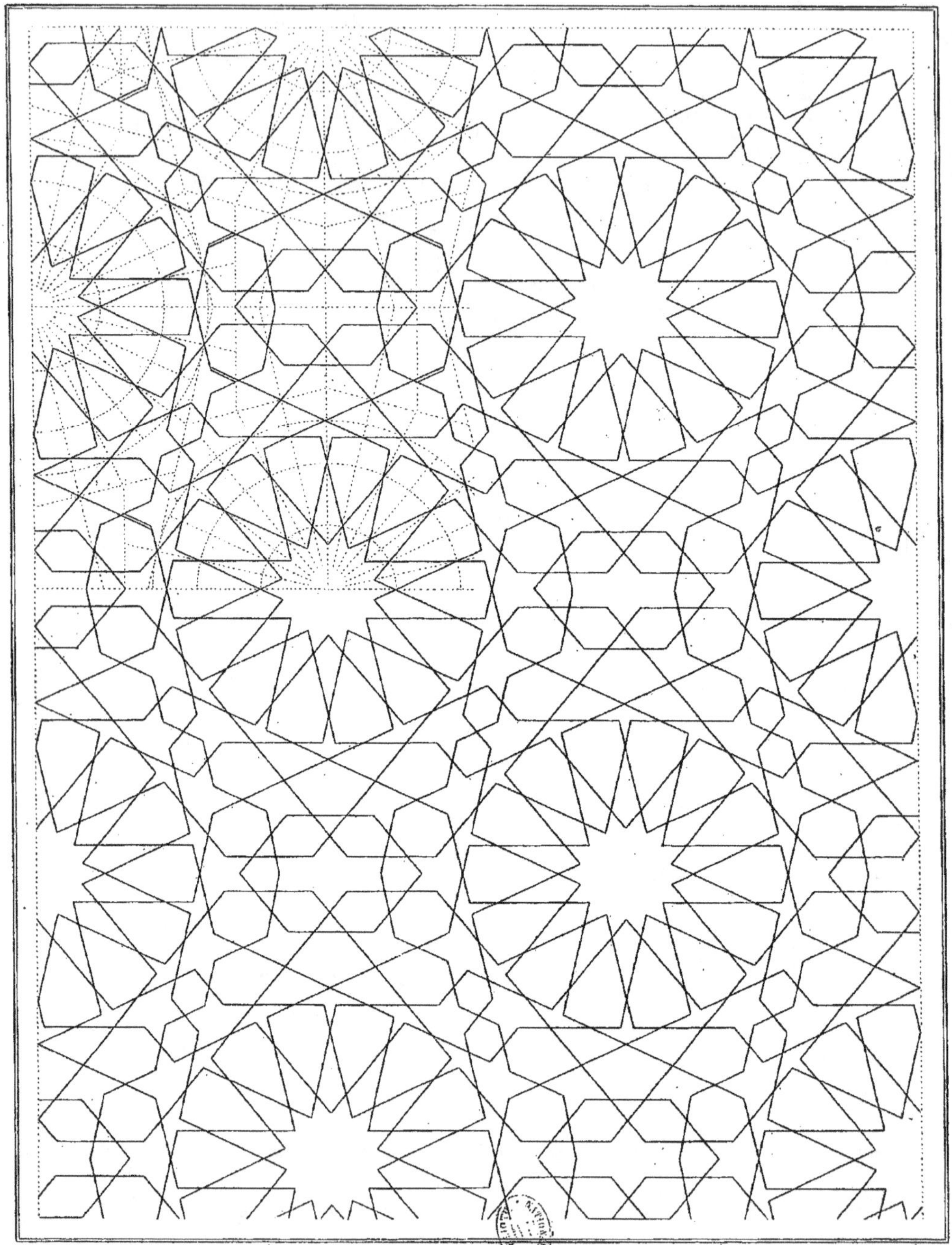

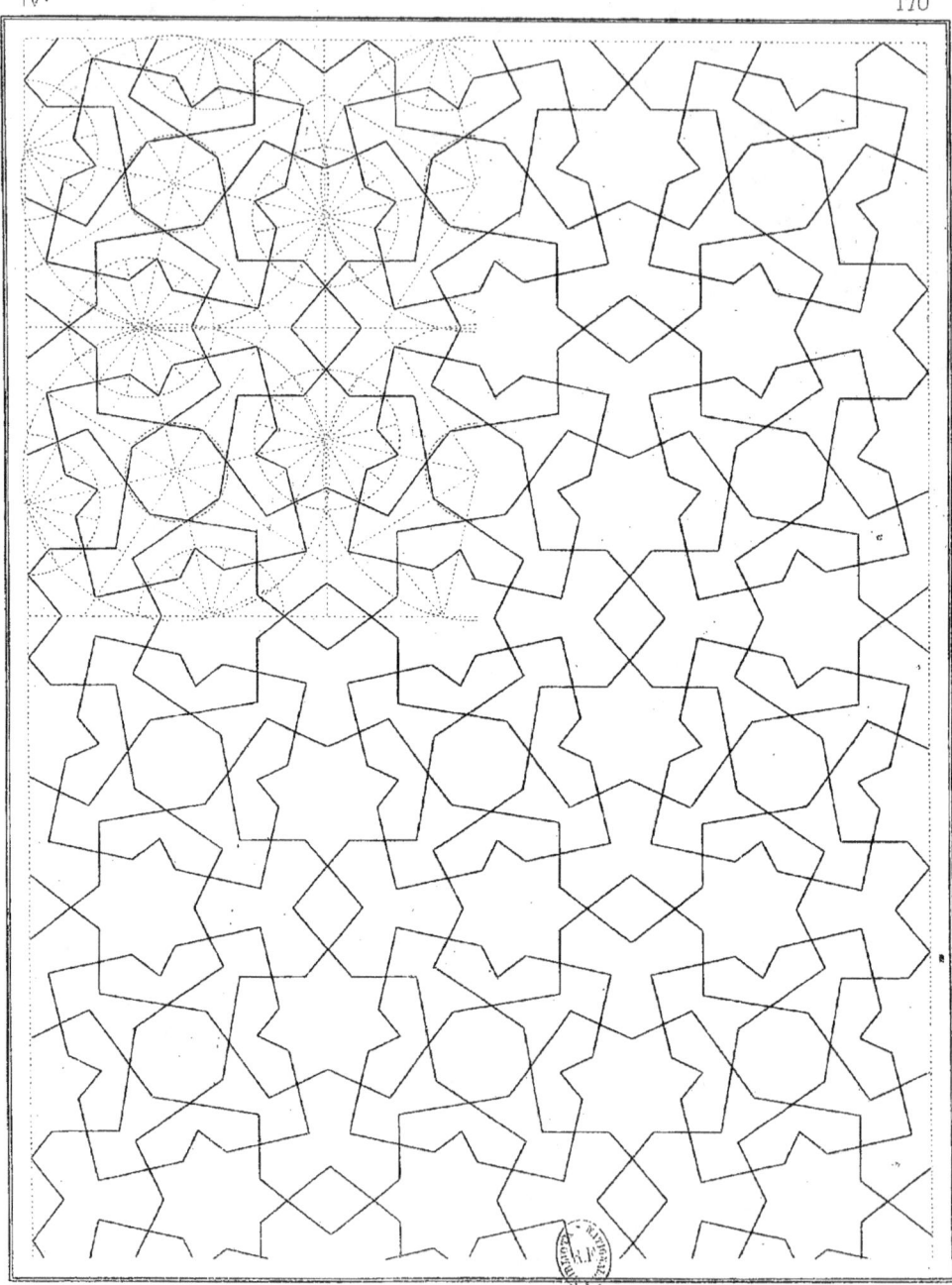

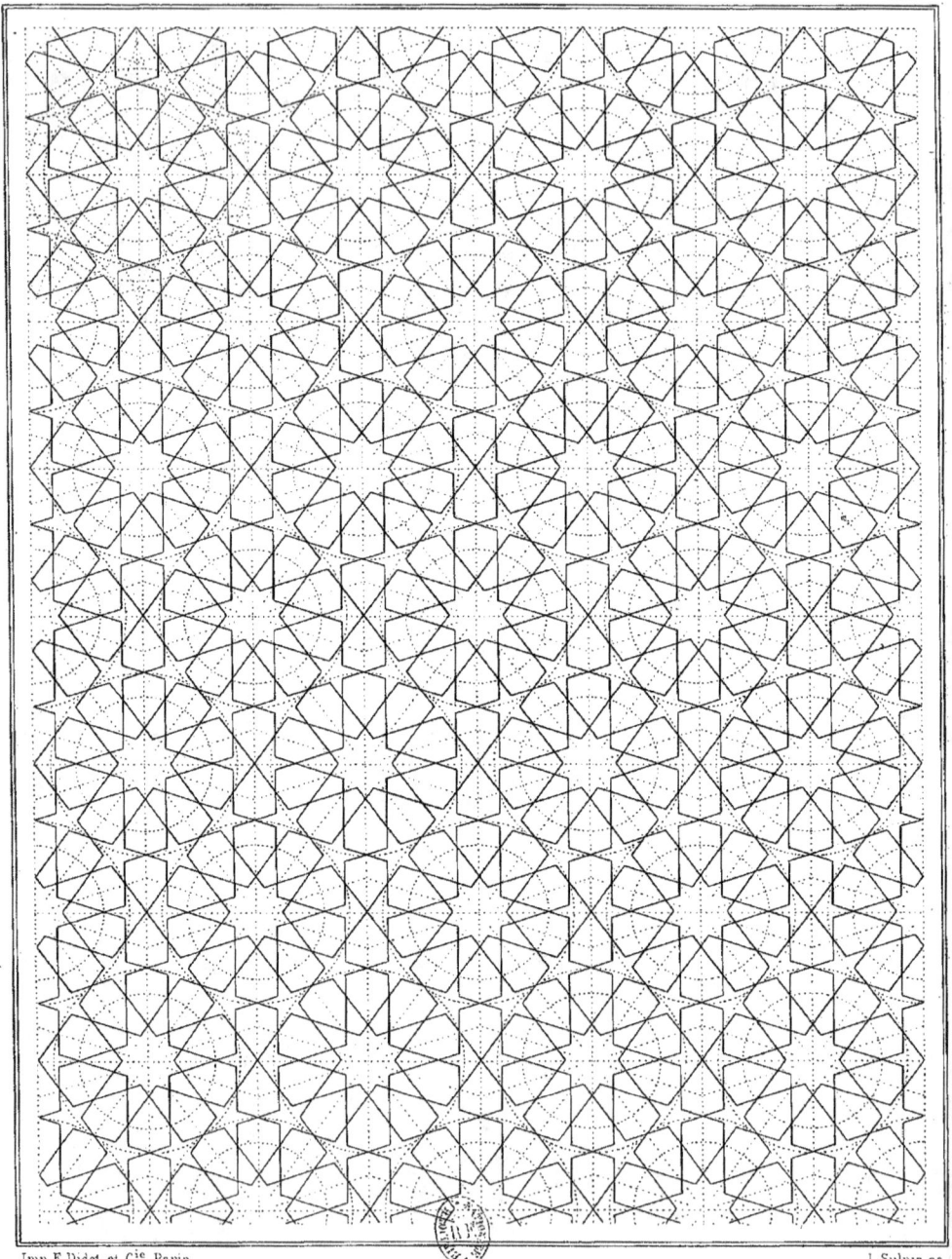

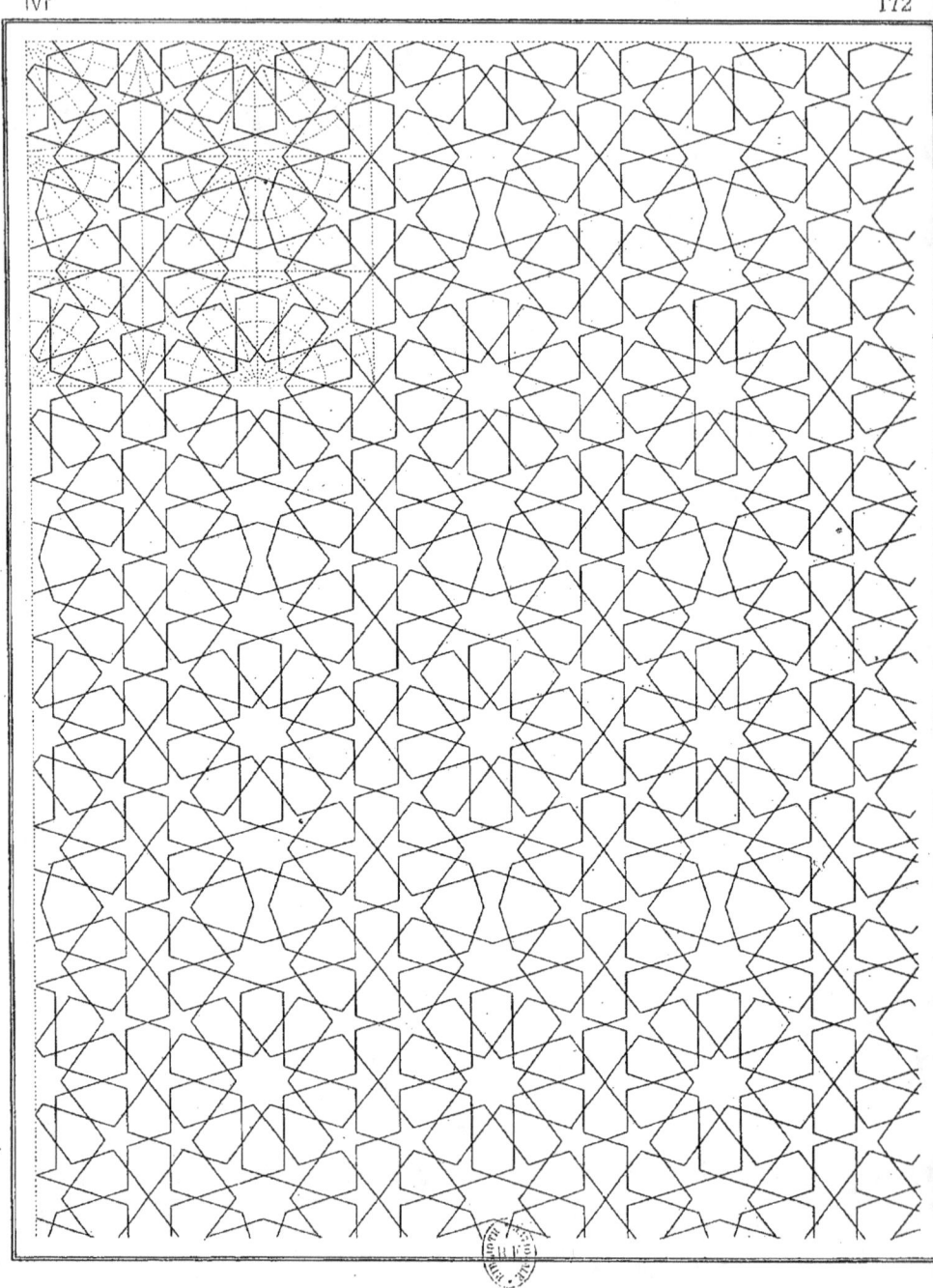

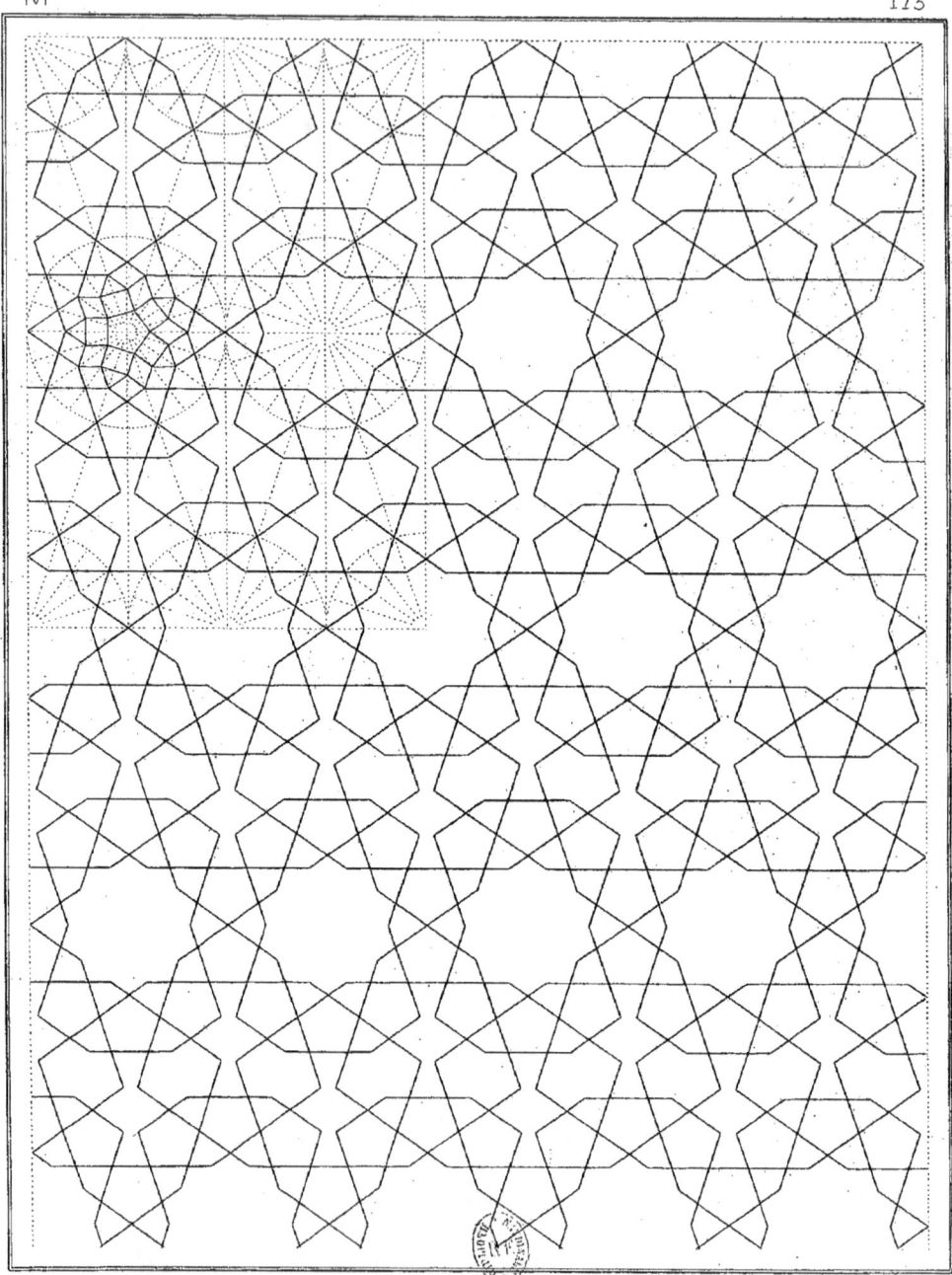

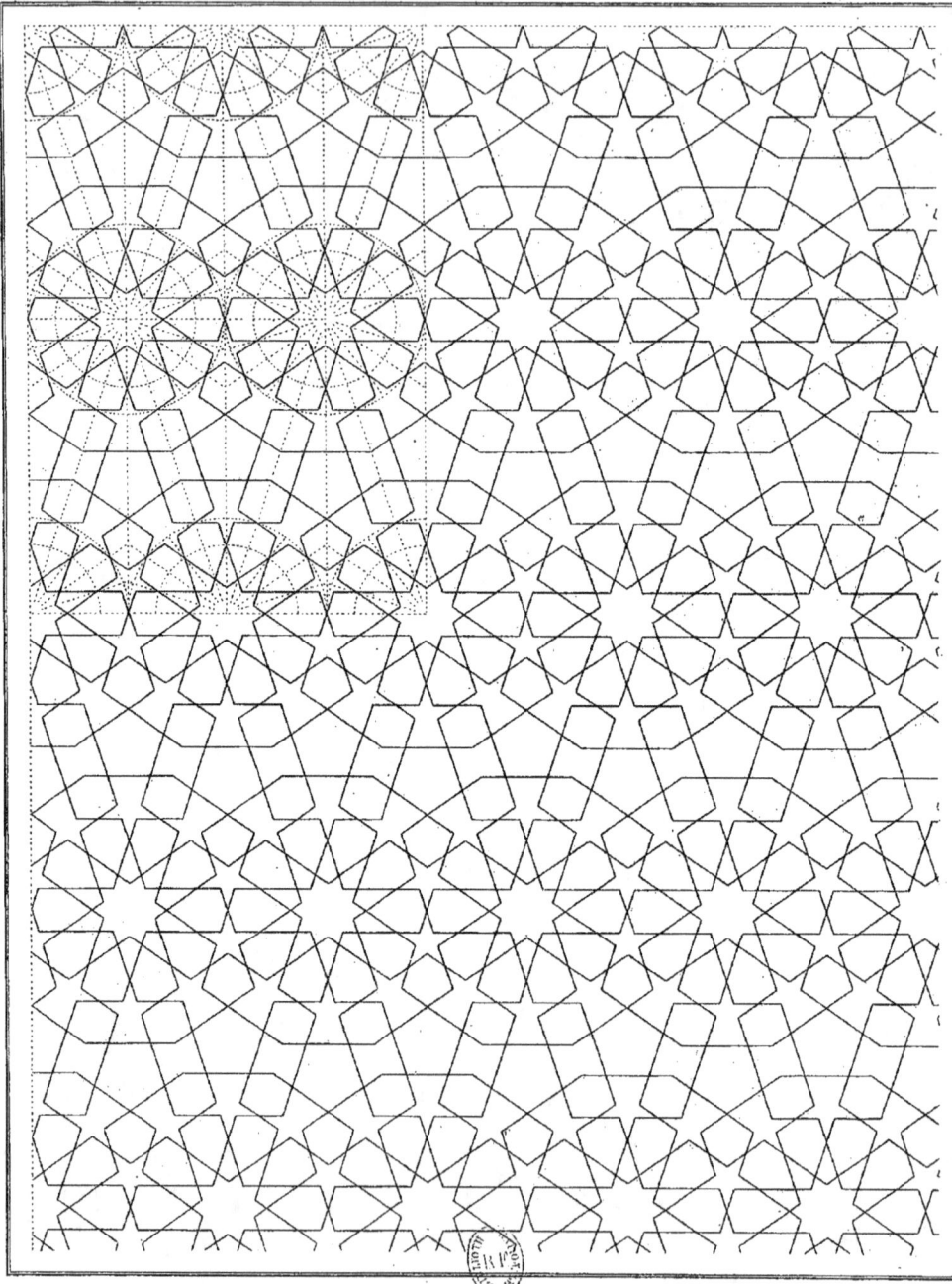

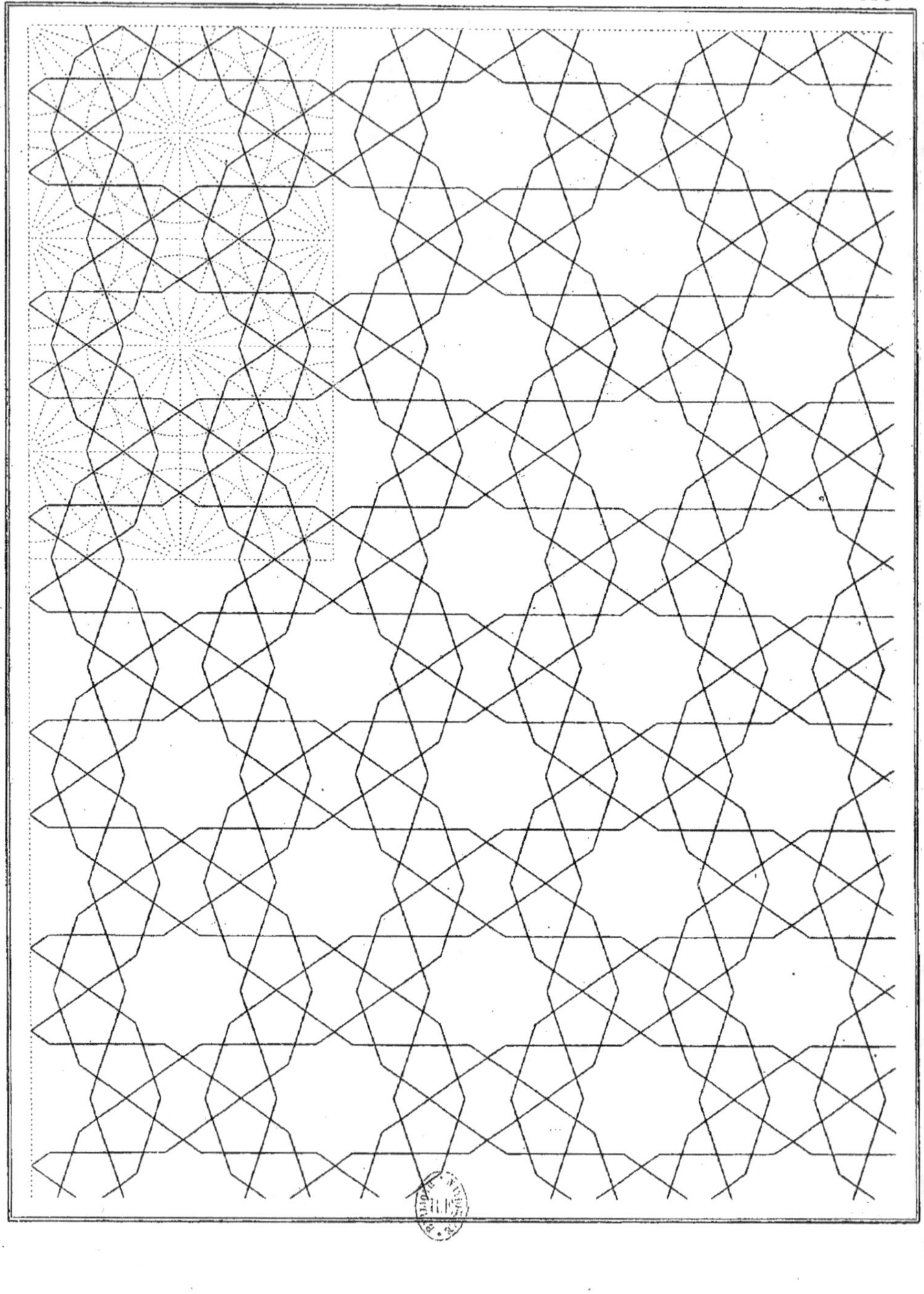

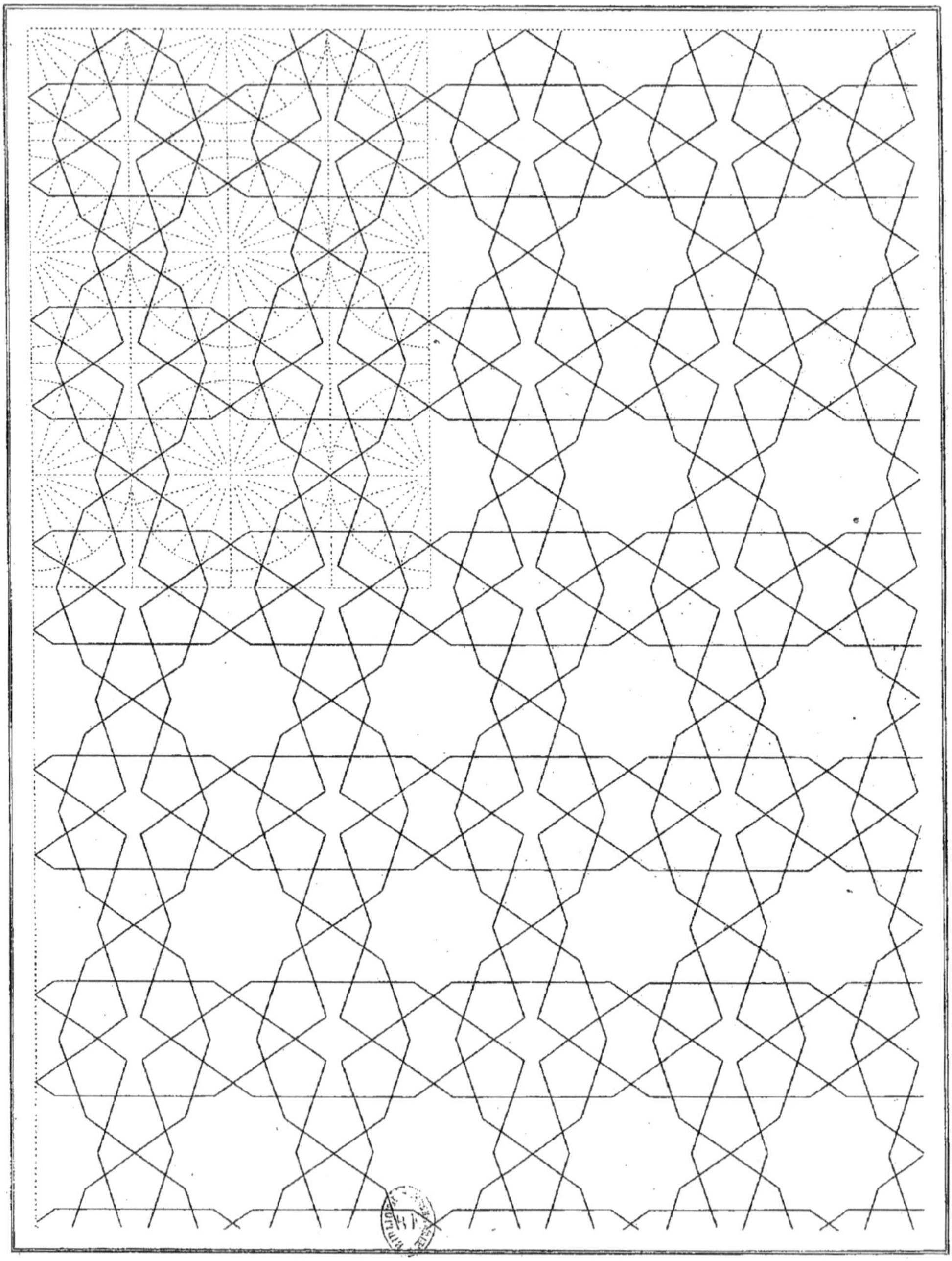

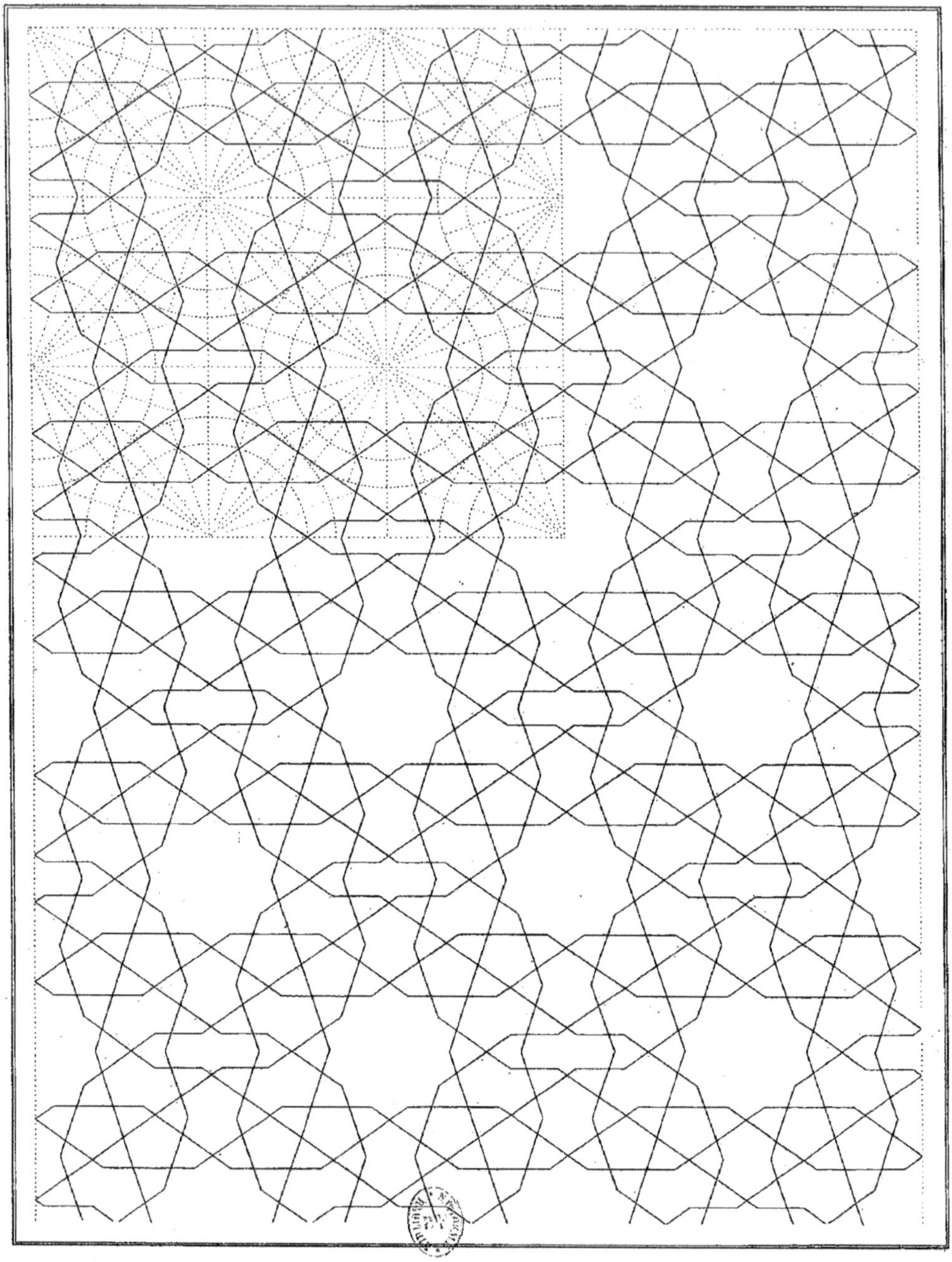

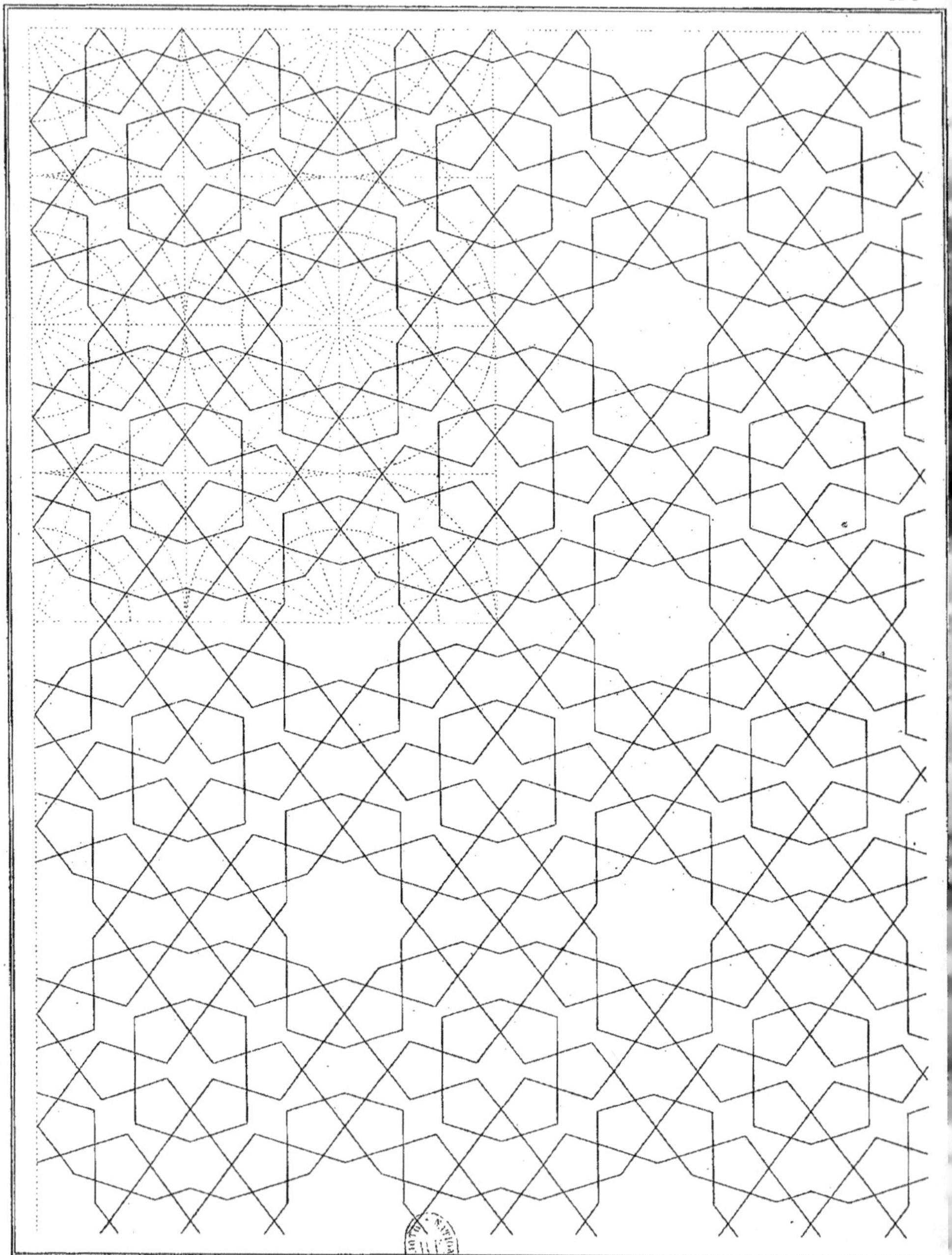

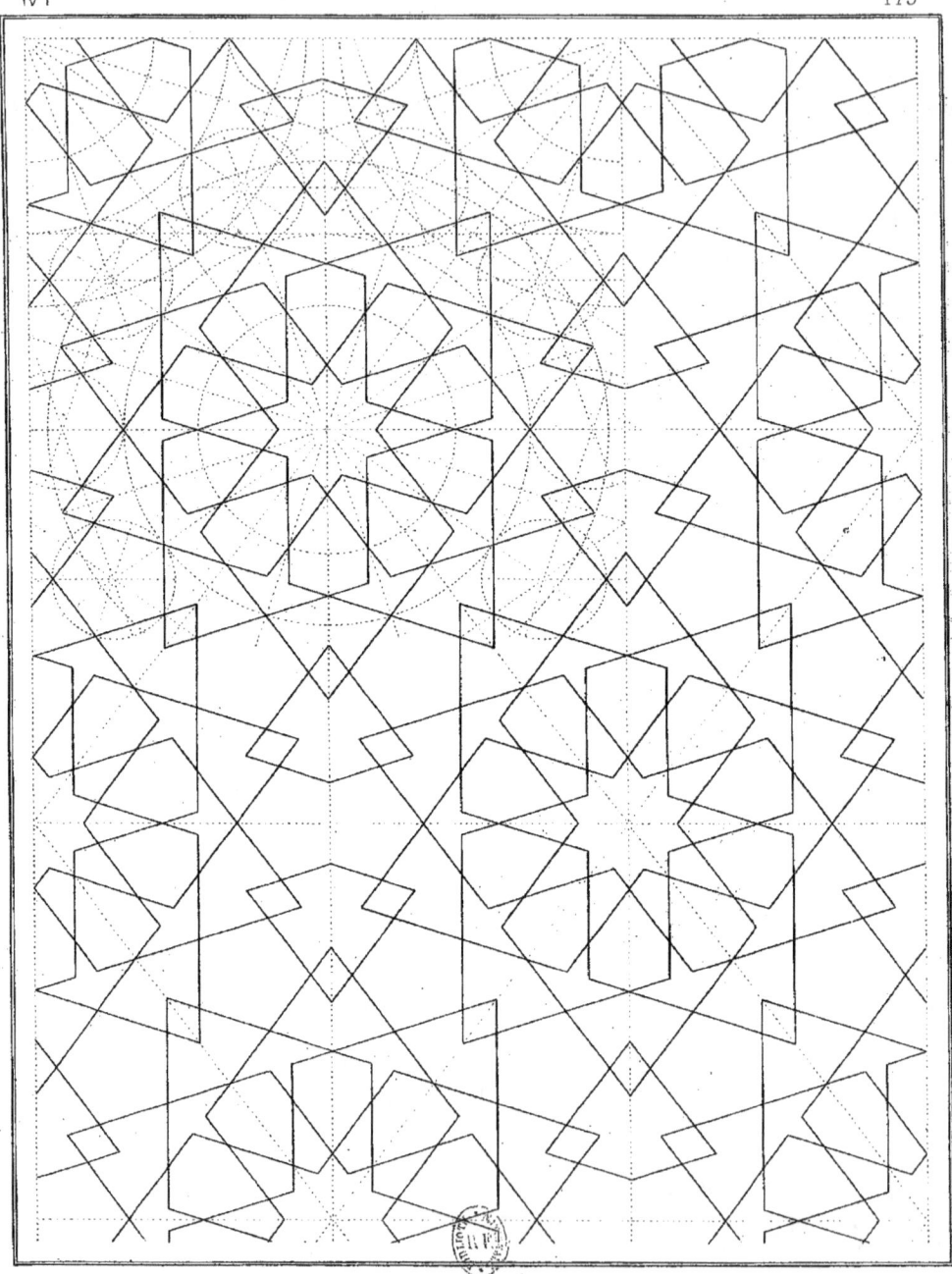

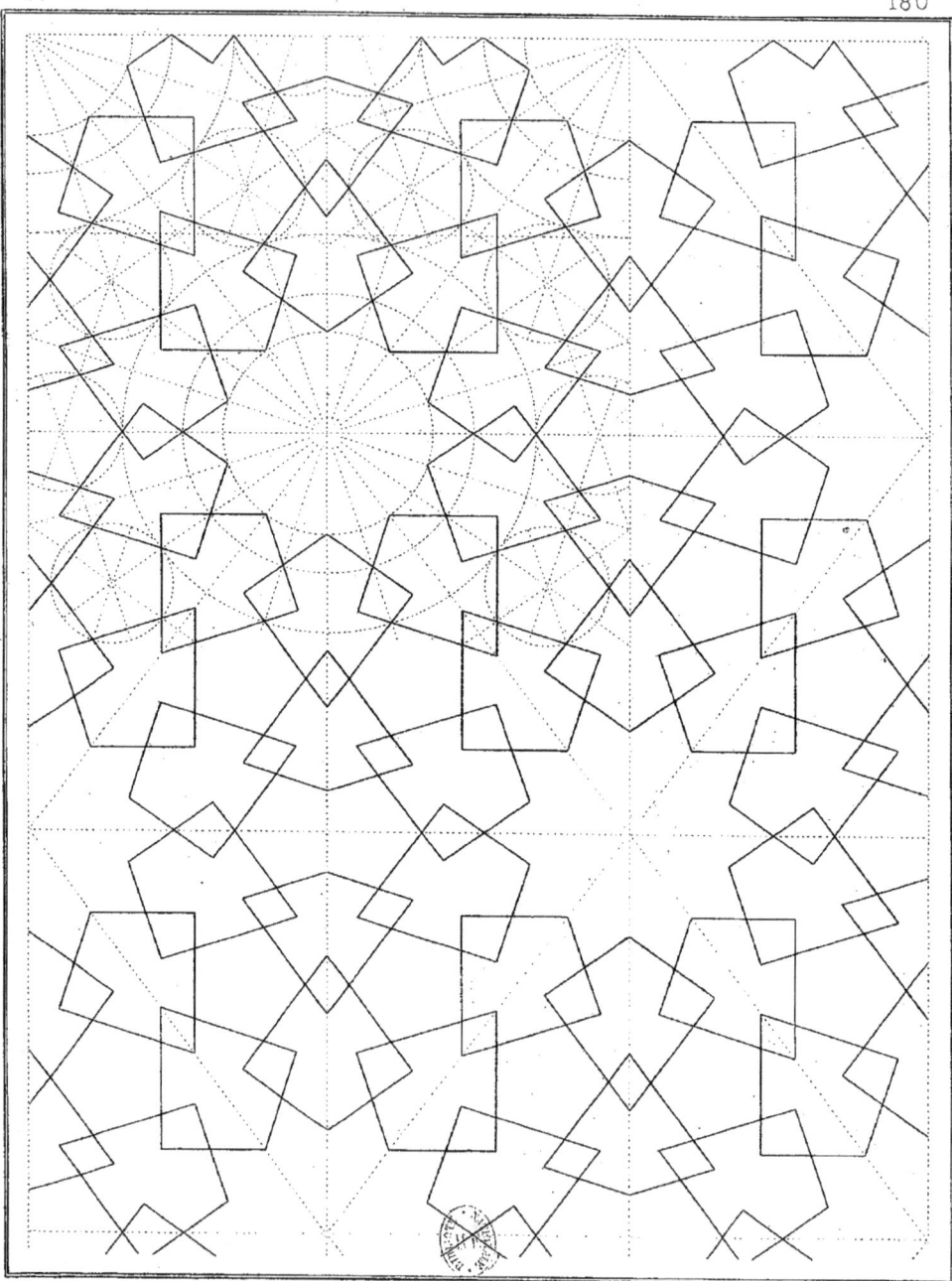

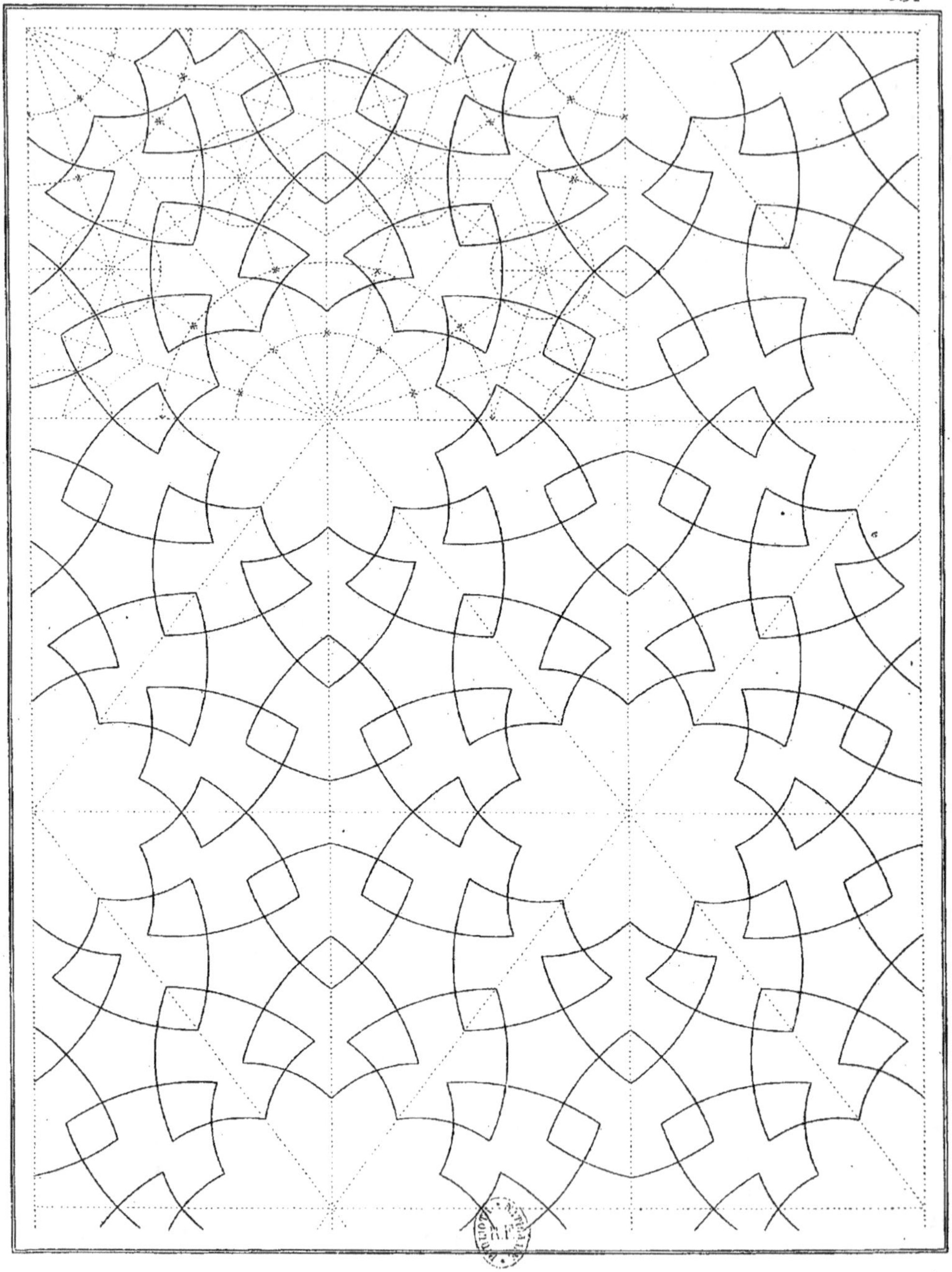

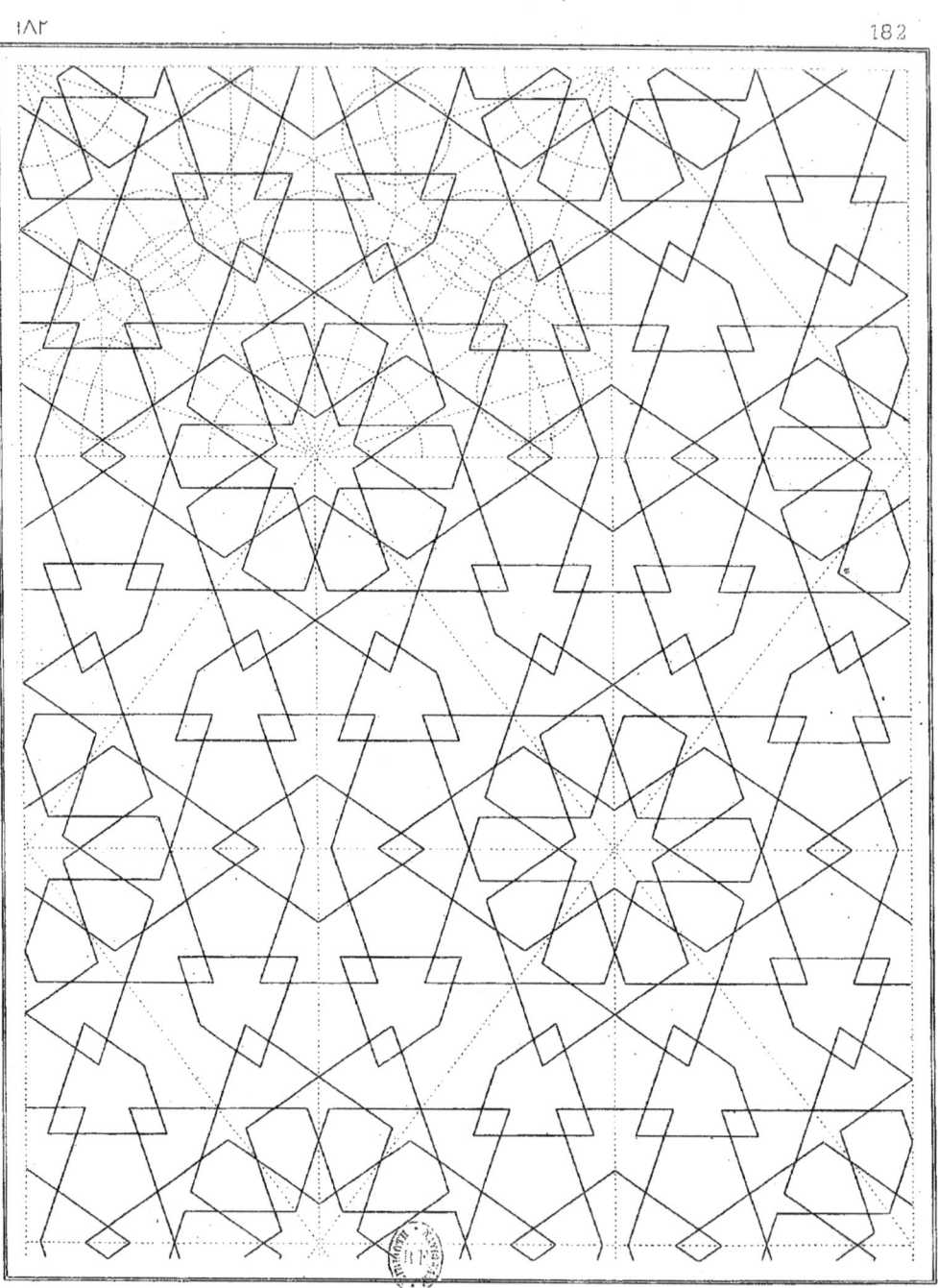

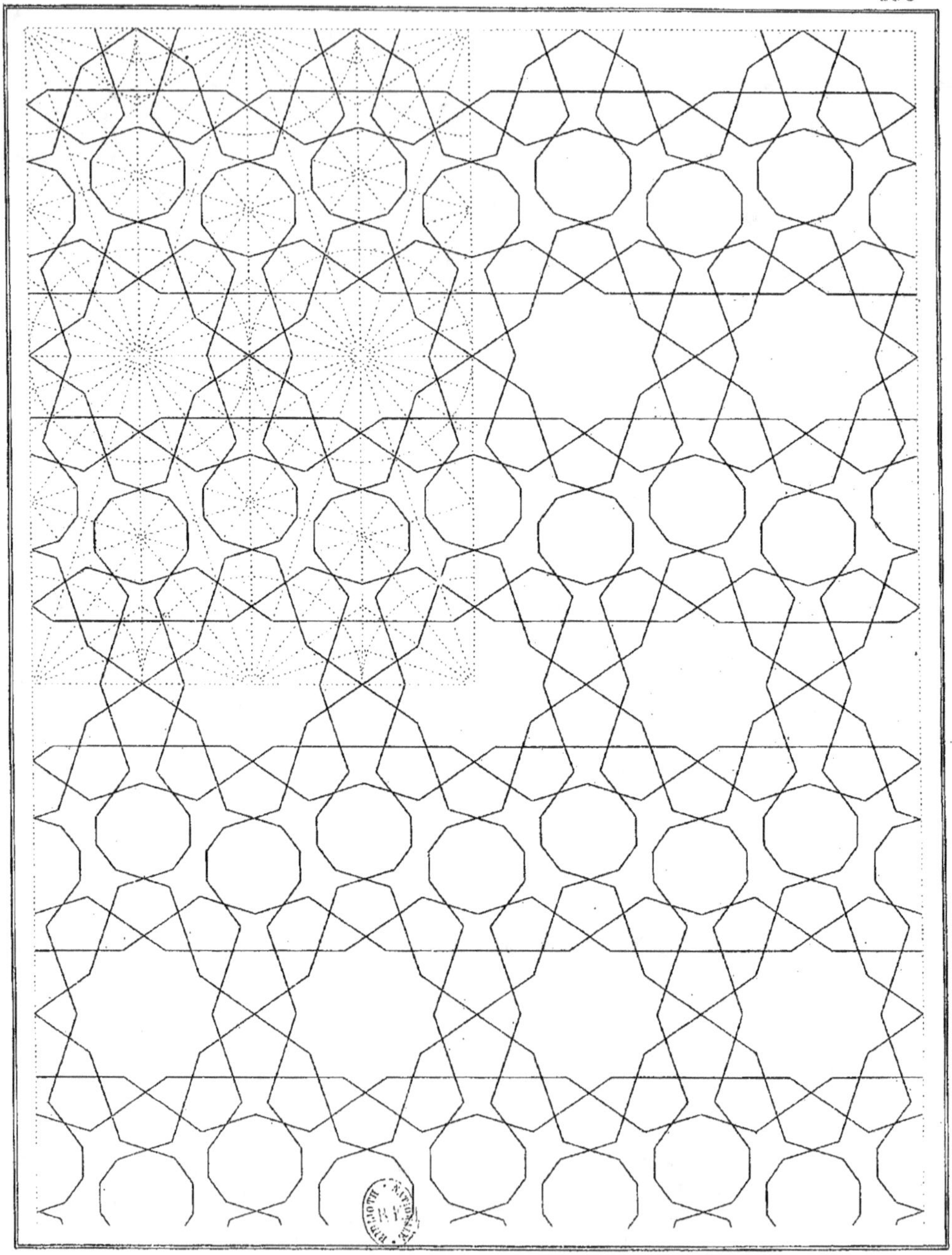

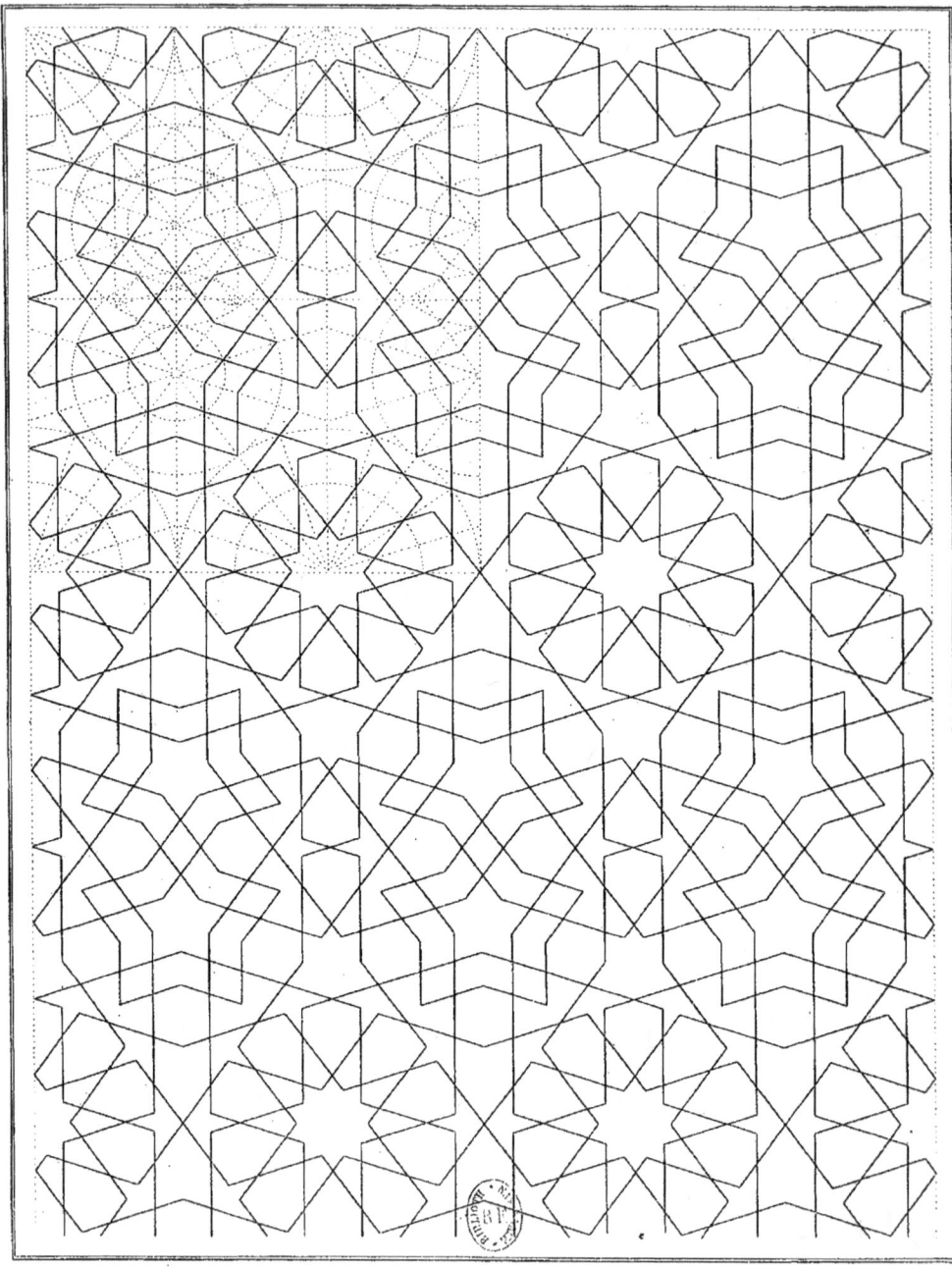

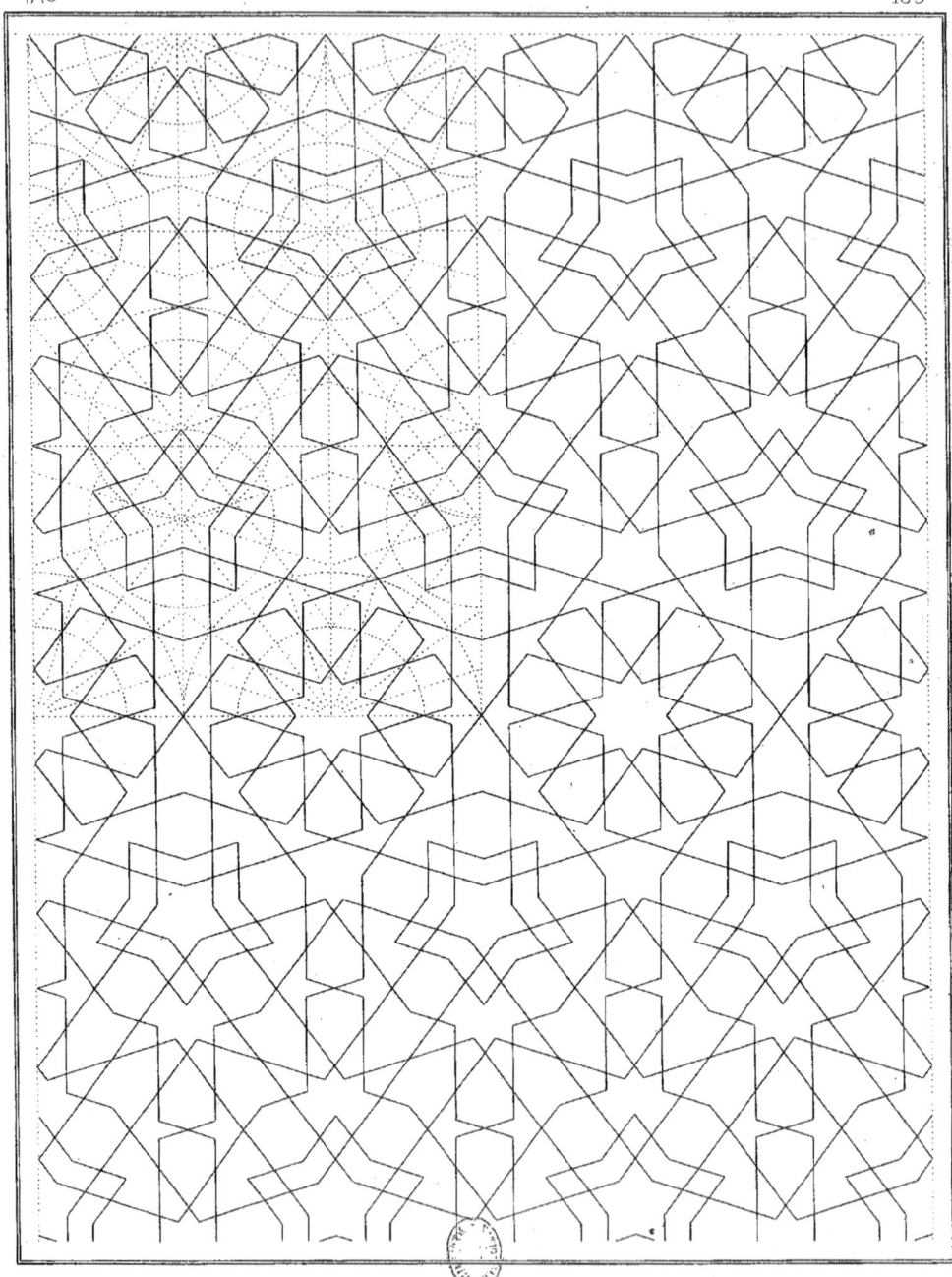

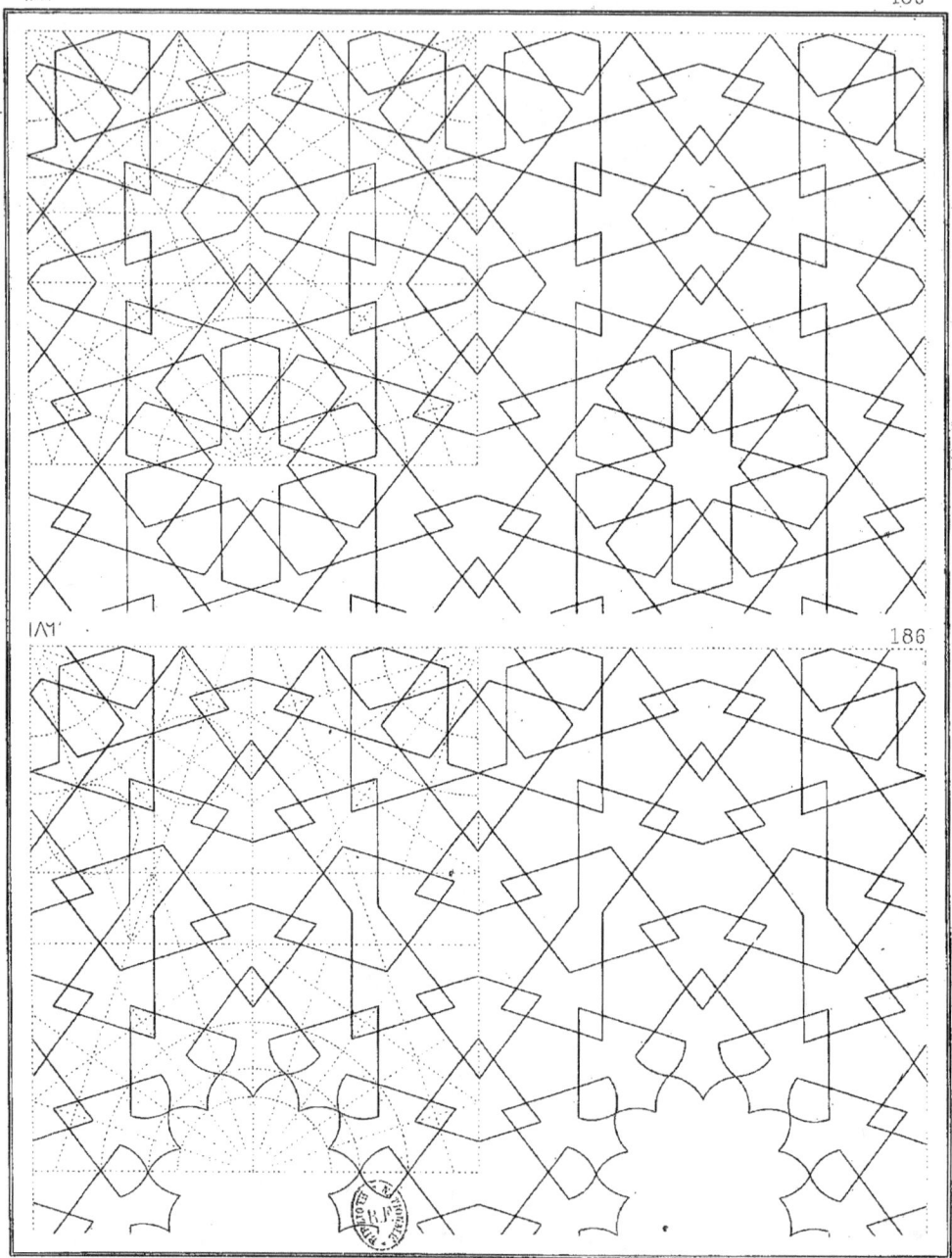

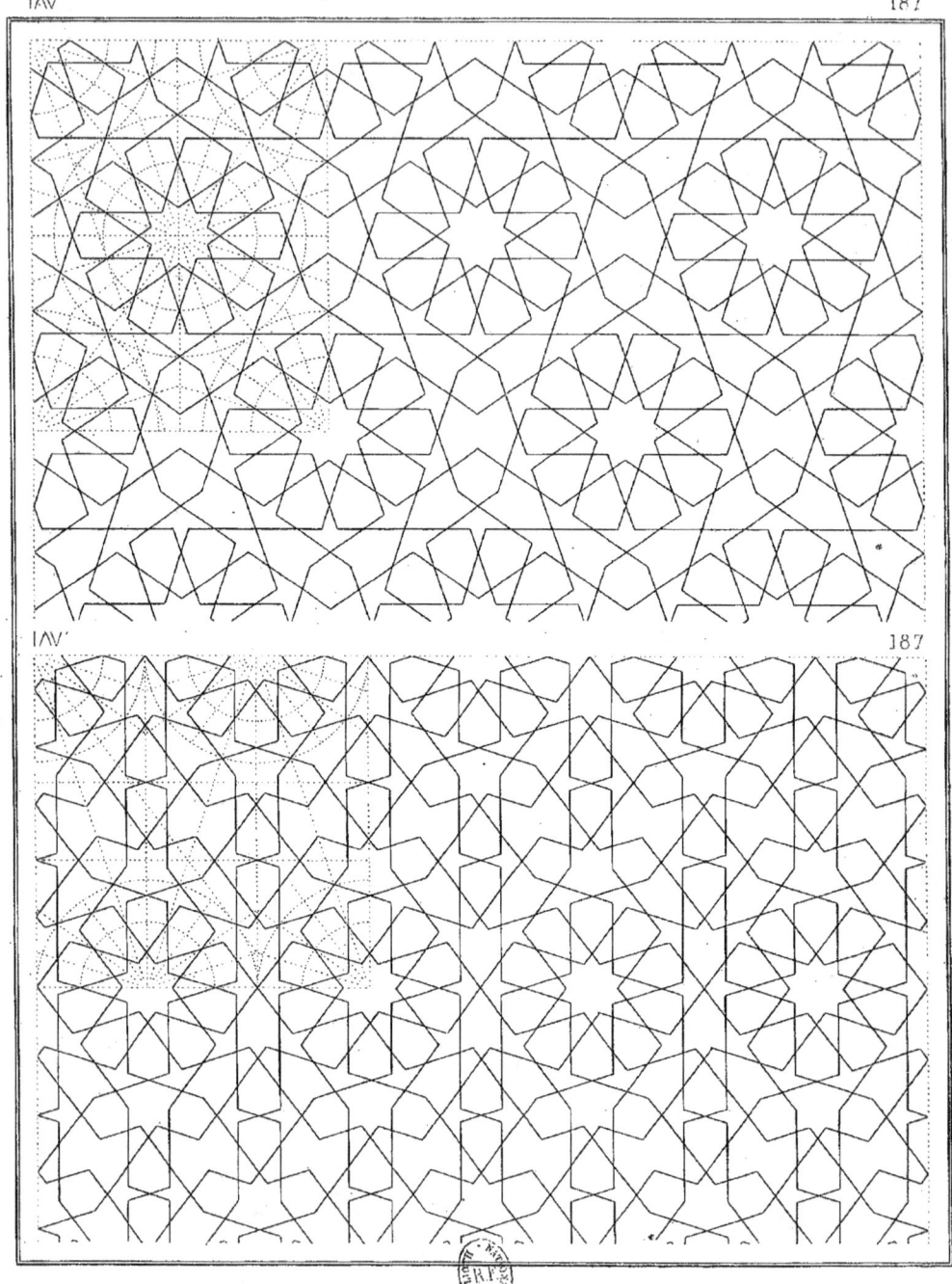

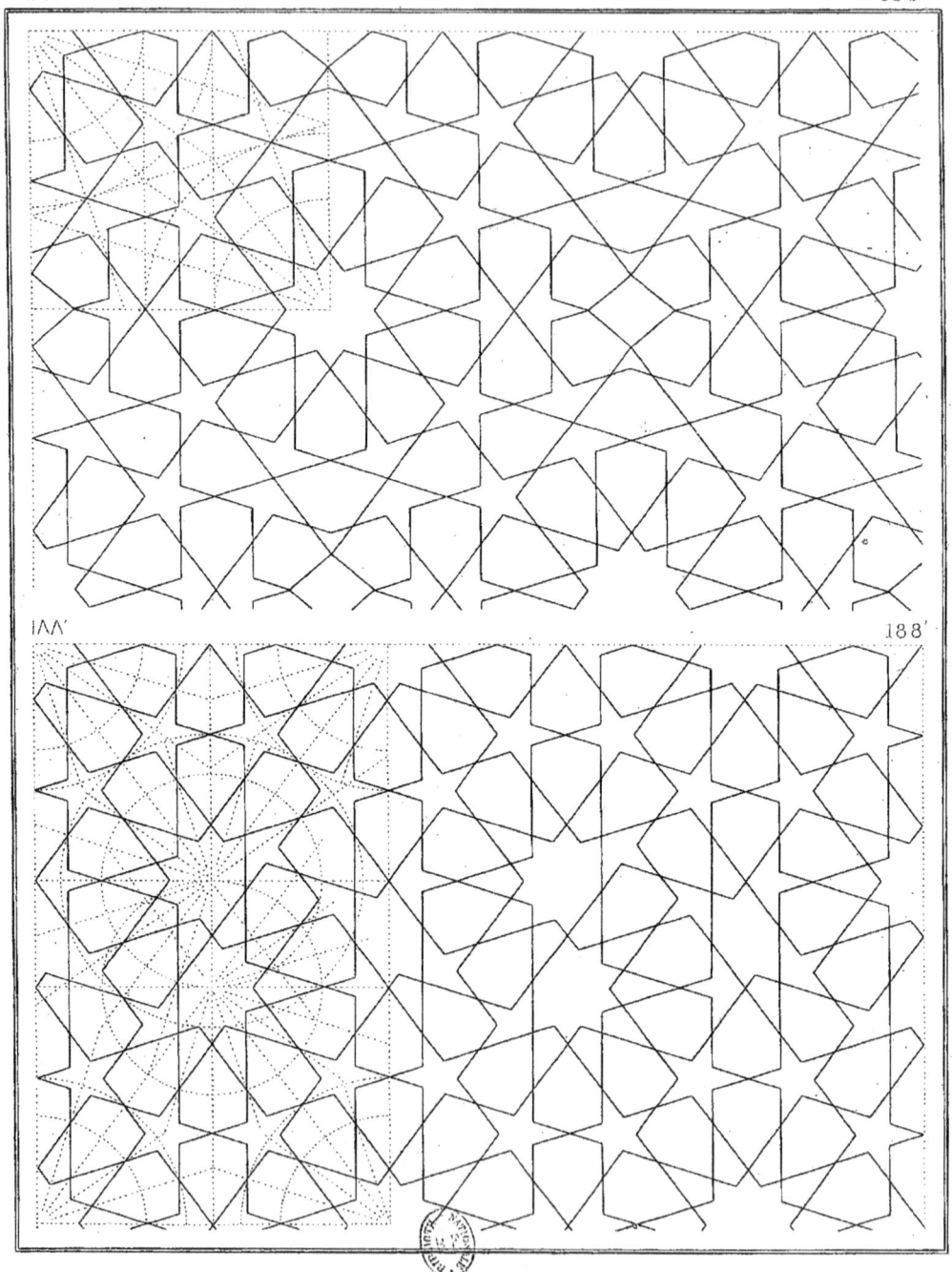

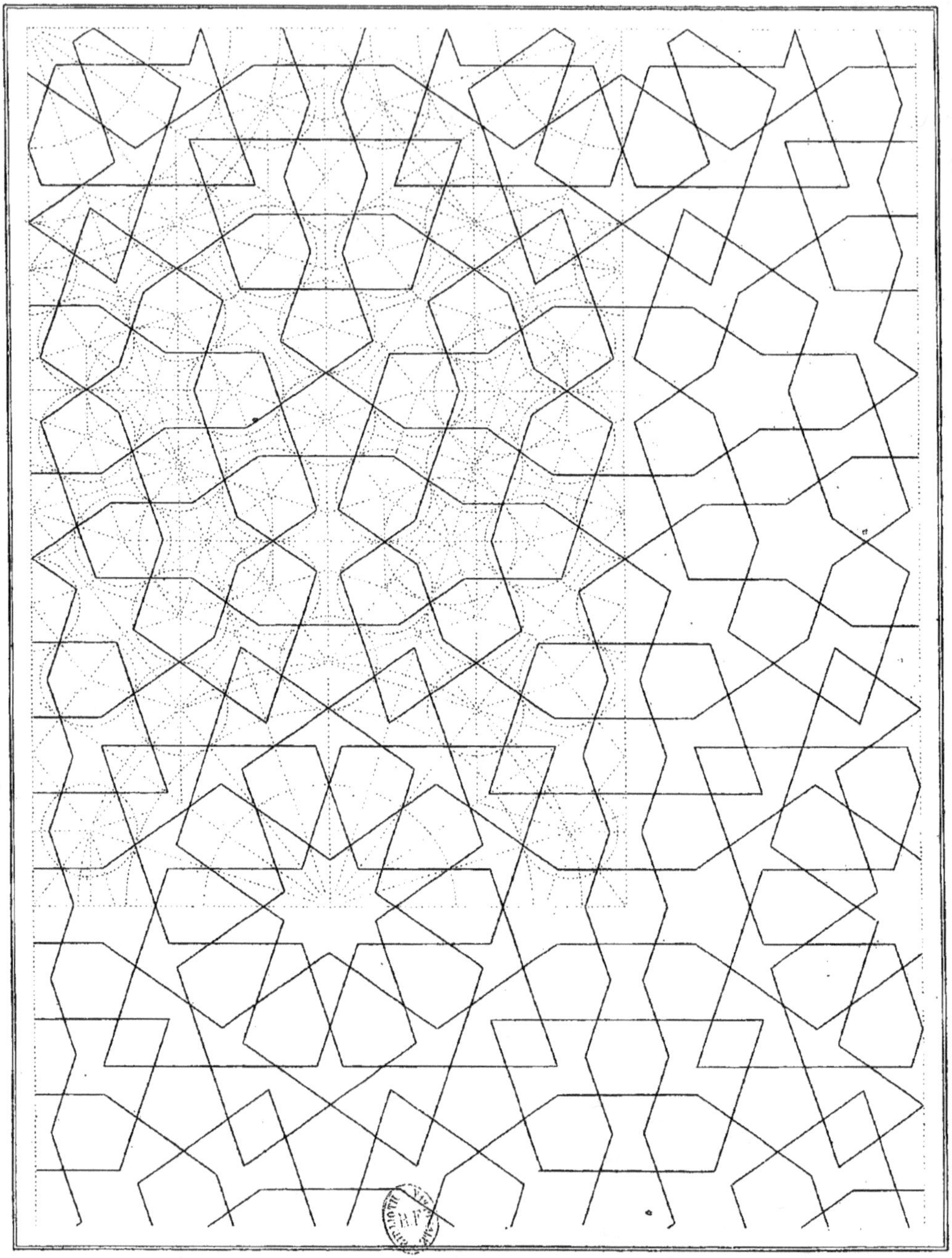

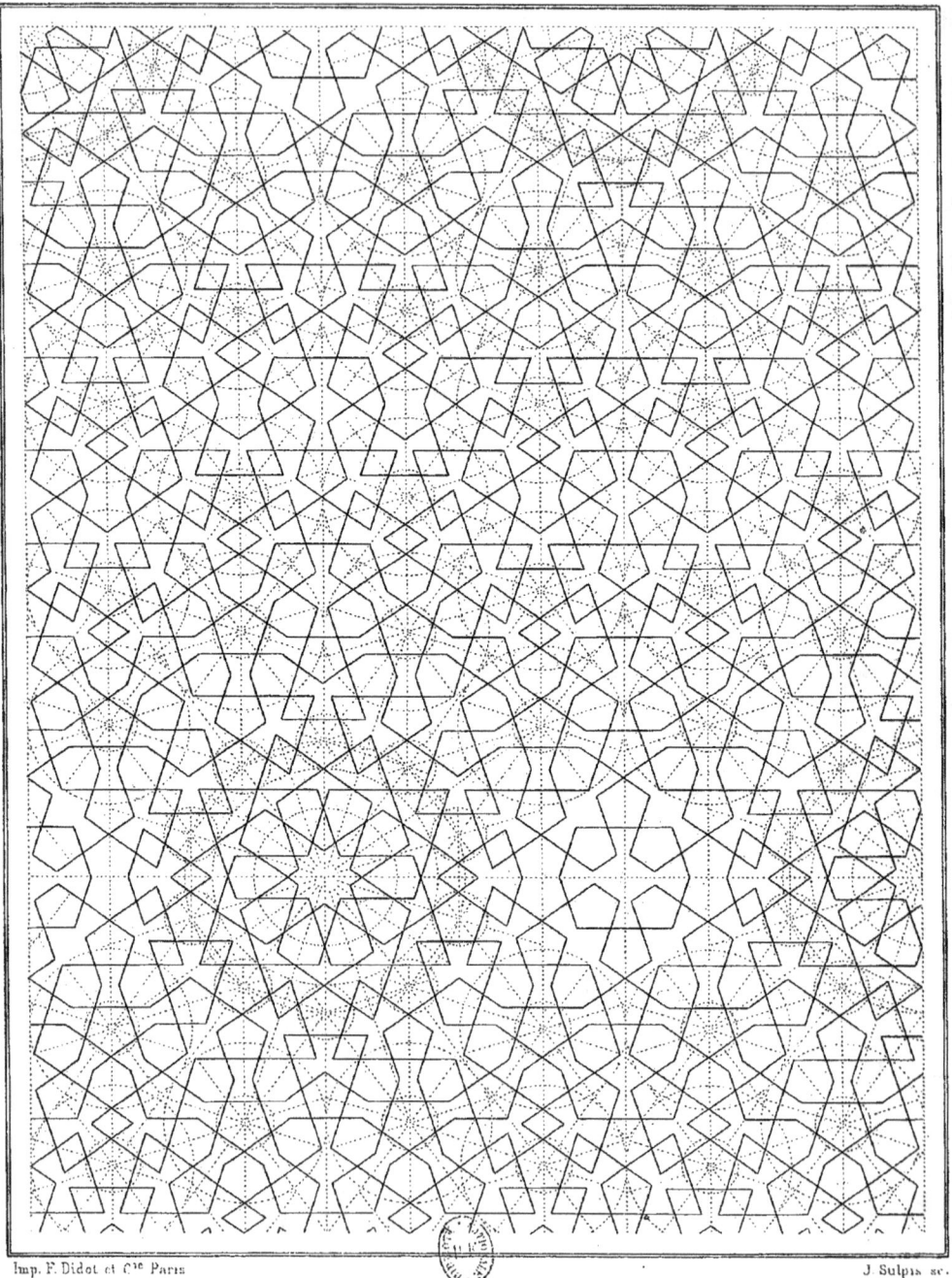

Imp. F. Didot et Cᵗᵉ Paris

J. Sulpis sc.

PL. 1.

Imp. F. Didot & Cie, Paris.

BRONZE.

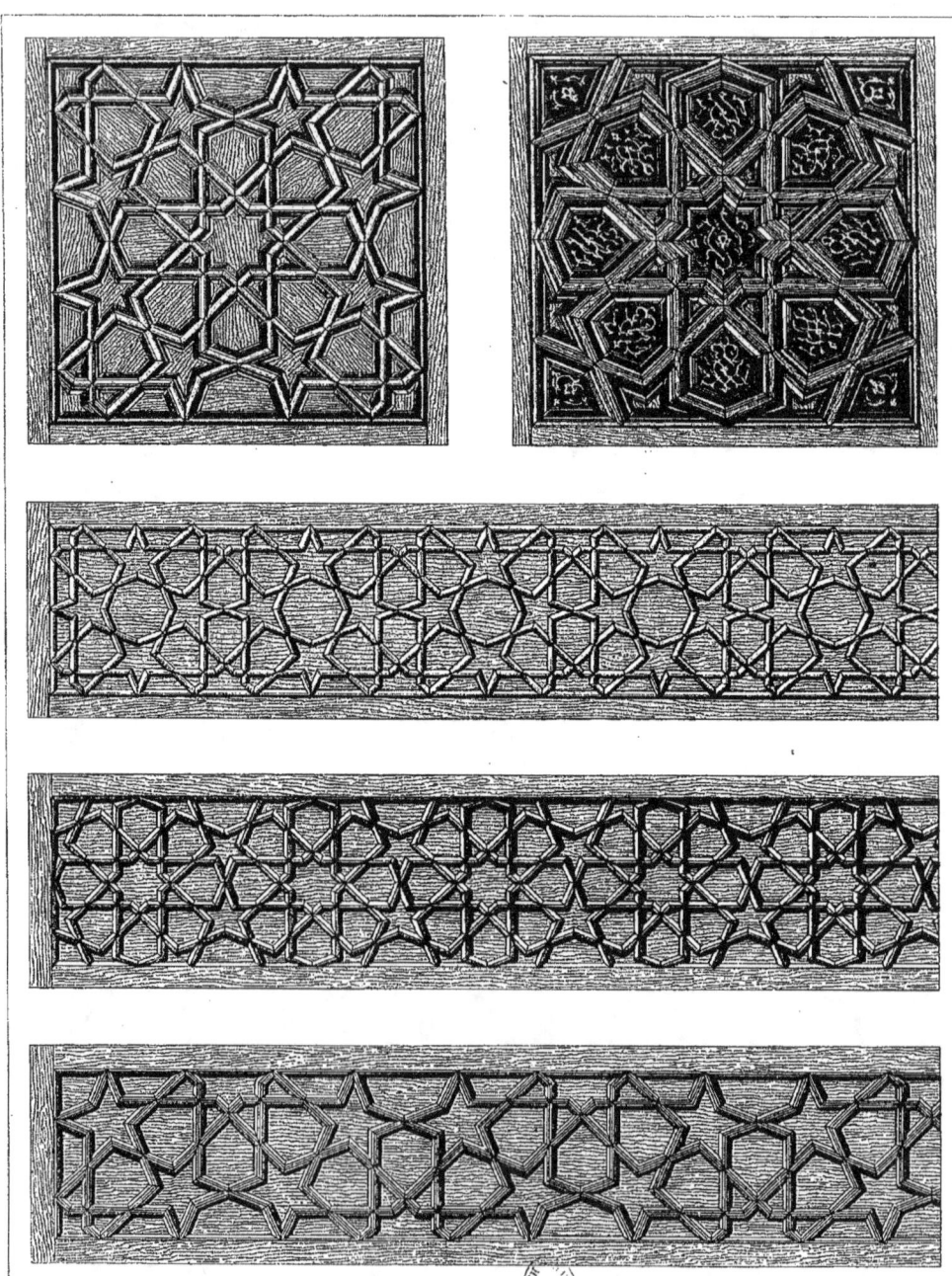

Imp. F. Didot & C.ie, Paris.

MENUISERIE.

PL. III.

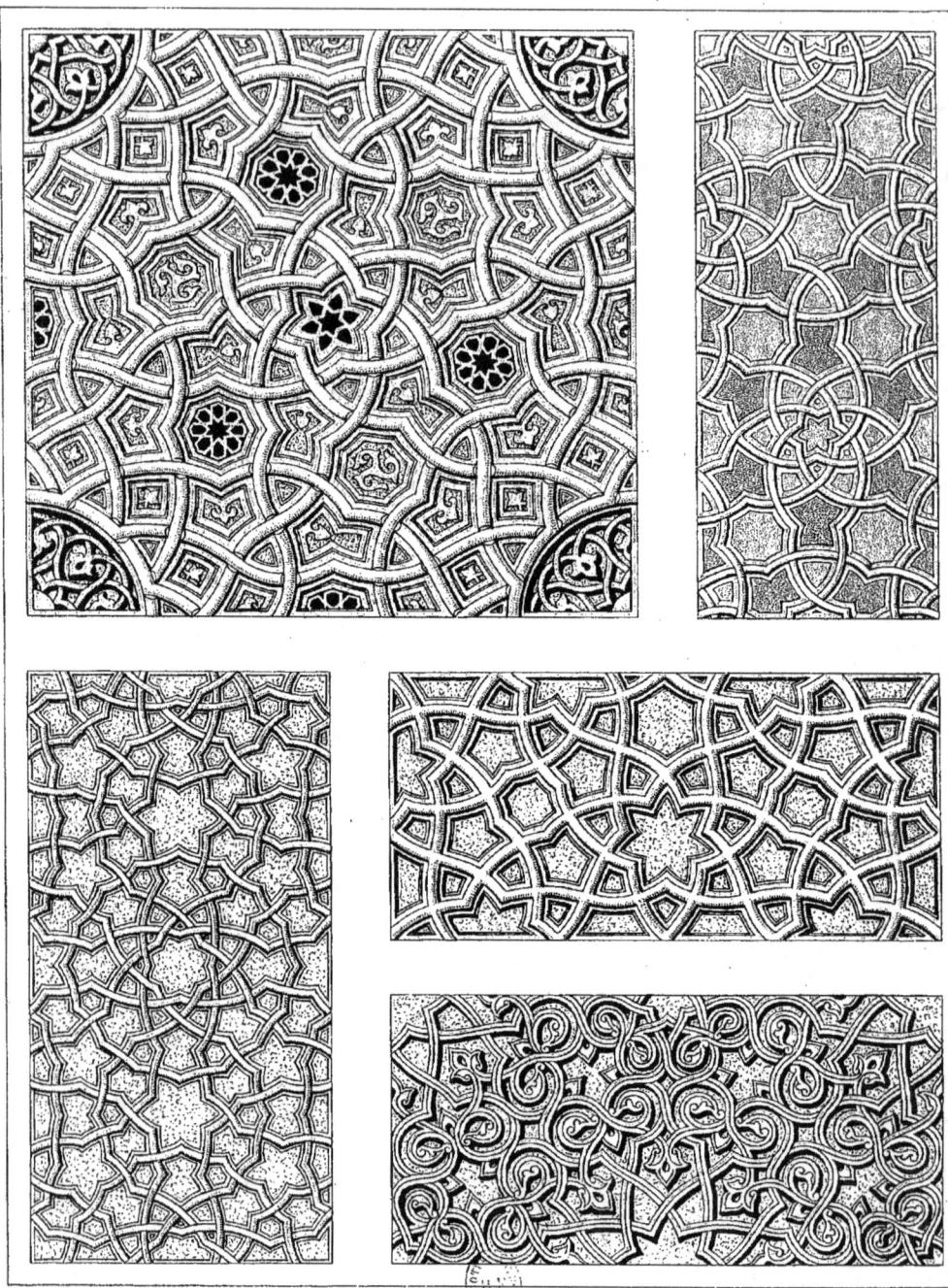

Schmidt, lith.

Imp. F. Didot & Cie. Paris

CISELURE.

Pl. IV

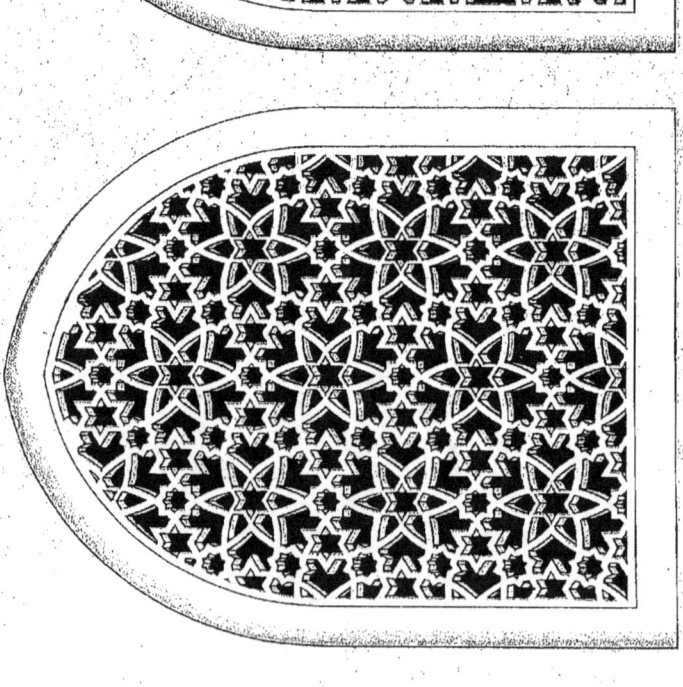

Schmidt, lith.

Imp. F. Didot & Cie Paris

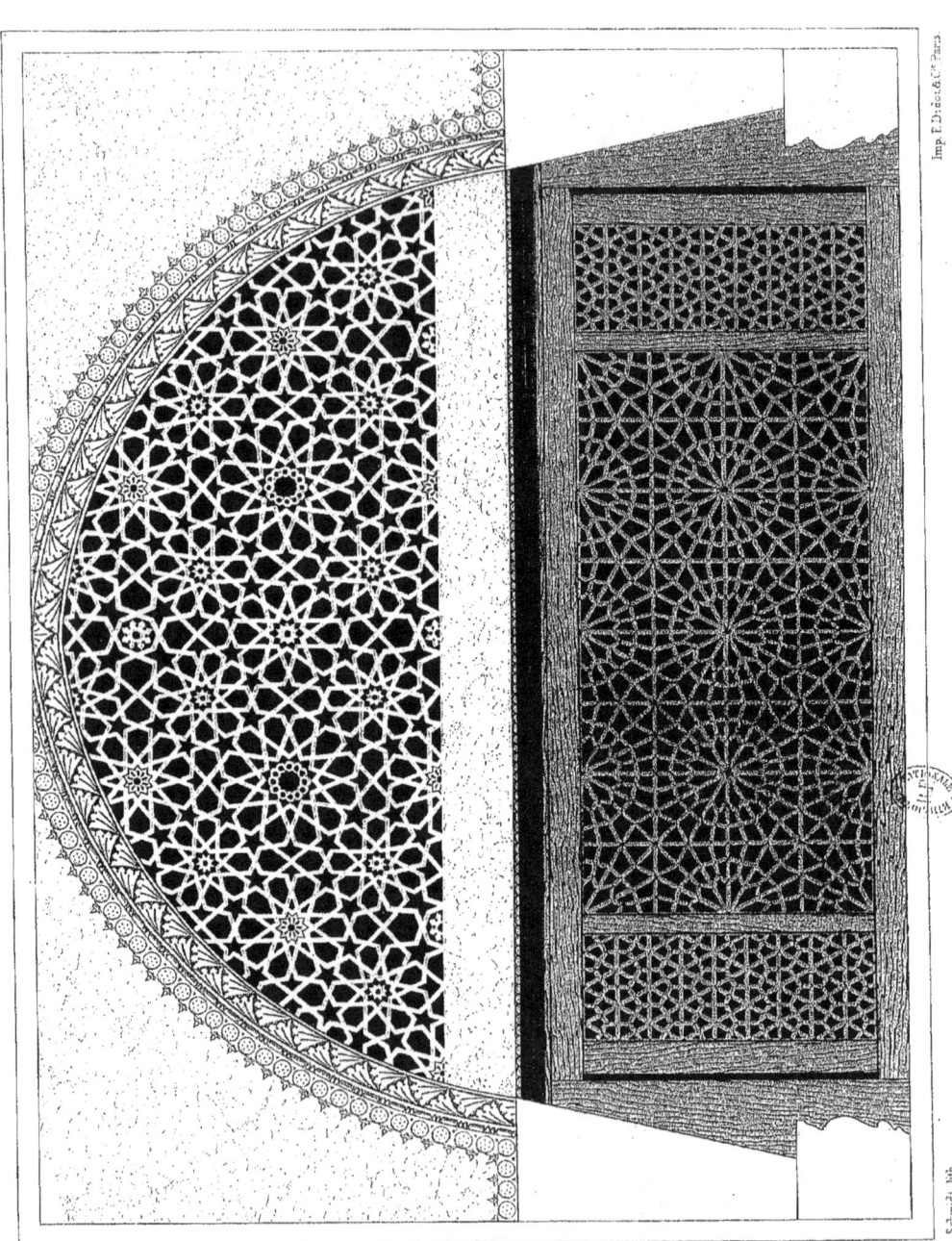

PL. V

CLAIRE-VOIES.

Imp. F. Didot & Cⁱᵉ Paris.

Salmon fils, lith.

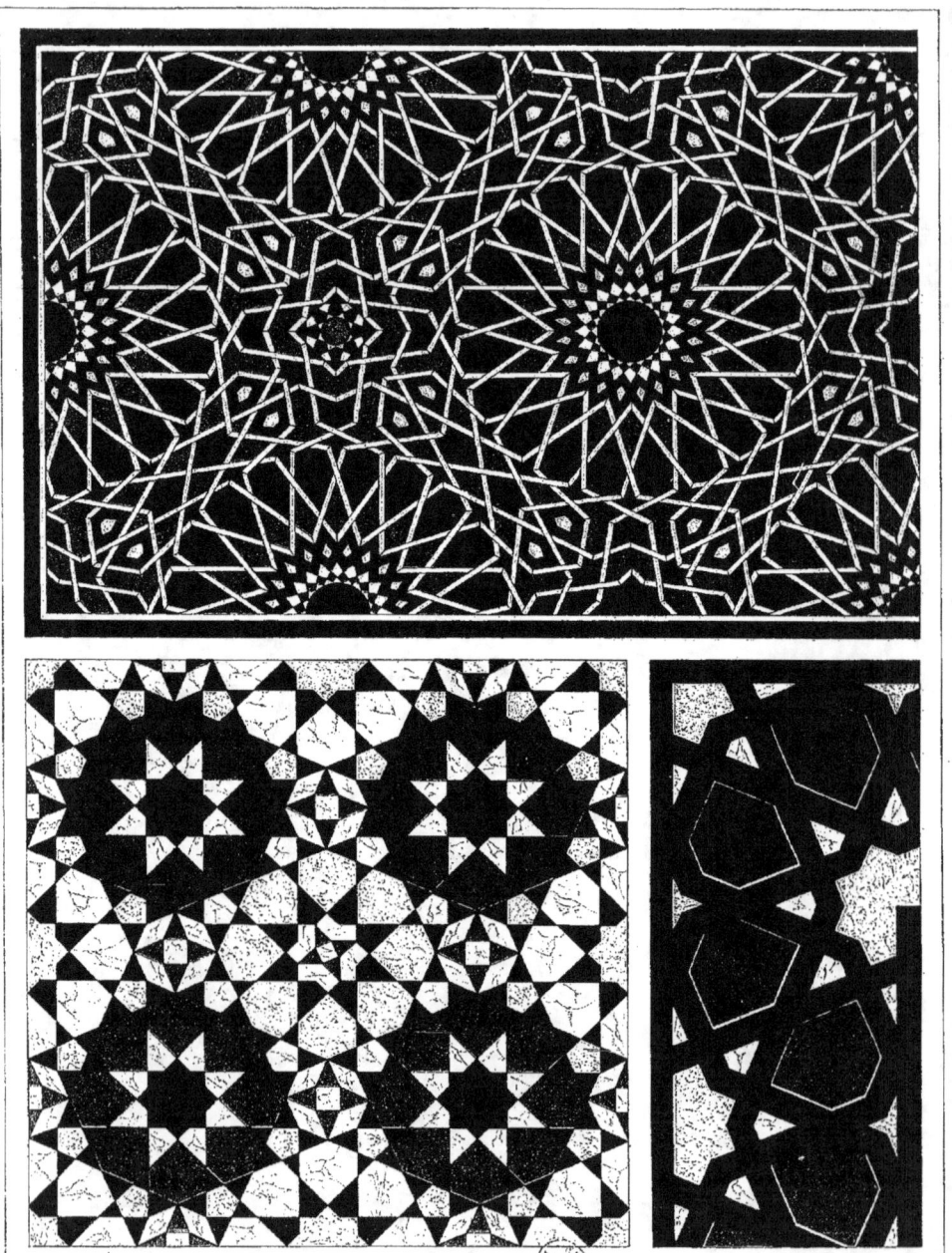

Schmidt lith.

Imp. F. Didot & Cⁱᵉ Paris

MOSAÏQUES.

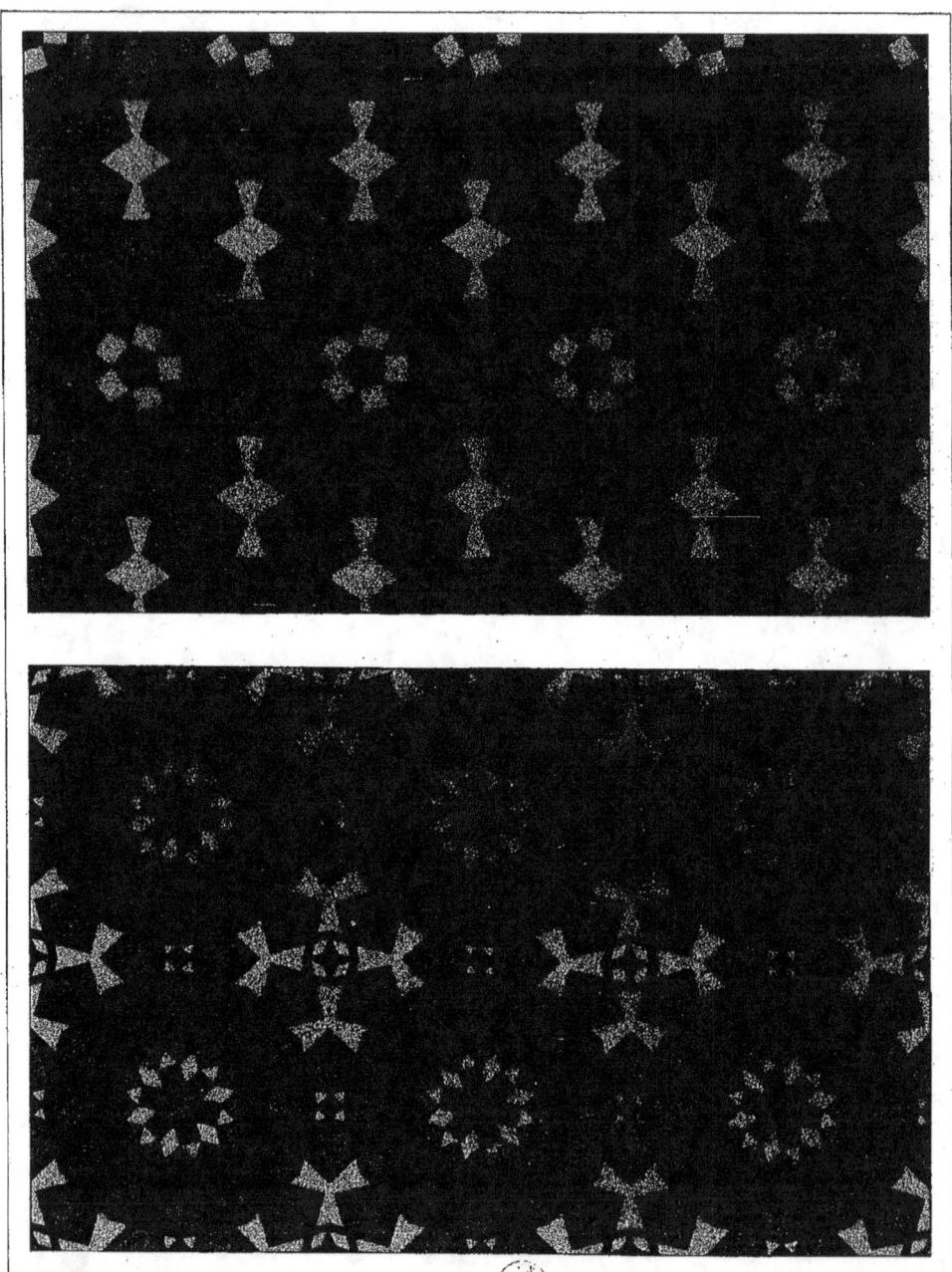

Schmidt. lith.

Imp. F. Didot & Cⁱᵉ, Paris.

MOSAIQUES.

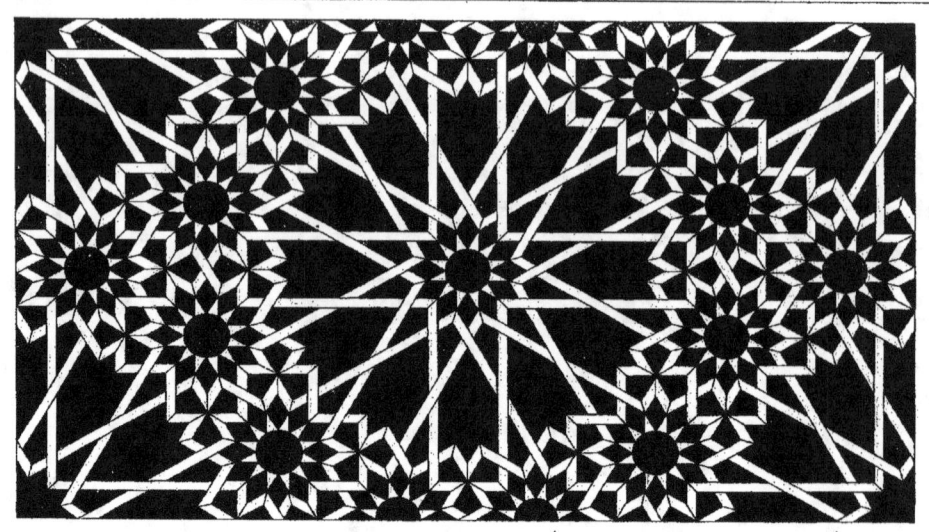

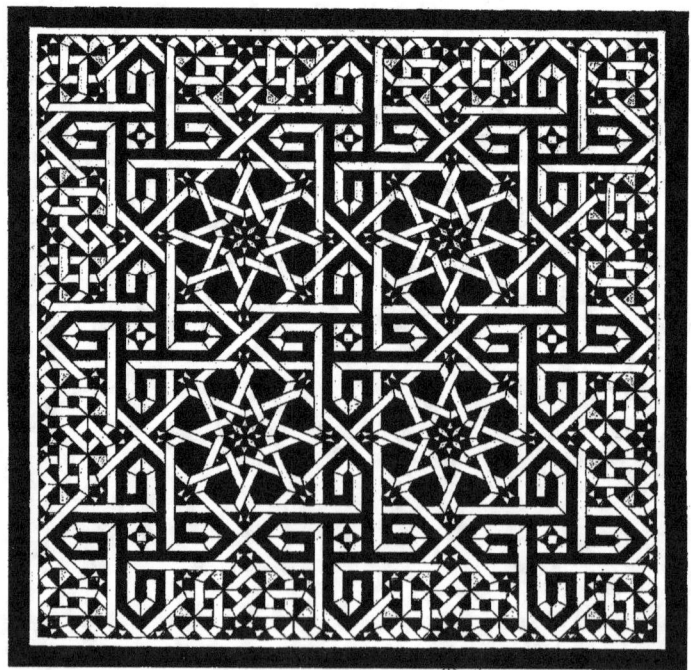
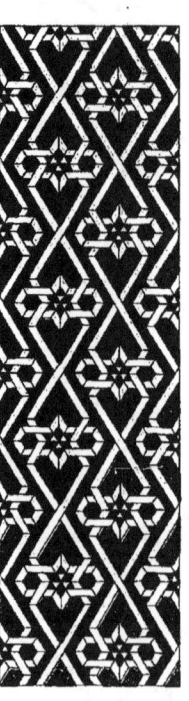

Imp. F. Didot & Cⁱᵉ, Paris.

MOSAÏQUES.

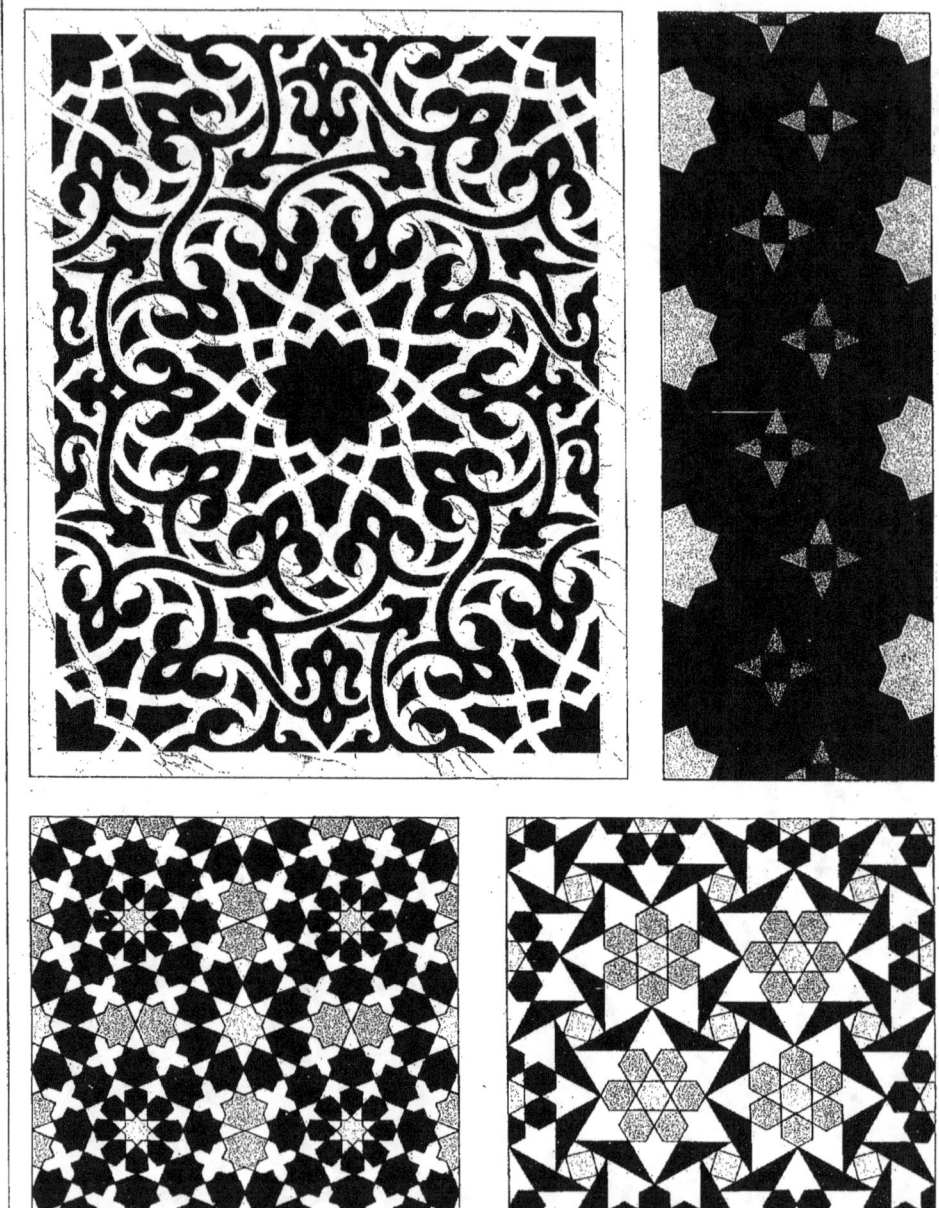

Imp. F. Didot & Cie, Paris.

INCRUSTATIONS.

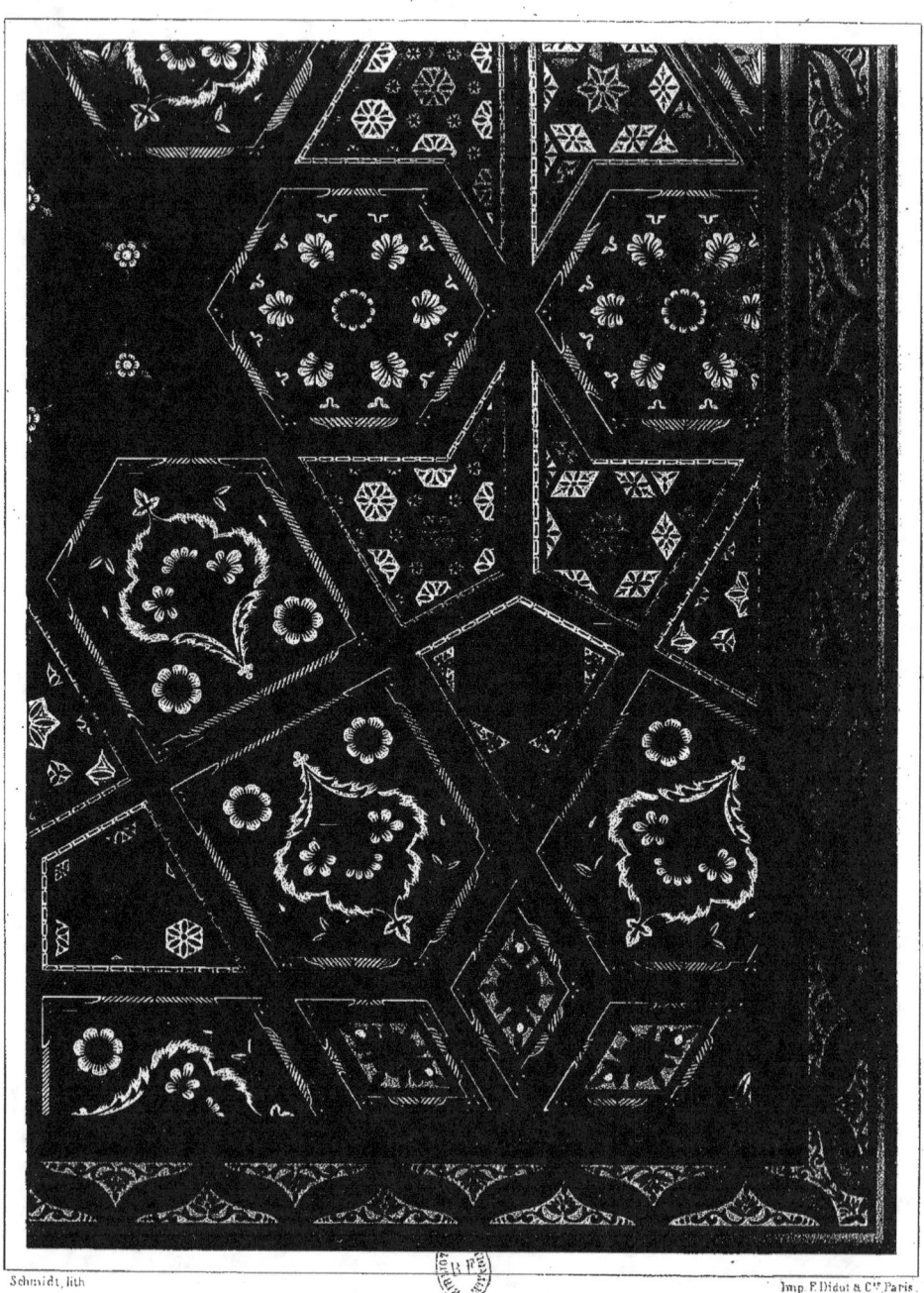

Schmidt, lith

Imp. F. Didot & C.ⁱᵉ Paris.

PLAFOND

www.ingramcontent.com/pod-product-compliance
Lightning Source LLC
Chambersburg PA
CBHW051348220526
45469CB00001B/154

* 9 7 8 2 0 1 2 7 3 1 8 7 5 *